Macroeconomics

第四版

總體經濟學

陳正亮　謝振環　著

東華書局

國家圖書館出版品預行編目資料

總體經濟學 / 陳正亮, 謝振環著. -- 4 版. -- 臺北市：
　臺灣東華, 2018.01
　　348 面；19x26 公分.
　　ISBN 978-957-483-919-3（平裝）
　　1. 總體經濟學
550　　　　　　　　　　　　　　　　106024730

總體經濟學

著　　者	陳正亮, 謝振環
發 行 人	陳錦煌
出 版 者	臺灣東華書局股份有限公司
地　　址	臺北市重慶南路一段一四七號三樓
電　　話	(02) 2311-4027
傳　　眞	(02) 2311-6615
劃撥帳號	00064813
網　　址	www.tunghua.com.tw
讀者服務	service@tunghua.com.tw
門　　市	臺北市重慶南路一段一四七號一樓
電　　話	(02) 2371-9320

2025 24 23 22 21　TS 6 5 4 3 2

ISBN　　978-957-483-919-3

版權所有 ‧ 翻印必究

序

希臘神話中，潘朵拉是宙斯所創造的女人，然後送給伊皮米修斯。在兩人的婚禮上，宙斯命令眾神將各自帶來的賀禮放在同一個盒子中，送給潘朵拉作為新婚禮物。有一天，好奇心促使潘朵拉打開盒子，一團煙隨即衝出，將禮物全數釋放，這裡面包含了幸福、瘟疫、憂傷、友情、災禍、愛情……。驚慌之餘，潘朵拉趕緊將盒子蓋上，但一切都已太遲，盒子內只剩"希望"。於是潘朵拉抱著"希望"等伊皮米修斯的歸來。

從許多角度觀察，總體經濟學也像是潘朵拉的盒子。只要一開啟就會有一股煙冒出，裡面是函數、動態分析、矛盾，以及各式各樣的術語。你一定害怕極了，恨不得像潘朵拉一樣，趕緊將盒子蓋上。確實，總經教科書充滿各個學派的模型，不同的學派有著不同的假設，以此詮釋同一個事件而產生截然不同的處方。不過，總體經濟學其實也有幽默的一面，舉下列兩個例子來說明：

> 80 年代雷根和卡特在競選美國總統時，機智地定義了幾個經濟學術語："衰退發生在你鄰居失去工作的時候，蕭條發生在你自己失去工作的時候，復甦發生在卡特失去工作的時候。"

> 60 年代的一場學術研討會上，諾貝爾經濟學獎得主梭羅 (Robert M. Solow) 評論另一位得主傅利德曼 (Milton Friedman) 的論文："傅利德曼和我的一個不同點是，每件事都會讓他聯想到貨幣，而我是每件事都會聯想到 sex，只是我嘗試不將它寫到論文裡。"

本書努力嘗試朝沒有艱深數學的路子走，盡量以淺顯易懂的文字捕捉釐清潘朵拉的盒子所冒出的那團煙霧。正因如此，經過筆者的一番去蕪存菁，本書不納入總體經濟學各個學派的爭議及乖離的論點。

第四版除了修訂錯誤外，習題部分增列一些各校的考題，並盡量在各章節以專欄方式探討金融海嘯對經濟體系各個層面的衝擊與影響。十章或許無法讓讀者窺其全貌，但也有掀開盒子的基礎。在此，感謝東華書局卓夫人的關心和照顧。如果本書有任何疏漏之處，尚祈各位先進不吝賜教。

陳正亮、謝振環

于 2018 年 2 月 1 日

目 錄

序		iii
第 1 章 緒 論		**1**
1-1	個體經濟學與總體經濟學	2
1-2	總體經濟學的誕生	3
1-3	總體經濟的問題	4
1-4	總體經濟學的短期與長期	6
1-5	總體經濟學的政府職能	9
1-6	經濟學家如何思考	16
1-7	第一個模型：總體經濟學的循環流程	18
1-8	第二個模型：供需與總供需	20
習 題		23
第 2 章 如何衡量總體經濟		**27**
2-1	如何衡量國民所得：國內生產毛額	28
2-2	如何衡量沒有工作：失業率	40
2-3	如何衡量生活成本：物價指數	49
習 題		56
第 3 章 古典學派		**61**
3-1	勞動市場	62
3-2	商品市場	65
3-3	金融市場：可貸資金的供給與需求	71

3-4	貨幣數量學說	78
3-5	古典二分法與貨幣中立性	82
習題		84

第 4 章　簡單凱因斯模型　87

4-1	凱因斯的心理法則	88
4-2	簡單凱因斯模型	91
4-3	均衡所得	97
4-4	乘　數	103
4-5	節儉的矛盾	104
4-6	政府部門	106
4-7	國外部門 (與政府部門)	110
4-8	財政政策：乘數效果	115
4-9	乘數效果：開放經濟體系	119
4-10	自動安定機能	121
4-11	浴缸定理	123
4-12	缺　口	125
4-13	景氣循環的分析架構	128
習題		132

第 5 章　貨幣市場　137

5-1	何謂貨幣	138
5-2	貨幣供給	141
5-3	貨幣需求	145
5-4	貨幣政策	151
5-5	貨幣市場均衡	157
習題		161

第 6 章　商品與貨幣市場：IS-LM 模型　　165

- 6-1　商品市場與貨幣市場的關聯性　　166
- 6-2　商品市場與 IS 曲線　　167
- 6-3　貨幣市場與 LM 曲線　　174
- 6-4　商品與貨幣市場均衡：IS-LM 模型　　177
- 6-5　貨幣政策與財政政策的相對有效性　　184
- 習　題　　192

第 7 章　總供給與總需求　　197

- 7-1　總需求曲線　　198
- 7-2　總供給曲線　　203
- 7-3　總體經濟均衡　　210
- 7-4　AS-AD 模型與景氣循環　　212
- 7-5　凱因斯革命：垂直的 AD 曲線　　217
- 7-6　皮古的實質餘額效果　　222
- 7-7　價格下跌的預期效果與重分配效果　　224
- 習　題　　227

第 8 章　菲力浦曲線與預期　　231

- 8-1　歐肯法則與菲力浦曲線　　232
- 8-2　預期通貨膨脹　　234
- 8-3　從短期到長期　　241
- 8-4　通貨膨脹的來源與成本　　243
- 8-5　自然失業率　　250
- 習　題　　251

第 9 章　經濟成長　　255

- 9-1　成長的事實　　256
- 9-2　Harrod-Domar 成長模型　　260

9-3	梭羅成長模型	264
9-4	內生成長模型	278
	習　題	283

第 10 章　國際金融　　287

10-1	國際收支	288
10-2	匯率與外匯市場	292
10-3	匯率制度	297
10-4	開放經濟體系下的商品與金融市場	304
10-5	$IS\text{-}LM$ 模型與貿易帳	311
10-6	可貸資金市場與貿易帳	317
10-7	小型開放經濟體系下的 $IS\text{-}LM$ 模型	321
	習　題	326

圖片來源	**329**
部分習題答案	**330**
索　引	**334**

第 1 章
緒　論

為什麼英國脫歐與日銀負利率是黑天鵝？為什麼辛巴威的通貨膨脹率接近百分之 4 千萬，凌晨 2 點就必須起床，摸黑到銀行排隊領錢？**總體經濟學** (macroeconomics) 是一門研究整體經濟的社會科學，企圖回答這些與其它許多相關問題。

總體經濟學是我們日常生活中的一部分。你只要閱讀報紙或上網，就能夠瞭解總體經濟學的重要性。每天你可以看到報紙刊登如工業國家深陷持續性停滯，或西班牙年輕人失業達 50% 等標題。儘管這些總體經濟事件看起來很抽象，卻是深入我們的生活。以下列舉兩則報導略為說明總體經濟事件的重要性。

巴菲特說：" 一些評論者哀嘆我們現在每年僅有 2% 的實質成長率，這或許不怎麼讓人驚豔，但從美國人民每年成長約 0.8% 來看，2% 的 GDP 成長，相當於 1.2% 的人均成長率，經過一個世代，也就是 25 年，這樣的成長率將帶來 34.4% 的實質人均 GDP 成長。"

根據《富比士》2015 年的資料，巴菲特是個人資產全球排名第三的富豪。[1]

根據彭博資訊彙整 63 個經濟體系的痛苦指數，委內瑞拉 2015 年的平均通貨膨脹率高達 98.3%，失業率為 6.8%，兩者加總後的痛苦指數為 105.1 為全球最高；台灣的痛苦指數為 3.5，排名第 57 名。

第一個例子說明，看衰美國經濟是嚴重錯誤，貿易與創新金雞母將會繼續下更大的雞蛋。痛苦指數表示一般社會大眾對相同漲幅的通膨與失業感受到相當程度的不愉快。

每一個世代都有自己的經濟問題。1970 年代，第一次及第二次石油危機造成通貨膨脹和失業的問題；1980 年代，股市的大起大落，使民眾的財富暴漲暴跌，造成所得分配不均的現象，如從 1998 年的 12,000 點到 2001 年的 3,000 點；1990

---

[1] 資料來源：國際新聞組，"兩黨參選人看衰美國經濟惹毛巴菲特"，《聯合晚報》，2016 年 2 月 28 日。

年代的亞洲金融風暴，使新台幣大幅貶值和經濟泡沫化，導致台灣經濟有通貨緊縮的危機。21 世紀初期，因為中國與印度對能源的需求，以及中東局勢動盪不安使油價突破 147 美元；而 2008 年的金融海嘯與 2012 年的歐洲債信危機，全球完美風暴形成；2016 年全球進入羅比尼教授所稱的"新反常"時代。負存款利率、通膨過低、經濟成長低於潛在成長。但是，總體經濟學的基本原理原則不會隨著時空改變而改變。

1-1 個體經濟學與總體經濟學

大約在 50 多年前，經濟學就分成兩支：**個體經濟學** (microeconomics) 和總體經濟學。個體經濟學是討論一個經濟單位的經濟行為：一個家庭 (消費者) 的消費行為 (追求效用最大)，一個廠商 (生產者) 的生產行為 (追求成本最小或產量最大)，市場中的廠商如何決定商品的生產數量及價格 (追求利潤最大)。譬如，麥當勞必須決定雙層吉事牛肉堡的訂價，以及每天應該生產多少、進多少原料，或什麼時候進行廣告促銷。

相對地，總體經濟學是討論整體經濟的表現：國民所得 (非一個家庭的所得)、物價水準 (非一種商品的價格) 與就業水準 (非某一產業的勞動需求)。譬如，為什麼美國人民的生活水準比中國人民高？人民幣升值對全球或亞洲經濟的影響為何？簡單地說，個體經濟學在討論一個經濟單位的決策，總體經濟學則在討論個別決策的加總；亦即，要用什麼方法才能讓整個國家的社會福利水準提高，也就是人民生活水準提高。

練習題 1-1

總體經濟學並不企圖回答：
(a) 為什麼有些國家經歷較快速的經濟成長
(b) 香港房租決定因素
(c) 為什麼日本有通貨緊縮現象
(d) 引發衰退與蕭條的因素
答：(b)。

1-2　總體經濟學的誕生

　　亞當‧斯密 (Adam Smith) 的《國富論》(*The Wealth of Nations*) 一書開創了經濟學這門社會科學，而馬歇爾 (A. Marshall) 的《經濟學原理》則奠定個體經濟學的領域。這些古典學派的經濟學家認為：在 "自由放任" (政府不干涉經濟) 的經濟體制下，透過 "一隻看不見的手" (an invisible hand) —— 價格機能，長時間，社會會自動達到充分就業。這種經濟思潮在歐洲風行了一個半世紀 (1776 年到 1929 年)，直到發生**經濟大恐慌** (Great Depression)，這個經濟理論才受到質疑。

　　1929 年 10 月，美國華爾街股市大崩盤，造成美國經濟步入蕭條，連帶影響到歐洲乃至全世界的經濟不景氣，時間長達 10 年，直到 1940 年代第二次世界大戰爆發後才停止。1929 年到 1933 年的這段期間，被稱為 "經濟大恐慌"，長時間的經濟不景氣與高度失業率，讓古典學派經濟學家無法解釋發生這種現象的原因。這段時間，英國經濟學家凱因斯 (John Maynard Keynes) 在 1936 年出版《就業、利息與貨幣的一般理論》(*The General Theory of Employment, Interest, and Money*)(簡稱《一般理論》) 一書，說明造成 "經濟大恐慌" 的原因與解決之道，其理論觀點與古典學派相反，而震驚了整個經濟學界。

　　凱因斯認為大恐慌的形成是整個社會的**有效需求** (effective demand) 不足。當私人部門的需求不足時，政府應利用公共投資政策來提高整體需求，增加就業機會與全國總產出水準。政府在經濟體系中扮演重要的角色。在經濟不穩定時，透過政府的干預使之穩定。凱因斯開創了總體經濟學的領域，此亦使經濟學的探討從個體經濟學的討論推進至總體經濟學的研究。

　　表 1-1 簡單地比較兩個學派的理論觀念，有助於我們對兩者在經濟學的討論上有進一步的瞭解。

練習題 1-2

　　古典學派的總體經濟模型之特徵為：
(a) 工資僵固性
(b) 貨幣中立性

表 1-1　古典學派與凱因斯學派的比較

	古典學派	凱因斯學派
理論基礎	賽伊法則："供給創造其自身的需要"	有效需求理論
理論出發點	強調供給面	強調需求面
研究領域	個體經濟學	總體經濟學
政府職能	自由放任 (不干涉)	政府應干涉經濟
工資與價格	有伸縮性，會上升，也會下跌	有僵硬性，只會上升，不容易下跌
社會的本質	安定	不安定
時間的長短	重視長期	重視短期
政府預算	平衡預算	不平衡預算

(c) 物價不會變動
(d) 利率由貨幣供需決定
答：(b)。

1-3　總體經濟的問題

要瞭解總體經濟的問題，首先我們必須先知道經濟目標 (economic goals)。一國政府不論實施何種經濟制度 —— 資本主義、社會主義或共產主義 —— 或採用哪個學派的經濟觀念來治理一國的經濟，它們的經濟目標都是一樣的。

經濟目標有：

1. 充分就業。
2. 穩定的物價水準。
3. 快速的經濟成長。

一個國家由於大部分的人都有工作，失業率愈低 (愈接近充分就業)，其治安應該愈好，經濟也會較為安定。但若物價持續性上漲，貨幣的購買力愈弱，這會造成經濟的不安定。快速的經濟成長使一國的生活水準愈高，人們的生活環境愈好，這不只是一個家庭所期盼的，更是一國執政者想要達到的目標。但是上列三個目標卻有相互衝突的現象。一國的經濟成長愈快速，其充分就業目標愈容易達到，但物價水準會呈現不穩定狀況，這種情況在往後的章節會討論到。

透過經濟目標的認識，總體經濟的問題約有四大主題：國民所得、物價水準、利率水準、匯率水準。

國民所得 國民所得除了可顯示一國的生活水準高低外，其增加速度的快慢亦可表現該國經濟成長率的高低。當我們說美國的國民所得高於迦納的國民所得時，是指一般的美國人可以享受更多的漢堡和薯條、更有能力到處旅行，或是家庭裡擁有較多的電器設備。

物價水準 隨著時間的經過，每個國家的物價水準都會有持續性上漲或下跌的狀況，但下跌的現象較少見。如果老闆今年幫你加薪 10%，但物價也上漲 10%，皮包裡的錢變得更多，卻沒有因此更富有。物價水準的持續性上漲叫做**通貨膨脹** (inflation)。中央銀行有時為了澆熄通貨膨脹的火苗，曾數度引發經濟衰退。最近的一次是 1980 年，美國的通膨高達 13.5%，美國中央銀行 —— 聯準會踩煞車的代價是國民所得萎縮 3%，失業率攀升到近 10% 的水準；相反地，物價水準的下跌叫做**通貨緊縮** (deflation)。歐洲在 2016 年 2 月消費者物價指數再度淪為負數，《經濟學人》雜誌甚至提出"直升機撒錢" (helicopter money) 空投現金來擴大財政支出，以防止經濟陷入通貨緊縮泥沼。

利率水準 利率為資金借貸的成本，等於經濟體系信用貸款的水龍頭。當利率極低時，水龍頭打開，企業就能用更多的錢投資在更新電腦設備或興建新廠。消費者則可利用信用卡或小額信用貸款購買平板電腦或到歐洲旅遊。如果水龍頭關閉，利率上升，借貸成本增加，支出便跟著減少。

匯率水準 匯率是指兩國貨幣交換的比率。當阿亮到巴黎投宿旅館時，店家並不接受新台幣。這時就需要一個標準來交換新台幣與歐元。如果新台幣愈值錢，阿亮就可以在巴黎待愈久，品嚐更多的法國紅酒和料理，買更多的 LV 皮件送給太太和女兒；相反地，如果新台幣比較不值錢，外國人會買更多的台灣製商品，享受台灣人民提供的音樂和保險服務，台灣的出口會增加，貿易帳也會呈現盈餘，台灣人民賺取更多外國人的錢，國民所得水準會上升。

整體而言，總體經濟問題討論到最後都會與國民所得相關，所以總體經濟學又稱為*所得理論*。

練習題 1-3

下列何者並非總體經濟資料？
(a) 平板電腦價格
(b) 經濟成長率
(c) 匯率
(d) 通貨膨脹

答：(a)。

1-4 總體經濟學的短期與長期

　　表 1-1 曾經提到古典學派注重長期，而凱因斯學派聚焦在短期。長期與短期是什麼意思？它們跟我們有什麼關係？總體經濟學的**短期** (short run) 通常是指 1 到 5 年的期間，所關心的總體經濟變數是上一節提到的物價水準和失業率。人們有時候會問：台塑石化調漲汽油價格每公升 3 元，會不會引發通貨膨脹，讓我們的錢變薄？失業率從 2% 上升到 4.23%，會不會造成中年失業、競爭力的下降？

　　至於總體經濟學的**長期** (long run) 通常是延續 10 年或好幾十年，而所關心的變數是上一節提到的經濟成長。根據高盛證券經濟團隊的預言，50 年內金磚四國的國內生產總值將超過六大工業國，股市市值成長 66 倍。人們不禁想問：這是真的嗎？如果投資 1 百萬元，財富真的變成 6 千 6 百萬元嗎？

短期：景氣循環

　　總體經濟學者短期最主要的考量是減緩失業與物價的波動，而這需要降低國民所得的波動。這種隨著時間經過，產出與就業的波動稱為**景氣循環** (business cycle)。

　　圖 1-1 描繪連續兩個產出的景氣循環。景氣循環包括**擴張** (expansion) 與**衰退** (recession) 兩個階段。每個循環的最高點稱為**高峰** (peak)，而最低點稱為**谷底** (trough)。從高峰到谷底的期間，產出連續 6 個月的下降即為衰退，蕭條是長時間的經濟衰退，一般很少發生。

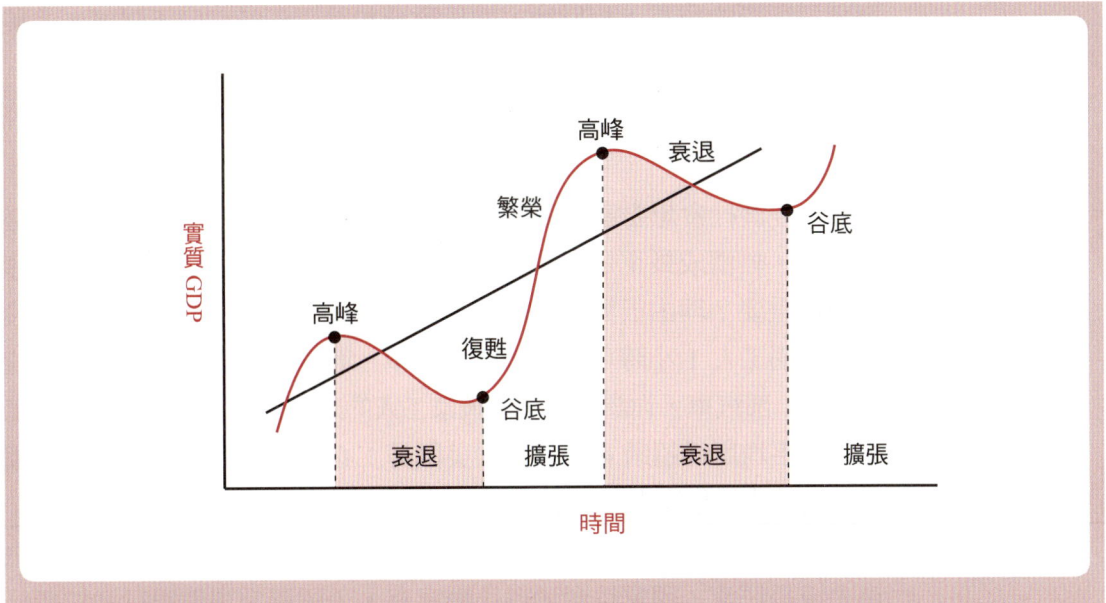

圖 1-1　景氣循環

實質 GDP 的波動稱為景氣循環。每個循環的最高點為高峰，最低點為谷底。衰退是指從高峰到谷底的期間，而擴張是指從谷底到下一個高峰的期間。至於蕭條是指嚴重的經濟衰退。

　　擴張是指從谷底到另一個高峰的期間，有人將擴張期分為**復甦** (recovery)──景氣脫離谷底逐漸恢復的階段，以及**繁榮** (prosperity)──經濟維持相當活絡的狀態。

　　景氣循環每過一段時間就會出現，可是它每次出現的情況都不相同，持續的時間也不一致。照理來說，繁榮是大家喜歡的，國家生產的商品與服務持續增加，每一個人都可以有工作、有錢可以消費，但接下來的日子，企業為何會關門導致一大堆人失業，產值減少？

　　我們並沒有很好的方法可以預防經濟衰退。有時候，經濟泡沫化或股市崩盤 (如 2008 年的美國)，央行特意踩煞車以避免經濟過熱 (如 1991 年的美國)，或是炒作外匯 (如 1997 年的亞洲金融風暴) 等負面衝擊都會造成產出的負成長。更糟的是，我們對不景氣的對策是更謹慎支出，刪掉購車預算或暫緩興建新廠的計畫，這些都可能造成其他人丟掉工作，結果是對自己也造成損害。

　　景氣循環就像傳染病，會迅速擴散到其它國家。如果美國經濟一片看好，美國人向外國購買的商品增加，不久，墨西哥和中國都會經歷國民所得的成長；相反地，如果歐洲和美國同時面臨不景氣，占美國及歐洲出口大宗的中國也可能遭遇不景氣冷鋒的侵襲。

長期：經濟成長

一經濟社會想要達到更高的生活水準，生產力 (平均每人產出) 必須成長。經濟成長正是總體經濟學者所關心的長期議題。為什麼生產力如此重要？理由很簡單，因為我們的消費受限於我們的產出。假設一名美國工人 1 小時可生產 100 部汽車，而一名中國工人 1 小時只能生產 0.1 部汽車，你認為哪一個國家工人的薪水比較高？當然是美國工人。年平均所得超過 4 萬美元的美國勞工必然比不到 1 萬美元的中國勞工更消費得起汽車、電腦或到其它國家旅遊。

因此，當一國人民能用更少的時間生產出更多的東西，該國的生產力成長快速，國家也會變得比較富有。美國聯邦準備銀行達拉斯分行提出一套計算 20 世紀經濟進步的新方法：比較現在和過去購買相同商品所需花費的工作時間有什麼變化。[2] 從金錢的角度看，生活成本真的提高了，因為我們再也找不到 1 元的商品。不過，真正重要的不是以金錢衡量的成本，而是以時間衡量的成本。賺錢要花時間，當我們逛街購物時，其實是支出時間。實質生活成本不是用美元來衡量，而是要看我們為了生活必須花多少時間。

1 個世紀前，一雙褲襪的價格是 25 美分，聽起來似乎很便宜。其實不然，當時的平均時薪是 14.8 美分，也就是得工作 1 小時 41 分鐘才能買得起一雙褲襪。如果你走進百貨公司看褲襪價格好像比 1897 年貴上許多，現在的價格是 4 美元。價格是上漲了，但薪資上漲的速度更快。1997 年美國人的平均時薪 13.18 美元，所以一般勞工只要工作 18 分鐘就能買到一雙褲襪。從上面的故事，我們知道工作時間也可以用來作為跨期生產力與生活水準的比較。

生產力的成長取決於投資 —— 包括**物質資本** (physical capital) 和**人力資本** (human capital)、**研究發展** (research and development)，甚至更有效率的政府機構。1992 年諾貝爾經濟學獎得主貝克 (Gary S. Becker) 甚至認為，現代經濟體系有 75% 的財富來自教育、訓練、技能，甚至健

---

[2] 請見 W. Michael Cox and Richard Alan (1997), "Time Well Spent: The Declining Real Cost of Living in America." *Annual Report*, Federal Reserve Bank of Dallas.

康。各種型態的資本都是重要的，特別是人力資本。在現代社會中，人力資本是創造財富與刺激經濟成長的關鍵元素。我們將在第 9 章探討經濟成長的驅動因素。

練習題 1-4

在景氣循環中，從高峰到谷底稱為：
(a) 擴張
(b) 衰退
(c) 以上皆非
(d) 以上皆是

答：(b)。

1-5　總體經濟學的政府職能

凱因斯革命強調政府在經濟運作中的重要性。政府究竟該扮演什麼樣的角色？基本上，依據總體經濟目標，政府的政策可以分成**成長政策** (growth policy) 與**穩定政策** (stabilization policy) 兩種。穩定政策的工具有**貨幣政策** (monetary policy) 和**財政政策** (fiscal policy) 兩種。

成長政策

政府的成長政策 —— 如何加速長期的經濟成長，是最重要的總體經濟政策。經濟成長的來源是生產力的成長，而生產力的成長係來自更多的機器設備、更多的人力資本，或更進步的技術。

為什麼生產力成長可以改善人民生活水準？假設生產力成長 10%，這表示用同樣數量的投入，每年可多產出 10% 的產品。另一方面，如果台灣的生產力真的每年成長 10%，依照"72 法則"—— 將 72 除以成長率，得到的數字代表平均產出大約需多久時間才能倍增 —— 我們的生活水準每 7 年就會提升 1 倍。

有哪些政策可以促進生產力成長？

首先，政府可以鼓勵儲蓄或提倡投資來累積資本存量 —— 增加更多的機器、工廠、辦公室和研究設備。如果所有人每賺得 100 元，便將其中的 40 元拿到銀行儲蓄，廠商就有足夠的金錢從事投資活動，買更多的機器設備。鼓勵儲蓄的方法之一是降低利息所得稅。假設政府不課任何利息所得稅，富人就不用想盡辦法將錢藏起來，上班族也會比較有誘因儲蓄退休金。另一方面，政府提供**投資抵減** (investment tax credit)──針對新購設備或新廠房予以租稅優惠──可降低投資成本，廠商比較有誘因興建工廠或添購辦公設備。

其次，政府可以編列更多的教育經費來鼓勵人力資本的累積。人力資本是指透過教育、在職訓練或經驗來改善勞工的工作技能。譬如，你放棄購買汽車，將錢拿去讀研究所，你未來所得會更高。教育程度高的父母比較可能在小孩學前，就先教導他們各項技藝。

第三，政府可以鼓勵研究發展。政府可以透過國科會或工研院鼓勵技術的創新及研發，並將研發成果分享給中小企業。譬如，政府可以將稅收用作資助生物科技或遺傳學的研究，讓未來的國民有良好的健康。

第四，界定不清的財產權。過度的管制、高稅率或腐敗的政府均是負的投資誘因。

最後是鼓勵自由貿易。自由貿易能夠讓資源貧窮的國家進口大量的便宜資源，加工後再以較高的價錢售出，或是引進先進技術，提高勞工生產力。早期的台灣就是依循這種模式讓經濟起飛。另一方面，自由貿易讓廠商面對更多嚴酷的競爭，藉此尋找更有效率的生產方式或藉由邊做邊學的模式累積經驗，勞工因此能有較佳的工作技能，生產更多數量的商品。

穩定政策

總體經濟政策的第二個主要焦點是政府的穩定政策。歷史經驗告訴我們產出並不會穩健地以一定的速率成長。通常，產出與就業會沿著長期趨勢上下波動。以台灣為例，經濟成長率在民國 104 年第 1 季是 4.04%，到了 104 年第 4 季則下跌至 －0.52%，104 年全年經濟成長率為 0.75%。為了減緩產出過度波動的不良影響，政府可以利用貨幣或財政政策來緩和景氣波動。

財政政策 財政政策是政府利用政府支出與稅收的手段重燃或冷卻經濟。1930 年代的經濟大恐慌，國民所得下降約三分之一，通貨緊縮使得消費者憂慮前景而不願拿錢出來消費。政府可以透過興建高速公路或捷運等增加政府支出的方式來增加就業機會與提高大家消費，進而創造良性循環。當營造商得標後，他們會雇用工人和採購原料。營建工人和上游廠商拿到支票後便有錢消費。當景氣開始復甦後，消費者比較放心花錢，廠商也比較願意投資，然後景氣便正式步入繁榮階段。

政府也可以利用減稅來重燃經濟發展的動力。減稅後，消費者的可支配所得增加，消費能力跟著水漲船高，比較能夠大方地購買汽車、電器用品及其它高價商品，如此也可以形成良性的景氣循環。政府擬透過立法院通過年所得在 36 萬元以下者給予一定金額的補貼，此種例子就是負租稅。

貨幣政策　　上一節提到利率是經濟體系信貸的水龍頭。水龍頭的開關由誰控制？答案很簡單，中央銀行。當中央銀行將水龍頭打開，增加貨幣供給量，利率下降，廠商便能夠以更低廉的資金成本來投資機器設備，消費者也能夠以便宜的價格購買轎車或房子。因此，央行可利用增加貨幣數量來刺激景氣或預防衰退。

相反地，如果通貨膨脹蔓延，央行還得負起熄火的任務。透過收回過多的貨幣數量，會使利率上升，廠商的資金成本增加，投資不再有利可圖。消費者背負更高的利息，也不再能夠暢快地購買新商品。最著名的例子是雷根總統任命的聯準會主席沃克爾 (Paul Volcker)。為了對抗石油危機引發的通貨膨脹，沃克爾勒緊貨幣政策的韁繩，結果是利率在 1981 年攀升超過 16 個百分點，當然，物價也獲得控制。

練習題 1-5

總體經濟政策是政府政策以影響：
(a) 全國的法律制度
(b) 整體經濟的表現
(c) 所有產業對環境的衝擊
(d) 經濟體系的特定部門
(e) 政府的經濟活動　　　　　　　　　　　　(104 年中正企研)

答：(b)。

台灣景氣指標

我們常常在報紙上看到這樣的新聞稿：

2015 年 12 月，景氣對策信號連續第 7 個月呈現藍燈，九項構成項目中除貨幣總計數 M1B 相對穩定，維持綠燈外，其餘項目並不理想。

為什麼會有藍燈？景氣對策信號是什麼？景氣對策信號是由行政院國發會所編製，主要目的是藉燈號以提示應該採取的景氣對策，並綜合判斷短期未來的景氣是否將進入過熱或衰退，而預先發出信號，以供決策當局與企業界參考。景氣對策信號是根據與產出變動較為密切的九項指標編製而成，包括：

貨幣總計數 M1B	製造業營業氣候測驗點
機械及電機設備進口值	股價指數
批發、零售及餐飲業營業額	海關出口值
工業生產指數	製造業銷售量指數
非農業部門就業人數	

另將躉售及消費者物價指數，以及經濟成長率等列為參考資料。每一項指標依變動率或比率訂出四個分界點 (檢查值)，區分成五種燈號來表示景氣的好壞："紅燈"表示景氣過熱、"黃紅燈"表示景氣活絡、"綠燈"表示景氣穩定、"黃藍燈"表示景氣欠佳、"藍燈"表示景氣衰退。每一個燈號的分數並不相同，紅燈 5 分、黃紅燈 4 分、綠燈 3 分、黃藍燈 2 分、藍燈 1 分。每個月將九項指標的燈號分數合計，再綜合判斷當月的景氣對策信號應該是何種燈號。

景氣指標與對策信號自 1977 年開始公布。其中景氣指標於 1978 年、1987 年、2007 年、2013 年經過 4 次修訂，景氣對策信號則分別於 1978 年、1984 年、1989 年、1995 年、2001 年、2007 年、2013 年歷經 7 次修訂。對策信號綜合判斷分數與經濟成長率高度相關，能反映當前景氣概況。有關景氣對策信號與經濟成長率之間的關係，請見圖 1-2。

綜合判斷分數 16 分以下為"藍燈"，17 分到 22 分為"黃藍燈"、23 分到 31 分為"綠燈"、32 分到 37 分為"黃紅燈"、38 分以上為"紅燈"。有關景氣對策信號的編製、各構成項目資料來源及歷年檢查值，請至國發會網站查詢。

資料來源：行政院國發會，https://www.ndc.gov.tw。

第1章 緒論 13

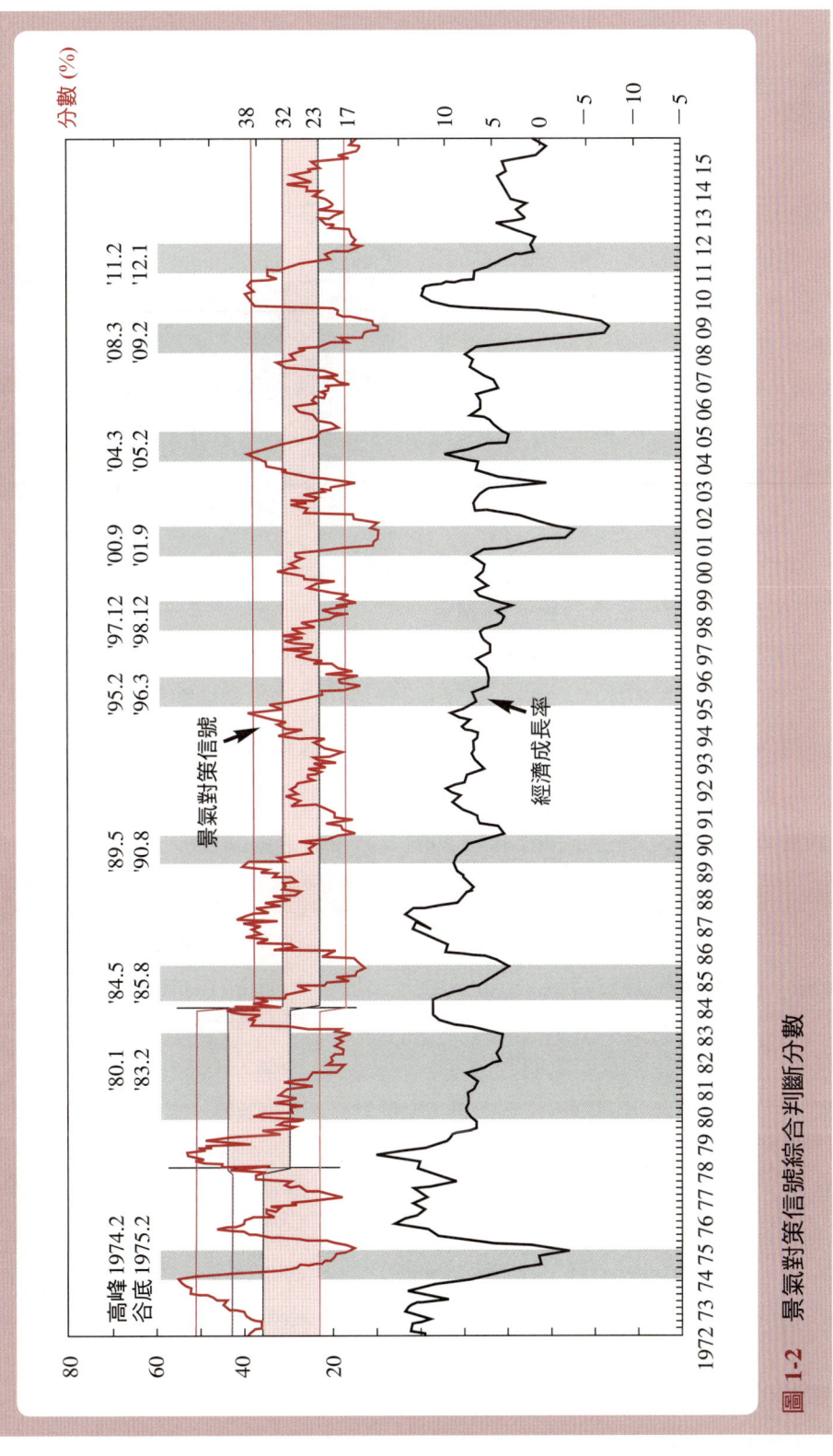

圖1-2 景氣對策信號綜合判斷分數

 金融危機專題 經濟大恐慌 (1930 年經濟大恐慌)

近代史上有兩次非常嚴重的經濟衰退：一為 1930 年的經濟大恐慌；另一為 2007 年的經濟大衰退。2008 年諾貝爾經濟學獎得主克魯曼 (Paul Krugman) 曾經說過："2007 年的經濟危機，無論從任何標準來看，都算是最嚴重的衰退，但若與 1930 年代大恐慌相比，此次衰退幅度好一些。" 表 1-2 列出經濟大恐慌與經濟大衰退間的比較。

第一次世界大戰後，美國進入所謂的"喧囂的 1920 年代"，生產旺盛、利潤全進有錢人口袋，熱錢只往股市走，經濟繁榮建立在信用過度擴張的基礎上。1929 年 10 月 29 日，美國股市崩盤，道瓊工業指數重挫

23%。接下來的 3 年，股市一路破底，1932 年底，道瓊工業指數距離 1929 年的高點重挫 80%。投資人血本無歸，銀行及金融機構倒

表 1-2　1930 年代經濟大恐慌和 2007 年到 2008 年經濟大衰退的比較

	經濟大恐慌	2007 年到 2008 年經濟大衰退
股市跌幅	標準普爾 500 指數下跌 86%	標準普爾 500 指數下跌 42.55%
聯準會功能	聯準會 1913 年成立，至 1929 年功能仍弱	柏南奇 (Ben Bernanke) 曾有論文研究經濟大恐慌時代，加上政策工具已多
經濟成長率	1932 年美國 GDP 為 −13.4%	2.8%，2008 年第 4 季 −2%
貿易政策	1930 年 6 月關稅法案通過，全球貿易暴減至原來的三分之一	各國貿易水準頻繁
利率水準	為防資金流失，先調升利率，但後來仍從 6% → 1%	聯準會立即從 5.25%，陸續調降至 1.5%
失業狀況	最高在 1933 年的 24.9%	2008 年 9 月來到 6.1%
房價	−30%	標準普爾/凱斯席勒美國 20 大都市房價指數跌幅約 19%
銀行倒閉家數	1930 年到 1933 年共倒閉 9,096 家	15 家

資料來源：彭博資訊，2008 年 10 月 10 日。

閉家數史無前例,有近半數倒閉。

　　失業率在 1933 年達到頂峰,全美失業人口有 1,283 萬人,占全體勞動力的四分之一。當時流浪人口達 2 百萬人。無家可歸者用木板、舊鐵皮,甚至牛皮紙搭起簡陋的棲身之所,這些聚集的村落被稱為胡佛村 (Hooverville)。流浪漢蓋在身上的報紙稱為胡佛毯 (Hoover blankets),沒錢買汽油而用馬匹拉動汽車叫做胡佛車 (Hoover wagons),而用紙板來堵住破洞鞋子稱為胡佛靴 (Hoover leather)。這些事物都以當時的總統胡佛 (Herbert Hoover) 命名。

　　表 1-3 顯示 1929 年到 1935 年經濟大恐慌的總體經濟數據。經濟學家嘗試用不同的方式來解釋經濟大恐慌發生的原因。1929 年股市崩盤導致財富縮水、消費者因為未來的不確定性而減少消費支出,另外一個因素是 1920 年代住宅投資過度,加上 1930 年代移民人口減少、住宅需求的減少使得住宅投資支出下降。此外,銀行倒閉妨礙企業取得投資所需資金。雪上加霜的是,當時的執政者比較關心預算平衡,認為經濟體系會自動回到其自然水準。

　　另外一個比較有趣的解釋是,由諾貝爾經濟學獎得主傅利德曼 (Milton Friedman) 與施瓦茨 (Anna Schwartz) 提出的貨幣假說 (money hypothesis)。他們主張貨幣供給的減少是大多數經濟衰退的元凶,而經濟大恐慌是其中一個最鮮明的例子。

表 1-3　經濟大恐慌的一些總體經濟變數

年	失業率	實質 GNP (10 億美元)	貨幣供給 (10 億美元)	通貨膨脹率	名目利率	失業人口 (千人)
1929	3.2	203.6	26.6	—	5.9	1,550
1930	8.9	183.5	25.8	−2.6	3.6	4,340
1931	16.3	169.5	24.1	−10.1	2.6	8,020
1932	24.1	144.2	21.1	−9.3	2.7	12,060
1933	25.2	141.5	19.9	−2.2	1.7	12,830
1934	22.0	154.3	21.9	7.4	1.0	11,340
1935	20.3	169.5	25.9	0.9	0.8	10,610

資料來源:Historical Statistics of the United States, Colonial Times to 1970, Part I and II (Washington D.C.: U.S. Department of Commerce, Bureau of the Census, 1975).

1-6 經濟學家如何思考

實際經濟現象錯綜複雜，有時候經濟事件會同時發生。譬如，假設 2016 年的台灣，為了經濟成長率能否保一而憂慮不已。此時，新台幣貶值導致外資撤出台灣，股市重挫，國內投資不振，加上通貨緊縮的疑慮，廠商與消費者對未來的信心動搖。如果你沒有學過經濟學，光看前面的敘述，可能再也不願意碰這門學科。

經濟理論協助我們釐清複雜經濟現象的因果關係，並解釋它們是如何發生的。經濟學家通常利用**經濟模型** (economic model) 來凸顯想要解釋的事件。

理論與模型

兒童透過模型汽車、模型火車來明瞭真實世界的事物。譬如，兒童會將火車引擎、車廂及鐵軌組合起來，經過不同的地形，火車可以在其間奔馳。這些模型並不真實，但模型建造者卻可從中學習許多事物。模型是將想要模仿的事物精華做一番說明。

經濟學家也利用模型來認識世界。但是經濟學家的模型不是使用小火車或塑膠製作，而是以圖形或方程式建構而成。模型是理論的正式陳述，經濟模型是將有關經濟議題用邏輯思考的方式加以描述，它通常是以文字、圖形或數學符號來表示兩個或兩個以上變數間的關係。

模型可以幫助我們明瞭經濟體系如何運作，圖 1-3 顯示整個經濟模型的結構。模型有兩種變數：外生變數和內生變數。**內生變數** (endogenous variable) 是模型想要解釋的變數；**外生變數** (exogenous variable) 是模型以外給定的變數。一個經濟模型的目的是要說明外生變

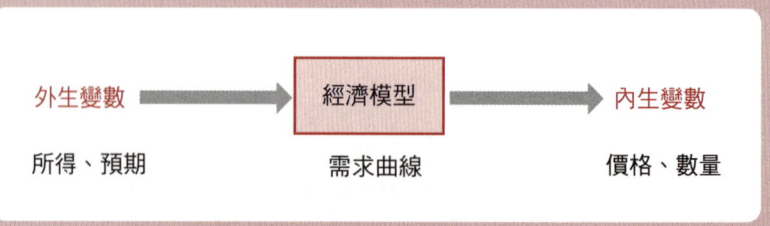

圖 1-3　經濟模型
模型是理論的正式陳述，說明外生變數的變動如何影響內生變數的數值。

數的變動如何影響內生變數的數值。

在圖 1-3，外生變數來自經濟模型以外，且作為模型的投入，是模型必須接受的給定變數。內生變數是由經濟模型內部決定，且為模型的產出。在本書裡，我們會遇到許多的經濟模型。譬如，供給與需求模型、簡單凱因斯模型、總供給與總需求模型，以及費雪方程式等。

經濟模型就像一張地圖，地圖將複雜的地形地物 (商店、住家、停車場、小巷道，以及其它) 精簡成必要元素。為了說明如何從台北開車到高雄，地圖忽略豐富內涵，如美麗的鳳凰樹座落地點、沿線城鎮的迷人風景，所看到的是高速公路及主要省道與休息站的位置。經濟模型也具有相同特色。譬如，要瞭解巴西發生冰雹如何影響台灣的咖啡價格，經濟模型必須忽略咖啡產業的豐富內涵，包括產業歷史或咖啡農莊傳統文化等特質。這些特質或許能寫成一篇引人入勝的文章，卻無法幫助我們瞭解咖啡價格的決定因素。

經濟模型的元素

經濟模型有兩個重要的元素：

- 假設。
- 結論。

假設　每一種經濟模型都需要對人們的行為做出假設。譬如，中午下課後，書豪決定到校外吃中飯。假設書豪口袋裡有 2 百元，他就可以選擇麥當勞超值午餐或吃涮涮鍋。政府部門的經濟行為也牽涉到假設的部分。譬如，中央銀行的通貨膨脹目標訂在每年不得超過 2%，若超過此一目標，央行可追求緊縮性貨幣政策，以抑制物價的上漲。

結論　經濟學家透過觀察與衡量經濟體系的運作，藉由模型的假設得到合乎邏輯的結論。模型通常是以 "若……則……" 的敘述形式出現。譬如，若台灣地區遭遇颱風侵襲，則菜價會應聲上漲；或若新台幣相對美元升值，則台灣地區對美國的出口將會減少。這些結論是模型的預測。

我們將介紹兩個範例來說明經濟模型如何陳述經濟理論。

練習題 1-6

下列敘述何者正確？
(a) 很少經濟模型包括假設
(b) 不同經濟模型有不同假設
(c) 好的經濟模型盡量模仿真實世界
(d) 經濟模型應以實驗檢定　　　　　　　　　　(103 年交大科管)
答：(b)。

1-7　第一個模型：總體經濟學的循環流程

在個體經濟學中，經濟的**循環流程** (circular flow) 共分兩部門：家計單位 (households) 與廠商 (firms)，以及兩個市場：商品市場 (commodity market) 與生產因素市場 (factors of production market)。總體經濟學的討論則擴大為四個部門：家計單位、廠商、政府 (government) 與國外部門 (rest of the world)，以及三個市場：商品市場、生產因素市場及金融市場 (financial market)。

圖 1-4 為四個部門的循環流程。以下分述四個部門與三個市場間的關係：

商品市場　家計單位與政府在商品市場中購買商品與服務。廠商在這個市場除了提供商品與服務，也購買機器、設備和商品。國外部門也是在商品市場中買賣商品與服務。總之，在商品市場，廠商與國外部門為供給者，家計單位、廠商、政府及國外部門為需求者。

生產因素市場　以勞動市場為例，家計單位與國外部門提供勞力給廠商和政府，同時也對勞力有所需求。故在勞動市場，家計單位與國外部門為供給者，四個部門為需求者。

金融市場　在個體經濟學中不討論金融市場，在總體經濟學，金融市場占一席重要地位。金融市場基本上可分為**貨幣市場** (money market) 與**資本市場** (capital market) 兩種。貨幣市場為買賣 1 年期以下的有價證券，如國庫券、本票、匯票、可轉讓定期存單、外幣等的場所。資

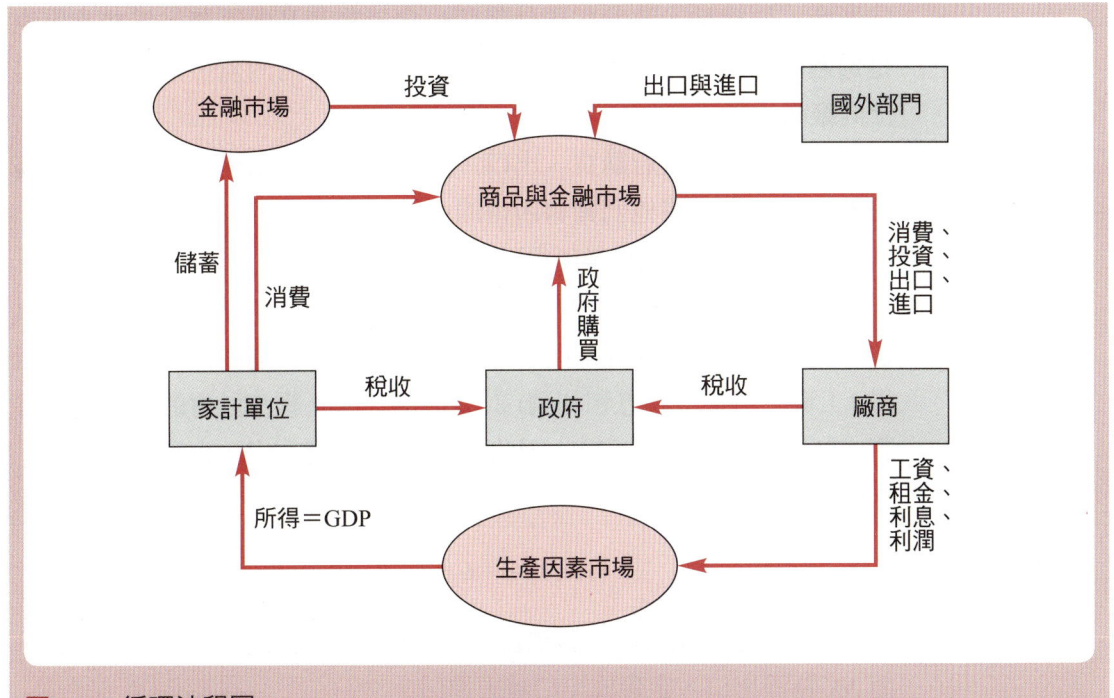

圖 1-4　循環流程圖

家計單位收到所得後，用來購買商品及繳稅。廠商利用銷售收入來購買原料，支付工資、租金、利息及自己的利潤。生產總值 GDP 等於總所得等於總支出。

本市場為買賣 1 年期以上的有價證券，如公債、公司債、股票等的場所。廠商、政府及國外三部門可在金融市場發行債券或股票來籌措資金，亦可買入有價證券以賺取利息或紅利等收入。家計單位可以在金融市場買入有價證券，亦可向銀行貸款來消費。所以，四個部門在金融市場中分別扮演供給者與需求者的角色。

我們曾經提到 GDP 是一個國家人民生產價值的總和，它也是國民所得的衡量指標。循環流程圖可以用來說明這個關係。

首先，在圖 1-4 的下方，家計單位提供勞動、土地和資本給廠商使用。廠商透過生產因素市場支付員工的工資、土地的租金、貸款的利息，以及企業主本身的利潤。工資、租金、利息及利潤構成家計單位的所得。

其次，家計單位收到所得後，其中一部分用來繳稅和儲蓄，一部分的錢可到商品市場購買需要的物品，這些消費支出透過商品市場流向廠商。同樣地，政府和國外部門也會消費商品與服務，這些支出也是透過商品市場流向廠商。另一方面，投資所需的資金透過金融市場流向廠商。

消費支出、政府購買、出口、進口和投資支出構成對商品與服務的總支出。廠商將他們銷售所得的金錢用來支付工資、租金、利息、利潤，以及繳納營利事業所得稅。

我們可以用兩種不同的方式計算經濟體系的 GDP：一是將家計單位、廠商、政府及國外部門的總支出加總；另一是從廠商支付的總所得 (工資、租金、利息和利潤) 計算而得。因為經濟社會的總支出最終將成為某人口袋裡的所得。因此，GDP 等於總支出，也等於總所得；亦即

$$GDP = Y = C + I + G + NX$$

上式中，Y 是總所得，C 為消費支出，I 為投資支出，G 為政府購買，而 NX 為淨出口，定義成出口減去進口。

練習題 1-7

循環經濟模型指出家計單位使用所得來：
(a) 消費，儲蓄支付要素所得
(b) 消費，稅負及支付要素所得
(c) 稅負，儲蓄及支付要素所得
(d) 消費，稅負及儲蓄

答：(d)。

1-8 第二個模型：供需與總供需

在個體經濟學，我們討論過**供給** (supply) 與**需求** (demand)。在總體經濟學，我們也會討論到**總供給** (aggregate supply) 與**總需求** (aggregate demand)。個體經濟學在供需的討論，是在說明一種商品在市場中價格與交易量的狀況。

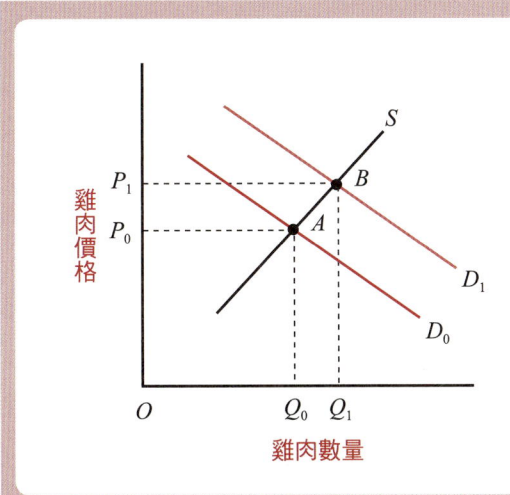

圖 1-5　雞肉的需求與供給
若人們對雞肉的需求增加，需求曲線會從 D_0 右移至 D_1，均衡價格上漲和均衡數量增加。

　　在圖 1-5，透過市場的需求與供給曲線的交點 A (均衡點)，決定了雞肉的交易數量 (Q_0) 與均衡價格 (P_0)。假設研究發現多吃雞肉可延年益壽，降低膽固醇，則市場上對雞肉的需求增加 ($D_0 \rightarrow D_1$)，其均衡交易量會從 Q_0 增加到 Q_1，均衡價格會從 P_0 上升至 P_1。在這個模型，內生變數是雞肉價格 (P) 與交易量 (Q)，而外生變數是消費者對雞肉的偏好。

　　總體經濟學的供需討論則為總供給與總需求。總供給是將所有商品與服務的供給全部加總，總需求則是經濟體系中四個部門對商品與服務需求的加總。因此我們要注意的是，在橫軸是以總生產量 (或實質國內生產毛額) Y 表示，縱軸則是用一般物價水準 P 表示。此有別於個體經濟學，是我們在應用圖形說明經濟行為時應注意的事情。

　　在圖 1-6，AD 曲線為整個經濟體系所有商品與服務需求的加總，AS 曲線則是所有商品與服務供給的商品加總，其相交的 A 點決定一國在均衡狀況下的實質所得 Y_0 與物價水準 P_0。若為了刺激景氣，政府決定擴大公共建設，AD_0 曲線將右移至 AD_1，其均衡所得會從 Y_0 增加至 Y_1，物價水準從 P_0 上升至 P_1。

　　總供需模型中的內生變數是橫軸的總產出與縱軸的物價水準，外生變數則為政府支出。外生變數數值的變動會導致 AS 或 AD 曲線的向左或向右移動。

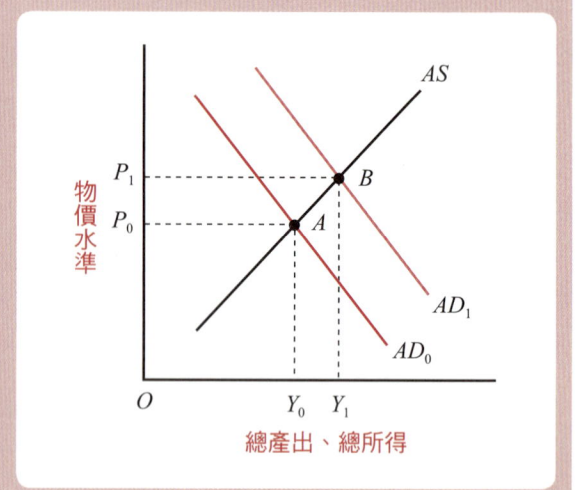

圖 1-6　總供給與總需求

政府支出增加，總需求上漲導致 AD_0 右移至 AD_1，均衡點從 A 變成 B。均衡物價從 P_0 上升至 P_1 和所得從 Y_0 上升至 Y_1。

練習題 1-8

在簡單的披薩供需模型中，起司價格上升，披薩價格會＿＿＿，而交易量會＿＿＿。

(a) 上升；上升
(b) 下降；上升
(c) 下降；下降
(d) 上升；下降

答：(d)。

摘　要

- 古典學派的理論基礎在賽伊法則，認為政府最好不要干涉經濟，在價格機能的運作下，經濟體系會自動達到充分就業。
- 凱因斯強調有效需求的重要性。在經濟不景氣下，透過政府公共投資的增加，提高整個社會的有效需求，以達充分就業。
- 一國的總體經濟目標為：充分就業、穩定的物價水準和快速的經濟成長。
- 總體經濟學的短期著重在景氣循環的探討。長期的焦點是經濟成長。景氣循環是指所得的波動，經濟成長是指所得的成長。
- 政府可利用財政政策與貨幣政策來調整該國的經濟狀況以達到總體經濟目標，或是追求經濟成長，讓人民生活水準提高。
- 模型是理論的正式陳述。其元素有二：假設與結論。
- 從總體經濟學的循環流程中，我們可以瞭解一個經濟社會的四個部門 (家計單位、廠商、政府及國外部門) 與三個市場 (商品、生產因素、金融) 間的關係。
- 個體經濟學中所討論的供需是著重在一種商品或服務的價格與交易數量。總體經濟學中探討的總供給與總需求則是強調整體的物價水準與所得水準。

習題

選擇題

1. 在古典學派觀點中，維持充分就業的方法是？
   (a) 政府干預
   (b) 積極的經濟政策
   (c) 增加儲蓄
   (d) 工資和物價充分且彈性地調整

2. 下列何者並非總體經濟變數？
   (a) 實質 GDP　　(b) 失業率
   (c) 邊際替代率　(d) 通貨膨脹率

3. 凱因斯在 1936 年出版的《一般理論》為總體經濟學奠定基礎，其主要論點不包括下列哪一項？
   (a) 自由貿易的一般理論
   (b) 就業的一般理論
   (c) 利息的一般理論
   (d) 貨幣的一般理論

4. 凱因斯學派認為均衡是由何項因素調整達成的？
   (a) 數量
   (b) 物價
   (c) 利率
   (d) 匯率　　　　　　　　(104 年中興行銷所)

5. 有關古典學派的主張下列何者錯誤？
   (a) 非志願性失業為一短期現象
   (b) 降低利率可鼓勵投資支出
   (c) 政府應該積極對抗失業率的上升
   (d) 勞動過剩導致工資下跌

6. 實質 GDP 隨著時間經過而 ____，實質 GDP 的成長率隨著時間經過而 ____。
   (a) 成長；波動
   (b) 穩定；穩定
   (c) 成長；穩定
   (d) 穩定；波動

7. 衰退是實質 GDP ____ 的期間，蕭條是實質 GDP ____ 的期間。
   (a) 緩慢下跌；嚴重下跌
   (b) 嚴重下跌；緩慢下跌
   (c) 緩慢上升；嚴重下跌
   (d) 緩慢下跌；緩慢上升

8. 景氣領先指標包括：
   (a) 消費者預期指數
   (b) 供應商績效
   (c) 每月提出申請失業保險給付人數

(d) 以上皆是　　　(103 年彰師大企研所)
9. 總體經濟模型用來解釋 ____ 變數如何影響 ____ 變數。
   (a) 內生；外生
   (b) 外生；內生
   (c) 個經；個經
   (d) 總經；總經
10. 關於總體經濟發展歷史的說明，下列敘述何者錯誤？
    (a) 經濟學始祖亞當‧斯密在《國富論》中強調"看不見的手"(invisible hand) 會使經濟自動運行順暢
    (b) 古典學派的賽伊法則 (Say's law) 強調供給可以創造自己的需求
    (c) 凱因斯在《一般理論》中強調政府的積極作為可以挽救經濟蕭條
    (d) 貨幣學派 (monetarism) 與理性預期/新興古典學派 (rational expectations-new classical school) 都強調政府的權衡性經濟政策長期而言對經濟有利
11. 下列何者並非景氣領先指標？
    (a) 股價指數
    (b) 外銷訂單指數
    (c) 實質貨幣總計數 M1B
    (d) 電力消費
    (e) 核發建照面積　　(104 年元智國企所)
12. 採購經理人指數 (purchasing managers index, PMI) 在 2016 年 12 月份為 50.1%，請根據國發會的說明，景氣處於：
    (a) 緊縮期
    (b) 擴張期
    (c) 以上皆非　　(104 年元智國企所)

問答與計算

1. 總體經濟學的長期與短期有何差別？
2. 價格僵固性較適合解釋長期或短期行為？價格自由調整可解釋長期或短期行為？
3. "總體經濟學派中的古典學派 (classical school) 認為只要市場機能正常運作，勞動市場之供需狀態會永遠維持均衡。"試評論之。
4. 根據古典學派的說法，經濟體系的所得始終維持在充分就業所得水準，國內消費水準增加是否可創造所得？
5. "凱因斯主張 1929 年的經濟大恐慌起因於供給不足。"試評論之。(100 年輔仁企管)
6. 在總體經濟學中，古典學派與凱因斯學派的觀點幾乎是對立的，試略述此二學派的基本假設。　　(102 年成大企管所)
7. 何謂景氣對策信號？試說明如何運用景氣對策信號來判斷景氣好壞。
　　(104 年台科大企研所)
8. 景氣循環中，當經濟處於谷底往高峰的開始階段，稱為何？　　(100 年文化財金)
9. 何謂領先指標與落後指標？其包括哪些經濟變數？
10. 景氣指標的基期是哪一年？
11. 何謂採購經理人指數？
12. 我國現任的中央銀行總裁、財政部長及國發會主委分別是誰？　　(台大財金所)
13. 請說明個體經濟學中供給與需求所扮演的角色。試舉出便利商店中三種商品的價格，以及你認為它們主要受何種因素的影響。
14. 若台灣引進外勞而使台灣地區的勞動力增加，請問是影響總供給或總需求？請以圖形說明總供需曲線的移動。

15. "為了避免財政赤字,財政政策應作為逆景氣循環 (counter-cyclical) 的工具。在景氣好的時候,政府應該加稅,減少公共支出。"試評論之。　　(100 年文化會計)

網路習題

1. 請至行政院國發會網站,下載最近一期的景氣概況新聞稿。請問景氣燈號及分數為何?

第 2 章
如何衡量總體經濟

《聰明學經濟的 12 堂課》作者查爾斯‧惠倫 (Charles Wheelan) 在 1980 年代末期擔任緬因州州長的發言撰稿人。[1] 他曾經寫了一個笑話：

> 布希 (George Bush) 總統在緬因州的肯尼邦克港度假時，被愛馬踢到後腦，頓時昏了過去。9 個月後，他終於醒來，(代) 總統奎爾 (Dan Quayle) 正站在床邊。
>
> "國內局勢還好嗎？"布希問。
> "是的，天下太平。"奎爾回答道。
> "失業率多少？"布希問。
> "大概百分之四。"奎爾回答。
> "通貨膨脹呢？"布希繼續問。
> "在控制之中。"奎爾回答。
> "太好了。"布希說道："現在一條麵包值多少錢？"
> 奎爾搔了搔後腦勺，緊張地說：
> "大概 240 日圓。"

儘管當時日本經濟已經深陷不景氣的泥沼十幾年，然而，"日本第一"卻常常出現在各大報章雜誌。這個笑話不僅嘲弄奎爾擔任總統的窘態，更凸顯美國對日本可能主宰世界經濟的焦慮感。

一個經濟體系表現好壞與否，就像全身健康檢查。醫院會進行驗血、驗尿、心電圖、超音波等項目，針對血糖、膽固醇、尿酸、肝膽功能做檢查。如果血糖濃度高於 126 mg/dl，可診斷為糖尿病；血壓值高於 140 mmHg，可診斷為高血壓。

經濟體系的"健康檢查"也有一些指標可供參考。譬如，國民所得、失業、通貨膨脹、預算赤字、經常帳逆差、利率、匯率水準等。本章將介紹其中三個最常見的指標：國內生產毛額、失業率和物價指數。

---

[1] 資料取自胡瑋珊譯，《聰明學經濟的 12 堂課》，先覺出版社，2003 年初版。

2-1 如何衡量國民所得：國內生產毛額

若有人問起："是台灣的生活水準高呢？還是香港？"相信很多人會回答："香港。"若再問："為什麼是香港生活水準高？"也許有些人會不知如何回答，有些人則會回答："所得水準高嘛！"再問："什麼是所得水準？是怎麼計算出來的？"當你讀完本節後，就會知道其中的緣由。

當我們提到國民所得時，通常是以國內生產毛額來表示。**國內生產毛額** (gross domestic product, GDP) 是大多數國家用來表示該國總生產量的一個指標，它係指在一特定期間內，一國國內所生產的全部最終商品與服務，以當時市場價值計算的總值。

GDP 的計算

全世界各國政府如何實際地計算出 GDP？儘管在計算時會有些微的差異，但理論上有下列三種計算方法：

1. **最終商品法** (final product approach)　僅就最終商品與服務的市場價值來予以加計。

$$GDP＝最終商品的市場價值＋最終服務的市場價值$$

表 2-1 列出以最終商品法計算的 2015 年台灣地區的 GDP。

2. **支出法** (expenditure approach)　就是從一國整體的消費支出面來加計，可分成國內需求與國外需求兩大部分：

$$GDP＝C＋I＋G＋(EX－IM)$$

(1) 國內民間消費支出 (C)
   a. 耐久財消費支出：電視、汽機車。
   b. 非耐久財消費支出：食物、衣服。
   c. 服務消費支出：學費、醫療、娛樂、大眾運輸。
(2) 國內私人毛投資支出 (I)
   a. 工具、機器等生產工具。

表 2-1　2015 年台灣的 GDP (最終商品法)　　　(單位：新台幣百萬元)

最終商品		4,290,294
農、林、漁、牧業	298,176	
工業		5,870,122
製造業	5,029,087	
營造業	419,949	
電力及燃氣供應業	307,688	
其它	113,398	
最終服務		10,407,518
批發及零售業	2,640,724	
運輸及倉儲業	548,749	
公共行政及國防	1,065,951	
金融及保險業	1,086,822	
其它	5,065,542	
統計差異		88,374
國內生產毛額		16,706,206

資料來源：行政院主計總處，https://www.dgbas.gov.tw。

　　　b. 建築物：包含住宅與非住宅。
　　　c. 存貨變動：原料、半製成品及未出售的製成品。
　　(3) 政府對商品與服務的購買支出 (G)
　　　a. 商品消費支出：公共投資、國防武器、運輸工具等。
　　　b. 服務消費支出：軍公教的薪水。
　　(4) 淨出口 ($EX-IM$)
　　　a. EX：出口總值。
　　　b. IM：進口總值。

表 2-2 列出以支出法計算台灣地區 2015 年的 GDP。

3. **所得法** (income approach)　提供生產因素的要素所得報酬加計而成的方法稱之。所得法中的生產因素有四：勞動、土地、資本及企業才能，其報酬分別是工資 (W)、租金 (R)、利息 (I) 及利潤 (π)。四項因素所得報酬的總和為**國民所得** (national income, NI)，這是從因素成本面來計算，而非市場價值。若以市場價值計算，還要考慮**間接稅淨額** (net indirect tax, NIT)、**折舊** (depreciation, D) 及**國外要素所得淨額** (net factor income from the rest of the world, NFI)。

表 2-2　2015 年台灣的 GDP (支出法)　　　　　(單位：新台幣百萬元)

國內需求 ($C+I+G$)		14,532,865
民間消費		8,724,594
政府消費		2,320,150
資本形成毛額		3,488,121
固定資本形成毛額	3,469,365	
存貨增加	18,756	
國外需求 ($EX-IM$)		2,173,341
輸出	10,766,503	
輸入	8,603,162	
國內生產毛額 (GDP)		16,706,206
國外要素所得淨額 (NFI)		503,020
國民生產毛額 (GNP)		17,209,226

資料來源：行政院主計總處，https://www.dgbas.gov.tw。

表 2-3　2015 年台灣的 GDP (所得法)　　　　　(單位：新台幣百萬元)

國民所得 (NI)		12,554,927
受雇人員報酬 (W)	7,016,814	
營業盈餘 ($R+I+\pi$)	5,538,113	
生產及進口稅淨額 (NIT)		876,729
固定資本消耗 (D)		2,565,072
加：統計差異		100,672
國內生產毛額		16,097,400

資料來源：行政院主計總處，https://www.dgbas.gov.tw。

$$GDP = W + R + I + \pi + NIT + D - NFI$$

表 2-3 列出以所得法計算台灣地區 2015 年的 GDP。

計算 GDP 時應注意的事項

世界各國在計算國民所得時，都是採用相同的計算標準。我們有必要進一步地將定義中較模糊的地方加以澄清。

1. GDP 與 GNP　國民生產毛額 (gross national product, GNP) 的定義為：在一特定時間內，一國國民所生產出來的全部最終商品與服務，以當時市場價值計算的總值。[2] 由此一定義，我們可以瞭解 GDP 與 GNP 的差異在：前者強調一國"國內"的生產總值，後者強調一國"國民"的生產總值。GDP 與 GNP 的差異可以下式表示：

$$GNP = GDP + 本國生產因素在外國生產的報酬$$
$$- 外國生產因素在本國生產的報酬$$
$$= GDP + 國外要素所得淨額$$

由上式可知，GDP 是以一國的"國境"為計算準則，包括外國生產因素在本國生產的報酬，不包括本國生產因素在外國生產的報酬。

GDP 的修訂

　　史上最賣座的電影是哪一部？《星際大戰》、《原力覺醒》？還是《阿凡達》？其實都不是，答案是 1939 年拍攝的《亂世佳人》。

　　為什麼？原因是它經過通貨膨脹調整且每年都會為米高梅電影公司創造收入，因此，《亂世佳人》會讓 GDP 增加。這種 GDP 的增加是消費增加，還是投資增加？

　　在過去，票房收入是消費支出的一部分。然而，在 2013 年後，此部分視為投資支出。在 2013 年，美國經濟分析局 (Bureau of Economic Analysis, BEA) 認為電影拍攝就像廠商興建廠房一般，而將其列入 GDP 中的投資組成項下。除了電影之外，舉凡壽命較長者的藝術創作，如音樂、書籍、電視節目都視為投資，但報紙及廣播節目則非資本投資。除此之外，研究發展支出在 2013 年之前被視為中間財，但現在則為投資的一部分。

　　一般來說，將原創作品視為投資可讓 GDP 提高約 0.5 個百分點，而將研究發展支出視為投資可提高 GDP 約 0.2 個百分點。表 2-4 為 2015 年美國包含智慧財產權產出 (intellectual property product) 在內的 GDP。

---

[2] 由於聯合國國民經濟會計制度 (System of National Accounts, SNA) 為更清楚表達用詞之經濟內涵，已將原國民生產毛額 (GNP) 改稱為國民所得毛額 (GNI)，為利國際比較，行政院主計總處遂於民國 103 年 11 月發布國民所得統計時，同步進行名詞修訂。

表 2-4　2015 年美國國內生產毛額　　　　　　　　　　　　　　　　　(單位：十億美元)

	第 1 季	第 2 季	第 3 季	第 4 季
國內生產毛額	17,649.3	17,913.7	18,060.2	18,148.4
私人消費支出	12,055.5	12,228.4	12,359	12,433.4
財貨	3,901.5	3,978.1	4,024.1	4,015
耐久財	1,301.8	1,326.4	1,339.6	1,346.5
非耐久財	2,599.7	2,651.8	2,684.4	2,668.4
服務	8,153.9	8,250.2	8,334.9	8,418.4
國內私人毛投資	2,995.9	3,025.5	3,030.6	3,032.5
固定投資	2,868.6	2,897.9	2,935.3	2,941.9
非住宅	2,280.7	2,297.9	2,319.4	2,311.6
建築物	499.3	503.8	496	487.5
設備	1,063.5	1,064.6	1,090.9	1,086
智慧財產權產出	717.8	729.6	732.4	738.1
①住宅	588	600	615.9	630.3
②私人存貨的改變	127.3	127.5	95.3	90.6
財貨與服務的淨出口	－551.6	－519.3	－530.4	－519.9
出口	2,257.3	2,280	2,259.8	2,213.2
財貨	1,517.5	1,535.5	1,508.9	1,456.2
服務	739.8	744.5	750.9	756.9
進口	2,808.9	2,799.3	2,790.2	2,733.1
財貨	2,311.7	2,299.9	2,285.4	2,226.4
服務	497.2	499.5	504.7	506.6
政府消費支出與毛投資	3,149.5	3,179.2	3,201	3,202.3
聯邦	1,218.2	1,220.7	1,224.3	1,235.2
國防	739	740.1	738.2	745.7
非國防	479.2	480.6	486.1	489.5
州與地方	1,931.3	1,958.4	1,976.6	1,967.1

GNP 則是以一國的"國民"為主，包括本國生產因素在外國生產的報酬，不包括外國生產因素在本國生產的報酬。譬如，荷商飛利浦在台灣設廠生產家電，所得到的生產總值是計入台灣的 GDP，而不是 GNP；周杰倫在上海演唱會的收入是台灣 GNP 的一部分，但不計入台灣的 GDP。

我國從民國 88 年起以 GDP 取代 GNP，其主要原因有二：第一是先進國家都用 GDP 而不用 GNP；第二是用 GDP 計算我國的實質所得成長率會比 GNP 計算實質所得成長率多出約 0.1 到 0.2 個百分點。(參考 *Taiwan Statistical Data Book 2015* 的數據。)

2. **避免重複計算** 以表 2-5 為例，衣服為最終商品，整個生產過程中的棉紗及布是中間商品，棉花則為原料。在計算 GDP 時，若我們不小心地把棉花、棉紗、布料及衣服的價值一起加計，則 GDP 會高達 810 元，這就出現重複計算現象而造成 GDP 高估。如果我們僅加計衣服生產過程中的**附加價值** (added value)，則總價值 420 元會等於最終商品——衣服的價值。為了避免重複計算，GDP 有兩種計算方法：一是最終商品法，僅計算其最終商品的價值；一是附加價值法，僅就其附加價值的部分來加計。

3. **市場價值** GDP 是計算當年新生產出來商品與服務的市場價值，二手商品的市場價值是不可計入的。

   (1) 非生產性的交易活動，不能計入 GDP
      a. 移轉性支付：退休金、撫卹金、救濟金、獎助學金等移轉性支付，由於不是當年新生產的服務，故不可計入 GDP 中。
      b. 舊有財產買賣：105 年度生產的汽車，其價值在當年已被計

表 2-5　衣服生產過程中的附加價值

生產過程	銷售價值	附加價值
a. 棉花	50 元	50 元
b. 棉紗	120 元	70 元
c. 布	220 元	100 元
d. 衣服	420 元	200 元
總附加價值		420 元

算，在 106 年雖然被轉售，若計入將會出現重複計算的問題。但轉售過程中的佣金或手續費，則是 106 年新提供的服務，所以要計入。

c. 投機性利得：如股票的證券交易利得、樂透彩的彩金，其對整體社會的生產無貢獻，不能計入 GDP。但是證券交易的佣金與傷殘人士出售彩券的利得為當年提供的新服務，要計入 GDP。

d. 非法生產：搖頭丸、大麻等毒品或土製手槍的生產，雖屬當年新生產的商品，卻是違法的生產，應排除於 GDP 之外。

(2) 非市場性生產活動應計入 GDP

a. 農場的自行消費：雖然沒有在市場上交易，但要計算在內。至於家中陽台所自行種植的水耕蔬菜是否要計入，則因難於設算，故不予列入。

b. 自有房屋的計算租金：若房屋是租賃的，它提供你棲息的服務，其租金應計入 GDP；如果房屋是自住的，其機會成本也應設算計入。假設有兩個國家，一國的所有房屋都是出租的，另一國則都是自住的，則兩國的房租分別在計入與不計入下，試想其差異有多大？

c. DIY、家庭主婦的服務：在家煮飯、洗衣服、帶小孩等由於未在市場上交易，且估算困難，一般捨棄不算。

名目 GDP 與實質 GDP

到目前為止，我們所討論的 GDP 是以**當年價格** (current price) 計算的數據。以當年價格計算的 GDP，我們稱為**名目 GDP** (nominal GDP)。名目 GDP 的增加，並不代表一國人民的生活水準的提高。

如果名目 GDP 在 2017 年上升 10%，而物價也上升 10%，則我們在這一年的生產根本沒有增加。我們只是以更高的價格出售等量的商品，沒有為人民帶來任何好處。我們的生活水準是要看我們買回家的商品與服務數量而定。因此，衡量一國生活水準是否真正提高，我們應該比較實質 GDP (real GDP) 而非名目 GDP。

實質 GDP 是以**基期** (base year) 價格計算出的國內生產毛額。假設一國有 A、B、C、D 四種商品，我們可透過表 2-6 來瞭解名目 GDP 與實質 GDP 的差異。

表 2-6　名目 GDP 與實質 GDP

當期商品數量	當期的價格	基期的價格
$Q_A = 10$	$P_A^C = 100$	$P_A^B = 110$
$Q_B = 20$	$P_B^C = 80$	$P_B^B = 40$
$Q_C = 30$	$P_C^C = 60$	$P_C^B = 50$
$Q_D = 40$	$P_D^C = 40$	$P_D^B = 40$

$$\text{名目 GDP} = P_A^C \times Q_A + P_B^C \times Q_B + P_C^C \times Q_C + P_D^C \times Q_D$$
$$= 100 \times 10 + 80 \times 20 + 60 \times 30 + 40 \times 40$$
$$= 6,000$$
$$\text{實質 GDP} = P_A^B \times Q_A + P_B^B \times Q_B + P_C^B \times Q_C + P_D^B \times Q_D$$
$$= 110 \times 10 + 40 \times 20 + 50 \times 30 + 40 \times 40$$
$$= 5,000$$

所得的其它衡量指標

雖然 GDP 是國民所得帳中一個很重要的項目，但它並不代表一國社會大眾實際的所得。因此，我們有必要認識一些其它的國民所得會計帳。

1. **國民生產毛額** (GNP)　GDP 可透過最終商品法、支出法及所得法三種不同的方法計算出來。雖然其計算方法不同，但在理論上，三者加計出來的結果應是相等。GDP 再加上國外要素所得淨額即可求得國民生產毛額 (GNP)。換言之，GNP 也是可以用三種方法計算求得。

2. **國民生產淨額** (net national product, NNP)　國民生產淨額係指一國國民在一段時間內所生產最終商品與服務的淨值。機器設備與廠房等資本財的價值在一固定時間內會有耗損，稱為折舊。所以，國民在生產 GNP 的過程中實際增加的產值應扣除折舊：

$$\text{NNP} = \text{GNP} - \text{折舊} (D)$$

由於資本財的價值是列在國內私人毛投資支出之中，故**投資淨額**

金融危機專題：次級房貸風暴 —— 菜蟲吃菜菜腳死

2008 年 9 月 15 日雷曼兄弟控股公司宣布破產，逾 2 萬 5 千名的雷曼兄弟員工失業，美股大跌 504 點，創 10 年來最大跌幅。911 恐怖攻擊都打不倒的雷曼兄弟卻在 7 年後的 9 月宣告倒閉。諷刺的是，摧毀雷曼兄弟的是，自己一手打造的金融商品 —— 次級房貸證券。

一切得從 2007 年的美國次級房貸風暴談起。所謂次級房貸 (Subprime Mortgage) 係指：(1) 美國 Fair Issac 徵信公司開發 FICO 評分 300 分到 850 分中，得分 633 分以下 (750 分合格) 的低信用評等者；(2) 曾有貸款本息償還延滯或曾申請個人破產者；(3) 年收入在 4 萬美元的低收入戶。在美國，住宅貸款原由商業銀行和儲蓄銀行承做。但對信用較差的人，銀行不願貸款，美國就發展出一種專門借錢給信用較差的房貸機構。這些機構承做的房貸就稱為"次級房貸"。

次級房貸機構為規避風險，多將房貸出售，而購入的投資銀行則積極進行房貸證券化，組合成新的金融商品 CDO (Collateralized Debt Obligation) 出售給債券市場的投資人。

本來，這一切都皆大歡喜。原來買不起房子的人，現在有人肯借錢給他們買房子；而次級房貸機構，將商品賣出也賺了一筆；債市投資人則因為買了這些商品，可收到利息，可說是一個三贏的局面。然而，好景不常，兩個環節出現問題。首先，次級房貸要付的利率，一開始雖較低，但之後 1、2 年開始飆升。造成貸款者幻覺，原來房貸利息這麼低，大家都有能力買房。當利息開始飆升後，貸款者利息無法支付，只好面臨房屋被拍賣的命運。第二為房價從 2006 年第 3 季開始下跌。這些次級房貸機構即使收回房子，賣掉也無法彌補房貸損失。另外，CDO 的附帶條件為，房貸者無法支付利息時，房貸機構有責任將這些金融商品買回。

因此，次級房貸機構就面臨兩難：房子拍賣掉也無法抵銷房貸損失，還要出錢買回已成廢紙的 CDO，手上資金不足的房貸機構立刻陷入危機，次級房貸風暴就這樣爆發出來。以雷曼兄弟的 BNC Mortgage 而論，其所承做的次級房貸超過 140 億美元，這個金額是母公司雷曼兄弟目前市值的近 6 倍，它已於 2007 年 8 月 22 日宣布倒閉。由於雷曼兄弟手上抱著一大筆接近廢紙的次級房貸證券或債券，商品價值不斷縮水，使得雷曼兄弟在 2008 年第 2 季認列 28 億美元的虧損。

加上美國政府為拒絕為雷曼兄弟擔保與英國巴克萊銀行放棄收購，最後在 9 月 15 日，全美第四大投資銀行雷曼兄弟宣布破產，英國倫敦交易所也暫停其在當地的交易。

資料來源：楊少強，"金融海嘯"，《商業周刊》，第 1089 期，2008 年 9 月 22 日，pp. 103-112。

(net investment, In) 等於**投資毛額** (gross investment, Ig) 扣除折舊 (In＝Ig－D)。因此，NNP 亦可用支出法表示：

$$NNP = C + In + G + (EX - IM) + 國外要素所得淨額$$

3. **國民所得** (NI) 　國民所得是一國國民提供生產因素後獲得所得報酬的總和，故國民所得是以要素成本表示的 NNP。但 NNP 是以市場價值表示，其中包含間接稅但不包括政府對企業的補貼。譬如，阿貴生產一部電腦其市場價值是 100 元，若不考慮折舊與間接稅及補貼，則 NNP 會等於 NI，100 元就等於工資、租金、利息及利潤的加總。若政府對電腦課徵 10 元的稅金 (假設 10 元的稅負由阿貴負擔，而不轉嫁給消費者)，則 NI 等於 90 元。若電腦產業是政府鼓勵的產業，每部電腦給予補貼 5 元，則 NI 等於 95 元。

$$NI = NNP - 間接稅 + 政府對企業的補貼$$
$$ = NNP - 間接稅淨額 (NIT)$$

如前所述，NI 亦可是四種生產因素報酬的加總。

$$NI = W + R + I + \pi$$

4. **個人所得** (personal income, PI) 　國民所得是表示國民提供生產因素後應該得到的所得，此不同於實際得到的所得，即個人所得 (PI)。在實際得到的所得中，有些是勞而不獲，有些則是不勞而獲。譬如，爸爸在過年時給你 5,000 元大紅包，這 5,000 元就是不勞而獲；如果政府在你每個月的薪水中扣除 1,000 元作為失業保險金，這 1,000 元是勞而不獲的一種。

$$PI = NI - 勞而不獲(營利事業所得稅＋公司未分配紅利$$
$$＋社會保險費)＋不勞而獲(股利＋移轉性支付＋公債利息)$$

5. **個人可支配所得** (disposal personal income, DPI)　個人所得並非是國民可以完全支配使用的所得。每年 5 月份為個人綜合所得稅申報的期間 (在 2002 年以前，申報期限為 2 月到 3 月底)，每個人在繳清綜合所得稅之後，就是個人可支配所得，個人可以盡情地支配其所得。

$$DPI = PI - 個人所得稅$$
$$= C + S$$

而在個人可支配所得中，沒有消費 (C) 的部分就是儲蓄 (S)：

$$S = DPI - C$$

表 2-7 為本節國民所得帳戶的一覽表，表 2-8 則為我國 2013 年實際的國民所得帳戶表，這能讓我們區別其間的小差異。

表 2-7　GDP、NNP、NI、PI、DPI、S

GDP
加：國外要素所得淨額 (NFI)
＝GNP
減：折舊 (D)
＝NNP
減：間接稅淨額 (NIT) (＝間接稅－補貼)
＝NI
減：營利事業所得稅
公司未分配紅利
社會保險費
加：移轉性支付
公債利息
股利
＝PI
減：個人所得稅
＝DPI
減：消費 (C)
＝S

表 2-8　2013 年台灣的所得稅帳戶　　　　　　　　　　(單位：新台幣百萬元)

A. GNP (國民生產毛額)	15,646,211
減：折舊	2,474,738
B. NNP (國民生產淨額)	13,171,473
減：生產及進口稅	920,170
加：補貼	100,823
減：統計差異	175,530
C. NI 國民所得 (按要素成本計算)	12,176,596
減：國營事業與私人企業儲蓄	1,480,809
加：其它項目*	918,567
D. PI 家庭 (個人) 所得	11,614,354
減：所得稅與其它經常稅	481,662
移轉支出	1,919,602
E. DPI 家庭 (個人) 可支配所得	9,213,090
減：消費支出	8,249,261
F. S 淨儲蓄	963,829

資料來源：國家發展委員會，*Taiwan Statistical Data Book 2015*, Table 3.16。
* 其它項目是指國內及國外移轉收入扣除營利事業所得稅、政府的財產，與企業所得收入、罰款及規費。

GDP 概念的一些限制

　　GDP 是否可用來衡量人民的集體福祉？答案是兩者都有。2015 年美國的平均每人實質 GDP 是 50,807 美元，這表示美國人民買得起價值 1 萬美元的汽車；[3] 相反地，一個平均每人實質 GDP 不到 1 千美元的國家，根本消費不起 1 萬美元的商品，因為這中間差了價值 9 千美元的商品或服務。

　　但是，實質 GDP 愈高，並不必然隱含一國人民的福利水準愈高，人民未必是生活在更好的環境裡。以下僅就國內生產毛額的限制加以說明：

---

[3] 此數字是以 2009 年連鎖價格的平均每人實質 GDP。

GDP 與社會福利 GDP 的多少僅表示一國經濟體系中商品與服務的生產狀況，但下列的社會福利卻無法從 GDP 中看出：

1. **地下經濟活動** 一國有許多未透過正當市場交易的經濟活動，即所謂的地下經濟 (underground economy) 活動，如非法的職棒賭博、酒廊、洗錢，以及其它未登記的營業活動等，因無法實際掌握其資料，故無法計入 GDP，導致無法反映一國實際的福利水準。
2. **休閒時間的考量** 我國從民國 90 年起開始實施週休 2 日，即 1 週工作 5 天。若兩國的 GDP 相同，一國 1 週工作 6 天，另一國為 5 天，則兩國的生活水準是否會一樣？
3. **商品品質的高低** 智慧型手機螢幕從 4 吋變成 6 吋；電腦顯示器由陰極射線管螢幕 (CRT) 變成液晶螢幕 (4K2K) 等，這些較高品質的享受也難以從 GDP 區別出來。
4. **外部性** 水、空氣、土地被污染，這些外部性經濟會導致一國生活品質降低，卻無法從 GDP 中看出。

練習題 2-1

下列何者在國民所得帳中不列入消費支出？
(a) 耐久財支出
(b) 非耐久財支出
(c) 勞動支出
(d) 房屋購買支出
(e) 以上 (a)、(b)、(c)、(d) 都列入消費支出

答：(d)。

2-2 如何衡量沒有工作：失業率

假設有一家人，父親已經退休，母親原本就是家庭主婦，兒子已自學校畢業正在求職，女兒則尚在就學。請問：這一家人誰是失業者？答案是兒子。因為失業者是有意願工作卻無法找到工作的人。(父親、母親並沒有意願工作，女兒還在求學。)

失業的定義

　　行政院主計總處每個月蒐集台灣地區 15 歲以上人口、勞動力結構、失業、就業及失業原因等有關基本資料，將這些資料編製為台灣地區人力資源統計。

　　人力資源統計的調查對象是以台灣地區內普通住戶與共同事業戶戶內年滿 15 歲，自由從事經濟活動之民間人口為對象，但不包括監管人口及現役軍人。行政院主計總處四局四科將每一住戶受訪者歸類成三個類別：就業者、失業者、非勞動力。

　　圖 2-1 是行政院主計總處對台灣地區勞動力的分類，括弧內的數字是 2016 年 1 月的人口資料。

就業者　指在資料標準週內從事有酬工作者，或從事 15 小時以上之無酬家屬工作者。就業者包括雇主、自營作業者、受雇者 (受政府或私人雇用)，以及無酬家屬工作者。

失業者　有關失業者的定義是參考國際勞工組織的規定，與先進國家

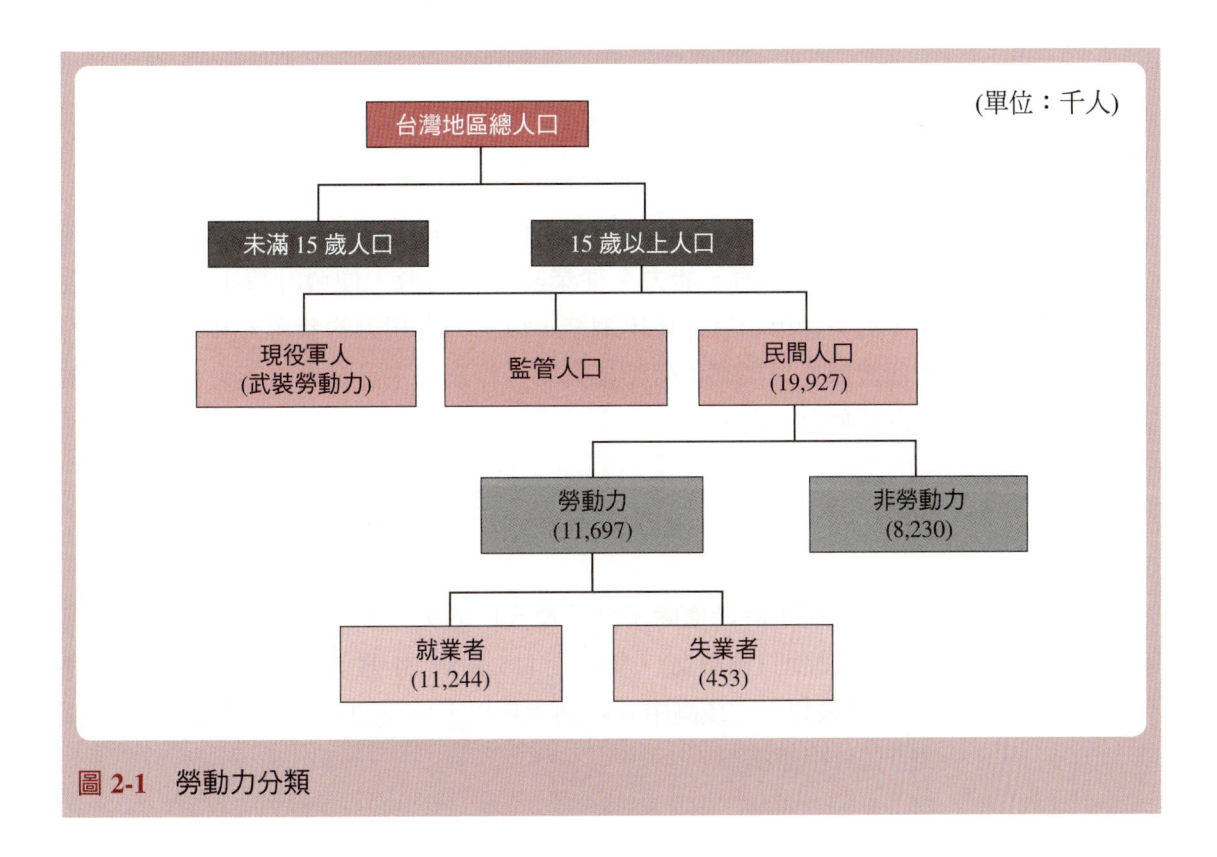

(單位：千人)

- 台灣地區總人口
  - 未滿 15 歲人口
  - 15 歲以上人口
    - 現役軍人 (武裝勞動力)
    - 監管人口
    - 民間人口 (19,927)
      - 勞動力 (11,697)
        - 就業者 (11,244)
        - 失業者 (453)
      - 非勞動力 (8,230)

圖 2-1　勞動力分類

所公布的失業定義相同，係指在資料標準週內年滿 15 歲同時具有下列條件者：

1. 無工作。
2. 隨時可以工作。
3. 正在尋找工作或正在等待工作結果。

此外，尚包括等待恢復工作者及找到職業而未開始工作且沒有領到報酬的人。

非勞動力 指在資料標準週內年滿 15 歲不屬於勞動力之民間人口，包括因就學、料理家務、高齡、身心障礙、想工作而未找工作及其它原因而未工作，且未找工作的人。在非勞動力中，有些人想要找工作，卻因為經濟不景氣等因素而放棄繼續求職，這些人稱為**氣餒的工人**(discouraged workers)。行政院主計總處在民國 75 年 8 月以前，曾將這部分的人口列入失業率的計算，稱為廣義失業率。

監管人口 是指非自願性或強迫性的被監管。譬如，犯罪入獄服刑者，或正在勒戒毒癮者都屬於監管人口。

勞動力 在資料標準週內，可以工作的民間人口，包括就業者與失業者。

　　一旦行政院主計總處蒐集到受訪者就業，失業人數以及行業、職業、教育、經濟、能力、從業身分等情形，便會計算不同的統計數字，對勞動市場狀態做出總結，以供人力規劃的參考。其中最重要的兩個數據是失業率和勞動參與率。行政院主計總處定義失業率是失業者占勞動力的比率。

$$失業率 = \frac{失業者}{勞動力} \times 100\%$$

　　行政院主計總處除了計算總人口的失業率外，也計算一些特定族群，如按性別 (男與女)、年齡別 (15 歲到 24 歲、25 歲到 44 歲)、教育別 [國中及以下，或高中 (職) 與大專以上]。表 2-9 為台灣地區人力資源調查統計指標摘要。

表 2-9　人力資源調查統計指標摘要　　　　　　　　　　　　　　　　　　　　　　　　（單位：千人）

年月別	15歲以上民間人口	勞動力 小計	勞動力 就業者	勞動力 失業者	非勞動力 小計	想工作而未找工作者	勞動力參與率 (%)	季節調整後	失業率 (%)	季節調整後	廣義失業率 (%)
95年平均	18,166	10,522	10,111	411	7,644	198	57.92	57.92	3.91	3.91	5.68
96年平均	18,392	10,713	10,294	419	7,679	191	58.25	58.25	3.91	3.91	5.59
97年平均	18,623	10,853	10,403	450	7,770	168	58.28	58.28	4.14	4.14	5.61
98年平均	18,855	10,917	10,279	639	7,937	177	57.90	57.90	5.85	5.85	7.35
99年平均	19,062	11,070	10,493	577	7,992	161	58.07	58.07	5.21	5.21	6.57
100年平均	19,253	11,200	10,709	491	8,053	152	58.17	58.17	4.39	4.39	5.67
101年平均	19,436	11,341	10,860	481	8,096	150	58.35	58.35	4.24	4.24	5.49
102年平均	19,587	11,445	10,967	478	8,142	152	58.43	58.43	4.18	4.18	5.43
103年平均	19,705	11,535	11,079	457	8,170	144	58.54	58.54	3.96	3.96	5.14
12月	19,766	11,590	11,151	439	8,176	143	58.64	58.60	3.79	3.81	4.96
104年平均	19,842	11,638	11,198	440	8,204	147	58.65	58.65	3.78	3.78	4.98
1月	19,777	11,589	11,159	430	8,188	146	58.60	58.61	3.71	3.76	4.91
2月	19,789	11,588	11,160	428	8,200	148	58.56	58.62	3.69	3.73	4.91
3月	19,799	11,593	11,162	431	8,206	146	58.55	58.64	3.72	3.74	4.91
4月	19,810	11,591	11,170	421	8,219	147	58.51	58.66	3.63	3.76	4.84
5月	19,823	11,600	11,179	420	8,223	143	58.52	58.66	3.62	3.76	4.80
6月	19,834	11,617	11,185	431	8,218	145	58.57	58.64	3.71	3.77	4.90
7月	19,843	11,656	11,211	445	8,187	148	58.74	58.64	3.82	3.76	5.02
8月	19,856	11,686	11,230	456	8,170	151	58.85	58.66	3.90	3.77	5.13
9月	19,870	11,667	11,213	454	8,202	150	58.72	58.69	3.89	3.81	5.11
10月	19,887	11,680	11,225	455	8,207	148	58.73	58.67	3.90	3.81	5.10
11月	19,903	11,692	11,235	457	8,211	147	58.74	58.66	3.91	3.85	5.10
12月	19,916	11,695	11,242	453	8,221	148	58.72	58.68	3.87	3.88	5.07
105年 1月	19,927	11,697	11,244	453	8,230	150	58.70	58.67	3.87	3.91	5.09
當月較上月增減 (%)	0.05	0.02	0.02	0.06	0.11	1.23	(−0.02)	(−0.01)	(0.00)	(0.03)	(0.02)
當月較上年同月增減 (%)	0.76	0.93	0.76	5.39	0.51	2.61	(0.10)	(0.06)	(0.16)	(0.15)	(0.18)
本年累計較上年同期增減 (%)	0.76	0.93	0.76	5.39	0.51	2.61	(0.10)	—	(0.16)	—	(0.18)

註：1. 括弧（ ）內數字係增減百分點。
　　2. 人力資源調查對象不包括武裝勞動力及監管人口。
　　3. 失業者係採國際勞工組織 (International Labor Organization, ILO) 標準定義，即年滿 15 歲以上人口，且須同時符合無工作、在找工作或已找工作在等待結果、隨時可以開始工作三項條件。
　　4. 失業率＝失業者/勞動力×100%。
　　5. 廣義失業率＝(失業者＋想工作而未找工作且隨時可以開始工作者)/(勞動力＋想工作而未找工作且隨時可以開始工作者)×100%。
　　6. 季節調整後資料援例於每年年初重新推估時間數列模型調整統計結果。

資料來源：行政院主計總處，編製時間：民國 105 年 2 月 25 日。

以 2014 年為例，受美國經濟穩定成長，主要經濟體貨幣持續寬鬆，2014 年我國經濟成長率為 3.51%。勞動市場方面全年平均就業人數 1,107 萬 9 千人，較上年增加 1.02%。平均失業率 3.96%，較上年續降 0.22 個百分點，顯示勞動市場穩定成長，失業情勢持續改善。

男性與女性失業率分別為 4.27% 與 3.56%。按年齡觀察以 15 歲到 24 歲年齡者失業率為 12.63% 最高，主要係因處工作初期或調適階段，工作異動頻繁所致。按教育別觀察，大學及以上程度者失業率為 4.99%，失業人數 18 萬 3 千人，居各教育程度之冠。主要係因國內教育普及，且其多屬剛畢業、較年輕，工作轉換較為頻繁。2014 年失業者平均失業週數為 25.9 週，較上年縮短 0.3 週。

另一個相當有用的指標是**勞動力參與率** (labor force participation rate)。行政院主計總處對勞動力參與率的定義是勞動力占 15 歲以上民間人口的比率。

$$勞動力參與率 = \frac{勞動力}{15\ 歲以上的民間人口} \times 100\%$$

如同失業率，勞動力參與率除了從整個民間人口資料求取外，行政院主計總處也針對特定族群 —— 教育程度、年齡及婚姻狀況 —— 加以計算。以 2014 年為例，2014 年平均勞動力參與率為 58.54%，較 2013 年上升 0.11 個百分點，其中女性勞參率為 50.19%，首次突破 50%；男性為 66.78%，較 2013 年上升 0.04 個百分點。

按年齡結構觀察，以 45 歲到 54 歲年齡者上升 0.96 個百分點最多；15 歲到 24 歲年齡者則下降 0.22 個百分點。

失業率的計算

為了瞭解失業率及勞動力參與率的計算過程，我們以圖 2-1 的數字為例。台灣地區在 2016 年 1 月份的就業人口是 1,124 萬 4 千人，失業人口是 45 萬 3 千人。勞動力為

$$勞動力 = 11,244 + 453 = 11,697\ (千人)$$

失業率為

$$失業率 = \frac{453}{11,697} \times 100\% = 3.87\%$$

因為 15 歲以上民間人口數是 1,992 萬 7 千人，勞動力參與率為

$$勞動力參與率 = \frac{11,697}{19,927} \times 100\% = 58.7\%$$

因此，台灣地區在 2016 年 1 月份，15 歲以上的民間人口中有 58.7% 的人參與勞動市場，其中有 3.87% 的參與者並沒有工作。圖 2-2 所示為台灣地區失業率與男性及女性失業率的時間數列圖形。

失業的種類

在勞動市場有一隻"看不見的手"叫做工資，它可以自由調整使勞動供給等於勞動需求而讓市場達到充分就業。

然而，充分就業的狀態是否意味著勞動完全就業？事實並非如此，總是有些勞工沒有工作；換句話說，失業率永遠不會降至零的水準；相反地，失業率繞著正常失業率波動，這個正常失業率稱為**自然失業率** (natural rate of unemployment)，自然失業屬於勞動市場中長期失業的範疇。經濟學家依失業形成的原因將失業分成三類：摩擦性失

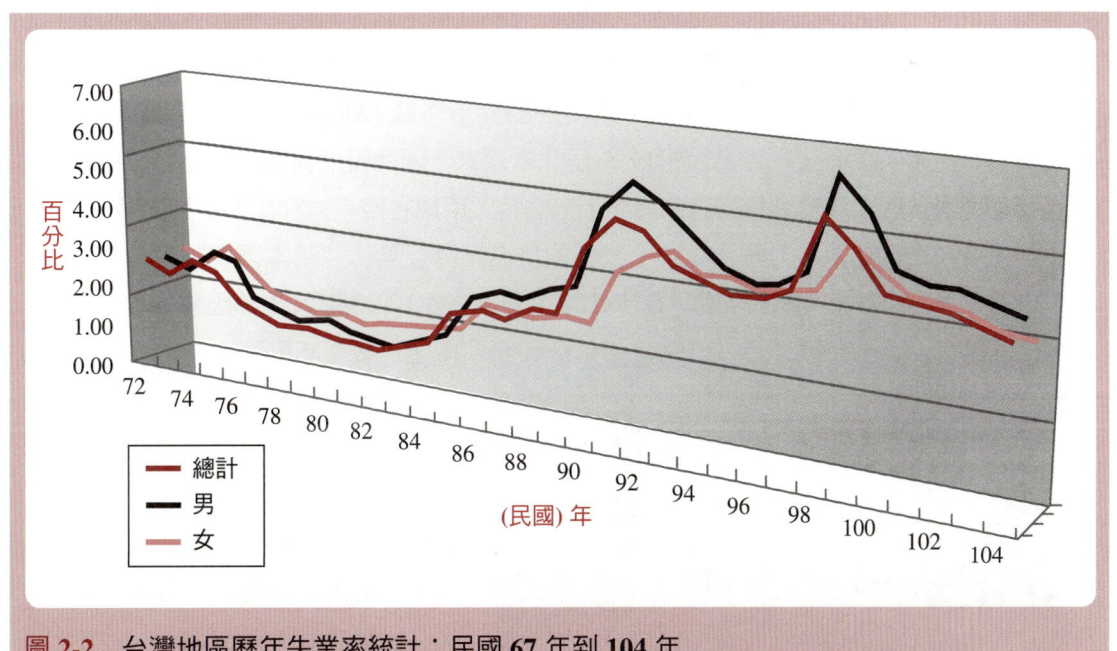

圖 2-2　台灣地區歷年失業率統計：民國 67 年到 104 年
資料來源：行政院主計總處，https://www.dgbas.gov.tw。

台灣的競爭力

世界經濟論壇 (World Economic Forum, WEF) 在 2015 年 9 月 30 日公布 2015 年到 2016 年全球競爭力排名。歐洲與東亞仍是全球最具競爭力的經濟體系，瑞士連續 3 年封王，新加坡緊追在後。台灣的排名從 2015 年的第 14 名下跌到第 15 名，連續 8 年超越競爭對手韓國。

目前評估全球競爭力的兩大機構為瑞士洛桑管理學院 (International Institute for Management Development, IMD) 與世界經濟論壇 (WEF)。WEF 每年 9 月發布全球競爭力報告，依定義分成"成長競爭力指標"(growth competitiveness index, GCI) 與"企業競爭力指標"(business competitiveness index, BCI) 兩種。GCI 是由沙奇斯 (Jeffrey Sachs) 與麥克阿瑟 (John MacArthur) 兩位學者所建構。他們以三個支柱：總體經濟環境、政府機構素質及科技準備程度來評估一個國家的成長進化過程。BCI 著重在經濟體系生產力與競爭力的個體經濟因素。它特別衡量兩個領域：企業營運與策略的成熟度，以及企業營運的品質。

競爭力排名是依據量化資料、主管意見調查，以及相關機構的協助而來。2015 年有 1 萬 1 千位企業主管接受問卷。問卷的重點在於創新、科技準備程度及政府素質等。

主持這項計畫的 WEF 首席經濟學家羅斐茲–卡洛茲 (Augusto Lorez-Claros) 表示，芬蘭、瑞典、丹麥、冰島及挪威 5 個北歐國家，因總體經濟環境健全，政府部門透明而有效率，政府預算與施政順序十分吻合，所以在競爭力評比上名列前茅。

在 WEF 評比競爭力三大類中，我國的排名升降互見。"基本需要"與去年相同，排名第 14 名；"效率強度"進步 1 名到第 15 名；"創新及成熟因素"排名第 16 名，較去年下降 3 名。

在細項方面，除了低通膨率全球排名第一外，台灣在愛滋病防治上也相當有成，從 2015 年的第 58 名大幅提升到第 1 名。此外，國內市場融資、群聚發展狀況依然有成。薪資彈性、員工在職訓練、稅務激勵、政府預算等都有長足進步。政府決策透明

> 度、學校網路普及率、反壟斷政策效果、對外直接投資規範影響、區域供應品質與比重則下滑。
>
> 資料來源：江今葉，"WEF 全球競爭台排 15 下滑 1 位"，中央通訊社，2015 年 9 月 30 日。

業、結構性失業、循環性失業。其中，摩擦性失業與結構性失業的總和為自然失業。

1. **摩擦性失業** (frictional unemployment)　摩擦性失業是變換或找尋工作過程中所發生的失業。這類的失業者包括尋找工作的初次就業者，以及原有工作不適合自己的興趣和技能而另外尋找其它工作的非初次就業者。

    剛踏出校門的新鮮人找到工作時，常聽到老闆說前 3 個月是試用期，如果一切順利，3 個月後會成為正式員工，薪水也會隨之調整。在這段期間，不僅老闆會觀察你的工作表現，你也會藉機瞭解工作性質，評估自己未來的發展潛力。若你發覺自己不適合現在的這份工作，可能在試用期滿時就離職，而另覓適合自己志趣的工作，這種失業即為摩擦性失業。

2. **結構性失業** (structural unemployment)　結構性失業的產生，是因為產業結構的轉變、區域發展的消長，或生產技術進步太快，勞動者技能不能配合市場需要，而導致求才者與求職者之間無法配合的失業。

    譬如，九份和金瓜石曾經是煤礦與金礦重鎮。民國 30 年代因金價上漲締造 "亞洲金都" 的輝煌盛況。當民國 60 年台陽公司因礦源枯竭宣布停止生產，採礦工人隨之失業，九份頓時呈現發展遲緩的狀態。民國 80 年代由於電影取景以及媒體的介紹，九份成為新興的懷舊旅遊景點。九份再度的繁華不是來自黃金，而是來自可媲美金礦的旅遊業，就業者也由昔日的採礦工人轉變成服務業。

3. **循環性失業** (cyclical unemployment)　循環性失業是經濟衰退所造成的失業。當總需求不足時，企業的產品銷售無門，存貨累積，造成企業對勞工的需求降低，勞工則因工作機會不足而無法找到工作。這種偏離自然失業的失業現象，純粹是景氣循環所造成。在景氣繁榮時，循環性失業人數下降；在不景氣時，循環性失業人數增加。想要解決循環性失業必須設法提振景氣，促使商品的有效需求增加，進而提高勞動需求，降低失業率。

歐肯法則

失業率與實質 GDP 成長率存在什麼樣的關係？由於就業勞工可以幫助商品與服務的生產，而失業勞工無法幫忙，失業率的升高應該伴隨實質 GDP 的減少。

美國經濟學家歐肯 (Arthur Okun) 蒐集 1930 年到 1980 年間的 GDP 成長率與失業率之間的關係，發現當失業率固定不變時，實質 GDP 會以 3% 的速率成長。若失業率每上升 1 個百分點，實質 GDP 成長會下跌 2 個百分點；換言之，

$$實質 GDP 變動百分比 = 3\% - 2 \times 失業率的變動百分比$$

我們稱失業率與實質 GDP 成長率之間的負向關係為**歐肯法則** (Okun's law)。若失業率由 4% 上升至 6%，則實質 GDP 成長率為

$$實質 GDP 變動百分比 = 3\% - 2 \times (6\% - 4\%)$$
$$= -1\%$$

在這個例子，歐肯法則顯示實質 GDP 下跌 1%，表示經濟處於不景氣的階段。[4]

---

[4] Arthur M. Okun, "Potential GNP: Its Measurement and Significance," in *Proceedings of the Business and Economics Statistics Section*, (Washington D.C.: American Statistical, Association, 1962), pp. 98-103.
歐肯法則也可寫成

$$實質 GDP 變動百分比 = 潛在產出成長率 - 2 \times 失業率變動百分比$$

其中潛在產出成長率由勞動成長、資本累積及技術進步所形成。

> **練習題 2-2**
>
> 下列敘述何者不正確？
> (a) 失業人口除以總人口為失業率
> (b) 年滿 15 歲且有工作的人口總數稱為就業人口
> (c) 就業人口加失業人口稱為勞動力
> (d) 年滿 15 歲可立即工作但無工作或正在找工作的人口總數為失業人口
> (104 年淡江國企)
>
> **答**：(a)。

2-3 如何衡量生活成本：物價指數

民國 38 年時，電影《一江春水向東流》票價要新台幣 4 萬元。但到西門町今日數位影城觀賞第 4 屆亞洲海洋電影節最佳影片《海角七號》的電影票價是新台幣 220 元。相較之下，民國 38 年的戲院老闆其所得是否比今天的今日數位影城老闆的所得高？當然不是，其關鍵就在通貨膨脹。

通貨膨脹 (或消費者物價指數的變化) 是政府用來反映物價變化的數字。行政院主計總處每個月選查食、衣、住、行、育樂等類，共計約 1 萬 1 千項商品的價格，然後彙整成一個數據。目前我們常用的物價指數有三種：

1. 國內生產毛額平減價格指數 (即稱 GDP 平減指數)。
2. 消費者物價指數。
3. 躉售物價指數。

GDP 平減指數

GDP 平減指數 (GDP deflator) 是衡量一個國家所生產的最終商品與服務的平均價格，其計算公式如下：

$$\text{GDP 平減指數} = \frac{\text{名目 GDP}}{\text{實質 GDP}} \times 100$$

上式中,名目 GDP 是以當期價格計算的 GDP,而實質 GDP 是以基期價格計算的 GDP。譬如,以當年價格計算的民國 100 年台灣地區 GDP 為 13,745,010 百萬元,以民國 95 年價格計算的 100 年 GDP 為 14,782,363 百萬元;亦即,民國 100 年的

$$名目\ GDP = 13,745,010$$
$$實質\ GDP = 14,782,363$$
$$GDP\ 平減指數 = \frac{13,745,010}{14,782,363} \times 100 = 92.98$$

同樣地,以民國 95 年為例,名目 GDP 為 12,243,471 (百萬元),而實質 GDP 也是 12,243,471 (百萬元),所以 95 年的 GDP 平減指數為 100。前面提到,行政院主計總處是選定 95 年作為基期,因此,基期的物價指數是 100。

消費者物價指數

消費者物價指數 (consumer price index, CPI) 是衡量家庭購買日常消費各項商品或服務的價格變動情形。它是用來檢視生活成本隨時間改變而產生的變化。行政院主計總處按月編製和公布台灣地區的消費者物價指數。[5]

指數的計算公式是採拉氏公式計算,其基本型態為

$$消費者物價指數 = \frac{當期一籃商品與服務的成本}{基期一籃商品與服務的成本}$$

為了說明這些統計數字是如何建立的,讓我們以表 2-10 的例子加以說明。

在表 2-10,假設政府選定民國 105 年為基期。首先,假設台灣地區一典型家庭每個月只消費兩種商品:大麥克和電影,消費數量在民

---

[5] 行政院主計總處針對全台灣 8 個城市:基隆市、台北市、新竹市、台中市、嘉義市、台南市、高雄市和花蓮市的新鮮蔬果及魚貝類每個月調查九次 (每旬逢 2、5、8 日),其餘商品則每月調查三次。至於針對台灣地區 8 個縣市:新北市、宜蘭、苗栗、南投、嘉義、屏東、台東和澎湖等,每月查價一次 (每個月的 15 日) 或三次 (每旬逢 5 之日)。

表 2-10　計算消費者物價指數與通貨膨脹率

步驟 1：基期一籃商品的數量：4 個大麥克、10 張電影票
　　　　　基期＝民國 105 年

步驟 2：一籃商品在各個年份的價格

	大麥克價格	電影票價格
民國 105 年	NT$60	NT$250
民國 106 年	70	270
民國 107 年	75	280

步驟 3：計算各個年份購買商品的成本
　　　　　民國 105 年　4×60＋10×250＝2,740
　　　　　民國 106 年　4×70＋10×270＝2,980
　　　　　民國 107 年　4×75＋10×280＝3,100

步驟 4：計算各年的消費者物價指數
　　　　　民國 105 年　(2,740/2,740)×100＝100
　　　　　民國 106 年　(2,980/2,740)×100＝108.76
　　　　　民國 107 年　(3,100/2,740)×100＝113.14

步驟 5：利用消費者物價指數計算通貨膨脹率
　　　　　民國 106 年　(108.76－100)/100×100％＝8.76％
　　　　　民國 107 年　(113.14－108.76)/108.76×100％＝4.03％

國 105 年分別是 4 個大麥克和 10 張電影票。第二個步驟是找出商品在不同年份的價格，表中顯示大麥克和電影票在民國 105 年、106 年及 107 年的價格。在這個例子，兩種商品的價格均隨時間經過而上漲。在現實生活中，有些商品的價格可能上漲，有些價格則可能會下跌。

　　第三個步驟是計算各個年份典型家庭購買一籃商品所需花費的成本。利用價格與基期數量的資料代入消費者物價指數的公式。譬如，一典型台灣地區家庭每月消費 4 個大麥克和 10 張電影票，在民國 105 年的支出是 2,740 元；在民國 106 年消費同樣數量的商品組合，每個月的支出是 2,980 元；到民國 107 年，每月支出增加至 3,100 元。

　　第四個步驟是計算消費者物價指數。消費者物價指數的計算公式是：

$$\frac{\sum\limits_{i=1}^{n} P_i Q_i^0}{\sum\limits_{i=1}^{n} P_i^0 Q_i^0} \times 100$$

其中，$\sum\limits_{i=1}^{n} P_i Q_i^0$ 是當期一籃商品與服務的成本，P_i 為當期商品與服務的價格，Q_i^0 為基期商品與服務的購買量，$\sum\limits_{i=1}^{n} P_i^0 Q_i^0$ 是基期一籃商品與服務的成本，P_i^0 為基期商品與服務的價格。在這個例子中，民國 105 年的消費者物價指數為 (2,740/2,740)×100＝100。民國 106 年的消費者物價指數則為 (2,980/2,740)×100＝108.76。這表示民國 106 年一籃商品價格是民國 105 年的 108.76%，也就是在民國 105 年值 100 元的商品，在民國 106 年值 108.76 元。同理，民國 107 年的消費者物價指數是 113.14。這表示民國 107 年的物價比民國 105 年上漲了 13.14%。

第五個步驟是利用消費者物價指數來計算通貨膨脹率。通貨膨脹率定義成每年物價水準變動的百分比；亦即，從民國 105 年到 106 年的通貨膨脹率公式為

$$\text{民國 106 年的通貨膨脹率} = \frac{\text{民國 106 年的 CPI} - \text{民國 105 年的 CPI}}{\text{民國 105 年的 CPI}} \times 100\%$$

$$= \frac{108.76 - 100}{100} \times 100\% = 8.76\% \times 100\% = 8.76\%$$

民國 107 年的通貨膨脹率則為

$$\frac{113.14 - 108.76}{108.76} \times 100\% = 4.03\%$$

表 2-11 列出台灣地區各種物價指數及通貨膨脹率。請注意，基期是民國 100 年，因此，該年的物價指數都是 100，年增率定義成第 1 年與第 2 年的物價指數變動的百分比。譬如，民國 100 年的 CPI 是 100 和民國 101 年的 CPI 是 101.93，年增率，即通貨膨脹率為 1.93%。

躉售物價指數

躉售物價指數 (wholesale price index, WPI) 又稱為**生產者物價指數**

表 2-11　台灣地區各種物價總指數之變動　　　　　　　　　　(基期：民國 100 年＝100)

年月別	躉售物價指數 定基指數	躉售物價指數 年增率(%)	消費者物價指數 定基指數	消費者物價指數 年增率(%)	進口物價指數 定基指數	進口物價指數 年增率(%)	出口物價指數 定基指數	出口物價指數 年增率(%)
80 年	74.08	0.16	72.15	3.62	58.56	－2.80	98.45	0.53
81 年	71.36	－3.67	75.37	4.46	54.51	－6.92	93.16	－5.37
82 年	73.15	2.51	77.59	2.95	57.04	4.64	97.99	5.18
83 年	74.74	2.17	80.77	4.10	59.96	5.12	98.55	0.57
84 年	80.25	7.37	83.73	3.66	66.04	10.14	105.34	6.89
85 年	79.45	－1.00	86.31	3.08	64.40	－2.48	107.10	1.67
86 年	79.08	－0.47	87.09	0.90	63.50	－1.40	109.29	2.04
87 年	79.55	0.59	88.56	1.69	63.96	0.72	115.39	5.58
88 年	75.94	－4.54	88.71	0.17	61.35	－4.08	105.54	－8.54
89 年	77.32	1.82	89.82	1.25	64.18	4.61	104.62	－0.87
90 年	76.28	－1.35	89.82	0.00	63.38	－1.25	104.95	0.32
91 年	76.32	0.05	89.64	－0.20	63.63	0.39	103.39	－1.49
92 年	78.21	2.48	89.39	－0.28	66.90	5.14	101.84	－1.50
93 年	83.71	7.03	90.83	1.61	72.64	8.58	103.49	1.62
94 年	84.22	0.61	92.92	2.30	74.40	2.42	100.94	－2.46
95 年	88.96	5.63	93.48	0.60	80.96	8.82	103.46	2.50
96 年	94.72	6.47	95.16	1.80	88.20	8.94	107.14	3.56
97 年	99.59	5.14	98.51	3.52	96.00	8.84	104.84	－2.15
98 年	90.90	－8.73	97.66	－0.86	86.78	－9.60	97.93	－6.59
99 年	95.86	5.46	98.60	0.96	92.89	7.04	99.91	2.02
100 年	100.00	4.32	100.00	1.42	100.00	7.65	100.00	0.09
101 年	98.84	－1.16	101.93	1.93	98.72	－1.28	98.38	－1.62
102 年	96.44	－2.43	102.74	0.79	94.33	－4.45	96.35	－2.06
103 年	95.89	－0.57	103.97	1.20	92.35	－2.10	96.45	0.10
104 年	r 87.41 r	－8.84	103.65	－0.31	r 80.41 r	－12.93 r	91.95 r	－4.67

註：1. 由於受查者延誤或更正報價，最近 3 個月資料均可能修正。
　　2. 民國 60 年到 69 年消費者物價指數係原編台灣地區都市消費者物價指數銜接。
資料來源：行政院主計總處，https://www.dgbas.gov.tw。

(producer price index, PPI)。它是衡量生產廠商出售原材料、半成品及製成品等價格的變動情形。台灣地區的躉售物價指數由行政院主計總處在每個月的 5 日所發布上個月的物價變動新聞稿。

躉售物價指數是採用拉氏公式計算，這點和消費者物價指數的計算過程相同。因此，表 2-10 的計算步驟也可以用來建構躉售物價指數。躉售物價指數的基期選定方式和消費者物價指數完全一樣。至於躉售物價指數的實際用途主要是作為營利事業資產重估評價的依據，以及國民所得統計與產業關聯統計平減參考。

各種物價指數的差異

實務上，GDP 平減指數和消費者物價指數都可以用來建構通貨膨脹率。但這兩個物價指數由於衡量的商品種類不同，而有兩項差異。讓我們回憶一下，GDP 平減指數是名目 GDP 除以實質 GDP，而消費者物價指數是衡量一典型家庭購買商品與服務支出的變化。

GDP 平減指數與消費者物價指數的第一項差異是計算公式的不同。

$$\text{GDP 平減指數} = \frac{\sum_{i=1}^{n} P_i Q_i}{\sum_{i=1}^{n} P_i^0 Q_i} \times 100$$

$$\text{CPI} = \frac{\sum_{i=1}^{n} P_i Q_i^0}{\sum_{i=1}^{n} P_i^0 Q_i^0} \times 100$$

兩種物價指數都是比較當期與基期物價水準的變動情形。GDP 平減指數使用的權數是當期一籃商品與服務的數量 (Q_i)，而消費者物價指數使用的權數是基期一籃商品與服務的數量 (Q_i^0)，每隔 5 年，行政院主計總處才會檢討項目內容，並更改權數。換句話說，GDP 平減指數是比較當期生產商品與服務的價格，以及基期年同樣組合商品與服務的價格，而消費者物價指數是比較固定一籃商品與服務的價格和當期商品與服務的價格。

GDP 平減指數與消費者物價指數的第二項差異是 GDP 平減指數衡量所有國內生產的商品與服務。因為 $GDP = C + I + G + (EX - IM)$，包括在 GDP 之內的項目是消費、投資、政府購買及出口的商品與服務，但不包括進口商品。消費者物價指數衡量的項目是一般家庭消費的商品與服務，包括國內製造與進口商品。因此，假設賓士汽車售價提高，由於賓士是德國製造生產，不計算在台灣地區國內生產毛額內，故不列入 GDP 平減指數的計算。如果消費者購買賓士汽車，則賓士汽車價格的上漲會造成消費者物價指數上升。一般來說，GDP 平減指數和消費者物價指數相當一致，除非進口物價水準大幅提高，如 1970 年代的第一次及第二次石油危機，都會造成兩種物價指數的分歧走勢。

　　至於躉售物價指數與消費者物價指數的差異有二：一是查價範圍的不同；一是查價階段的不同。躉售物價的調查範圍，包括各加工階段 (原材料、半成品及製成品) 和進、出口商品價格，除了受國際商品行情的影響，新台幣的升貶值造成進、出口物價指數的上漲會立即反映在躉售物價指數上，民國 75 年到 81 年就存在這種現象。躉售物價指數僅查商品類，不含服務類。消費者物價指數衡量日常消費所購買商品或服務的價格變動，包括直接購買的服務工資在內。第二個差異則是消費者物價指數是調查零售價格，商品從出廠到零售，尚需加上運銷成本和商業利潤，且這部分多屬服務類，因此造成消費者與躉售物價指數變動率的差距。

練習題 2-3

當消費者物價指數上升時，一典型家庭：
(a) 支出更多以維持相同生活水準
(b) 支出更少以維持相同生活水準
(c) 生活水準不變
(d) 藉由儲蓄來抵銷物價上升的影響　　　　　　(100 年東華企管)

答：(a)。

摘要

- 國內生產毛額（GDP）是在一特定時間內，一國國內所生產出來的全部最終商品與服務，以當時市場價值計算的總值。
- 國民生產毛額（GNP）為 GDP 加上國外要素所得淨額。
- GDP 有三種計算方法：最終商品法、支出法、所得法。
- GDP：最終商品的市場價值＋最終服務的市場價值。
- GDP＝C＋I＋G＋(EX－IM)
- GDP＝W＋R＋I＋π＋NIT＋D－NFI

- 失業率是指失業人口占勞動力的百分比。失業人口是指有工作意願卻沒有工作的勞工。
- 勞動力是失業者和就業者的總和。勞動力參與率是勞動力占 15 歲以上民間人口的比例。
- 自然失業率是經濟社會中長期的失業。它是摩擦性失業與結構性失業的加總。
- 消費者物價指數代表固定一籃商品與服務，在基期和當期的支出關係。它是衡量生活成本的變化。

習題

選擇題

1. 下列何者會增加 GDP 組成中的政府購買？
   (a) 政府支付公務員退休金 3,000 億元
   (b) 政府支付軍隊薪餉 300 億元
   (c) 政府付公債利息 300 億元
   (d) 政府付給外國政府持有本國公債的利息 300 億元　　　（100 年成大經濟）

2. 麵包店製造麵包，製造過程中花費 10 萬元買糖，15 萬元買麵粉，5 萬元買香料，30 萬元支付工資，40 萬元支付租金，已知其生產的附加價值為 80 萬元，請問麵包店銷售麵包的所得為多少？
   (a) 110 萬元　　(b) 80 萬元
   (c) 180 萬元　　(d) 100 萬元
   (e) 150 萬元

3. 下列何者為中間財的例子？
   (a) 新車賣給家計單位
   (b) 用來生產汽車的鑄鐵模型賣給汽車製造商
   (c) 新的液晶螢幕裝在車上，賣給汽車製造商
   (d) 新的平板電腦賣給青少年
   (e) 2 年舊的中古車賣給家計單位
   　　　　　　　　　（104 年中正企研所）

4. 下列何者為國民所得帳的倡導者？
   (a) 李嘉圖
   (b) 顧志耐
   (c) 馬爾薩斯
   (d) 亞當・斯密
   (e) 梭羅　　　　（104 年交大經管所）

5. 下列何者正確？
   (a) GNP＝NI＋勞動所得＋租金

(b) NI＝勞動所得＋利息＋租金＋間接稅
(c) 可支配所得＝個人所得－間接稅
(d) GDP＝K＋L＋G＋(X－M)
(e) GNP＝NI＋折舊＋間接稅
(104 年交大經管所)

6. 由於人口隨時間經過而增加，衡量平均生活水準的最佳指標為：
(a) 人口成長率
(b) 總產出
(c) 平均每人產出
(d) 通貨膨脹率
(e) 生產力　　　(104 年中正企研)

7. 若名目 GDP 成長率為 5%，實質 GDP 成長率為 2%，則 GDP 平減指數約成長多少？
(a) 7%
(b) 3%
(c) 2.5%
(d) 10%　　(104 年高雄大學經管所)

8. 浩角在台大就讀，沒有工作且不找工作。浩角可視為：
(a) 失業且在勞動力中
(b) 失業但不在勞動力中
(c) 在勞動力中，但不算失業
(d) 不在勞動力中且不列為失業
(100 年政大財政)

9. 假設失業率為 10%，表示有 10%：
(a) 的人口沒有工作
(b) 想要找工作的人找不到工作
(c) 年輕人找不到工作
(d) 的勞動力當然沒有工作
(103 年台大國企所)

10. 下列何者造成摩擦性失業增加？
(a) 實質 GDP 下跌和失業上升
(b) 勞工辭職去找新工作
(c) 氣餒的工人退出勞動力
(d) 勞工缺乏工作技術而失業
(104 年中興企管)

問答與計算

1. 李媽到東海岸旅遊，適巧發現一塊奇特外形的珊瑚，隨手攜回家作為紀念。某藝術雕刻家友人以 2 千元買走。之後，予以雕刻整理，並以 2 萬元賣給阿波羅藝廊。而在某次藝術展示中，郭老闆甚為欣賞，以 10 萬元購之，並將其作為貴賓室的擺飾。請問：
(a) 此案例之過程增加了多少 GDP？
(b) 10 年後，該珊瑚雕刻輾轉流落到另一古董店，且以 1 百萬元拍賣給某富商，請問該年的 GDP 增加多少？　(交大傳播)

2. 中華民國發放的軍公教子女教育補助金，應該算是政府的消費投資或移轉性支出？
(100 年淡江商管二)

3. 下列經濟活動何者屬於國內生產毛額 (GDP)？何者屬於國民生產毛額 (GNP)？[請注意，可能有 (1) 屬於 GDP 而不屬於 GNP；或 (2) 屬於 GNP 而不屬於 GDP；或 (3) 既不屬於 GNP 也不屬於 GDP；或 (4) 同時屬於 GDP 及 GNP。]
(a) 經紀公司支付女神卡卡來台演唱酬勞 1,000 萬元
(b) 美國電腦公司向台灣華碩公司購買變形金剛筆電 500 萬元
(c) 阿亮出售宏達電股票一張，獲利 20 萬元
(d) 阿基師統一發票中獎 1,000 元
(e) 馬拉桑新購之電腦被偷，損失 5 萬元
(f) 季太太生小孩，領到政府補助 2 萬元

4.

淨利息	$239	間接稅－折舊	259
政府購買	136	利潤	194
工資	1,715	出口	249
租金	37	進口	289
自營者所得	128	折舊	333

利用上述資料，所得法計算之 GDP 是多少？　　　　　　　　　　(100 年嘉義財金)

5. 假設在馬爾地夫只生產和消費兩種商品：蘋果和鮪魚。在 2013 年，銷售 50 單位蘋果 (每單位售價 20 元) 以及 100 單位的鮪魚 (每單位售價 8 元)；在基期 2012 年，銷售 70 單位蘋果 (每單位售價 10 元) 以及 80 單位的鮪魚 (每單位售價 15 元)。在 2013 年：
(a) 名目 GDP
(b) 實質 GDP
(c) GDP 平減指數各為何？
(100 年東華財金)

6. 假設就業占總人口比例在所有國家均為 50%，根據下列資訊，哪一個國家的人均實質 GDP 最高？　　　　(104 年中正企研)

國家	平均勞動生產力	總人口
A	2,000	100
B	10,000	150
C	25,000	75
D	50,000	250
E	60,000	95

7. 勝武與依林為一對戀人，經過 10 年愛情長跑後，決定攜手共度一生。婚後，勝武為了全心料理家務，而辭掉工作。請問勝武的離職對失業率有何影響？

8. 阿基師在 1972 年大學畢業，薪水是 7,200 元，而 CPI 是 0.418。詹姆士在 2005 年大學畢業，薪水是 30,000 元，而 CPI 是 1.68。請問哪一位的實質薪資較高？
(100 年成大交管)

9. 假設你在 2015 年找到工作，年薪為 30 萬元。因為景氣好轉，老闆終於在 2018 年加薪 2 萬 4 千元，2018 年的 CPI 為 108 (基期＝2015 年)，請問 2018 年的實質所得是多少？
(103 年台大國企所)

10. 依主計總處估計，2016 年南台大地震，台灣的住宅倒塌損失金額合計為新台幣 1,140 億元。請問對該年的 GDP、消費、固定資本形成、國家財富有何影響？
(103 台大商研所)

11. 根據勞動參與率的定義，台灣少子化的趨勢如何影響 2040 年的失業率及勞動參與率？　　　　　　　　　　(103 年清大科管所)

12.

	2012 年		2013 年	
	數量	價格	數量	價格
平板電腦	10	$30	8	$50
手機	20	$1	15	$2

在 2012 年，翔起只消費平板電腦及手機，若基期為 2012 年，2012 年的支出是多少？2013 年的 CPI 是多少？
(100 年嘉義財金)

13. 在 2016 年，消費者物價指數 (CPI) 從 140 上升至 148.4，且阿基師的銀行存款購買力上升 2.5%。請問 2016 年的通貨膨脹率、名目利率及實質利率為何？
(100 年台大經濟)

14. 台灣國民儲蓄率之高，舉世聞名，而一般計算國民儲蓄率的公式如下：

$$國民儲蓄率 = \frac{民間儲蓄}{可支配所得}$$

請以下列某年台灣地區國民所得之統計資料，計算出台灣地區之國民儲蓄率。(單位：新台幣億元)

折舊	2,000
民間消費支出	14,000
國民生產毛額	29,000
政府對企業的補助	100
個人直接稅及移轉性支出	1,000
間接稅	3,000
企業未分配盈餘	3,400
民間移轉性收入總和	300

(交大管研丙)

15. 15歲以上人口有100萬人，其勞動力為80萬，總就業人口為60萬，則其勞動力參與率是多少？ (100年文化財金)

16. 帛琉在2016年的15歲以上民間人口共有2,000萬人，包含現役軍人和監管人口100萬人，非勞動力900萬人，勞動力1,000萬人。帛琉之就業人口為900萬人，摩擦性失業及結構性失業人口分別為50萬與30萬人。請計算帛琉的自然失業率？

(100年淡江商管二)

網路習題

1. 請至行政院主計總處網站，點選重要統計圖表中的平均每人GNP，查詢最近1年平均國內生產毛額前五名的國家。

2. 請至行政院主計總處網站，下載最近這個月的失業率，勞動力、非勞動力在不同性別及不同年齡間的數據，並與去年同期比較。請問有何變化？

3. 請至行政院國發會網站，下載最近1年的洛桑管理學院(IMD)世界競爭力評比報告。請問台灣排名是多少？

第 3 章
古典學派

知名的華頓商學院出版的刊物 *The Wharton Journal*，在 1994 年 2 月 21 日曾刊登一則關於經濟學家的燈泡笑話。

問：請問要幾個新古典學派 (neo-classical) 的經濟學家來更換一個壞的燈泡？
答：要看當時的工資。
問：請問需要幾個芝加哥學派 (Chicago school) 的經濟學家來更換一個壞的燈泡？
答：一個也用不著。市場機制已經將其更換了。
問：請問需要幾個凱因斯學派 (Keynesian school) 的經濟學家來更換一個壞的燈泡？
答：全部。因為這樣可以刺激消費，促進就業，並使總需求曲線向右移動。

新古典學派是指 19 世紀中期的一群經濟學家，包括馬歇爾、費雪、華勒斯，著重以邊際思考方式來討論供給與需求，如邊際效用與邊際生產力。新古典學派的興起，是一場經濟學的邊際革命 (marginal revolution in economics)。

古典學派 (1760 年到 1871 年) 的學者包括經濟學之父亞當・斯密、李嘉圖、彌爾及馬爾薩斯等。當時人類的生產活動侷限於農產品，工業革命剛剛萌芽，所生產出來的商品，一定會有人要 —— 即供給創造其自身的需求。

凱因斯在 1936 年將早期的古典學派和新古典學派統稱為古典學派。古典學派的基本假設是工資與物價均可靈活調整，進而消弭供給量與需求量的缺口。企業發現倉庫裡的存貨都有人買，每一個想要找工作的人都可以找到工作。本章的內容著重於古典學派的理論與貢獻。具體來說，古典學派可從實質部門與名目部門兩個角度來探討。其中實質部門包括勞動市場、商品市場及可貸資金市場，而名目部門則討論貨幣數量學說，如圖 3-1 所示。

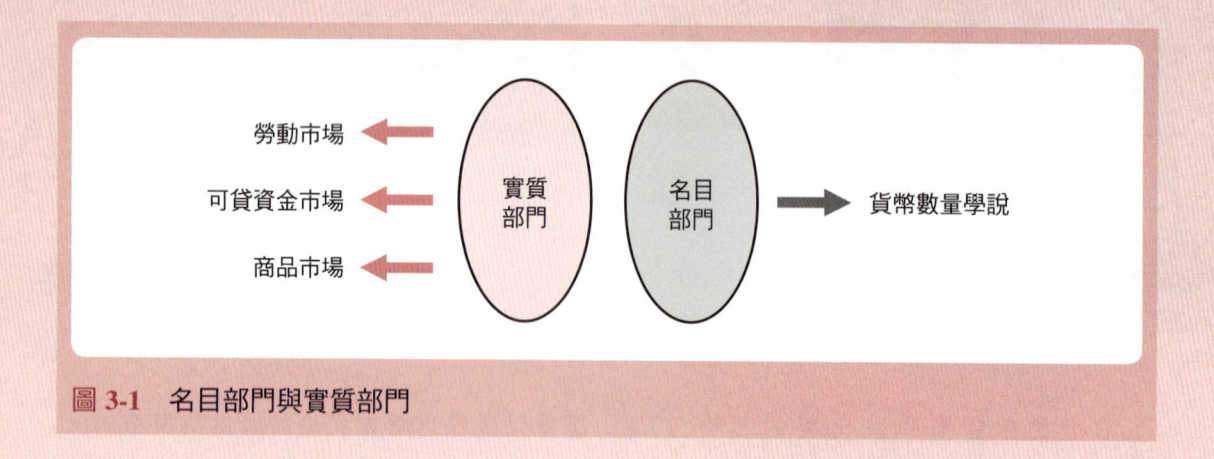

```
                    ┌─────────┐
勞動市場    ←───    │ 實質    │    │ 名目    │  ───→  貨幣數量學說
可貸資金市場 ←───   │ 部門    │    │ 部門    │
商品市場    ←───    └─────────┘    └─────────┘
```

圖 3-1　名目部門與實質部門

3-1　勞動市場

　　杰倫剛從大學經濟學系畢業，正準備尋找人生的第一份工作。由於具有全民英檢優級的資格，加上在校期間擔任多個社團的重要幹部，學業成績又名列前茅。於是杰倫信心滿滿地在 104 人力銀行網站求職履歷填上希望待遇：月薪 10 萬元。

　　第一個月過去，他沒有收到任何回音，他覺得這是摩擦性失業。歲月如梭，3 個月匆匆飛逝，杰倫還是賦閒在家，他想這可能是結構性失業。6 個月後，仍無人問津的杰倫，終於覺悟問題之所在。這次他學聰明了，將自己的希望待遇寫成 3 萬元。《看不見的手》終於首肯，杰倫順利地找到工作。另一方面，廠商也找到合適的人選。在勞動市場中，那隻"看不見的手"就是工資。

勞動需求

　　身為馬哥字羅麵包店的店長，妳會雇用多少員工？如果馬哥字羅雇用第一位員工帶來的額外收益是 4 萬元，而工資是 3 萬元。雇用額外一位勞工，可為馬哥字羅麵包店增加 1 萬元的利潤。如果雇用第二和第三位勞工的額外收益是 3 萬 2 千元和 2 萬 8 千元，則馬哥字羅雇用第三位勞工，將損失 2 千元。因此，馬哥字羅店長只會雇用 2 位勞工。若以數學式表示馬哥字羅的額外收益為 $P \times MP_L$，額外成本為工資 W，則廠商的勞動需求決定於

$$P \times MP_L = W$$

上式可以改寫成

$$MP_L = \frac{W}{P}$$

MP_L 為勞動邊際產量，P 為商品價格，W 是廠商給付的工資，W/P 是實質工資。馬哥孛羅為了追求利潤最大，會雇用勞工直至勞動邊際產量等於實質工資為止。假設麵包一個賣 25 元，勞工 1 小時的薪資是 200 元，實質工資是 200 元/25 元＝8；亦即，麵包師傅在馬哥孛羅工作 1 小時的代價是 8 個麵包。只要員工每小時至少生產 8 個麵包，馬哥孛羅就會繼續雇用勞工。當 MP_L 小於 8 個麵包時，額外勞工的雇用反而讓麵包店利潤減少。

圖 3-2 描繪廠商的邊際產量曲線。由於廠商對勞工的雇用是依循 $MP_L = W/P$ 的原則，再加上 MP_L 會隨著勞工雇用人數的增加而遞減。這條曲線的斜率為負。當實質工資是 8 個麵包時，馬哥孛羅會雇用 10 位員工；若實質工資低於 8 個麵包時，成本下跌，馬哥孛羅一定會增加對員工的雇用。因此，MP_L 曲線也是廠商的勞動需求曲線。利用相同的邏輯，資本邊際量 MP_K 也是廠商的資本需求曲線。

勞動供給

工資是勞動市場的指標。高工資就像是一盤令人垂涎三尺的東坡肉，誘使家庭主夫(婦)出外工作。想像打工 1 小時 80 元和 800 元的情

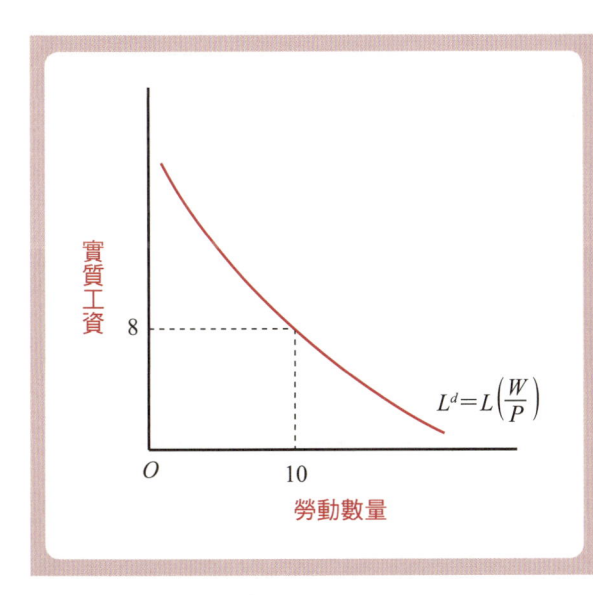

圖 3-2　勞動需求曲線

MP_L 是廠商的勞動需求曲線。當實質工資等於 8 時，廠商會雇用 10 位員工；當實質工資低於 8 時，廠商雇用成本下降，勞動雇用人數會增加。勞動需求曲線的斜率為負。

景,面對 1 小時 80 元的工資,你可能寧願待在家看電視;但 800 元的時薪誘使你出外工作。因此,工資愈高,勞動供給量愈大,勞動供給曲線斜率為正。利用相同的邏輯,資本供給曲線也具有正斜率。

勞動供給除了與工資有關外,還受所得稅與財富水準的影響。如果你 1 個月薪水是 3 萬元,必須繳 2 萬元的所得稅給政府,你出外工作的意願必定很低。因此,所得稅愈高,勞動供給愈少,勞動供給曲線向左移動。另一方面,如果你不工作就沒有飯吃,你一定會出去工作;相反地,若家庭財富可以支持你短暫地失業,你可能會慢慢找工作。因此,家庭財富愈高,勞動供給愈低,勞動供給曲線向左移動。

勞動市場

勞動供給與需求曲線,可用公式表示:

$$勞動供給:L^s = L\left(\frac{W}{P}\right)$$

$$勞動需求:L^d = L\left(\frac{W}{P}\right)$$

圖 3-3 顯示勞動市場均衡。在均衡實質工資 $(W/P)_0$ 下,廠商可以雇用到所需要的人力,勞工也可以順利找到工作。若工資過低,勞動市場發生短缺現象,廠商願意提高工資,吸引更多人投入勞動市場。面

圖 3-3 勞動市場均衡

勞動供給與需求共同決定實質工資 (W/P)。當供給與需求不相等時,工資與物價可自由調整,確保每一個想工作的人都可以順利就業。

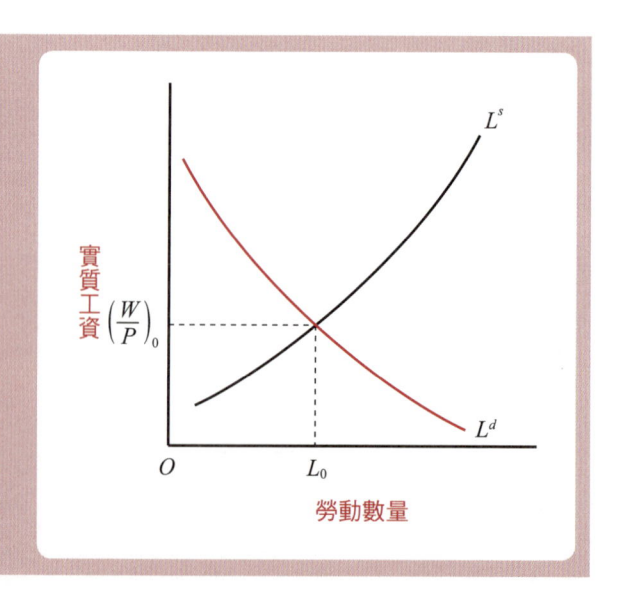

對高工資，勞動者也比較願意出外就業。實質工資將逐漸向上調整，直至供給等於需求為止；相反地，若工資過高，廠商會減少對勞動的雇用，導致想找工作的人找不到工作，就像是前面提到杰倫的例子。因此，只要工資與物價可以自由調整，勞動市場始終處於充分就業狀態。同樣地，若資本價格可以自由調整，資本市場也會處於充分就業的狀態。

練習題 3-1

充分就業是指：
(a) 當經濟體系每一個人都有工作
(b) 每個人想要工作都能找到工作
(c) 當失業率等於零時
(d) 始終存在某些失業 (104 年東吳企管所)

答：(b)。

3-2 商品市場

什麼因素決定著商品與服務的總生產？大麥克是由牛肉、生菜、機器、人力，以及祕密配方而成。所以，商品或服務的產出──實質 GDP──決定於：(1) 生產因素──勞動、資本、天然資源；(2) 生產函數──將投入轉換產出的能力。

在第 3-1 節曾討論生產因素市場，因為古典學派假設工資與物價可以自由調整，資本與勞動皆已達充分就業。我們寫成

$$K = K_0$$
$$L = L_0$$

生產函數

生產函數 (production function) 描繪產出與生產因素間的關係。台灣麥當勞在 2012 年農曆春節前推出新產品"四盎司牛肉堡"，主要食材包括以 100% 澳洲雙層純牛肉、紐西蘭起司片。在這個例子裡，四盎

司牛肉堡是產出，而牛肉、起司片、番茄、醬料等為投入。生產函數係反映，將資本與勞動轉換成產出的現存技術。令 Y 代表產出數量，我們可將生產函數寫成

$$Y=F(K, L)$$

商品與服務的供給

商品與服務的供給數量由生產函數和生產因素共同決定。若工資與物價可自由調整，確保資本與勞動充分就業，產出也會固定在某一水準；亦即

$$Y=F(K_0, L_0)=Y_0$$

上式中的 Y_0 為**自然產出** (natural rate of output) 或**潛在產出** (potential output)。由於資源皆已充分就業，Y_0 有時也稱為**充分就業產出** (full employment output)。

商品與服務的總需求

經濟體系對商品與服務的總需求來自四個部門：家庭、廠商、政府及國外部門。

為了簡化分析，目前假設我們所處的環境為**封閉經濟體系** (closed economy)。因此，國外部門的需求暫不考慮。家庭成員會搭捷運上班上課或中午買四盎司牛肉堡果腹，這種對商品與服務的需求稱為消費。廠商使用某些商品進行投資，而政府部門購買某些商品作為公務用途。商品與服務的總需求可寫成

$$Y=C+I+G$$

上式中的 Y 是國內生產毛額，C 為消費，I 是投資，而 G 是政府支出。

消　費

每年 5 月份是台灣家庭繳納綜合所得稅的季節。一個所得 100 萬元的家庭，繳完 20 萬元的稅負後，剩下的 80 萬元是真正可以支配的所得。在圖 3-4，可支配所得是國民所得扣除稅負的部分，可支配所得扣掉消費支出，即為儲蓄。如果你每個月放在銀行的稅後所得是 5 萬

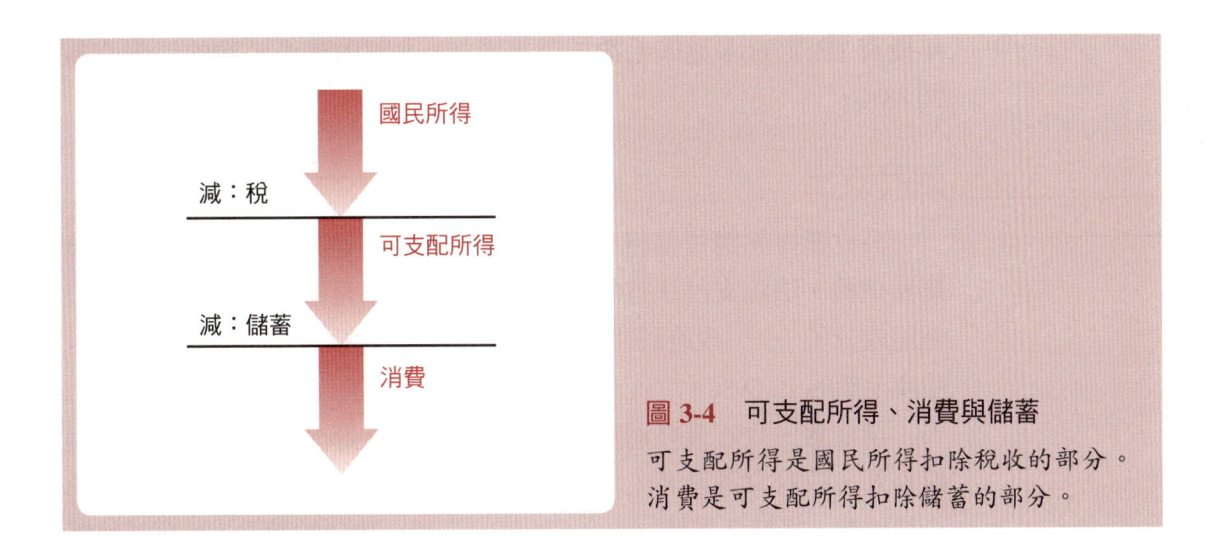

圖 3-4　可支配所得、消費與儲蓄
可支配所得是國民所得扣除稅收的部分。
消費是可支配所得扣除儲蓄的部分。

元，每個月提領 3 萬元支付飲食、交通、娛樂、房租等消費，剩餘的 2 萬元即為儲蓄。2015 年台灣民間最終消費占 GDP 的比例為 52.22%。

一個稅後所得 2 萬元的人，不太可能進行 10 萬元的消費。一般來說，稅後所得愈高，消費水準也會愈高。因此，消費是可支配所得的函數：

$$C=C(Y-T)$$

這個方程式稱為**消費函數** (consumption function)。

投　資

為什麼鴻海要赴中國投資設廠？其實答案很簡單：賺錢。只要投資報酬率高於貸款成本，鴻海赴中國設廠就有利可圖。**利率** (interest rate) 是衡量融通投資的資金成本。

利率水準愈高，相對有利潤的投資方案較少，廠商對投資商品的需求將會下跌；相反地，利率下跌，投資支出將會增加。投資函數可寫成：

$$I=I(r)$$

上式中的 I 為投資支出，r 為**實質利率** (real interest rate)。由於廠商關心的是貸款的真實成本，決定投資數量的利率是經過通貨膨脹調整的利率 —— 實質利率，而非**名目利率** (nominal interest rate)。在 2015

年投資（固定資本形成毛額加存貨增加）占國內生產毛額的比例約為 20.88%。

政府支出

公立圖書館購買書籍、高速公路局興建高速公路、國防部購買潛艇和飛機、法院支付法官的薪水……，這些都是國內生產毛額的第三個組成分子 —— 政府最終消費。在 2015 年，政府最終消費約為國內生產毛額的 13.89%。

請注意，政府最終消費僅是政府支出的一部分。除了購買商品與服務外，政府會透過老人年金將錢移轉給老年人或針對低收入戶給予金錢補助。**移轉性支付** (transfer payment) 是一種負的稅收，稅收減移轉性支付，主計總處將其放在淨稅收，它會影響家庭可支配所得，但不會直接出現在國內生產毛額的政府最終消費 (G) 中。

如果政府最終消費超過淨稅收，$G > T$，政府遭遇**預算赤字** (budget deficit)。若 G 小於 T，政府有**預算盈餘** (budget surplus)。通常，G 和 T 的多寡由政府決定，故可視其為固定。

商品市場均衡

什麼因素確保消費、投資與政府最終消費的加總等於商品生產數量？古典學派認為利率扮演關鍵角色，其使商品供給與需求達到平衡。

圖 3-5 總結本節有關商品供給與需求的討論。首先，生產因素數量結合生產函數可決定商品與服務的供給數量。

$$Y = F(K_0, L_0)$$
$$= Y_0$$

由於生產因素價格具完全彈性，勞動與資本始終處於充分就業狀態，Y_0 為充分就業的產出。其次，商品與服務的需求來自家庭消費、廠商投資與政府購買。消費受可支配所得影響，投資受實質利率影響，政府最終消費與稅收則為固定，由政府決定。

$$Y = C + I + G$$
$$C = C(Y - T)$$

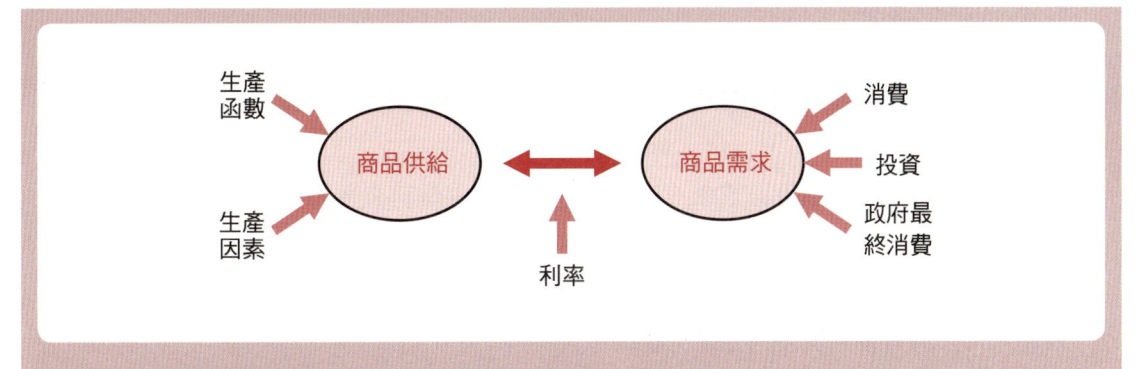

圖 3-5 商品市場均衡

商品需求來自消費、投資和政府最終消費。商品供給來自生產函數與生產因素的結合，利率可調整至使商品供給等於需求。

$$I = I(r)$$
$$G = \overline{G}$$
$$T = \overline{T}$$

將消費投資函數，$\overline{G}$ 和 $\overline{T}$ 代入國民所得恆等式，可得

$$Y = C(Y - \overline{T}) + I(r) + \overline{G}$$

當商品供給等於商品需求時，我們得到

$$Y_0 = C(Y - \overline{T}) + I(r) + \overline{G}$$

請注意，Y_0 代表商品供給，而 $C(Y - \overline{T}) + I(r) + \overline{G}$ 代表商品需求。上式中，利率 r 是唯一可以變動的變數；亦即，利率可以自由調整至使商品供需達到平衡。當利率水準較高時，投資下降，商品需求 $C + I + G$ 低於供給；相反地，當利率水準較低時，投資增加，$C + I + G$ 超過 Y_0。只有在均衡利率時，商品供給 Y_0 等於商品需求 $C + I + G$。

練習題 3-2

下列敘述，何者不是古典學派的命題？
(a) 增加貨幣供給會導致物價水準上升
(b) 貨幣需求是所得的函數

世界真的平坦了嗎？

全球化正掀起一場世界革命。三屆普立茲獎得主傅利德曼 (Thomas Friedman) 在 2005 年出版的著作《世界是平的》(*The World Is Flat*) 中指出，中國與印度是 21 世紀崛起的帝國。貿易與政治障礙日益降低，加上技術日新月異，使得這兩個國家能夠進入世界舞台並與現在的強權一較高下。

因為工資低廉，中國與印度獲得許多製造業和資訊產業的訂單，許多勞工因此獲益。這兩個國家正加速地累積財富，並創造更有智慧的社會。在該書的後半部，傅利德曼強調美國在平坦世界中處於劣勢，尤其是在頂尖的工程師和科學家的數量上。

哥倫比亞大學的經濟學教授巴瓜悌 (Jagdish Bhagwati) 卻持不同的看法，他認為世界並非平坦且比較利益依然存在。以印度的高級人力為例，在同年齡層中，只有 6% 的印度人能夠進大學。在這當中，三分之二的人能辨識英文。而其中只有一小部分可以說英文，至於說得讓我們聽得懂的人少之又少。事實上，即使是後端服務和技術支援人才，印度人能取代的並不多。

巴瓜悌教授指出，亞當·斯密的時代已經不復存在。亞當·斯密反對商人遊說政府採取保護貿易政策，防止外國產品入侵的行徑。透過關稅與進口配額，政府等於強迫消費者補貼本國商人。"公平貿易"這個名詞已經變成保護主義的同路人。因為害怕競爭，廠商和工會尋求任何能夠解決成本差異的方法。生產者向國會遊說，任何不利於自己 (競爭對手有優勢) 的成本差距應該以政策加以消弭。因此，你可以看到在貿易契約上載明環保的重要性。這絕非出於對世界的關心，其實只是企圖減輕對手的競爭優勢。因為這樣的說法，巴瓜悌以千變萬化的比較利益 (kaleidoscopic comparative advantage) 來形容全球化的新趨勢。

2016 年 1 月 20 日世界經濟論壇的年度大事之一是"第四次工業革命"的到來。第四次工業革命的特色是技術創新快速，幾乎影響各個行業。譬如，Uber 的問世引進不是新款汽車，而是一整套全新的行動系統，它所創造的就是共享經濟。

此外，它的範圍是全方位的，不僅限於行動科技，還包括奈米、3D 列印、腦部研究，以及種種技術間的融合。

第四次工業革命具有提升全球收入水準、改善人類生活品質的潛力。前 Google 全球副總裁李開復提到，共享經濟讓世界變得平坦了。

資料來源：
1. 馮勃翰譯，《經濟大師不死》，先覺出版社，2000 年。
2. Jagdish Bhagwati, "New Vocabulary for Trade," *Wall Street Journal*, August 4, 2005.
3. 吳怡靜，"下一件大事：第四次工業革命"，《天下雜誌》，第 590 期，2016 年 1 月 19 日。

(c) 儲蓄是所得的函數
(d) 貨幣需求是利率的函數
(e) 投資是利率的函數
(f) (c) 與 (d)
(g) (d) 與 (e)

答：(f)。

3-3　金融市場：可貸資金的供給與需求

金融市場 (financial markets) 泛指儲蓄者可直接或間接提供資金給貸款者的機構，包括銀行、股票市場及債券市場等。金融市場讓我們有籌資管道，有了籌資管道，各種投資活動才可能付諸施行。鴻海可以借錢興建廠房，添購設備或成立新公司；年輕人可以向銀行申貸創業基金實踐理想。

個人、公司或政府從事活動都需要資金。有時籌資不用到銀行，發行股票也可以集資；政府或企業還能夠藉由發行債券直接向大眾募得所需資金。不過別忘了，使用他人的資金必須付出代價。同樣地，如果你手上有閒錢，別人為了使用它，必須付錢給你。所以，投資可視為**可貸資金需求** (demand for loanable fund)，而儲蓄可視為**可貸資金供給** (supply of loanable fund)。

家庭和政府都可以有儲蓄。當一個家庭的收入超過消費時，剩餘的部分，即為**私人儲蓄** (private saving)。私人儲蓄是 $Y-T-C$，也就是可支配所得扣掉消費的部分。另一方面，政府收入超過支出的部分，稱為**公共儲蓄** (public saving)。公共儲蓄是 $T-G$，即稅收減去政府最終消費的部分。私人儲蓄與公共儲蓄的加總，等於國民儲蓄。

$$S=(Y-T-C)+(T-G)$$

或
$$S=Y-C-G$$

上式中，S 是扣除消費者與政府部門需求後的產出，我們稱為國民儲蓄或簡稱**儲蓄** (saving, S)。當儲蓄等於投資時，可貸資金市場達到均衡。

$$Y-C-G=I$$

其實從國民所得恆等式中，也可得到相同的答案，記得 $Y=C+I+G$。在等號左右兩邊各減去 C 和 G，可得 $Y-C-G=I$。要瞭解利率如何使金融市場達到均衡，我們將消費與投資函數代入上式：

$$Y-C(Y-T)-G=I(r)$$

因為，T 和 G 由政府決定，Y 由生產因素與生產函數決定：

$$Y_0-C(Y_0-\bar{T})-\bar{G}=I(r)$$

在上式中，唯一能夠變動的變數是利率。利率可以調整至使可貸資金供給與需求達到平衡，圖 3-6 繪出儲蓄與投資曲線。儲蓄函數為一直線，因為這個模型假設儲蓄不受利率的影響 (稍後將放寬此假設)。投資函數斜率為負：利率愈高使貸款成本更加昂貴，投資將會減少。

　　當廠商想要投資的金額等於國民想要儲蓄的金額，金融市場達到均衡，此時，利率為均衡利率 r^*。若市場利率低於 r^*，投資者需要的資金遠超過儲蓄者所能提供的資金，資金短缺促使利率上升；相反地，若利率高於 r^*，國民儲蓄的金額超過廠商想要投資的金額，資金過剩促使利率下降。唯有當利率為均衡利率時，國民儲蓄的金額等於廠商想要投資的金額，且可貸資金供給等於可貸資金需求。

　　實際上，消費不僅受可支配所得的影響，也受實質利率的影響。因為利率是租用資金的報酬，利率較高使儲蓄顯得更吸引人，消費者更願意放棄現在的消費。果真如此，儲蓄曲線將為正斜率，而非垂直線。可貸資金供給隨著利率上升而增加，如圖 3-7 所示。

金融危機專題　黃金降落傘

2008 年 9 月 29 日美國眾議院首輪投票以 205 比 208 否決行政部門提出的 7,000 億美元金融紓困方案。道瓊指數立刻反應，一度大跌超過 700 點。

紓困方案的要點有五項，包括：穩定經濟、保住房屋所有權、保護納稅人、金融機構主管不得有暴利，以及加強監督。

當時的眾議院議長波洛西 (Nancy Pelosi) 女士表示："盡情歡樂的派對時間已經結束。"提供黃金降落傘給野心勃勃華爾街經營者的時代已經畫上句點。納稅人不再為魯莽的華爾街埋單了。"黃金降落傘"(golden parachutes) 是指大型金融機構執行長留下爛攤子後，仍可享有優渥離職金。以美林證券執行長為例，下台時領走 6 千 6 百萬美元離職金。無論冒險飛得多高都有大筆鈔票墊背，故稱為"黃金降落傘"。

2008 年爾諾貝爾經濟學獎得主克魯曼在《紐約時報》的專欄中指出，這次金融危機的基本性質很簡單。房市泡沫化讓每位貸款購買資產者損失慘重。這些損失造成許多金融機構負債過多，以致無法提供經濟所需貸款。身陷麻煩的金融機構試圖藉出售資產來償還債務和增加資金，這又導致資產價格下跌，使它們的資本進一步縮減。

房地產泡沫化再次發生在歐洲。這次是 2012 年的西班牙。1999 年歐元上路後，西班牙利率大幅下降，西班牙銀行業、房地產開發業者及一般民眾一起借錢蓋房子、買房子，加上歐洲北部退休民眾也到西班牙購屋。1996 年到 2007 年間房價上漲 2 倍。但在金融海嘯後，營建業崩潰，數十萬人失業，銀行業帳高達 3,000 億美元。西班牙是歐洲第四大經濟體系，占歐元區總產值的 11%，"大到不能倒"；一旦崩潰，將對整個歐洲造成空前震盪。

資料來源：
1. 楊明瑋摘譯，"保羅‧克魯曼專欄：英國首相布朗做了好事"，《工商時報》，2008 年 10 月 14 日。
2. 聯合報綜合報導，"金融紓困案遭否決，美股暴跌 778 點"，《聯合報》，2008 年 9 月 30 日。
3. 任中原編譯，"西班牙大到不能倒，金援救急不救窮"，《聯合報》，2012 年 6 月 11 日。

圖 3-6　可貸資金市場均衡
利率調整至儲蓄與投資達到平衡。兩條曲線的交點決定均衡利率水準。

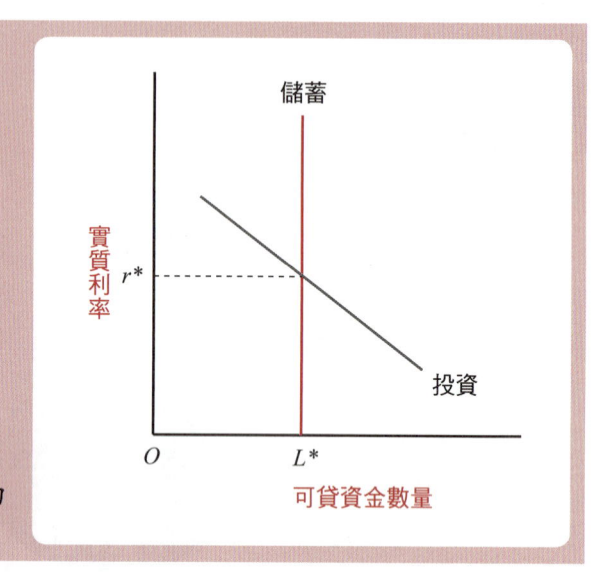

圖 3-7　金融市場均衡
當儲蓄是利率函數時，儲蓄曲線斜率為正，儲蓄與投資曲線的交點決定均衡利率 r^*。

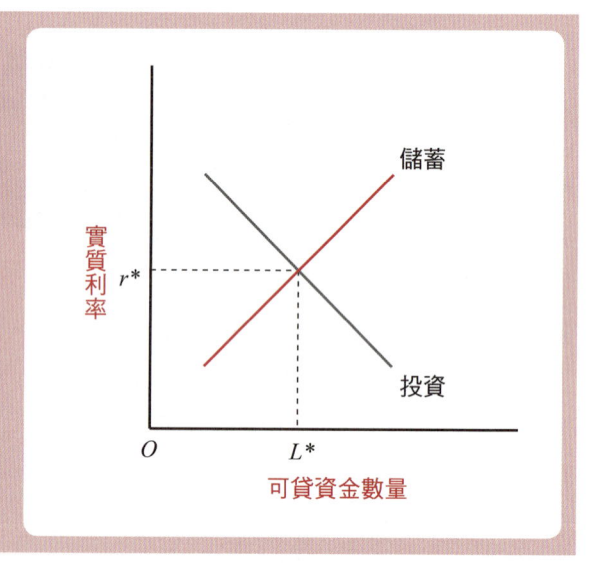

練習題 3-3

可貸資金需求：
(a) 直接受利率影響
(b) 與 GDP 成長率呈負向相關
(c) 是一種引申需求

(d) 導致資本財的引申需求

答：(a)。

政府政策如何影響金融市場

現在我們可以利用金融市場來檢視不同的政府政策如何影響經濟體系中的儲蓄、投資及利率水準。

財政政策：政府最終消費的增加　如果政府決定在桃園機場與台北松山機場間興建磁浮列車，請問台灣地區的投資、儲蓄及利率有何變動？首先，公共投資的增加造成商品與服務的需求增加。在稅收並未隨之增加的情形下，政府必須藉由發行公債來融通額外支出。政府貸款的增加意味著公共儲蓄的減少。

由於私人儲蓄並未改變，公共儲蓄減少會降低國民儲蓄，可貸資金供給曲線向左移動，如圖 3-8 的 S_1 移至 S_2。比較新舊均衡，我們發現，利率水準由 3% 上升至 4%。高利率改變家庭和廠商的理財投資行為。具體言之，貸款成本的上升使得廠商比較不願意興建新廠房，家庭也比較不願意購買新屋。這種政府透過貸款增加公共投資導致民間投資減少的現象，稱為**排擠效果** (crowding-out effect)。

在圖 3-8，排擠效果是由於投資數量減少，可由 2,000 億元減 1,000

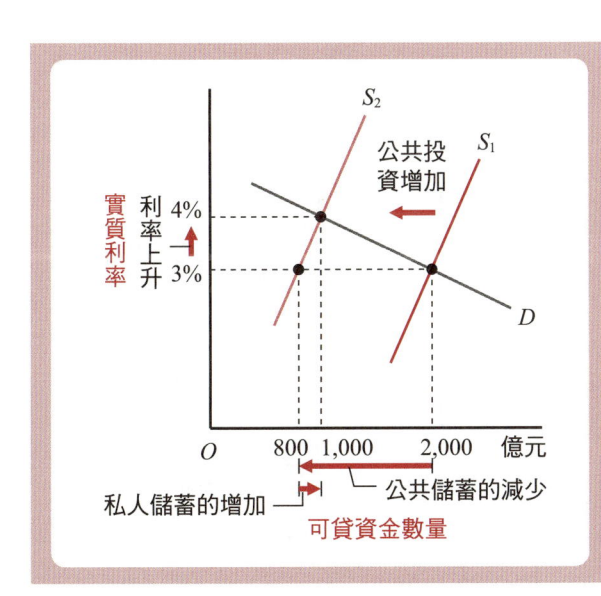

圖 3-8　財政政策：政府最終消費的增加
增加公共投資促使儲蓄曲線向左移動，由 S_1 左移至 S_2。儲蓄下跌導致均衡利率上升，由 3% 上升至 4%，投資數量減少，由 2,000 億元減少至 1,000 億元。

億元來表示。請注意，公共投資的增加是由儲蓄曲線平行左移，可由 2,000 億元減 800 億元來表示。而利率上升導致私人儲蓄的增加，可由 800 億元增至 1,000 億元來表示。

因此，政府促進公共投資將使得利率上升與民間投資減少。由於投資是長期經濟成長的關鍵決定因素，公共投資將減緩經濟成長率。

財政政策：稅收的增加　基於日益龐大的預算赤字，政府決定提高所得稅率。請問稅收增加，對投資、儲蓄與利率水準有何影響？增稅的立即衝擊是降低可支配所得，消費因而減少。

由於國民儲蓄等於 $Y-C-G$，消費減少的幅度與國民儲蓄增加的幅度相同。儲蓄增加使得可貸資金供給曲線向右移動，如圖 3-9 的 S_1 移至 S_2。比較新舊均衡，我們發現，利率水準由 3% 下滑至 2%，低利率造成廠商比較願意添購新設備，消費者也比較願意購物。因此，稅收提高教導給我們的基本功課是：利率下跌與民間投資增加。

投資需求的改變　政府有時會以**投資抵減** (investment tax credit, ITC) 或促進產業升級條例等措施鼓勵民間投資。所謂 ITC 是政府針對廠商興建新廠房或添購新設備予以租稅優惠。這對於儲蓄、投資及利率水準的衝擊為何？

首先，實施 ITC 促使廠商在任何既定利率水準下，更願意增加投資。投資曲線因此向右移動；相反地，ITC 不會對儲蓄造成任何影響，

圖 3-9　財政政策：稅收增加

稅收增加促使儲蓄曲線向右移動，由 S_1 移至 S_2，儲蓄增加導致均衡利率下跌，由 3% 跌至 2%，投資數量增加，由 2,000 億元增至 3,000 億元。

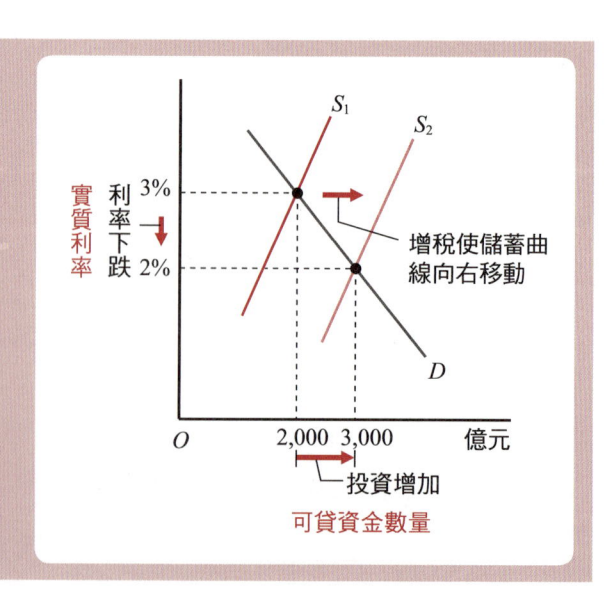

圖 3-10　投資增加

ITC 促使廠商投資增加，可貸資金需求曲線右移。結果是均衡利率上升，由 3% 增至 4%，均衡投資與儲蓄增加，由 2,000 億元增至 3,000 億元。

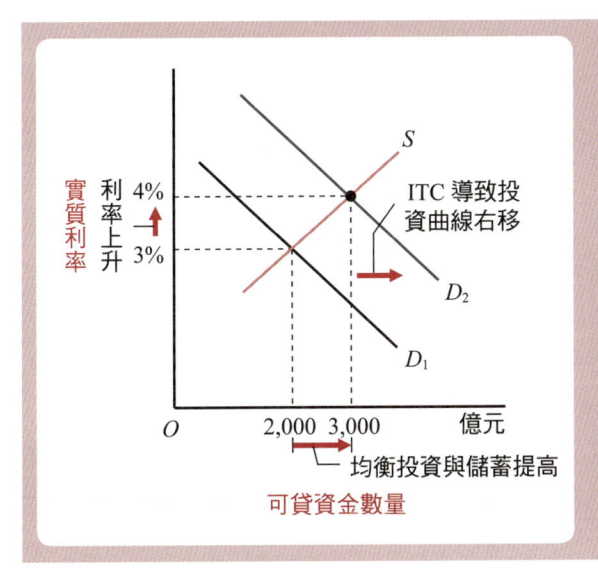

儲蓄曲線不會移動。

在圖 3-10，投資增加代表可貸資金需求曲線從 D_1 向右移至 D_2。比較新舊均衡，我們發現，投資增加造成利率上升，由 3% 增至 4%。高利率誘使家庭減少目前的消費，增加儲蓄，並出借更多的資金給廠商使用，均衡投資與儲蓄由 2,000 億元增加至 3,000 億元。因此，鼓勵投資的政府政策將提高利率並鼓勵更多儲蓄。

在第 3-2 節，利率扮演使商品與服務市場達到均衡的關鍵角色。在本節，利率扮演使金融市場達到均衡的關鍵角色。看起來似乎有些奇怪，利率竟然可以如此的重要。其實，這正是古典學派的奧妙之處。關鍵在於，國民所得會計恆等式 $Y=C+I+G$ 上。它一方面代表商品市場的需求面；一方面經過整理可以寫成 $Y-C-G=I$，也就是金融市場的均衡式。

練習題 3-4

投資抵減 (investment tax credit) 會導致：
(a) 均衡利率上升
(b) 經濟成長下降
(c) 私人消費減少

(d) 物質資本投資減少

(e) 私人消費增加 　　　　　　　　　　　　　　(104 年輔仁企管)

答：(c)。

3-4　貨幣數量學說

　　古典學派強調物價水準是由貨幣市場決定。嘗試解釋物價水準及其成長率的理論稱為**貨幣數量學說** (quantity theory of money)。

　　讓我們用一個例子來說明貨幣數量如何影響物價。假設政府為慶祝建國 100 週年，用直升機在全國各地空投新台幣。民眾紛紛至戶外搶拾全新的鈔票。

　　民眾會如何處理這筆意外之財？有人可能會用來購買夢寐以求的平板電腦、手機，或來一趟北歐極地之旅；也有人可能拿去購買債券、股票或將錢存入銀行。透過金融市場，廠商或消費者用這些金錢來購買需要的商品與服務。不管是哪一種情況，過多的貨幣會提高人們對商品與服務的需求。

　　正常情況下，廠商生產商品的速度趕不上消費者購買商品的欲望。當資本、勞動、技術、天然資源無法適時支援商品的生產時，人們狂熱追逐商品的結果是商品與服務價格的上揚。因此，過多的貨幣導致物價水準的上升。接下來，我們將正式介紹貨幣數量學說的理論模型。

貨幣數量學說

　　美國經濟學家費雪 (Irving Fisher) 在 1911 年出版的《貨幣購買力》(*The Purchasing Power of Money*) 一書中提出著名的貨幣數量學說。貨幣數量學說的基礎是**貨幣流通速度** (velocity of money) 與**交易方程式** (equation of exchange)。

　　貨幣流通速度是指 1 年內，1 塊錢轉手的次數。假設 1 塊錢在 1 年內被使用 4 次 (即轉手 4 次)，則貨幣的流通速度等於 4。

　　在現實經濟社會中，我們是以名目 GDP 代替交易水準，經濟社會生產愈多，可以買賣的商品與服務就愈多。貨幣的流通速度 (V) 是名目

GDP (GDP) 與貨幣數量 (M) 的比率：

$$V = \frac{\text{GDP}}{M} \tag{3-1}$$

假設 1 年內，最終商品與服務的總價值是 8 兆元，而貨幣數量是 1 兆元，則貨幣的流通速度是 8 兆元/1 兆元＝8 (次)，代表在 1 年內平均每元用來購買商品與服務多達 8 次之多。

從前面的討論得知，名目 GDP 是實質 GDP (Y) 乘以一般物價水準 (P)，亦即

$$\text{GDP} = PY \tag{3-2}$$

代入式 (3-1)，可得

$$V = \frac{PY}{M}$$

上式等號兩邊都乘以 M，可得

$$MV = PY \tag{3-3}$$

式 (3-3) 的意義為，名目 GDP 等於貨幣數量乘以貨幣被使用的次數。式 (3-3) 稱為交易方程式。費雪認為，在長期，貨幣流通速度相當穩定。貨幣數量的變動將直接影響名目 GDP (PY)；亦即，貨幣數量增加 1 倍，名目 GDP 也增加 1 倍。

另一方面，實質 GDP (Y) 是受資本與勞動的影響，而不受貨幣數量 (M) 的影響。如果這兩種說法成立，貨幣數量的調整會引起物價水準呈等比例同方向的變動。

根據式 (3-3)，物價水準 (P) 可寫成是實質所得 (Y)、貨幣數量 (M) 與貨幣流通速度 (V) 的函數。

$$P = \left(\frac{V}{Y}\right) M \tag{3-4}$$

因為在長期，V 相對穩定，Y 在長期也固定不變，物價水準的變動 (ΔP) 可寫成

$$\Delta P = \left(\frac{V}{Y}\right) \Delta M \tag{3-5}$$

式 (3-5) 的等號左邊與右邊各除以 P，

$$\frac{\Delta P}{P} = \left(\frac{V}{Y}\right) \Delta M \frac{1}{P}$$

將 $P = (V/Y) \times M$ 代入上式經過整理，可得

$$\frac{\Delta P}{P} = \frac{\Delta M}{M} \tag{3-6}$$

式 (3-6) 的 $\Delta P/P$ 為物價水準變動百分比，即通貨膨脹率。$\Delta M/M$ 是貨幣數量變動百分比。式 (3-6) 的經濟意義是：在長期，物價水準變動百分比等於貨幣數量變動百分比。當中央銀行快速增加貨幣數量時，通貨膨脹也會快速攀升，這就是貨幣數量學說的內涵。

練習題 3-5

根據古典模型，貨幣供給增加 10%，在其它條件不變下，將導致：
(a) 物價上升 10%、實質工資上升 10%，和利率上升 10%
(b) 物價上升 10%、貨幣工資上升 10%，和利率上升 10%
(c) 物價上升 10%、貨幣工資上升 10%，和利率不變
(d) 物價上升 10%、貨幣工資或利率不變　　　(100 年東吳國貿)

答：(c)。

劍橋交易方程式

在 20 世紀初期，英國劍橋大學的經濟學家皮古 (A. C. Pigou) 與馬歇爾 (Alfred Marshall) 認為貨幣就像其它商品。商品需求是消費者在預算限制下追求滿足程度最大的最適均衡。貨幣需求也是在個人財富的限制下，考慮持有貨幣的機會成本，而追求貨幣持有的效用水準的極大。由於個人財富不是只有貨幣，還包括債券、股票及房地產等。因此，貨幣需求理論其實也是一種資產選擇理論。

劍橋學派主張，持有貨幣可帶來交易的便利。但貨幣並不會孳息，當貨幣數量持有愈多，其它形式資產 (如債券) 帶來的報酬就愈

低。民眾願意持有貨幣，是因為貨幣不但是交易媒介，而且是價值儲藏的工具。由於貨幣是交易的媒介，經濟社會的總交易量愈大時，民眾需要更多的貨幣進行交易。因此，交易量愈大 (愈小)，貨幣需求愈多 (愈少)。儘管交易水準無法衡量，但國民所得卻是交易水準高低的良好替代變數。所以，劍橋學派認為貨幣需求與名目所得有一固定比例關係。

另外，由於貨幣具有價值儲存的功能，財富水準的高低也會影響貨幣持有的數量。一般而言，財富愈多，民眾比較願意持有較多的貨幣，而財富又與名目所得呈同向變動。因此，劍橋學派也認為價值儲藏功能的貨幣需求與名目所得也是固定比例關係。

根據上述說法，劍橋學派的貨幣需求方程式可寫成

$$M^d = kPY \qquad (3\text{-}7)$$

在式 (3-7)，M^d 是**名目貨幣需求** (nominal demand for money)，P 是一般物價水準，Y 是總產出，PY 為名目所得或名目 GDP，k 是名目貨幣需求占名目所得的比例。式 (3-7) 的意義是：貨幣需求是名目所得的一個比例。

k 並不一定是固定常數。劍橋學派學者認為貨幣需求是一種個人選擇。持有數量的多寡須視其它資產的報酬率而定。如果其它資產 (如債券) 的報酬愈高，持有貨幣的機會成本愈高，則貨幣握在手中的數量就愈少。因此，劍橋學派認為 k 會受到利率水準高低的影響，式 (3-7) 可改寫成

$$M^d = k(i)PY \qquad (3\text{-}8)$$

在式 (3-8)，名目貨幣需求是受名目利率與名目所得的影響。當利率上升時，貨幣作為價值儲藏的功能降低，貨幣需求因而減少。當名目所得提高時，民眾需要更多的貨幣進行交易，貨幣需求因此增加。這種貨幣需求的關係在短期仍然成立。

貨幣、物價與通貨膨脹

現在，我們已經具備了貨幣數量學說用來解釋經濟體系物價水準與通貨膨脹的所有元素，這個理論的基石如下：

1. 產出 (Y) 由生產因素數量及技術水準共同決定 (在第 3-2 節)。
2. 在長期，貨幣流通速度相對穩定。
3. 貨幣數量 (M) 的變動引起名目產出 (PY) 等比例的變動。
4. 雖然 M 與 PY 等比例變動，但因為 Y 只受生產因素與技術的影響，所以，M 的變動只反應在物價水準 (P) 的變動。
5. 總言之，貨幣數量與物價水準呈等比例同方向變動。當央行快速地增加貨幣供給，結果是更高的通貨膨脹。

這五個要點，說明了貨幣數量學說的精髓。

3-5 古典二分法與貨幣中立性

依據貨幣數量學說的說法，政府派直升機在台灣上空灑鈔票並不會造成實質產出的增加或減少。事實上，這種說法由來已久。早在 18 世紀，蘇格蘭哲學家休姆 (David Hume) 曾提出古典二分法與貨幣中立性的說法。他是經濟學之父亞當·斯密的好友，也是最早提出可貸資金理論的學者之一。

古典二分法

休姆認為所有的經濟變數應該區分成兩大類：名目變數與實質變數。**實質變數** (real variables) 是以商品數量來衡量的變數。如生產力即是一實質變數。

生產力 (productivity) 是指勞工每小時生產的商品與服務數量。1870 年時，美國一般家庭需工作 1,800 小時才能負擔一整年的糧食費用，現在只需要 260 小時，或甚至更低。除了生產力外，實質變數還包括實質 GDP、實質利率、失業、資本、天然資源及實質工資等。

名目變數 (nominal variables) 是以貨幣單位衡量的變數。譬如，一個會計系畢業生的薪水每月 3 萬元。月薪是一種名目變數，因為它是以新台幣來衡量。同樣地，名目 GDP、名目利率、物價水準、貨幣數量與名目工資都屬於名目變數。

請注意，經濟社會中的商品或服務其價格通常是以貨幣來衡量，所以是名目變數。譬如，一瓶御茶園售價 20 元或一份勁辣雞腿堡超值午餐售價 110 元，兩者價格都是名目變數。然而，相對價格是實質變數，而非名目變數。相對價格是兩個商品的交換比率。一份勁辣雞腿堡超值午餐可以換得 5.5 瓶的御茶園，我們可以說，勁辣雞腿堡午餐的售價是 5.5 瓶的御茶園 (因為在比較兩種商品價格時，分子、分母價格的符號相互抵銷，只剩下數量單位)。同理，會計系畢業生的實質工資是 1,500 瓶御茶園，也是一種實質變數的概念。

為什麼古典二分法如此地重要？古典二分法可以簡化經濟理論，它讓我們瞭解名目變數與實質變數的決定因素並不相同。休姆特別指出，經濟體系中的貨幣數量只會影響名目變數，而無助於瞭解實質變數的決定。我們從前面的介紹可以得知，實質工資調整至使勞動供給與需求達到平衡 (第 3-1 節)；商品與服務的生產決定於生產因素數量與技術水準 (第 3-2 節)；實質利率調整至使可貸資金供給等於需求 (第 3-3 節)，這些重要的結論都和貨幣數量無關。

貨幣中立性

古典二分法 (dichotomy) 的產生是因為在古典理論中，貨幣數量的增減並不會影響實質變數。依據休姆的說法，當央行提高貨幣供給 1 倍時，物價水準上漲 1 倍，每個月的薪水也增加 1 倍。實質變數，如生產、就業、實質工資和實質利率，都沒有改變。這種貨幣不會影響實質變數的現象稱為**貨幣中立性** (monetary neutrality)。

貨幣中立性是否能夠貼切地描述實際經濟社會？答案是：並不完全。休姆自己也懷疑貨幣中立性在短期能否成立。在短期，貨幣數量的變動會造成名目變數 (特別是名目利率) 的改變。然而，在長期，貨幣中立性的說法大致上是正確的。

練習題 3-6

大多數經濟學家認為貨幣中立性成立：
(a) 短期，而非長期
(b) 長期而非短期
(c) 短期與長期都成立
(d) 短期與長期都不成立　　　　　　　　(103 年台師大全球經營)

答：(b)。

摘要

- 古典學派主張勞動需求是勞動的邊際產量；勞動供給是家庭追求效用最大的結果。當實質工資可以自由調整時，勞動供給等於勞動需求，勞動市場始終處於充分就業狀態。
- 生產因素數量與生產技術決定經濟體系中的商品與服務的產出。由於資本與勞動皆充分就業，產出為充分就業產出。
- 商品與服務需求由家庭、廠商、政府及國外部門對商品與服務需求所構成。其中消費是可支配所得函數，投資為利率函數。
- 利率使商品市場與可貸資金市場同時達到均衡。
- 國民儲蓄是可貸資金供給的來源，投資則為可貸資金需求。
- 貨幣數量學說主張 $MV=PY$，劍橋方程式則為 $M^d=kPY$。
- 古典二分法是理論上將變數分成名目與實質兩種。貨幣中立性說明貨幣數量的多寡並不會造成實質產出的變動。

習題

選擇題

1. 在古典學派的假設下，始終存在充分就業而沒有非志願性失業，其原因為：
   (a) 勞工總是壓低工資來獲得想要的工作
   (b) 工資是僵硬性
   (c) 企業主擁有議價能力
   (d) 當時並沒有失業保險制度
   　　　　　　　　(86 年交大管科所)

2. 下列關於勞動市場的敘述何者錯誤？
   (a) 勞動需求是引申性需求
   (b) 勞動供給與邊際產值相關
   (c) 當工資上漲引發所得效果大於替代效果時，會出現後彎的勞動供給曲線
   (d) 勞動供給是由家計單位提供
   　　　　　　　　(100 年輔仁企管)

3. 下列何者會造成可貸資金供給曲線左移？
   (a) 實質利率下跌
   (b) 實質財富下跌
   (c) 可支配所得減少
   (d) 預期未來所得減少　(104 年中興企管)

4. 在封閉經濟體系下，儲蓄與投資決定均衡利率，若利率上升，下列何者是最有可能的原因？
   (a) 產出上升
   (b) 營利事業所得稅下跌
   (c) 資本邊際產出下降
   (d) 政府支出減少　(103 年清大科管所)

5. 在開放總體經濟模型中，可貸資金供給來自：
   (a) 國民儲蓄
   (b) 國民儲蓄加上淨資本外流
   (c) 國內投資＋淨資本外流
   (d) 淨資本出口　(103 年台師大全球經營)

6. 若貨幣供給增加 3 倍，同時流通速度下跌一半，而實質 GDP 不變，根據貨幣數量學說，物價水準如何變動？
   (a) 60%
   (b) 150%
   (c) 67%
   (d) 100% （103 年高雄經管所）

7. 貨幣供給不會影響實質變數的說法是：
   (a) 古典二分法
   (b) 貨幣中立性
   (c) 貨幣數量學說
   (d) 費雪效果 （104 年東企管所）

8. 下列何者正確？
   (a) 實質變數＝名目變數/物價
   (b) 名目變數＝實際變數/物價
   (c) 名目變數＝實質變數×物價
   (d) 實質變數＝名目變數＋物價
   （104 年交大經管所）

9. 當貨幣市場的縱軸是貨幣價值時，若價格高於均衡價格：
   (a) 超額貨幣需求，物價上升
   (b) 超額貨幣需求，物價下跌
   (c) 超額貨幣供給，物價上升
   (d) 超額貨幣供給，物價下跌
   （104 年交大科管所）

10. 假設實質 GDP 等於潛在 GDP，但政府相信失業率高於自然失業率。如果政府採取擴張性財政政策，其結果是：
    (a) 在短期，實質 GDP 增加
    (b) 過多的勞工供給
    (c) 短期總供給最終會左移
    (d) (a) 與 (d) 都會發生
    (e) (a) 與 (c) 都會發生 （104 年中央人資所）

問答與計算

1. 古典學派勞動市場的均衡就業水準是 200，均衡實質工資率是 80。若是名目工資率由 120 上升至 140，一般物價水準將由 150 改變為多少？ （100 年淡江商管二）

2. 假設一經濟的勞動邊際產出 $MP_L = 100 - L$ 勞動供給為 $L^S = 3\left(\dfrac{W}{P}\right) + BT$，當 $T = 0$ 時，均衡勞動數量 L 是多少？
   （103 年台大國企所）

3. 古典學派認為國民所得的決定因素為何？

4. 若所得是 4,800、消費是 3,500、政府支出是 1,000，以及稅收為 800，請計算：
   (a) 公共儲蓄
   (b) 私人儲蓄
   (c) 國民儲蓄
   (d) 投資

5. 假設政府決定減少政府支出與稅收同樣金額，請利用可貸資金市場來說明利率、國民儲蓄、投資、消費和產出的變動。

6. 在一既定利率水準下，國民儲蓄為 600 億元，國內投資為 500 億元，而淨資本外流為 250 億元。此時可貸資金市場存在超額需求或供給？實質利率會上升或下跌？
   （100 年台大經濟）

7. 根據古典學派，政府預算赤字減少對利率、投資、消費的影響為何？
   （104 年輔仁企研所）

8. 若利率為 7%，計畫投資為 2 億元，政府支出為 3 億元，淨稅收為 2.8 億元，私人儲蓄為 2.2 億元，請問利率為 7% 的可貸資金需求是多少？ （104 年輔仁企研所）

9. 假設布魯日政府比去年多借 2,000 億元，利用可貸資金模型繪圖回答下列問題：
   (a) 均衡利率上升或下降？
   (b) 投資、民間儲蓄與國民儲蓄如何變動？各自變動金額與 2,000 億元相較孰大孰小？
   (c) 可貸資金供給彈性如何影響這些變動金額？
   (d) 可貸資金需求彈性如何影響這些變動金額？　　　(100 年台灣聯合大學)

10. 根據貨幣數量學說，當一國經濟成長率為 10%，而該國希望每年物價上漲率為 5% 時，則該國貨幣供給額的年成長率是多少？　　　(84 年台大商研)

11. 如果已知去年的通貨膨脹率為 4%，貨幣所得流通速度的增加率為 2%，貨幣供給增加率為 10%，那麼理論上，實質產出之成長率應為多少？　　　(成大國企)

12. 在貨幣中立性模型中，貨幣供給增加 10%，將導致產出增加或減少 10%？
　　　(100 年東吳國貿)

13. 在古典模型的勞動市場中，任何勞工賺取的實質工資等於勞動邊際產量。
   (a) 台灣過去 10 年來，農業技術改良使水果又甜又好吃，請問農夫的實質工資有何變化？
   (b) 在相同期間內，建築工人的生產力沒有改變，請問其實質工資有何變化？
   (c) 若農夫與建築工人之間可自由轉換跑道，兩群勞工的實質工資有何變化？
   (d) 房屋價格相對水果價格有何變化？

14. 根據貨幣中立性與費雪效果，貨幣供給增加，最終將造成物價、名目利率與實質利率如何變動？　　　(100 年政大商學)

15. 第二次世界大戰對立的德國與英國打算各自印製對方鈔票，並空投到對方領土，稱為紙張武器 (paper weapon)，請問是否奏效？

網路習題

1. 請至行政院主計總處網站，找出最近 1 年的政府儲蓄為何？私人儲蓄為何？

第 4 章
簡單凱因斯模型

在20世紀經濟波動的歷史裡，一個影響最深遠、最令人怵目驚心的是1930年代的經濟大恐慌。在1929年到1933年期間，美國、歐洲及其它各國經歷大規模的失業和所得巨幅下跌。1933年，最糟的一年，美國勞動力中有四分之一的人失業，且實質GDP比1929年的水準低30%。這個近乎毀滅性的事件引起許多經濟學家質疑古典學派經濟理論的有效性。

1936年，英國經濟學家凱因斯在《就業、利息與貨幣的一般理論》(簡稱《一般理論》)中提出對當時經濟問題新的思考方向。他認為生產並非由供給決定，而是取決於人們願意購買的數量——即需求。凱因斯強調的是有效需求。如果人們不願意消費或廠商不願意投資，需求有可能小於供給。在這種情況下，生產性資源無法充分就業，且會長久持續這種狀況。因此，凱因斯主張總需求不足是造成高失業和低所得的主因。

本章的重點在說明凱因斯的有效需求理論；亦即，利用著名的凱因斯十字架解釋政府政策如何刺激有效需求。值得注意的是凱因斯主張：在短期，價格具有僵硬性，總需求的變動會影響到總所得變動。

4-1 凱因斯的心理法則

當我們想瞭解一國政府經濟政策的應用及其對該國總體經濟有何影響時，我們似乎應從最簡單的總體觀念開始。譬如，行政院院長在 2015 年 10 月 30 日提出消費提振措施，秉持政府補助、企業加碼、全民共享原則，期能形成全民提振消費的氛圍。首先可帶動國內投資及消費，其次是對台灣總體經濟的一些變數會有所影響。假設其它情況不變下 (經濟學家最常用的)，所得水準會提升 (最簡單的觀念)；利率水準會上升 (較難的觀念)；物價水準會上升 (更難且複雜的觀念)。我們若要瞭解這些總體經濟變數的變動狀況，就要從凱因斯的心理法則開始談起。

心理法則

凱因斯在《一般理論》中，除了強調有效需求的重要性之外，更開創了總體經濟學的領域。他認為，當一國的經濟呈現不穩定時 (可能是經濟不景氣或出現通貨膨脹)，政府應該馬上利用政策，以期在短時間內能將不穩定現象消除；亦即，透過有效需求的調整來治理一國經濟，使之能處於充分就業狀態。這種思維是凱因斯學說思想的中心架構，而這一架構會在本章與後面章節中出現。我們可先簡單入門，然後在後面章節中更深入地瞭解。

圖 4-1 說明了凱因斯的思想架構。首先，他提出邊際消費傾向的概念來說明一國總消費水準的決定；其次，他提出流動性偏好理論來解釋市場利率水準的決定，並以此利率與資本的邊際效率 (亦是他所提出) 來決定一國的投資水準。消費 (C) 與投資 (I) 決定整個社會的有效需求，因此也決定了一國的所得與就業。

圖 4-1 雖然不能完整地說明今日總體經濟學的全貌，卻是其精髓所在。

循環流程圖

我們可以更進一步地利用第 1 章所介紹的循環流程圖 (圖 1-4) 來說明一國的經濟活動。在任何一個經濟體系，共有四種不同的經濟單位

圖 4-1　凱因斯的心理法則

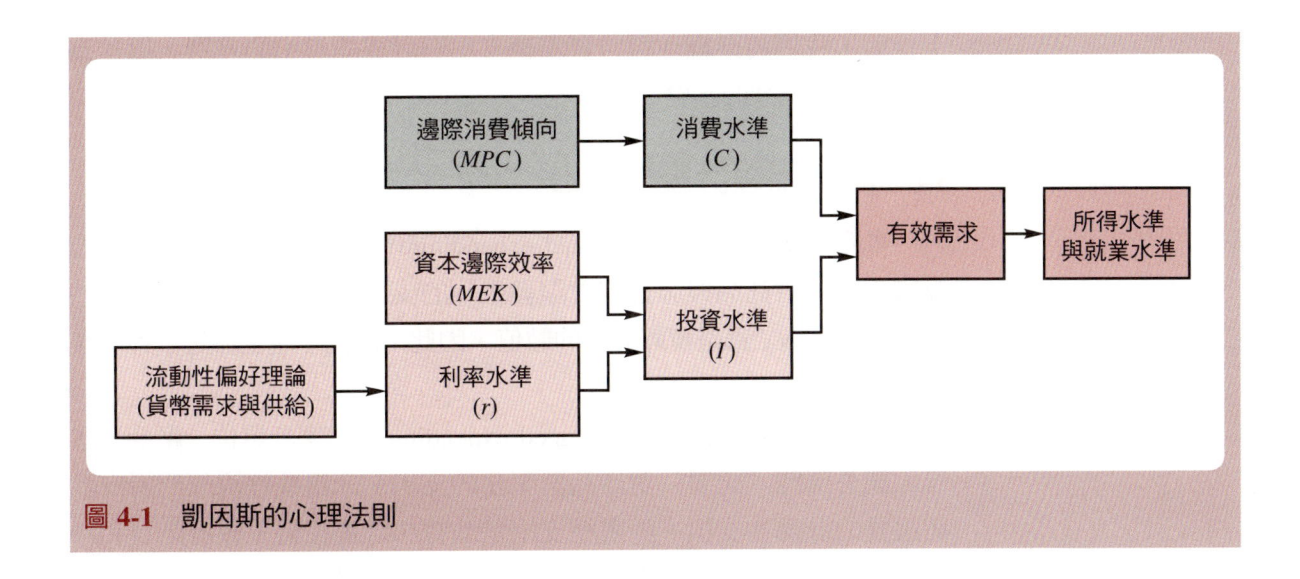

(economic actors) 購買商品與服務：家計單位、廠商、政府，以及國外部門。另一方面，有四類支出對應這四個經濟單位：

1. 消費支出 (C)。
2. 投資 (I)。
3. 政府購買或支出 (G)。
4. 淨出口 (NX)。

一個國家對商品與服務的總支出即為這四種支出加總。若以數學式表示，可寫成

$$總支出 = C + I + G + NX = GDP$$

此外，廠商收到這些總支出，可用來支付生產因素報酬——工資、利息、租金和利潤。因此，總所得會等於總支出：

$$Y = C + I + G + NX$$

上式的 Y 為總所得。從支出的角度觀察，經濟體系中所有生產出來的商品與服務流入家計單位廠商、政府和國外部門。所以，總產出與總支出相等。綜合以上討論，我們得到一個重要結論：

$$總支出 = 總所得 = 總產出$$

下一節，我們將詳細地探討實際總支出與計畫總支出的差別，以作為簡單凱因斯模型的基礎。

實際總支出與計畫總支出

實際總支出 (aggregate actual expenditure) 是家計單位、廠商、政府及國外部門對商品與服務"實際發生"的支出。國民所得會計帳中的 C、I、G 及 NX 都是實際發生的數值，因此，國內生產毛額是一種事後總支出的概念。

計畫總支出 (aggregate planned expenditure) 是家計單位、廠商、政府和國外部門"想要"對商品與服務的支出，即這些經濟部門對商品與服務的計畫性支出。計畫總支出是消費、計畫投資、政府購買和淨出口的加總，也是一種事前總支出的概念。計畫總支出與實際總支出並不必然一定相等，讓我們舉一個例子來說明這兩者之間的區別。

假設蘋果公司決定在 2016 年生產 500 萬台 iPad Air 3。假設經濟體系中各個部門，包括家計單位、政府、國外部門及其它廠商決定購買 iPad Air 3 的數量是 400 萬台。蘋果公司事前計畫銷售的數量是 450 萬台和 50 萬台的存貨。存貨是用來應付短期生產與銷售的突發狀況。然而，蘋果的計畫銷售量 (450 萬台) 超過計畫總支出 (400 萬台)，結果是 iPad Air 3 的存貨變成 100 萬台。因此，只要 iPad Air 3 的計畫購買數量低於實際生產數量時，存貨會超過事先計畫的數量，造成非預期 (計畫) 存貨的增加。

蘋果公司的例子可以擴展到整體經濟。實際總支出等於總所得，也等於國內生產毛額。若計畫總支出大於國內生產毛額，即各部門想要購買商品與服務的數量超過經濟體系實際生產的數量，廠商會先以存貨來因應，故計畫存貨數量減少。為了應付大量的需求，廠商應用更多的勞工來增加生產，GDP 隨之上升。直至 GDP 上升至均衡水準為止；相反地，如果計畫總支出低於國內生產毛額，某些商品賣不出去，生產過剩的結果是造成非預期性的存貨累積。廠商開始解雇員工、減少生產，這都將造成 GDP 的減少，直至 GDP 回到原來的均衡水準為止。因此，

實際總支出＝計畫總支出＋非預期(計畫)的存貨變動

簡單來說，非預期存貨增加，導致廠商在下一期減少生產，而產出量的減少會降低國內生產毛額。另一方面，非預期存貨減少，使得廠商在下一期增加生產，產出量的增加會提高國內生產毛額。

瞭解計畫總支出與實際總支出之間的差異後，接下來，我們要探討究竟是哪些因素決定消費、計畫性投資、政府支出及淨出口 (可見理論上的討論，大部分是計畫性支出)。在什麼情況下，計畫總支出會等於實際總支出？

4-2　簡單凱因斯模型

根據上一節的說明，計畫總支出是家計單位、廠商、政府及國外部門想要購買的商品與服務數量。若以數學公式表示，可寫成

$$AE = C + I + G + NX$$

其中 AE 是計畫總支出，C 是**消費** (consumption)，I 是**計畫投資** (planned investment)，G 是**政府購買** (government purchase)，NX 是**淨出口** (net exports)。

為了簡化分析，最簡單的凱因斯模型做了幾項基本假設：(1) 物價水準固定不變；(2) 不考慮政府和國外部門，因此上式的等號右邊只剩下兩個變數：消費和計畫投資；(3) 民間消費受可支配所得的影響，而其它影響因素則皆視為外生變數；(4) 計畫性投資暫時視為固定不變。由於不考慮政府部門，政府購買和稅收都是零。計畫總支出等於消費加計畫投資。

$$AE = C + I$$

消費函數 (民間消費支出，C)

消費函數 (consumption function) 描繪民間消費支出與可支配所得之間的關係。**可支配所得** (disposable income) 等於總所得 Y 減去稅收 T。由於簡單凱因斯模型假設政府部門並不存在，即 $T=0$，故總所得 Y 等於可支配所得 Y_d。對一般家庭或整體經濟而言，當可支配所得增加時，消費支出會增加，但消費增加的幅度低於可支配所得增加的幅度。

為了簡化分析,讓我們以直線型方程式來表示消費 (C) 與總所得 (Y) 之間的關係:

$$C = a + bY$$

其中,a 是截距項,代表**自發性消費支出** (autonomous consumption expenditure),而 bY 是**誘發性消費支出** (induced consumption expenditure)。所謂自發性消費支出是指消費函數中,不會隨著總所得變動而增減的消費支出;也就是說,即使你這個月沒有收入,仍然會有食物和交通費之消費支出,故 a 會大於零。誘發性消費支出是指消費函數中,隨著所得的增減而增減的部分。b 是斜率項,即 $\Delta C/\Delta Y$,每一次所得減少 ΔY 元,消費會減少 ΔC 元。我們稱 b 為**邊際消費傾向** (marginal propensity to consume, MPC)。

假設直線型消費函數為

$$C = 100 + 0.8Y$$

我們可以利用圖 4-2 簡單說明消費函數的意義。圖中的 A 點是指當所得為 0 兆元時,消費支出是 100 兆元。B 點為當所得是 100 兆元時,消費支出是 180 兆元;亦即,所得增加 100 兆元時,消費增加 80 兆元。直線型消費函數的斜率為 b=消費支出變動/總所得的變動=$\Delta C/\Delta Y$=80 兆元/100 兆元=0.8=MPC,即邊際消費傾向。

接下來,我們要說明自發性消費支出與誘發性消費支出對消費函數的影響。當可支配所得的變動引起消費支出改變,反映在消費函數的圖形上,係指同一條線上兩點間的移動 (有如個體經濟學中需求量的變動),如圖 4-3 中 C_0 線上 D 點到 E 點的移動。

但當實質利率上升,財富減少或預期未來的所得下降,都會使消費支出減少,此時整條消費函數直線會從 C_0 下降至 C_2 (有如需求的變動)。

儲蓄函數

從循環流程圖中,我們看到家計單位從生產因素市場獲取所得後會有三種用途:稅、消費及儲蓄。家計單位的所得扣除繳納給政府的稅負後,就是可支配所得 Y_d ($=Y-T$)。因此,消費與儲蓄的加總,即為可支配所得。由於簡單凱因斯模型並未考慮政府部門,所以可支配

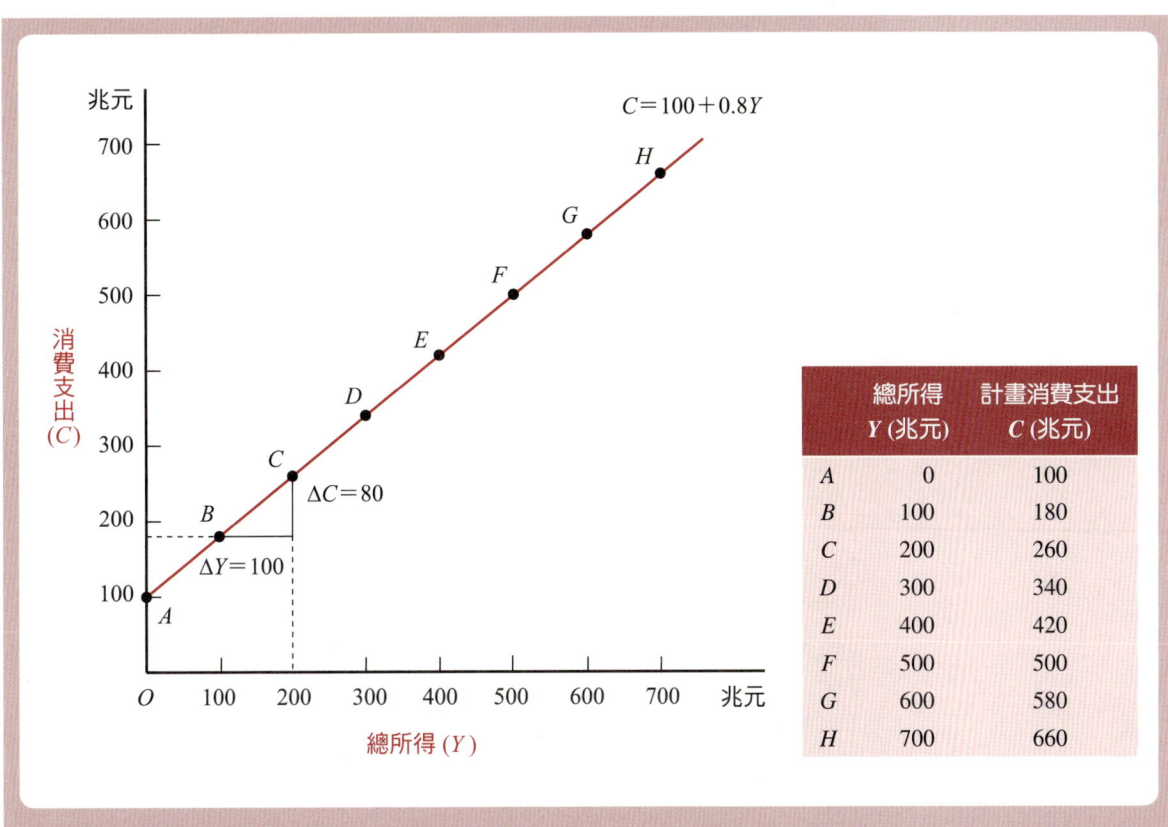

	總所得 Y (兆元)	計畫消費支出 C (兆元)
A	0	100
B	100	180
C	200	260
D	300	340
E	400	420
F	500	500
G	600	580
H	700	660

圖 4-2　消費函數

在這個簡單消費函數裡，當總所得為零時，消費是 100 兆元；當總所得是 100 兆元時，消費是 180 兆元。所得每增加 100 兆元，消費增加 80 兆元。

所得等於總所得。因此，家計單位的儲蓄 S，可寫成

$$S = Y - C$$

將消費函數 $C = a + bY$ 代入上式，儲蓄函數為

$$S = Y - (a + bY) = -a + (1-b)Y$$

其中 $-a$ 是儲蓄函數的截距，而 $(1-b)$ 是儲蓄函數的斜率，$\Delta S/\Delta Y$。$\Delta S/\Delta Y$ 稱為**邊際儲蓄傾向** (marginal propensity to save, MPS)，係指當所得增加 1 元時，儲蓄增加的金額。從前一節的討論得知，b 是邊際消費

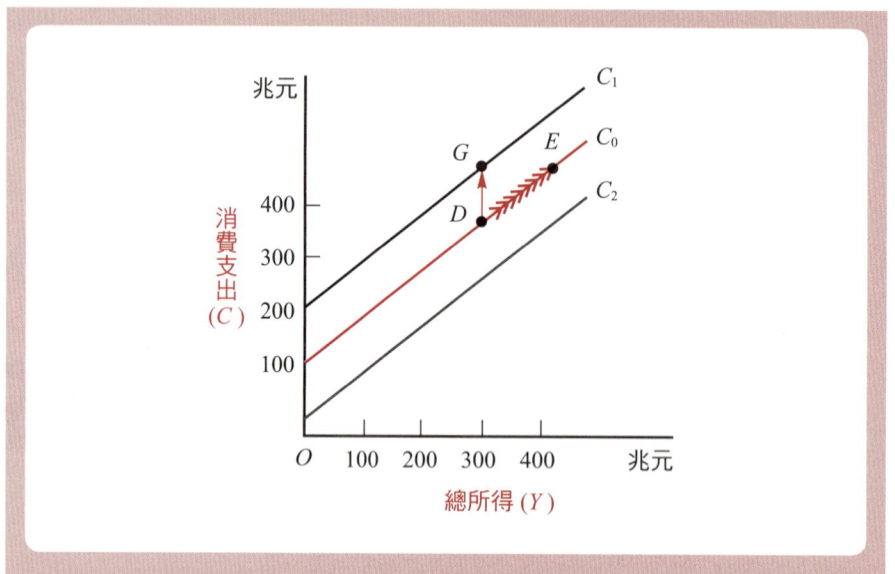

圖 4-3　消費函數的移動

當總所得增加時，消費隨之增加，在圖形上是從 D 點移至 E 點。另一方面，當實質利率下跌，財富提高或預期未來所得上升，都會使消費支出增加，在圖形上是從 D 點到 G 點，屬於整條線的移動（$C_0 \rightarrow C_1$）。

傾向 (MPC)。因此，結合 MPS＝(1－b) 和 MPC＝b 的事實，可得[1]

$$MPC + MPS = 1$$

圖 4-4 是利用圖 4-2 的資料和消費函數來推導儲蓄函數。在圖 4-4(a)，45° 代表縱軸與橫軸的距離相等，即 C＝Y。當所得是 200 兆元時，消費支出是 260 兆元。儲蓄是所得減消費，即 －60 兆元；而當所得為 700 兆元時，消費是 660 兆元，儲蓄則為 40 兆元。

因此，在 e 點的左邊，消費函數在 45° 的上方，儲蓄為負。在 e 點的右邊，消費函數位於 45° 的下方，儲蓄為正。將這些對應關係繪在儲蓄-總所得的平面圖上，可得圖 4-4(b) 的儲蓄函數。

$$S = Y - C = Y - (100 + 0.8Y) = -100 + 0.2Y$$

從上面的過程得知，邊際儲蓄傾向為 MPS＝0.2，邊際消費傾向為 MPC

---

[1] $Y = C + S$，$\Delta Y = \Delta C + \Delta S$，$\dfrac{\Delta Y}{\Delta Y} = \dfrac{\Delta C}{\Delta Y} + \dfrac{\Delta S}{\Delta Y}$，$1 = MPC + MPS$。

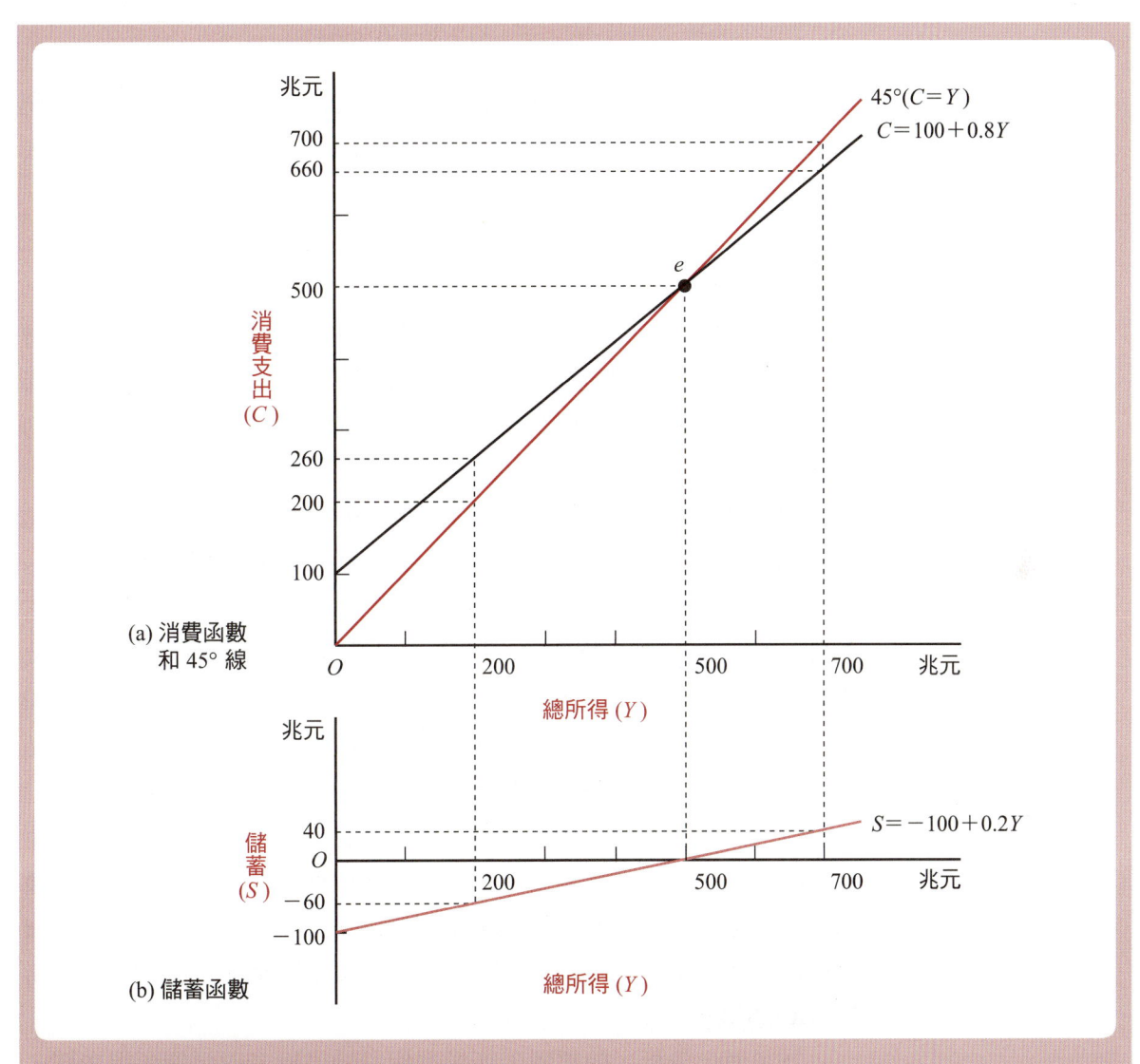

圖 4-4 儲蓄函數與消費函數

圖 (a) 的 45° 上的任何一個點均代表 $C=Y$。當 $Y=200$ 和 $C=260$ 時，$S=Y-C=-60$；而當 $Y=700$ 和 $C=660$ 時，$S=40$。所以，在 e 點的左邊，儲蓄為負；在 e 點的右邊，儲蓄為正。

$=0.8$。所以，$MPS+MPC=0.2+0.8=1$。

我們利用行政院主計總處編製的中華民國台灣地區家庭收支調查報告第八表可支配所得、消費支出和儲蓄的資料，以普通最小平方法，將台灣地區 1974 年到 2014 年的消費支出 (C) 對可支配所得 (Y_d) 做迴歸，可得消費函數為

$$C = -4,317.36 + 0.7663Y_d$$

上式中，邊際消費傾向 MPC 為 0.7663。這表示，當台灣地區的可支配所得增加 100 元時，其中的 77 元會用來消費，剩下的 23 元則會拿去儲蓄。

投資的定義

經濟學所定義的投資是指新設備和新建築的購買，以及存貨的增加。投資可以用來創造未來的價值。譬如，麥當勞新購買一台炸薯條的機器，或是網路咖啡店購買新的電腦和遊戲軟體，這些都使廠商的資本存量增加。

行政院主計總處稱投資為**國內資本形成毛額** (gross domestic capital formation)，依資本財型態可分為兩類：(1) **固定資本形成毛額** (gross fixed capital formation) —— 包括營建工程 (住宅和非住宅用房屋)，其它非營建工程 (如道路、機場)；運輸工具；機器設備；土地改良、耕地及果園的開發；種畜、役畜及乳牛等；(2) 存貨增加 —— 包括原材料 (如麥當勞購進的生薯條、雞塊)、在製品 (尚未製造完成的產品) 和製成品 (完成全部生產過程等待出售的產品，如架上的大麥克)。

最近一些研究顯示，投資最主要是受利率和企業預期的影響，而當期所得對投資的影響較為薄弱。其中一個理由是廠商的投資方案通常是為期超過 1 年的計畫，即投資決策經常具有"前瞻性" (forward looking)；換言之，投資比較受預期利率的影響，而不受當期產出和所得水準的影響。

為了簡化分析，簡單凱因斯模型假設計畫投資與當期所得無關，投資是一種**自發性支出** (autonomous expenditure)，如圖 4-5 所示。在圖 4-5，橫軸變數是總所得，縱軸變數是計畫投資。由於投資不受總所得或產出水準的影響，所得不管總所得是多少，計畫投資始終維持在 50 兆元。因此，投資函數是一條水平線。

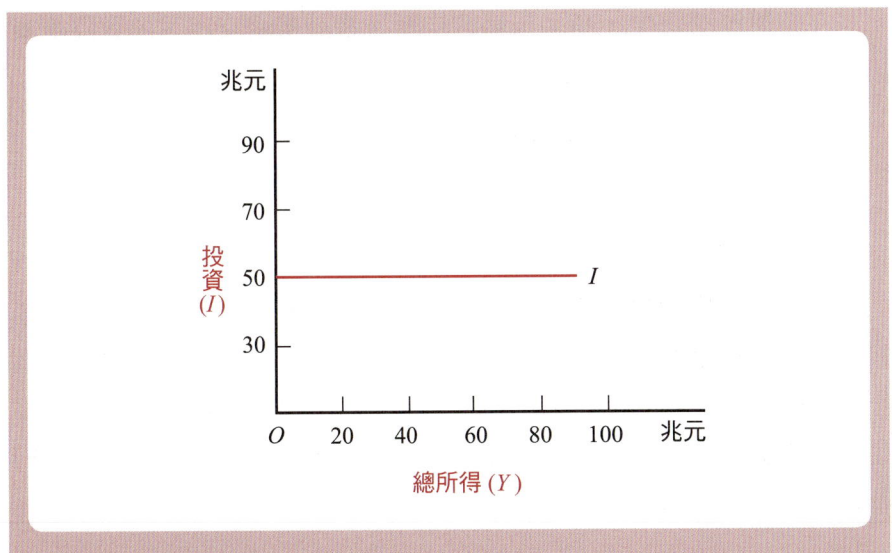

![圖表：縱軸為投資(I)，單位兆元，標示30、50、70、90；橫軸為總所得(Y)，單位兆元，標示20、40、60、80、100。投資函數I為一條通過50的水平線。]

圖 4-5　自發性投資

自發性投資支出與總所得無關。不管總所得是多少兆元，投資始終維持在 50 兆元。因此，投資函數是一條水平線。

練習題 4-1

下列何者會造成誘發性消費的變動？
(a) 亞洲金融風暴重創股市，導致股價下跌
(b) 新台幣對美元升值
(c) 網際網路的興起使高科技公司投入電子商務的研發
(d) 景氣復甦造成個人所得提高　　　　　　　　(104 年淡江財金)

答：(d)。

4-3　均衡所得

　　到目前為止，我們已經檢視過消費函數和投資函數，現在可以來討論商品市場均衡，以及解釋經濟體系如何達到均衡。在個體經濟學中，某一市場 (如咖啡豆市場) 的均衡是指價格讓市場**結清** (clearing) 時，市場已達到均衡，即均衡價格讓廠商提供的數量恰好等於消費者需求的數量。

在總體經濟學中，商品市場的均衡是指計畫總支出等於實際總支出的狀態。依據前面的說明，

$$實際總支出＝總所得＝總產出＝Y$$
$$計畫總支出＝AE＝C+I$$
$$均衡：Y＝AE \text{ 或 } Y＝C+I$$

如果實際總支出超過計畫總支出，$Y>C+I$，廠商的生產大於實際銷售，非預期存貨增加，廠商在下一期將減少生產，直至 $Y=C+I$ 為止；相反地，如果實際總支出低於計畫總支出，$Y<C+I$，存貨投資不足，非預期存貨減少，這將導致廠商在下一期增加生產，直至 $Y=C+I$ 為止。

總支出函數

基於上面對實際總支出、消費及投資的討論，我們可將完整的簡單凱因斯模型列出：

$$AE=C+I \qquad (4\text{-}1)$$
$$C=a+bY \qquad (4\text{-}2)$$
$$I=\bar{I} \qquad (4\text{-}3)$$

簡化的凱因斯模型並未考慮政府和國外部門，所以可支配所得等於總所得；同時也假設計畫投資為外生變數決定的固定值。若將式 (4-2) 和式 (4-3) 代入式 (4-1)，可得

$$AE=C+I=a+bY+\bar{I}=(a+\bar{I})+bY$$

其中 AE 是計畫總支出；$(a+\bar{I})$ 稱為自發性支出，它與所得水準的高低無關；bY 為**誘發性支出** (induced expenditure)，它會隨著總所得的增加而增加。由於計畫總支出可以寫成總所得的函數，故上式稱為**總支出函數** (aggregate expenditure function)。

圖 4-6 是總支出函數的圖形。請注意，縱軸變數是計畫總支出，橫軸變數是總所得。在簡單凱因斯模型中，總支出函數的斜率是 b，即邊際消費傾向。記得 b 介於 0 與 1 之間。因此，總支出函數會與 45° 相交。

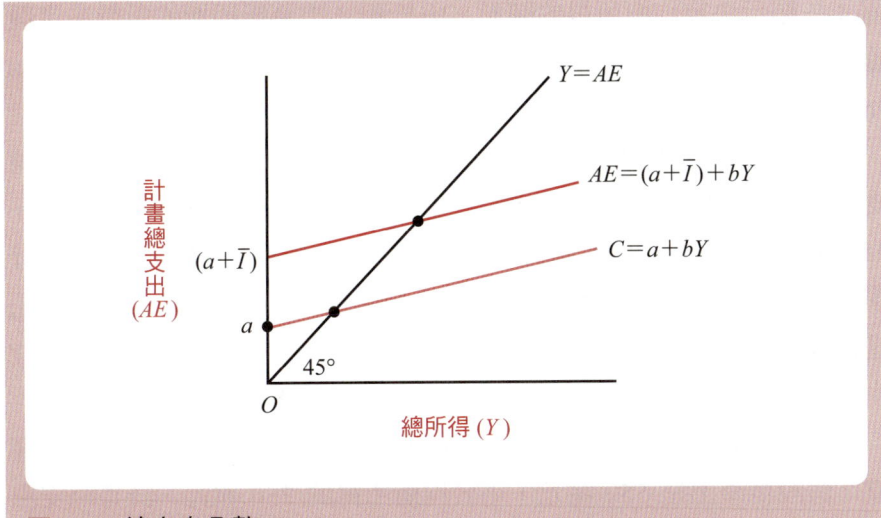

圖 4-6　總支出函數

總支出函數 $AE=(a+\bar{I})+bY$。因為 $0<b<1$，總支出函數的斜率會小於 1。

接下來，我們來討論如何決定均衡所得水準。有兩種方式可求得均衡所得：一為計畫總支出等於總所得 $(AE=Y)$；一為計畫投資等於儲蓄 $(I=S)$。

均衡所得：計畫總支出＝總所得

商品市場的均衡是在總所得（總產出）Y 和計畫總支出 $(C+I)$ 相等時發生：

$$Y=AE=C+I=(a+\bar{I})+bY$$

上式中，將總所得 Y 移項，並求解 Y，可得

$$Y^*=\frac{1}{1-b}(a+\bar{I}) \tag{4-4}$$

其中，Y^* 是均衡所得，它等於自發性支出 $(a+\bar{I})$ 乘以邊際儲蓄傾向 $(MPS=1-b)$ 的倒數。假設消費函數與投資分別為：$C=100+0.8Y$；$I=50$，則 $a=100$、$I=50$ 和 $b=0.8$，均衡所得為

$$Y^*=\frac{1}{1-0.8}(100+50)=750$$

圖 4-7 顯示決定均衡所得的圖形。由於圖 4-7 為凱因斯的所得決定理論，有些經濟學家稱這個圖形為**凱因斯十字架**或**凱因斯交叉** (Keynesian cross)。

商品市場的均衡是發生在總支出函數與 45° 的交點，$Y=C+I$。總支出函數代表家計單位與廠商的計畫總支出，也就是商品的總需求。45° 代表橫軸與縱軸的距離相等，$AE=Y$ 代表總產出 (總所得) 等於計畫總支出。當商品的總產出等於總需求時，商品市場達到均衡。這正是凱因斯在《一般理論》書中強調的：在失業存在的情況下，總所得 Y 由需求面決定。在圖 4-7，均衡所得水準為新台幣 750 兆元。

如果商品市場的總產出不在均衡所得水準，經濟體系將如何調整？假設總產出是 550 兆元，小於均衡所得的 750 兆元，計畫總支出超過總產出 Y，表示廠商的實際銷售超過商品產量，導致非預期存貨的減少。廠商面對存貨的下降，會在下期提高商品生產數量。總產出的

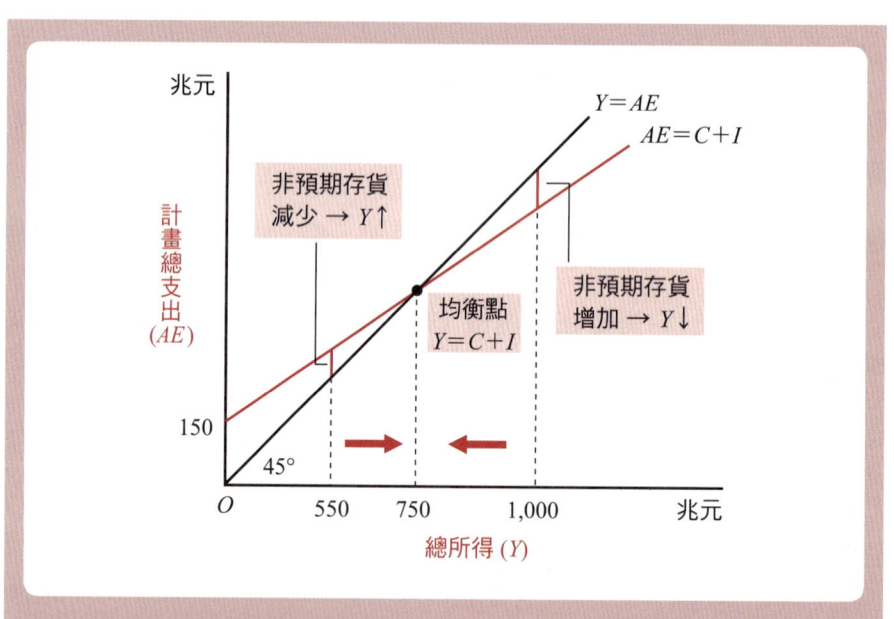

圖 4-7　均衡所得的決定

當計畫總支出 $C+I$ 等於總所得 (產出 Y) 或計畫總支出等於實際總支出時，商品市場達到均衡。當 $Y<C+I$，計畫總支出超過總所得，存貨會減少，下一期廠商將增加生產，總產出 Y 增加；相反地，當 $Y>C+I$，計畫總支出低於總所得，存貨會增加，下一期廠商將減少生產，導致總產出 Y 減少。

提高意味著所得也會提高。其理由為廠商必須增加生產因素雇用才能增加商品生產。因此,生產因素擁有者的報酬 (總所得) 隨之提高,只要 $Y < C+I$,這個調整過程會持續下去,直至 $Y = C+I$。

相反地,若總所得是 1,000 兆元,此時總產出 Y 超過計畫總支出。廠商的生產數量超過實際銷售數量,導致非預期存貨的累積。廠商面對存貨投資的增加,會選擇在下一期減少生產。因此,總產出 Y 下跌。只要 $Y > C+I$,這個調整過程會持續下去,直至 $Y = C+I$。

均衡所得:計畫投資＝儲蓄

我們知道總所得不是用來消費,就是作為儲蓄,即

$$Y = C + S$$

此外,商品市場的均衡條件是 $Y = C+I$。因此,我們可以將商品市場的均衡條件改寫成 $C+S = C+I$,最後可得

$$I = S \tag{4-5}$$

式 (4-5) 就是計畫投資等於儲蓄的商品市場均衡條件。若以前面提到的數字為例,$I = 50$ 和 $S = -100 + 0.2Y$。當 $I = S$ 時,

$$50 = -100 + 0.2Y$$

經過整理,均衡所得 Y^* 為

$$Y^* = \frac{1}{0.2}(50 + 100) = 750$$

這個答案與式 (4-4) 所得到的結果相同。上式的分母,0.2,正是邊際儲蓄傾向 MPS。

圖 4-8 綜合圖 4-4、圖 4-5、圖 4-6 及圖 4-7。圖 4-8(a) 為計畫總支出等於計畫總所得,而圖 4-8(b) 為計畫投資等於儲蓄。我們可以發現,兩者的均衡所得皆相同,為 $Y^* = 750$。

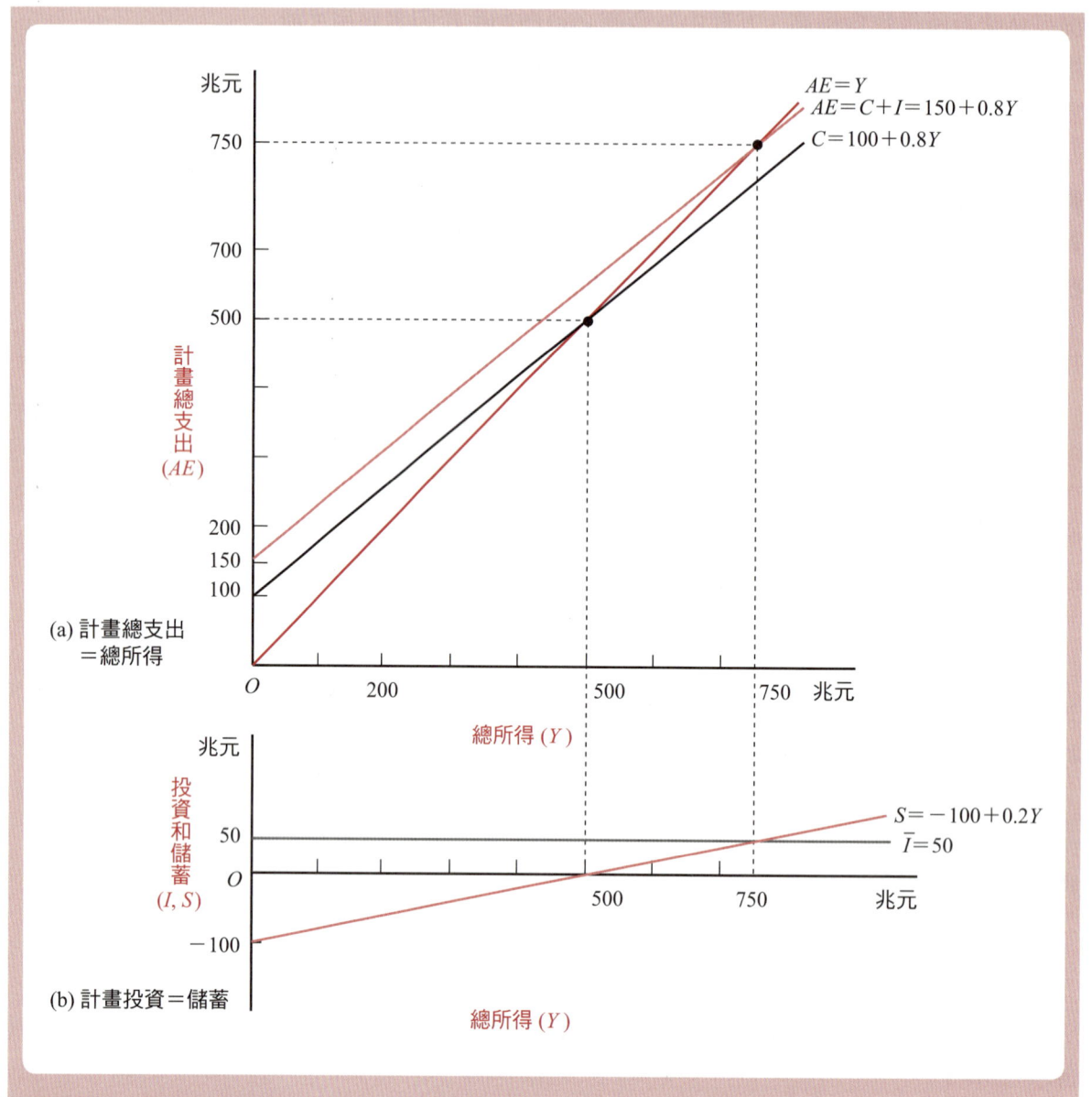

圖 4-8　商品市場均衡

當計畫總支出等於總所得 (a) 或計畫投資等於儲蓄 (b)，商品市場達到均衡；亦即，當 $C=100+0.8Y$ 與 $I=50$ 或 $I=50$ 與 $S=-100+0.2Y$ 時，均衡所得 $Y^*=750$。

練習題 4-2

當總支出線位於 45° 線下方時，下列敘述何者正確？
(a) 存貨減少，產出減少
(b) 存貨增加，產出增加
(c) 存貨減少，產出增加
(d) 存貨增加，產出減少   (100 年文化企管)

答： (d)。

4-4 乘 數

　　現在我們已經知道如何決定均衡所得。接下來，我們要面臨的問題是：當計畫投資發生變動時，均衡所得有什麼樣的改變？

　　以台灣為例，台灣現在面臨一個全新的政經局勢與國際競爭模式，為強化經濟活動，行政院於 2016 年 7 月 27 日公布"經濟體質強化措施"，短期由強化投資、促進出口著手；中長期則藉由產業、出口及投資新模式，以扭轉過去出口代工低毛利模式。主要措施有對非中小企業提供 5,000 億元的貸款額度，增加對中小企業放款 5,400 億元。假設台灣地區的廠商積極投入 20 兆元投資，均衡所得將產生什麼樣的變化？

　　我們可從第 4-3 節的觀念來推導均衡所得的變動。從式 (4-4) 知道，經濟體系的均衡所得可寫成

$$Y_0^* = \frac{1}{1-b}(a+\bar{I}) \tag{4-6}$$

若有一新的計畫投資產生，假設是 ΔI，則式 (4-6) 會變成

$$Y_1^* = \frac{1}{1-b}(a+\bar{I}+\Delta\bar{I}) \tag{4-7}$$

Y_0^* 與 Y_1^* 分別代表計畫投資變動前後的均衡所得若將式 (4-7) 減式 (4-6) 則可得均衡所得的變動量 ΔY 為

$$\Delta Y = Y_1^* - Y_0^*$$

$$= \frac{1}{1-b}(a + \bar{I} + \Delta \bar{I}) - \frac{1}{1-b}(a + \bar{I})$$

$$= \frac{1}{1-b}\Delta \bar{I}$$

上式說明，均衡所得的變動來自自發性計畫投資的變動，且會呈現倍數關係。這個倍數被定義為乘數係數：

$$乘數 = \frac{\Delta Y}{\Delta \bar{I}} = \frac{均衡所得的變動}{自發性支出的變動} = \frac{1}{1-b}$$

上式中的 b 為邊際消費傾向 (MPC)。換言之，乘數是邊際儲蓄傾向 ($MPS = 1 - b$) 的倒數。所以，當一個國家的邊際消費傾向 (MPC) 愈大或邊際儲蓄傾向 (MPS) 愈小，則該國的乘數會愈大。

練習題 4-3

在凱因斯模型下，邊際儲蓄傾向增加將：
(a) 儲蓄與均衡所得上升
(b) 儲蓄增加，均衡所得下跌
(c) 儲蓄與均衡所得下跌
(d) 沒有影響   (104 年交大經營所)

答：(b)。

4-5 節儉的矛盾

2016 年 3 月 3 日，《天下雜誌》的標題 "歡迎來到經濟大停擺時代"，利率和通膨非零即負，消費者還是不花錢，全球經濟都堵在車道，動彈不得。同一時期，國發會在 2016 年 1 月份的景氣概況新聞稿中指出，燈號續呈藍燈，顯示景氣處於低迷狀態。搶救貧窮大作戰一時間成為報章雜誌和電視媒體最熱門的題材。

如果家計單位面對財富縮水，而決定調整消費習慣，節衣縮食，少消費多儲蓄，準備過苦日子，所得是否因此增加？

假設家計單位計畫增加儲蓄，使圖 4-9 的儲蓄曲線從 S_0 上移至 S_1。儲蓄的增加相對是消費的減少，結果是均衡所得的下降。在圖 4-9，商品市場一開始的均衡是在 a 點，均衡所得為 600 兆元。提高計畫儲蓄，使均衡移到 b 點，新的均衡所得為 500 兆元，比原先的所得減少 100 兆元。

在 b 點，儲蓄 $S = -40 + 0.1 \times (500) = 10$，這和先前儲蓄未增加前的儲蓄水準，$S = -50 + 0.1 \times (600) = 10$ 完全相同。家計單位試圖增加儲蓄，結果是均衡所得下跌與消費支出減少，儲蓄水準卻沒有改變。這個結果違反了傳統認為"省一塊錢，就是賺一塊錢"的信仰，我們稱這種結果為**節儉的矛盾** (paradox of thrift)。節儉對個人而言，可能是有利的，對整個社會卻是總所得的下降。

"節儉的矛盾"是否在任何情況下都會成立？答案是否定的。在經濟學家凱因斯的觀念裡，如果一個國家的經濟是處於不景氣狀態，社會會存在失業現象。此時若民眾再以減少消費增加儲蓄的方式來因應經濟不景氣，則社會的有效需求會減少，引起所得減少，矛盾因此

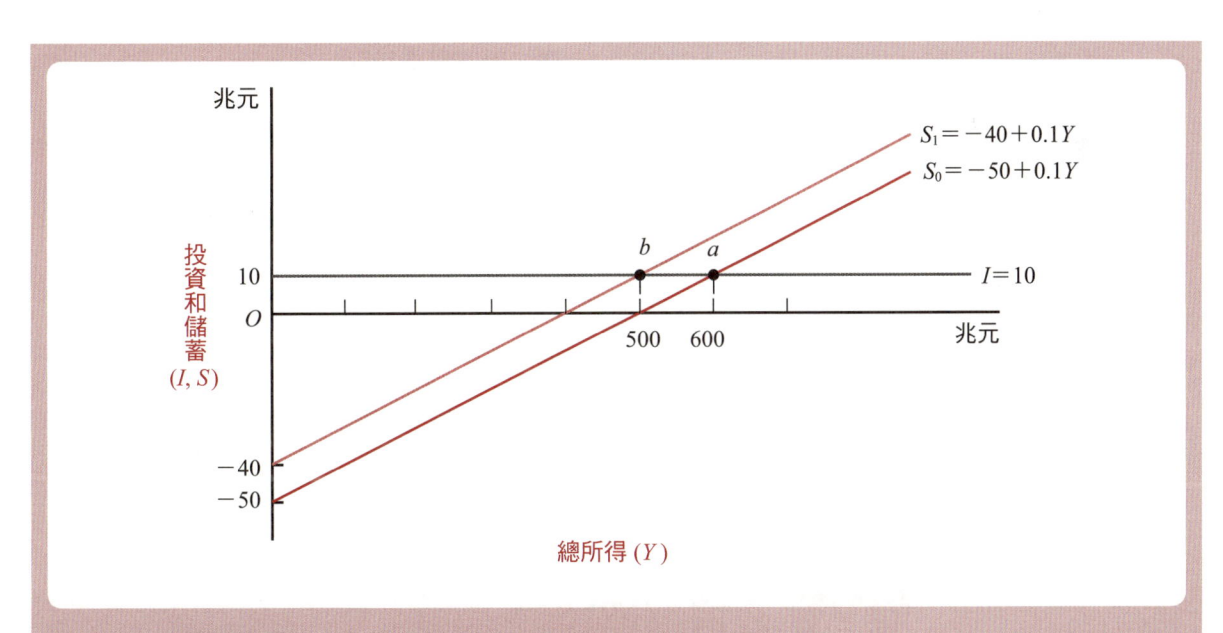

圖 4-9　節儉的矛盾

計畫儲蓄從 S_0 增至 S_1，使均衡所得從 600 兆元減少至 500 兆元。儲蓄的增加伴隨著消費的減少，導致所得下跌。然而，在新的均衡所得水準，儲蓄的增加卻導致總儲蓄水準固定不變，仍維持在 10 兆元。

金融危機專題 撒錢救經濟

英國《經濟學人》報導，第四波金融海嘯所導致的信用緊縮狀況，已危及世界經濟。分析指出，華爾街銀行每收到 1 美元存款，就借出 96 美分；歐陸的銀行每收到 1 歐元存款，卻借出 1.4 歐元。高槓桿碰到信用緊縮，成為災難。一向是自由經濟守護者的《經濟學人》，在這次危機中改變立場，強調當市場出現這些問題時，政府最有能力讓市場再度正常運作。

在砸下數千億美元對金融市場紓困後，日本、韓國與德國政府相繼宣布總額近千億美元的刺激經濟方案，藉擴大公共支出提振內需，以輔助央行的降息，避免經濟陷入嚴重衰退。

無獨有偶，《經濟學人》在 2016 年 2 月 20 日出刊的封面故事中指出，全球工業國家必須採取更激烈的措施，包括央行"空投"現金，以擴大財政支出，俗稱"直升機撒錢"，這是由諾貝爾經濟學獎得主傅利德曼在 1961 年提出的。由央行印鈔融通政府支出，也就是央行直接把現金給消費者，鼓勵民眾多消費，而不是把錢存起來。

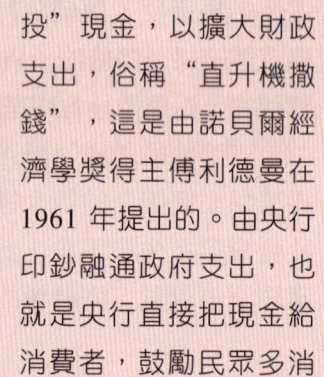

資料來源：
1. 黃菁菁，"日撒錢救經濟，每人可領 4,990 元"，《中國時報》，2008 年 10 月 31 日。
2. 任中原編譯，"終極寬鬆從直升機撒錢"，《經濟日報》，2016 年 2 月 20 日。

產生。但若社會處於接近充分就業狀態 (即經濟繁榮)，則儲蓄的增加可以透過金融市場而引起投資增加，可提高整個社會的總所得，此時的節儉就是好事，亦即，合乎古典學派"節儉是美德"的說法。

4-6 政府部門

在本節之前，為了簡化模型，我們並未加入政府部門的討論。本節加入政府部門後，模型會較為複雜。

根據行政院主計總處公布的國內生產毛額各項支出分配比的資

料，從民國 40 年到 104 年之間，政府消費占國內生產毛額的比例，平均為 16.56%，最高是民國 48 年的 20.51%，最低是民國 63 年的 13.81%。長久以來，政府在經濟體系中應該扮演什麼樣的角色，一直頗具爭議。

個體經濟學中，政府是否應該立法管制獨占事業，促進市場公平競爭；或政府面對外部性，是否應該積極介入糾正。當經濟出現問題時，政府應主動積極干預或採自由放任政策，一直是經濟學界討論的重點。

總體經濟學也有類似的爭議。一方面，凱因斯及其跟隨者認為經濟體系通常波動較為劇烈，政府必須主動負起調節經濟波動的責任。凱因斯在《一般理論》中建議，政府在面對經濟不景氣時，應該利用稅收和政府支出來增加總支出，提高總所得，讓人民免於失業。另一方面，古典學派的經濟學家主張，透過價格機能，經濟體系會恢復到原先充分就業的水準，政府的干預不但無法穩定經濟，甚至是造成經濟不穩定的元凶。

儘管有理論上的爭議，但卻沒有人會否定政府部門是總體經濟體系的一個重要經濟單位。政府可以透過兩種政策管道來影響總體經濟：財政政策和貨幣政策。**財政政策** (fiscal policy) 是指政府利用政府支出和稅收來影響經濟的措施，**貨幣政策** (monetary policy) 是指中央銀行利用貨幣供給量的變動來影響經濟的措施。

均衡所得：加入政府部門

根據循環流程圖的說明，家計單位的所得有三個用途：稅、消費及儲蓄。家計單位繳完稅後，真正可以使用的所得，稱為可支配所得 Y_d：

$$Y_d = Y - T$$

上式中的 Y 代表總所得，T 是稅收減移轉性支付。請注意，前幾節的討論並未考慮政府部門，故 $Y_d = Y$。由於家計單位的可支配所得不是用來消費就是儲蓄，因此

$$Y_d \equiv C + S$$

上式是一恆等式 ── 顯示方程式的內容一定成立。聯立上面兩個式

子，可得

$$Y-T \equiv C+S$$

等號兩邊都加上 T：

$$Y \equiv C+S+T$$

總所得由消費、儲蓄及稅收三者所組成。政府部門利用稅收來支應公務員薪資與公共工程投資支出。同時計畫總支出是家計單位的消費，廠商的投資和政府購買的加總：

$$AE = C+I+G$$

上式中的 G 代表政府對商品與服務的購買。因為政府的購買行為可由政府直接控制，故視 G 為外生決定，是一固定數值，$G=\overline{G}$。在消費函數的部分，真正影響消費支出是稅後的所得，而非稅前的所得。因考慮政府稅收，可支配所得是所得扣除稅負。因此，消費函數可寫成

$$C = a+bY_d$$

或

$$C = a+b(Y-T)$$

為了簡化分析，假設稅率由政府部門決定，上式中的稅收 T 為外生，$T=\overline{T}$。根據上述，納入政府部門後的簡單凱因斯模型可寫成

總　支　出：$AE = C+I+G$
消費函數：　$C = a+b(Y-T)$
投資函數：　$I = \overline{I}$
政府購買：　$G = \overline{G}$
政府稅收：　$T = \overline{T}$
均衡條件：$AE = Y$

將消費函數、投資、政府購買及稅收代入總支出的式子，可得總支出函數：

$$\begin{aligned}AE &= C+I+G \\ &= a+b(Y-\overline{T})+\overline{I}+\overline{G} \\ &= (a-b\overline{T}+\overline{I}+\overline{G})+bY\end{aligned}$$

在總支出函數中，$(a-b\overline{T}+\overline{I}+\overline{G})$ 是自發性支出。bY 是誘發性支出，為邊際消費傾向與總所得的乘積。根據前面的討論，商品市場的均衡是發生在計畫總支出 (總需求) 等於總所得 (總供給) 之處，即 $AE=Y$。所以，均衡所得 Y^* 可由下式得到

$$Y=AE=(a-b\overline{T}+\overline{I}+\overline{G})+bY$$

經整理後可得

$$Y^*=\frac{1}{1-b}(a-b\overline{T}+\overline{I}+\overline{G}) \qquad (4\text{-}8)$$

上式中的均衡所得 Y^* 是自發性支出與邊際儲蓄傾向倒數的乘積。政府購買 G 與稅收 T 對均衡所得的影響程度不同：G 是計畫總支出的一部分，直接影響均衡所得；T 則透過可支配所得影響消費，而間接影響均衡所得。

均衡所得：注入-流出

在考慮政府部門後，總所得是消費、儲蓄及稅收的加總：

$$Y \equiv C+S+T$$

上一節商品市場均衡的條件，為 $Y=AE=C+I+G$。因此，商品市場的均衡也可寫成

$$C+I+G=C+S+T$$

將等號兩邊都減去共同因子 C，可得

$$I+G=S+T$$

I 和 G 是指所得流入廠商和政府部門，以作為商品與服務的支出。所以，$I+G$ 是商品市場的**注入** (injection)，S 和 T 是指家計單位的所得流向金融市場 (儲蓄)，或流向政府 (稅收)。因此，$S+T$ 是商品市場的**流出** (leakage)。基於上述的說明，$I+G=S+T$ 稱為注入-流出的商品市場均衡條件。

> **練習題 4-4**
>
> 自發性消費支出 $C_0=600$，$MPC=0.9$，$I=460$，$G=400$，$T=400$，試求：
> (a) 總體經濟體系達到均衡時，總支出是多少？
> (b) 若 I 減少 360，對均衡支出有何影響？　　(104 年中興行銷所)
> 答：(a) $Y=11,000$；(b) $-3,600$。

4-7　國外部門 (與政府部門)

當你工作一段時間後，打算買一部運動休旅車 (SUV)，你的選擇範圍可能包括寶馬 X5、賓士 ML350、豐田凌志 RX450，到馬自達 Tribute。此時，你的經濟行為不會只限於台灣，而是與全球的經濟體系發生關聯。在前幾節的討論中，我們都是假設一個**封閉經濟體系** (closed economy) —— 不會與其它經濟體系產生互動的獨立經濟型態。但是，**開放經濟體系** (open economy) —— 一個與其它經濟體系自由互動的經濟型態，可能是一個比較接近實際生活的經濟體系。

均衡所得：加入政府部門與國外部門

在加入國外部門進入總體經濟體系，不外乎涉及國際貿易，也就是在模型中加入出口與進口。一國出口金額的多寡，決定於外國所得水準的高低 (呈同方向變動，即外國所得增加，本國出口金額也會增加)。因外國所得非本國所能控制，所以我們假設出口是外生變數，為一固定值，$EX=\overline{EX}$。進口水準的高低，則決定於本國所得，兩者呈正比；亦即，本國所得上升時，消費者與廠商對外國商品需求增加，進口數量因而上升。以數學式表示進口函數，可寫成

$$IM=mY$$

其中，Y 是總所得，IM 是商品與服務的進口，m 是**邊際進口傾向** (marginal propensity to import, MPM)，介於 0 與 1 之間。邊際進口傾向是指所得增加 1 元時，進口支出增加的比例。若 $m=0.25$，這表示當所

得增加 100 元時，其中的 25 元會用來購買進口商品。

在加入政府部門與國外部門後，我們就可得到一完整的總支出模型 —— 開放經濟下的簡單凱因斯模型：

$$\text{總 支 出：} AE = C+I+G+EX-IM$$
$$\text{消費函數：} C = a+b(Y-T)$$
$$\text{投資函數：} I = \overline{I}$$
$$\text{政府購買：} G = \overline{G}$$
$$\text{政府稅收：} T = \overline{T}$$
$$\text{出口函數：} EX = \overline{EX}$$
$$\text{進口函數：} IM = mY$$
$$\text{均衡條件：} Y = AE$$

我們將消費函數、投資、政府購買、稅收、出口及進口函數代入計畫總支出式子，可得總支出函數為

$$\begin{aligned}AE &= C+I+G+EX-IM \\ &= a+b(Y-\overline{T})+\overline{I}+\overline{G}+\overline{EX}-mY \\ &= (a-b\overline{T}+\overline{I}+\overline{G}+\overline{EX})+(b-m)Y\end{aligned}$$

上式中，$(a-b\overline{T}+\overline{I}+\overline{G}+\overline{EX})$ 為自發性支出，$(b-m)Y$ 是誘發性支出，等於邊際消費傾向減去邊際進口傾向，與總所得 Y 的乘積。商品市場的均衡是發生在 $Y=AE$ 之處。所以，均衡所得可由下式推導而得

$$Y=AE=(a-b\overline{T}+\overline{I}+\overline{G}+\overline{EX})+(b-m)Y$$

經過整理，可得

$$Y^* = \frac{1}{1-b+m}(a-b\overline{T}+\overline{I}+\overline{G}+\overline{EX}) \qquad (4\text{-}9)$$

上式的均衡所得 Y^* 是自發性支出乘以邊際儲蓄傾向加上邊際進口傾向的倒數。比較式 (4-8) 和式 (4-9)，開放經濟與封閉經濟下的均衡所得發現，開放經濟下式 (4-9) 的自發性支出多了一項 $\overline{EX}$，在誘發性支出部分分母多了一項 m。這表示所得增加時，其中的一部分會去消費進口商品，導致所得流向國外，均衡所得比封閉經濟下的所得增加幅度小，也就是乘數會變小。有關開放經濟下的乘數效果將在第 4-9 節加以說

明。

讓我們以數字例子來說明如何決定均衡所得。假設 $C=10+0.75(Y-T)$ 及 $\overline{I}=\overline{G}=\overline{T}=10$。其次，假設出口為外生，$\overline{EX}=10$，進口函數為 $IM=mY=0.25Y$。將以上的數字代入總支出函數 $AE=C+I+G+(EX-IM)$，可得

$$AE=(10-7.5+10+10+10)+(0.75-0.25)Y$$

在均衡時，$Y=AE$

$$Y=32.5+0.5Y$$

經過整理，均衡所得 Y^* 為

$$Y^*=\frac{1}{1-0.5}\times 32.5=65$$

圖 4-10 描繪開放經濟下的均衡所得水準。首先，我們繪出未考慮

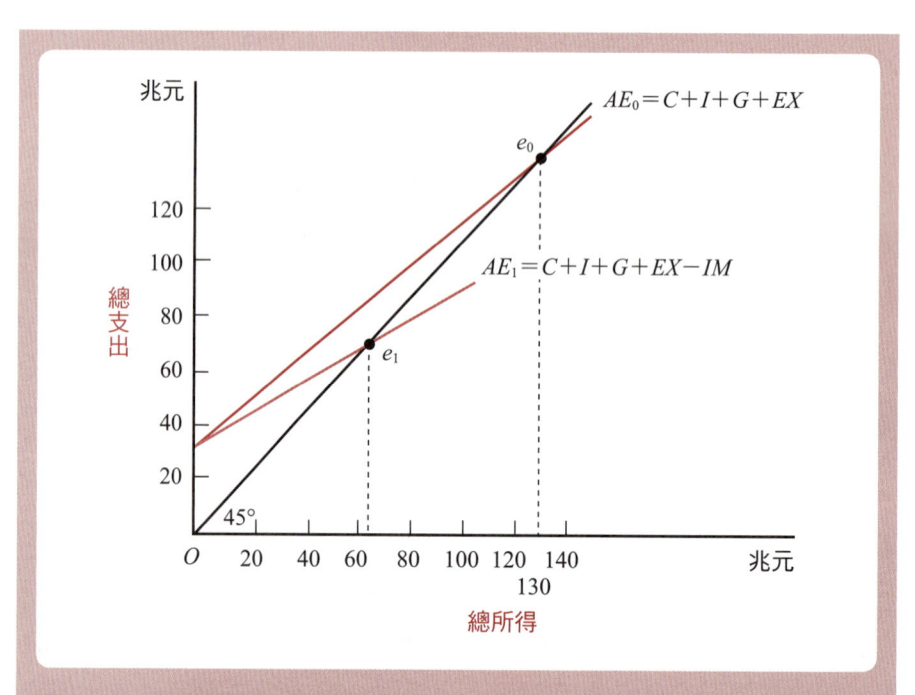

圖 4-10　開放經濟下的均衡所得

當消費函數 $C=10+0.75(Y-T)$，投資、政府購買、出口及稅收都是 10 兆元時，均衡所得是 130 兆元。若將進口函數 $IM=0.25Y$ 考慮進去，均衡所得是 65 兆元。

第 4 章 簡單凱因斯模型　113

潘朵拉的盒子

貿易出超的迷思 —— 出口真的這麼重要嗎？

　　2016 年 2 月 24 日，經濟部統計處公布 1 月份外銷訂單金額為 341.9 億美元，較去年同期減少 48.5 億美元，是連續 10 個月負成長。

　　國發會也公布 2016 年 1 月景氣燈號，再度亮出代表景氣低迷的藍燈，這是連續公布的第 8 顆藍燈，顯示狀況已直逼金融海嘯期間的連續亮出 9 顆藍燈。國發會表示，中國是台灣的主要出口市場，中國經濟表現不如預期，台灣出口也受影響。國內外銷訂單等領先指標已連續跌了 17 個月。

　　雪上加霜的是，日、美等跨太平洋經濟合作協定 (TPP) 的 12 個會員國，已於 2016 年 2 月 4 日在紐西蘭正式簽署，TPP 號稱是 "高階" 的自由貿易協定，占全球 GDP 近四成。另外，中國主導涵蓋亞洲 16 個國家的區域全面經濟夥伴關係 (Regional Comprehensive Economic Parthership, RCEP) 於 2016 年完成談判。台灣簽署 TPP 的最大困難在於，政府很難大幅開放農產品進口。此外，加入 RCEP 亦不容易，必須得到中國及東協各國的支持。

　　出口成長率下降究竟有什麼重要之處？依據凱因斯學派的說法，出口將帶動國民所得呈倍數增加，短期內可以刺激經濟成長。而在長期，開放自由貿易可以引進更多技術與原物料，使得台灣的生產力與人民生活水準提升。

資料來源：陳銘師，"墨西哥、加拿大加入 TPP 談判"，經濟部國貿局，2012 年 6 月 20 日。

進口函數的總支出 $C+I+G+EX$，即 $AE_0=32.5+0.75Y$。請注意，在函數 AE_0 中，斜率為 0.75，均衡所得為 130。接著，將進口函數納入總支出函數，$AE_1=C+I+G+EX-IM=32.5+0.5Y$。此時，函數 AE_1 的斜率是 0.5，而均衡所得為 65。比較圖 4-10 的 e_0 和 e_1 點，e_1 點的均衡所得顯然比 e_0 點的均衡所得要低，主要原因是所得用來消費的部分，不只購買本國商品，也會購買外國商品。因此，有一部分的所得流向國外，這也可從流出-注入方式的均衡所得觀察而得。

開放經濟下的均衡所得：注入-流出方式

根據第 4-6 節的說明，我們知道總所得是消費、儲蓄和稅收的加總。

$$Y \equiv C + S + T$$

此外，開放經濟下的均衡條件為 $Y = AE = C + I + G + EX - IM$，因此商品市場的均衡條件也可寫成

$$C + I + G + EX - IM = C + S + T$$

或

$$I + G + EX = S + T + IM$$

上式為開放經濟下，注入-流出方式的商品市場均衡，其中 I、G 和 EX 是商品市場的流入，而 S、T 和 IM 是商品市場的流出。如果以數字例子說明，儲蓄函數 $S = -10 + 0.25(Y-T)$，和進口函數為 $IM = 0.25Y$。在 $\bar{I} = \bar{G} = \bar{T} = \overline{EX} = 10$ 的條件下，均衡條件可寫成

$$10 + 10 + 10 = -10 + 0.25(Y-10) + 10 + 0.25Y$$

經過集項整理，均衡所得 Y^* 為

$$0.5Y = 32.5$$

或

$$Y^* = \frac{1}{0.5} \times 32.5 = 65$$

這個答案與第 4-7 節開放經濟下均衡所得的答案相同。

練習題 4-5

假設天龍國的各部門支出如下：$C = 50 + 0.4Y_d$，$Y_d = Y - T$，$T = 30$，$I = 20$，$G = 20$，$NX = 10 - 0.2Y$，請求出：

(a) 均衡 GDP。
(b) 總支出線斜率。
(c) 定額稅乘數。

(104 年東吳企管)

答：(a) 110；(b) $\frac{1}{0.8}$；(c) $-\frac{1}{2}$。

4-8 財政政策：乘數效果

全球金融海嘯暫告平息，下一波全球將面對經濟衰退的嚴峻考驗，世界各國莫不想盡辦法提振投資、刺激消費。在 2008 年 10 月 31 日行政院也決定下猛藥，祭出製造業 5 年免徵營利事業所得稅的租稅優惠措施，以提振國內低迷的投資；換言之，政府打算以減稅的方式，來創造國民所得。本節將討論財政政策如何透過三個乘數 —— 政府支出乘數、稅收乘數與平衡預算乘數等效果來影響均衡所得。

政府購買 (支出) 乘數

假設政府為振興傳統產業，打算投入新台幣 5 兆元，在不增稅的情況下，均衡所得有何變化？

讓我們以簡單凱因斯模型來說明政府支出乘數。首先，簡單凱因斯模型為

$$AE = C + I + G$$
$$C = a + b(Y - T)$$
$$I = \bar{I}$$
$$G = \bar{G}, T = \bar{T}$$

商品市場的均衡條件為 $Y = AE$。因此，均衡所得為

$$Y_0^* = \frac{1}{1-b}(a - b\bar{T} + \bar{I} + \bar{G})$$

如果政府決定投入 5 兆元振興傳統產業，政府支出增加 5 兆元，即 $\Delta G = 5$，新的政府支出可寫成 $G_1 = \bar{G} + \Delta G$。因為政府支出的變動，計畫總支出也會隨之改變。上面的簡單凱因斯模型變成

$$AE = C + I + G$$
$$C = a + b(Y - T)$$
$$I = \bar{I}$$
$$G = G_1, T = \bar{T}$$

經過商品市場的均衡條件求解過程，新的均衡所得 Y_1^* 為

$$Y_1^* = \frac{1}{1-b}(a - b\overline{T} + \overline{I} + G_1)$$

比較新舊均衡所得，可得

$$\Delta Y = Y_1^* - Y_0^* = \frac{1}{1-b}(G_1 - \overline{G}) = \frac{1}{1-b}\Delta G$$

上式中的 ΔY 是均衡所得的變動量，ΔG 是政府支出的變動量，b 為邊際消費傾向。若 $\Delta G = 5$ 和 $b = 0.75$，則 $\Delta Y = \frac{1}{1-0.75} \times 5 = 20$。這表示政府支出增加 5 兆元，透過乘數效果，均衡所得呈倍數增加，增加幅度為 20 兆元。這個倍數就是第 4-4 節所稱的乘數係數；在本節，因為是政府支出變動引起均衡所得的變動，我們稱為**政府支出乘數** (government spending multiplier)。

$$政府支出乘數 = \frac{\Delta Y}{\Delta G} = \frac{1}{1-b}$$

政府支出乘數是均衡所得變動對政府支出變動的比率。由於 b 是邊際消費傾向，政府支出乘數也是邊際儲蓄傾向的倒數。政府支出乘數告訴我們，政府投入更多的支出，可創造更多的均衡所得。這正是凱因斯在《一般理論》中所強調：在經濟不景氣的年代，唯有靠政府支出的增加，來刺激有效需求，才能夠挽救經濟脫離不景氣的困境。在結束本節前，有一點值得注意，政府購買和政府投資在國民所得會計帳上的定義並不相同。前者是政府消費支出 (G)，後者則列入固定資本形成毛額 (I) 的計算中。然而，透過第 4-4 節計畫投資乘數和本節政府支出乘數的討論，兩者的乘數效果相同，都是 $\frac{1}{1-b}$。

稅收乘數

假設國發會決定以減稅方式來對抗經濟不景氣，均衡所得會有什麼變動？減稅使可支配所得增加，而可支配所得的增加可提高消費支出。消費支出增加導致計畫總支出增加，非預期存貨累積下降，總產出增加。當產出增加，會有更多的勞工受雇，並創造更多的所得，進一步引起消費支出的再度上漲，然後總支出再上升，存貨下降，總產出上升，就業增加……。因此，減稅可使均衡所得呈倍數上漲。但是，所得上升的幅度有多大？是否和政府支出乘數相同？

在前一小節討論封閉經濟體系下的均衡所得水準時，得知

$$Y_0^* = \frac{1}{1-b}(a - b\overline{T} + \overline{I} + \overline{G})$$

假設國發會建議減稅 1 兆元，即 $\Delta T = -1$，可支配所得變成 $Y - (\overline{T} + \Delta T)$，而消費函數為 $C = a + b(Y - \overline{T} + \Delta T)$。新的均衡所得水準為

$$Y_1^* = \frac{1}{1-b}(a - b\overline{T} - b\Delta T + \overline{I} + \overline{G})$$

令均衡所得變動為 $\Delta Y = Y_1^* - Y_0^*$：

$$\Delta Y = Y_1^* - Y_0^* = \frac{1}{1-b}(-b\Delta T) = \frac{-b}{1-b}\Delta T$$

假設 $\Delta T = -1$，$b = 0.75$，則 $\Delta Y = \frac{-0.75}{1-0.75} \times (-1) = 3$。

當政府減稅 1 兆元時，均衡所得可增加 3 兆元。因此，**稅收乘數** (tax multiplier) 可寫成

$$稅收乘數 = \frac{\Delta Y}{\Delta T} = \frac{-b}{1-b}$$

平衡預算乘數

截至目前為止，我們已經討論：(1) 在稅收不變下，政府支出變動對均衡所得的衝擊；(2) 在政府支出不變下，稅收改變對均衡所得的衝擊。古典學派的經濟學家認為政府的預算應為平衡預算，也就是政府的稅收應等於政府的支出，以求預算平衡。所以，當政府支出和稅收均等額增加，對均衡所得會造成何種衝擊？亦即，如果政府決定全部以稅收來融通政府支出，此時，預算平衡不會改變，這種措施的影響為何？

讓我們用一個例子來說明。假設政府支出和稅收同時增加 10 兆元。根據之前對政府支出乘數的討論，在稅收不變情況下，政府支出增加 10 兆元 ($\Delta G = 10$)，會使均衡所得增加 $\Delta Y = 10 \times$ 政府支出乘數：

$$\Delta Y = 10 \times \frac{1}{1-b}$$

如果 $b=0.75$，均衡所得增加 40 兆元。另一方面，我們在前一小節討論稅收乘數時得知，在政府支出不變的情況下，稅收增加 10 兆元 ($\Delta T=10$)，可使均衡所得變動 $\Delta Y=10\times$ 稅收乘數：

$$\Delta Y = 10 \times \frac{-b}{1-b}$$

在 $b=0.75$ 時，均衡所得下跌 30 兆元。將這兩個結果相加，得到 $40-30=10$ 兆元。當政府支出與稅收同時增加 10 兆元時，均衡所得也會增加 10 兆元。

換言之，當 G 和 T 等額增加時，會產生兩個效果：第一個是直接效果──政府支出直接使總支出增加 10 兆元；第二個是間接效果──稅收增加 10 兆元，使可支配所得減少 10 兆元，導致消費減少 $10 \times 0.75 = 7.5$ 兆元。一開始政府支出增加 10 兆元和消費支出減少 7.5 兆元，淨結果是總支出會增加 2.5 兆元。透過乘數效果，均衡所得增加 $2.5 \times \frac{1}{1-0.75} = 10$ 兆元。根據上面的討論，政府支出和稅收等額增加，均衡所得也會增加相同幅度。因此，

平衡預算乘數＝1

所謂**平衡預算乘數** (balanced budget multiplier) 是指政府支出與稅收等額變動時，所產生的乘數效果。如果我們以數學式來說明封閉經濟體系下的平衡預算乘數。從本節可以知道，不考慮進出口的商品市場均衡所得水準為

$$Y_0^* = \frac{1}{1-b}(a - b\overline{T} + \overline{I} + \overline{G})$$

如果政府追求平衡預算政策，政府支出增加的幅度與稅收增加的幅度相等，

$$\Delta G = \Delta T$$

當政府決定同時增加 ΔG 和 ΔT 時，商品市場的均衡所得變成

$$Y_1^* = \frac{1}{1-b}[a - b(\overline{T} + \Delta T) + \overline{I} + \overline{G} + \Delta G]$$

表 4-1　財政政策乘數：封閉經濟體系

	乘數	均衡所得的變動
政府支出乘數	$\dfrac{1}{1-MPC}$	$\dfrac{1}{1-MPC}\Delta G$
稅收乘數	$\dfrac{-MPC}{1-MPC}$	$\dfrac{-MPC}{1-MPC}\Delta T$
平衡預算乘數	1	ΔG（或 ΔT）

令均衡所得的變動為 $\Delta Y = Y_1^* - Y_0^*$，我們可得

$$\Delta Y = Y_1^* - Y_0^* = \frac{1}{1-b}(\Delta G - b\Delta T)$$

將平衡預算條件 $\Delta G = \Delta T = \Delta B$ 代入上式後可得

$$\Delta Y = \frac{1}{1-b}(1-b)\Delta G = \Delta B$$

換言之，$\dfrac{\Delta Y}{\Delta B} = 1$，故在封閉經濟體系下，簡單凱因斯模型的平衡預算乘數等於 1。表 4-1 整理出前面所討論的財政政策乘數。

4-9　乘數效果：開放經濟體系

當你踏出校門，打算為步入職場添購一些衣服時，你可能選擇 Timberland 或是 NET 等品牌；亦即，你的消費並不限於國內製造的商品，可能是來自世界上某個角落的人民所製造。在開放經濟體系下，消費者的一部分所得會流向國外，所以開放經濟體系下的乘數效果與封閉經濟體系下的乘數效果並不相同。我們以開放經濟下的政府支出乘數為例，比較兩種經濟體系下的乘數效果。

在第 4-7 節開放經濟體系下的簡單凱因斯模型中，式 (4-9) 的均衡所得 Y^* 為

$$Y_0^* = \frac{1}{1-b+m}(a - b\overline{T} + \overline{I} + \overline{G} + \overline{EX})$$

如果政府支出增加 $\Delta G = 10$ 兆元，上式的均衡所得可改寫成

$$Y_1^* = \frac{1}{1-b+m}(a-b\overline{T}+\overline{I}+\overline{G}+\overline{EX}+\Delta G)$$

令 ΔY 為均衡所得變動 $\Delta Y = Y_1^* - Y_0^*$，則

$$\Delta Y = Y_1^* - Y_0^* = \frac{1}{1-b+m}\Delta G$$

上式中，b 是邊際消費傾向，m 是邊際進口傾向。如果 $b=0.75$，$m=0.25$，則

$$\Delta Y = \frac{1}{1-0.75+0.25}\times 10 = 20$$

當政府增加支出 10 兆元時，均衡所得增加 20 兆元。因此，開放經濟體系下的政府支出乘數為

$$政府支出乘數 = \frac{\Delta Y}{\Delta G} = \frac{1}{1-b+m}$$

比較封閉經濟與開放經濟下的政府支出乘數，封閉經濟下的乘數 $\frac{1}{1-b}$ 顯然大於開放經濟下的乘數 $\frac{1}{1-b+m}$。因為開放經濟下的乘數，分母多了一項邊際進口傾向，這意味著有一部分的消費者所得會流向國外。因此，對均衡所得(國內生產毛額)的乘數效果相對較小。

練習題 4-6

下列何種情形會使乘數效果加大？
(a) 邊際稅率增加
(b) 自發性支出增加
(c) 邊際消費傾向減小
(d) 邊際進口傾向減小　　　　　　　　　　　　　　(100 年文化國企)

答：(d)。

4-10 自動安定機能

在經濟不景氣的時候，政府可以用增加政府支出或降低稅收的方式，來刺激所得的成長和對抗失業。這種由政府主動運用政府支出、稅收和移轉性支付以達成總體經濟目標 —— 充分就業、物價穩定及經濟成的作法，稱為**權衡性財政政策** (discretionary fiscal policy)。

這種財政政策的作法，目的是減緩景氣循環波動的幅度。另一方面，在政府財政預算內的支出和收入會隨著景氣上下波動自動調節，以緩和可支配所得、消費和實質國內生產毛額的震盪。這種自我調節的功能，稱為**自動安定機能** (automatic stabilizers)，也可以達到緩和景氣波動的目的。經濟體系中的自動安定機能主要有兩項：所得稅和失業保險。

所得稅

到目前為止，我們對政府稅收的假設，都認為 T 是定額稅，$T=\bar{T}$；亦即，稅負的多寡與所得無關。在現實生活中，絕大部分的稅都是比例稅，如消費稅、貨物稅和關稅。在台灣，每年 5 月是個人所得稅申報的時間，台灣地區的所得稅制是採取累進所得稅制。所得愈多，個人所需繳交的稅率就愈高。[2]

為了簡化分析，假設政府稅收 $T=tY$。式中，t 是邊際稅率，tY 是稅收和所得成固定比率 t。譬如，$t=20\%$，若 $Y=100$，則政府稅收 $=20\%\times 100=20$ 元。當景氣擴張，所得增加時，政府稅收會上升；反之，當景氣衰退，所得減少時，政府稅收會隨之減少。

當政府稅收是所得某一比例時，可支配所得可改寫成

$$Y_d = Y - T = Y - tY = (1-t)Y$$

---

[2] 年所得淨額在新台幣 0 到 52 萬元之間，適用稅率是 5%；年所得淨額在新台幣 520,001 元到 1,170,000 元之間，適用稅率是 12%；年所得淨額在新台幣 1,170,001 元到 2,350,000 元之間，適用稅率是 20%；年所得淨額在 2,350,001 元到 4,400,000 元間，適用稅率是 30%；而年所得淨額在新台幣 4,400,001 元到 10,000,000 元間的稅率是 40%；年所得在 10,000,001 元以上的稅率是 45%。稅率共有六級：5%、12%、20%、30%、40%、45%。

消費函數則為 $C=a+b(Y-T)=a+b(Y-tY)=a+b(1-t)Y$。將新的消費函數代入總支出，可以得到封閉經濟體系下，新的總支出函數為

$$AE=a+b(1-t)Y+\overline{I}+\overline{G}=(a+\overline{I}+\overline{G})+b(1-t)Y$$

其中，$(a+\overline{I}+\overline{G})$ 為自發性支出，$b(1-t)Y$ 為誘發性支出。在所得稅制下，總支出函數的斜率是邊際消費傾向乘以 1 減去邊際稅率，這個數值顯然小於定額稅制下總支出函數的斜率 b。

在均衡時，$Y=AE$，所以上式可改寫成

$$Y=a+b(1-t)Y+\overline{I}+\overline{G}$$

集項整理，封閉經濟體系下的商品市場均衡所得可寫成

$$Y^*=\frac{1}{1-b(1-t)}(a+\overline{I}+\overline{G}) \tag{4-10}$$

式 (4-10) 的 Y^* 為封閉經濟體系在所得稅制下的均衡所得，它是自發性支出 $(a+\overline{I}+\overline{G})$ 和乘數 $\frac{1}{1-b(1-t)}$ 的乘積。若 $b=0.75$ 和 $t=0.2$，則乘數等於 $\frac{1}{1-0.75(1-0.2)}=2.5$。若 $b=0.75$ 和 $t=0.4$，則乘數等於 $\frac{1}{1-0.75(1-0.4)}=1.82$。因此，邊際稅率愈高，乘數愈小；邊際稅率愈低，乘數愈大。邊際稅率等於零，乘數等於定額稅制式下的乘數。

當經濟發生不景氣時，所得稅會使可支配所得下跌的幅度縮小，消費支出所受的影響不會那麼大。由於消費是總支出的一部分，消費支出波動幅度縮小導致所得波動幅度跟著縮小。換言之，乘數效果較小，所得波動不會那麼劇烈。因此，所得稅制具有自動安定機能的作用。

如前所述，台灣採取的所得稅制是一種累進所得稅制，世界上大部分的國家都是這種稅制。累進稅制的自動安定機能比固定比例稅下的自動安定機能，對抑制景氣波動的作用更大。在累進所得稅制下，所得愈高，課稅的比率愈高，如阿亮的所得淨額由 30 萬元上升至 60 萬元，適用稅率將由 5% 上升至 12%。

在景氣擴張時期，所得上升，政府稅收上升得更快，消費者的可支配所得上升較為和緩，消費與實質 GDP 也不會增加太快；反之，在

景氣衰退時期，所得下降，政府稅收下降得更快，消費者的可支配所得就不致於減少太多，消費及實質 GDP 也不會下跌太深。因此，所得稅制就像汽車的防鎖死煞車系統 (ABS)，隨著車輛負載的變化，調整前後輪煞車力道，隨時保持最佳的煞車效果，防止打滑。

失業保險

失業保險制度是另一種自動安定機能。在經濟擴張時期，失業保險制度自動地增加失業保險基金，就業者繳交更多的社會安全稅到基金；因此，可支配所得不會增加太快，總需求不至於過度擴張。在經濟不景氣時期，失業保險自動地流入失業者手中，這些人的消費不會下降太快，而可減緩景氣下跌速度。台灣於民國 92 年元月 1 日正式實施《就業保險法》，即為失業保險制度的一種。

練習題 4-7

下列何者並非自動穩定因子 (automatic stabilizer)？
(a) 低所得家庭的食物津貼券
(b) 身障人士的所得津貼
(c) 有小孩家庭的福利支出
(d) 貧窮民眾的醫療補助
(e) 失業者的失業保險 (104 年輔仁企研所)

答：(c)。

4-11 浴缸定理

在一個總體經濟體系裡，某些經濟變數的增加，透過乘數效果會造成所得水準呈倍數增加，但有些經濟變數的增加卻會造成所得水準以倍數減少。此有如浴缸水流的注入與流出，注入可使浴缸的水增加，流出會使浴缸的水減少。注入與流出可視為經濟變數，而浴缸中的水可視為所得水準。

注　入

在一個經濟體系中，導致所得水準呈同向倍數變動的經濟變數稱為注入。我們可從上面幾節所討論的簡單凱因斯模型中得知

$$Y=C+I+G+EX-IM$$

上列等號右邊的 C、I、G、EX 這四個經濟變數的增加會造成等號左邊所得水準 Y 增加。請注意，Y 的增加是呈倍數 (乘數) 的增加。從第 4-8 節中，我們知道投資乘數與政府支出乘數相等。

$$\frac{\Delta Y}{\Delta 自發性消費 (a)}=\frac{\Delta Y}{\Delta I}=\frac{\Delta Y}{\Delta G}=\frac{1}{1-b}$$

因為 $\frac{1}{1-b}$ 大於 0，此表示 ΔI 或 ΔG 的變動會造成 ΔY 呈 $\frac{1}{1-b}$ 倍數的同向變動；換言之，若一國的消費、私人投資、政府支出或出口增加，則該國的所得會提高。這就是為什麼當一個國家經濟情況處於不景氣時，政府會設法刺激大眾消費或鼓勵私人投資，或以大型公共投資來增加政府支出等方式振興該國經濟。[3]

流　出

在一個經濟體系中，造成所得水準呈反向倍數變動的經濟變數稱為流出。從前幾節的討論中得知這些經濟變數為 S、T 及 IM。

從第 4-8 節，未考慮國外部門的稅收乘數為

$$\frac{\Delta Y}{\Delta T}=\frac{-b}{1-b}$$

從第 4-9 節，考慮國外部門的稅收乘數為

$$\frac{\Delta Y}{\Delta T}=\frac{-b}{1-b+m}$$

因此，若一國提高該國的稅收，這些都會造成該國所得水準倍數的減

---

[3] 若加入國外部門，則從式 (4-9) 可得

$$\frac{\Delta Y}{\Delta 自發性消費 (\Delta a)}=\frac{\Delta Y}{\Delta I}=\frac{\Delta Y}{\Delta G}=\frac{\Delta Y}{\Delta EX}=\frac{1}{1-b+m}$$

乘數值 (倍數效果) 變小了。

注入：$C(a)$、I、G、EX

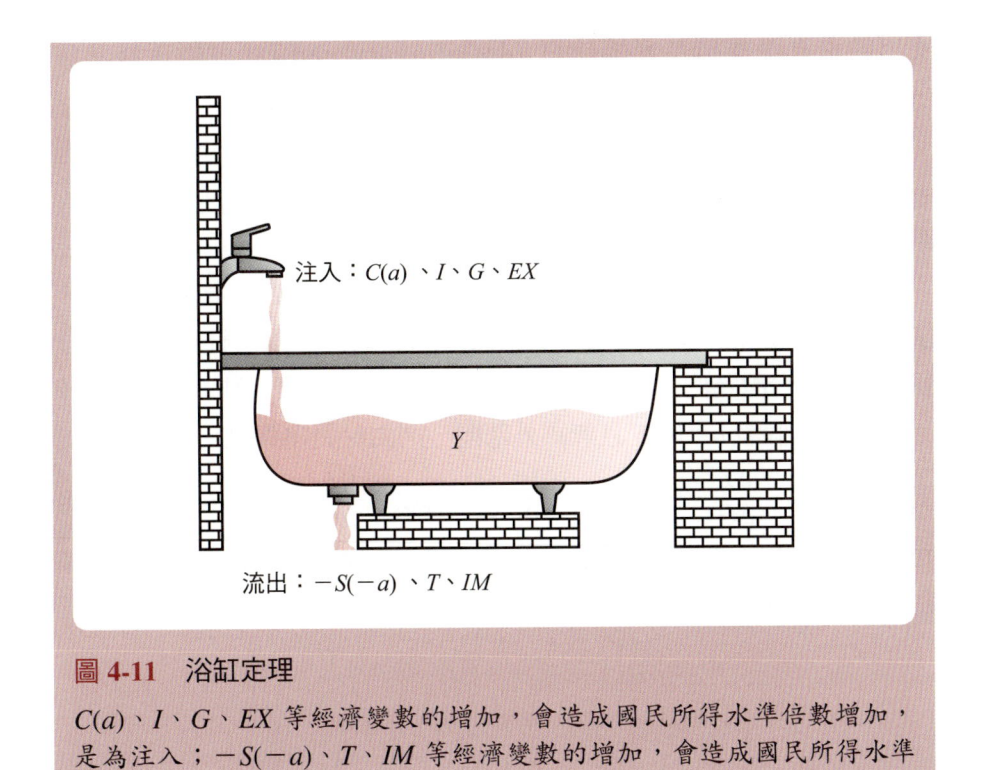

Y

流出：$-S(-a)$、T、IM

圖 4-11　浴缸定理

$C(a)$、I、G、EX 等經濟變數的增加，會造成國民所得水準倍數增加，是為注入；$-S(-a)$、T、IM 等經濟變數的增加，會造成國民所得水準倍數減少，是為流出。

少。

我們可利用圖 4-11 來瞭解**浴缸定理** (bathtub theorem)。

4-12　缺　口

如果 2016 年的台灣總產值 (GDP) 為新台幣 10 兆元，失業率為 4%，國發會認為是經濟不景氣的一年。若國發會估算出 2016 年的總產值在新台幣 10.5 兆元下可達充分就業，則 2016 年出現新台幣 0.5 兆元 (10.5 兆元－10 兆元) 的 GDP 缺口。因此，計畫 GDP 與充分就業 GDP 的差額稱為 **GDP 缺口** (GDP gap)。當一個經濟社會出現 GDP 缺口時，表示這個社會出現經濟不景氣或過熱現象，此時政府可採用政策來讓社會達到充分就業的狀態。

緊縮缺口

當一個國家的經濟不景氣時，其計畫總支出小於充分就業總支出的垂直距離稱為**緊縮缺口** (deflationary gap)[亦可稱**蕭條缺口** (recessionary gap)]。我們可用圖 4-12 來說明。

圖中 AE^* 為計畫總支出，Y^* 為均衡所得。AE_f 為充分就業下的總支出，故其充分就業的均衡所得水準為 Y_f。$\overline{Y^*Y_f}$ 為 GDP 缺口，而垂直距離 $\overline{fg}$ 為緊縮缺口。

如果一個經濟體系存在緊縮缺口，表示該國經濟不景氣，此時，依凱因斯的觀念應該增加政府支出來消除該缺口，以使社會達到充分就業。若以台灣為例，2016 年的台灣要達到充分就業尚缺 0.5 兆元 ($\Delta Y = Y_f - Y^*$)，假設 $b = 0.75$ 且無國外部門，則由封閉經濟體系下的政府支出乘數來看，$\dfrac{\Delta Y}{\Delta G} = \dfrac{1}{1-b} = \dfrac{1}{1-0.75}$。所以，$\dfrac{0.5}{\Delta G} = 4$，$\Delta G = 0.125$ 兆元；亦即，政府必須增加公共工程建設 0.125 兆元，即可使 GDP 由 10 兆元增加到 10.5 兆元而達到充分就業。

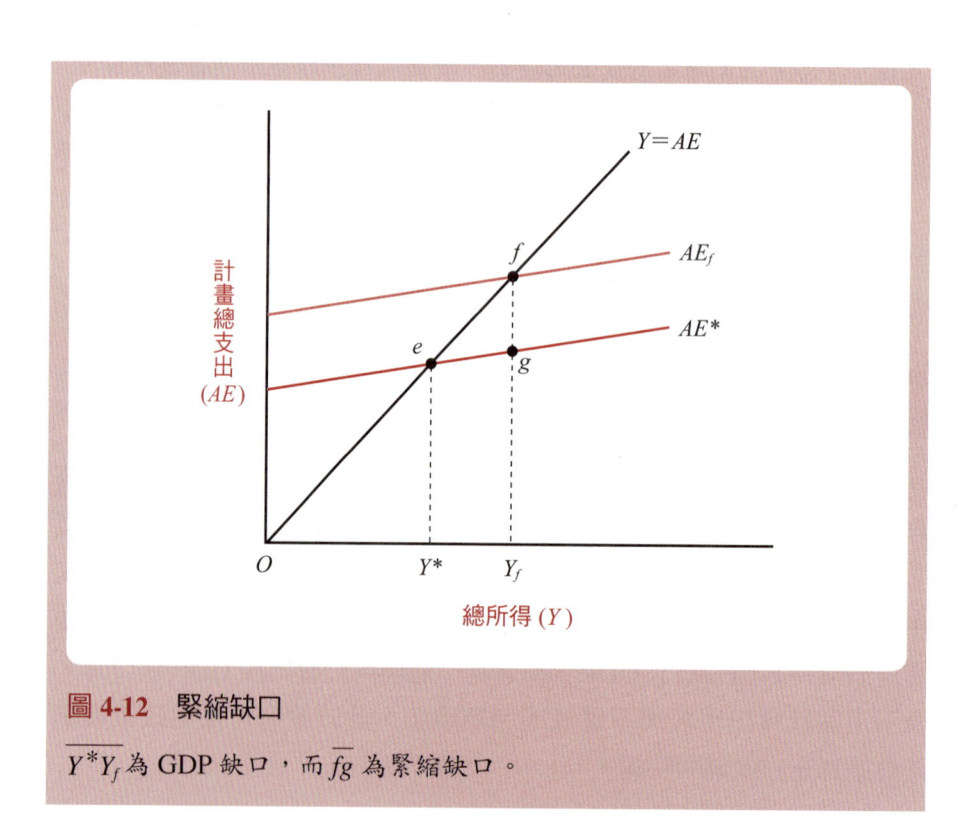

圖 4-12　緊縮缺口

$\overline{Y^*Y_f}$ 為 GDP 缺口，而 $\overline{fg}$ 為緊縮缺口。

利用相同的邏輯，政府也可利用減稅政策來達成。封閉經濟下的稅收乘數為 $\frac{\Delta Y}{\Delta T} = \frac{-b}{1-b} = \frac{-0.75}{1-0.75}$。所以，$\frac{0.5}{\Delta T} = -3$，$\Delta T = \frac{0.5}{-3}$；亦即，政府只要減少 $-\frac{0.5}{3}$ 兆元的稅收就可讓社會達到充分就業。

膨脹缺口

若一個國家處於非常繁榮時期，此則該國可能出現通貨膨脹，其計畫總支出大於充分就業總支出的垂直距離稱為**膨脹缺口** (inflationary gap)。圖 4-13 說明膨脹缺口。圖中的均衡所得 Y^* 超過充分就業所得 Y_f，表示社會過度繁榮，廠商生產過多的商品與服務。$\overline{Y_f Y^*}$ 為 GDP 缺口，在這種情況下，經濟社會將發生通貨膨脹。此時政府應該以減少政府支出或提高稅收的方式降低計畫總支出 $\overline{eh}$，總支出函數從 AE^* 降至 AE_f，而讓通貨膨脹的現象消除。

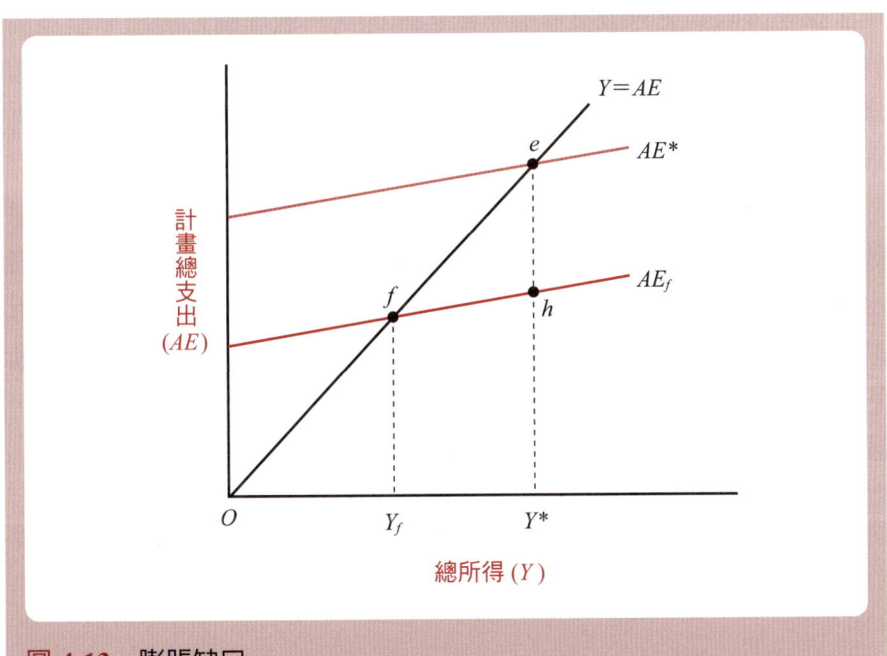

圖 4-13　膨脹缺口

$\overline{Y_f Y^*}$ 為 GDP 缺口，而 $\overline{eh}$ 為膨脹缺口。

練習題 4-8

在開放經濟體系下,假設邊際消費傾向 $MPC=0.8$,邊際稅率 $t^Q=0.25$,邊際進口傾向 $m=0.1$,充分就業產出為 5,000,而目前均衡產出為 4,000,政府定額稅應增加或減少多少,才會使經濟體系達到充分就業產出? (104 年淡江產經)

答: $\dfrac{\Delta Y}{\Delta T}=-1.6$;$\Delta T=-625$。

4-13 景氣循環的分析架構

  在 1930 年代經濟大恐慌時期,美國的失業率最高達 25%,實質國內生產毛額從 1929 年到 1933 年下跌約三分之一。古典學派的經濟理論以供給面與自由放任為出發點下,似乎找不到著力點,價格機能無法讓經濟回到充分就業狀態。凱因斯的《一般理論》提出一套不同於古典學派經濟理論的看法。他主張唯有增加政府支出,刺激有效需求,才能夠解決當時高失業和低所得的經濟難題。凱因斯認為,總需求不足是造成經濟大恐慌的元凶。

  本章是假設利率與物價水準不變下,如何推導均衡所得與外在變數變動如何影響均衡所得的變動。但現實的經濟體系中,利率與物價水準是會波動的。因此,後面的章節將先討論在利率水準變動 (物價水準固定不變) 下,政府政策對所得的影響。最後,在物價水準可以變動的情況下,政府政策對所得的影響,並以此來說明短期的經濟波動。圖 4-14 與圖 4-15 說明本章與後面章節的主要架構。

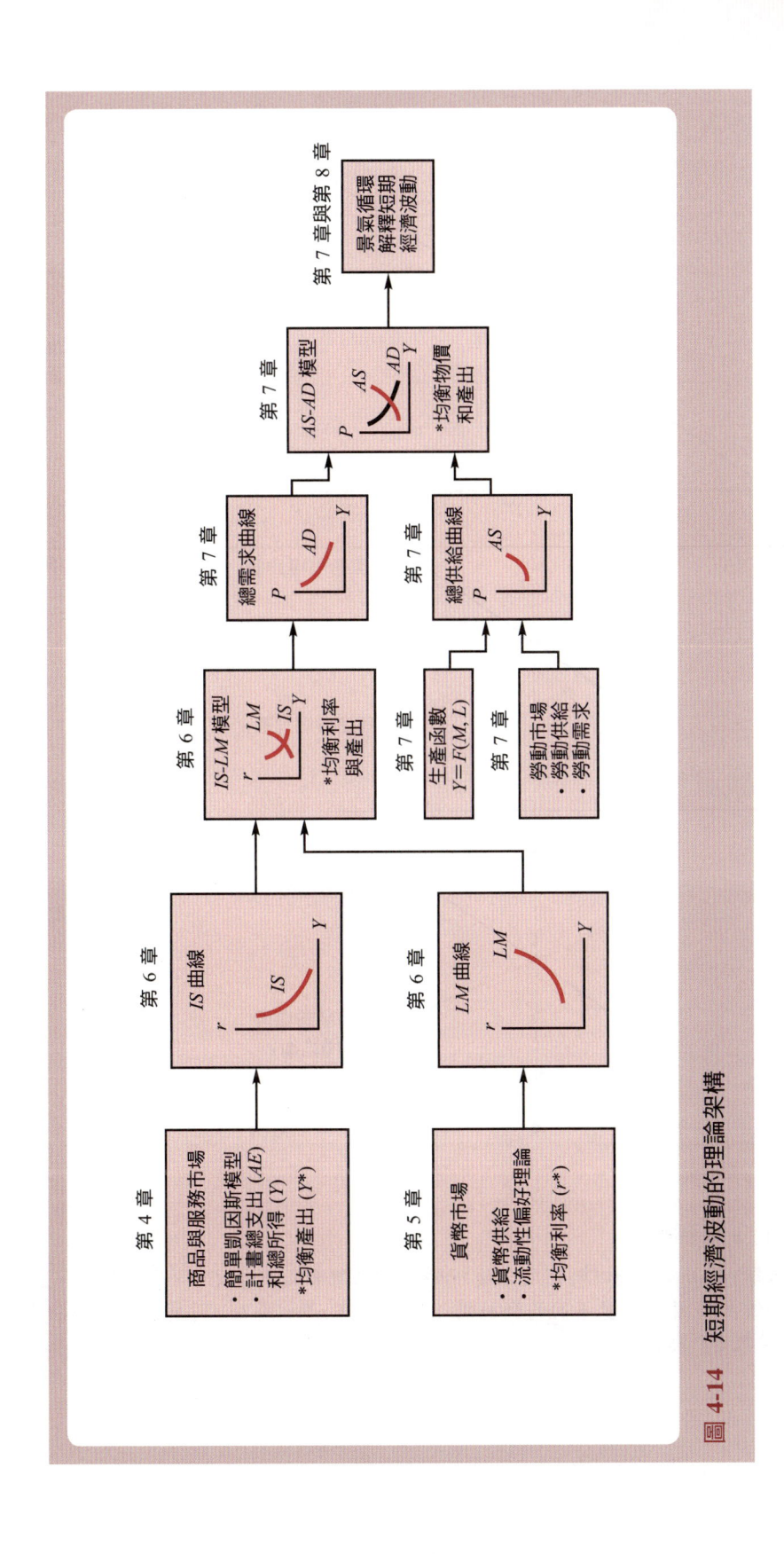

第 4 章　簡單凱因斯模型　129

圖 4-14　短期經濟波動的理論架構

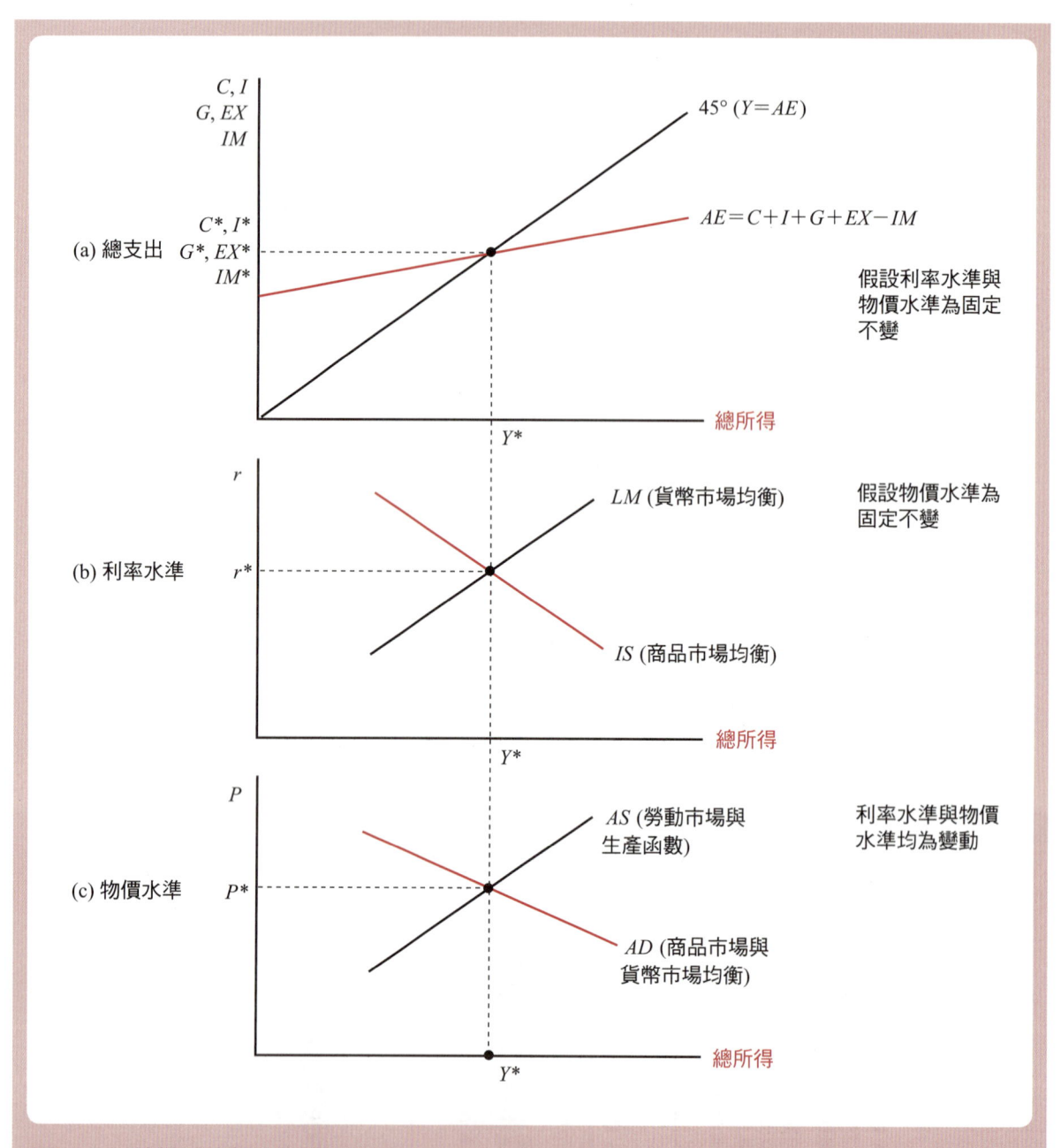

圖 4-15　總體經濟學的主要架構

圖 (a) 說明在 r (利率水準) 與 p (物價水準) 固定不變下的均衡總體變數 Y^*、C^*、I^*、G^*、EX^*、IM^*。圖 (b) 為假設物價水準固定不變下的均衡總體變數 Y^* 與 r^*。圖 (c) 則是在利率與物價均為變動下的均衡總體變數 Y^* 與 P^*。

摘 要

- 凱因斯的心理法則，構成了總體經濟學最基本的主要架構。
- 簡單凱因斯模型可用來推導商品市場均衡。其基本假設有：(1) 物價水準固定；(2) 消費主要由可支配所得決定；(3) 計畫投資支出固定不變；以及 (4) 未考慮政府和國外部門。
- 當計畫總支出等於實際總支出時，商品市場達到均衡。根據循環流程圖，實際總支出＝總所得＝總產出。所以，$Y=C+I$ 時，商品市場達到均衡。
- 當計畫總支出超過總所得時，非預期存貨減少，廠商會提高產出；相反地，當計畫總支出低於總所得時，非預期存貨增加，廠商會減少產出。
- 乘數效果是自發性支出變動引起均衡所得變數的變動。均衡所得變動除以自發性支出的變動就是乘數。
- 當經濟不景氣與計畫投資固定不變的條件下，計畫儲蓄的提高，導致均衡所得減少，這是"節儉的矛盾"。若經濟接近繁榮且存在金融市場，儲蓄資金可正確導向投資者的手中時，就是"節儉是美德"。
- 在考慮政府部門的簡單凱因斯模型中，可支配所得等於總所得減稅收。計畫總支出是民間消費、投資和政府購買的加總。商品市場的均衡條件仍為 $Y=AE$ 或 $S+T=I+G$。
- 財政政策對經濟體系有乘數效果。政府支出的乘數效果是 $\dfrac{1}{1-MPC}$。而稅收的乘數效果是 $\dfrac{-MPC}{1-MPC}$。當政府支出和稅收等額增加時，乘數效果為 1，稱為平衡預算乘數。
- 自動安定機能是政府預算制度內支出和收入，會隨著經濟狀態自動調節，來穩定實質 GDP 的波動。所得稅與失業保險都具有自動安定機能的作用，可以減緩景氣劇烈的波動。
- 在總體經濟體系中，有些經濟變數的變動會引起國民所得呈現同向倍數變動，這些變數稱為注入；若呈反向倍數變動，則稱為流出。
- 當經濟不景氣時，存在緊縮缺口，政府可應用增加政府支出或減少租稅收入方式來提高有效需求以消除蕭條缺口。當經濟繁榮而出現通貨膨脹時，存在膨脹缺口，政府可減少政府支出或增加租稅收入來降低有效需求，以消除通貨膨脹。

習題

選擇題

1. 下列事件何者會造成自發性的消費變動？
   (a) 網際網路的興起使得科技公司投入電子商務的研發
   (b) 景氣復甦造成個人所得提高
   (c) 亞洲金融風暴重創股市，導致股價下跌
   (d) 政府減稅　　　　　　(100年文化國企)

2. 下列何者會造成消費函數下移？
   (a) 股價下跌
   (b) 利率下跌
   (c) 物價下跌
   (d) 可支配所得減少

3. 若總支出超過總所得，則：
   (a) 存貨水準將上升
   (b) 存貨水準維持不變
   (c) 存貨水準將下降
   (d) 產出最終將下降

4. 節儉矛盾性說明：
   (a) 利率上升，儲蓄下降
   (b) 長期儲蓄上升使產出上升
   (c) 短期儲蓄上升導致產出下降
   (d) 利率下跌儲蓄上升　　(100年政大商學)

5. 政府支出增加使總所得呈倍數增加的原因為：
   (a) 政府可以強迫人民支出更多
   (b) 政府支出增加可製造假象，使人民覺得生活水準提高，因而增加支出
   (c) 政府支出增加可以同時增加稅收，所以人們必須更努力工作來滿足基本需求
   (d) 政府支出增加可提高所得，進而造成消費支出增加更多
   (e) 政府支出增加可刺激支出成長

6. 若淨稅收占實質 GDP 的比例是 1/4，而可支配所得下的邊際消費傾向為 0.8。請問實質 GDP 下的邊際消費傾向是多少？
   (a) 0.2
   (b) 0.4
   (c) 0.6
   (d) 0.8　　　　　　　　(85年成大國企所)

7. 膨脹缺口通常由 ＿＿＿ 所引起，而降低 ＿＿＿。
   (a) 增加政府支出；失業率
   (b) 提高稅收；失業率
   (c) 降低政府支出；總物價水準
   (d) 降低稅收；總物價水準
   　　　　　　　　　　(100年銘傳三年級)

8. 權衡性財政政策是：
   (a) 控制貨幣供給為一總經政策
   (b) 利用稅收而非政府支出來追求總經目標
   (c) 控制政府支出而非稅收
   (d) 利用政府支出和稅收來追求總經政策
   　　　　　　　　　　(100年逢甲二年級)

9. 在完整凱因斯模型中，貨幣政策無法提升 GDP，如果存在：
   (a) 名目工資僵硬性
   (b) 流動性陷阱
   (c) 失業
   (d) 所得稅　　(104年高雄大學經管所)

10. 考慮一總體模型：
    消費函數：$C = 85 + 0.5Y_d$
    投資函數：$I = 85$
    政府支出：$G = 60$
    淨稅收：$T = -40 + 0.25Y$
    可支配所得：$Y_d = Y - T$
    請問均衡狀態下之政府預算赤字是多少？

(a) 90　　　　　　(b) 0
(c) 10　　　　　　(d) 15

11. 在凱因斯的總支出模型中，我們假設廠商
    (a) 不會改變價格
    (b) 當存貨增加時，改變價格
    (c) 當存貨減少時，提高價格
    (d) 當存貨上升時，提高價格
    　　　　　　　　　　　(104 年中興企管)

問答與計算

1. 假設消費與所得資料如下：

所得	消費
$320	$320
$330	$327
$340	$334
$350	$341
$360	$348
$370	$355
$380	$362

    請問：
    (a) 自發性消費是多少？
    (b) 乘數是多少？
    (c) 當所得是 $370 時，平均儲蓄傾向是多少？

2. 假設消費函數 $C=100+0.8Y$，請填滿下表：

Y	C	APC	MPC	S	MPS
100					
300					
500					

3. 假設香港的自發性消費是 400，計畫投資是 200，$G=T=0$ 且 $NX=0$。在邊際消費傾向為 0.6 時，若所得為 2,000，則消費水準為何？　　　　　　(100 年元智企管)

4. 假設某一封閉經濟體系的某一年總體經濟資料如下：$Y=10,000$，$C=6,000$，$T=1,500$，$G=1,700$，另外該國的投資函數 $I=3,000-100r$，請問實質利率、國民儲蓄、私人儲蓄是多少？　　　　(104 年中山企研)

5. 假設考慮政府部門的簡單凱因斯模型如下：
    $C=60+0.8Y_d$
    $I=20$
    $G=10$
    $T=10$
    $Y_d=Y-T$
    (a) 請利用計畫總支出等於總所得的方式求均衡所得
    (b) 請利用注入-流出的方式求均衡所得
    (c) (a) 與 (b) 的答案一樣嗎？

6. 在封閉經濟體系且考慮政府部門下，假設 $MPC=0.8$，邊際稅率為 0.25，充分就業產出為 5,000，而目前均衡產出為 4,000。若政府將邊際稅率調降為 0.2，則均衡產出如何變動？　　　　　　(104 年淡水管科)

7. 若不丹的儲蓄函數為 $S=\$500+0.2Y_d$，其中 Y_d 是可支配所得。請問稅收乘數為何？　　　　　　　　　　(100 年政大財政)

8. 北韓為一封閉經濟體系，2013 年的自發性消費是 70，邊際消費傾向是 0.80，民間投資是 20，政府支出是 50，個人所得稅是 $0.1Y$。請求出北韓在 2013 年的均衡所得水準？　　　　　　　(100 年淡江商管二)

9. 請利用所得支出模型，畫圖並詳細分析以下各事件對應經濟之衝擊：
    (a) 日圓持續貶值，對其 GDP、就業及物價之影響
    (b) 央行採寬鬆性貨幣政策，對 GDP、就業、物價，以及出口之影響
    　　　　　　　　　　　(104 年成大企研所)

10. 在開放經濟體系下，假設邊際進口傾向為 0.1，邊際稅率為 0.25，邊際消費傾向為 0.8。若自發性投資增加 200 萬元，則均衡產出增加多少？
　　　　　　　　　　　(100 年文化國企)

11. 若自發性消費是 5,000 元，MPC 為 0.7，淨稅收是 2,000 元，投資支出是 4,000 元，政府支出是 2,500 元，而 $NX=0$，請問均衡 GDP 是多少？
　　　　　　　　　　　(104 年輔仁企研所)

12. 在封閉經濟體系中，若消費函數 $C=100+0.8(Y-T)$，在 $Y=C+I+G$ 下，如果稅收減少 1 元，均衡所得增加或減少多少？如果稅收 (T) 與政府支出都增加 1 元，均衡所得增加或減少多少？
　　　　　　　　　　　(103 年嘉義大學企管所)

13. 在簡單凱因斯模型中，假設消費函數 $C=200+0.75(Y-T)$，計畫投資是 100，政府購買和稅收都是 100。
　　(a) 請畫出總支出函數
　　(b) 請計算均衡所得水準
　　(c) 如果政府購買增加 25，到 125，新的均衡所得是多少？
　　(d) 政府購買多少才能達到 1,600 的均衡所得？

14. 假設台灣為一小型開放經濟體系，凱因斯模型如下：
　　$Y=C+S+T$　　$AE=C+I+G+X-M$
　　$C=500+0.8Y_d$　$Y_d=Y-T$　$I=400$
　　$G=800$　　　$X=750$
　　$T=150+0.1Y$　$M=130+0.02Y$
　　(a) 請求出均衡所得
　　(b) 若充分就業所得為 6,000，此時有何缺口？政府定額稅 150 應如何調整？
　　　　　　　　　　　(100 年台北大學經濟)

15. 若充分就業所得為 640 元，但當期均衡所得為 560 元，且 $MPC=0.75$。在同時考慮以定額稅平衡預算的情況下，政府應該增加多少支出，才能達到充分就業？
　　　　　　　　　　　(100 年輔仁會計)

16. 假設烏托邦國的總體經濟數據如下：
　　$Y=200$　　　$G=T=0$
　　$C=160$　　　$S=40$
　　$I=30$
　　消費函數 $C=0.8(Y-T)$
　　(a) 請問烏托邦國的經濟體系是否達到均衡狀態？均衡所得水準為何？
　　(b) 若充分就業水準下的所得 $Y=\$250$，政府應該採取何種財政政策？

17. 若 $C=20+0.2(Y-T)$，$I=5+0.5Y-20r$，$G=15$，$T=-10+0.5Y$，$Y=$ 總所得，$r=$ 實質利率，若 $r=10\%$，政府購買 G 增加至 31，請問總所得 Y 增加多少？
　　　　　　　　　　　(104 年台北大學企研所)

18. 假設一小型開放經濟體系的總體經濟資訊如下：
　　$C=25+0.8Y_d$　$I=50$　$G=75$　$EX=60$
　　$IM=50+0.2Y_d$　$Y_d=Y-T$
　　請回答下列問題：
　　(a) 若政府的定額稅 $T=50$，均衡所得是多少？貿易依存度是多少？
　　(b) 若政府追求平衡預算，均衡所得是多少？
　　(c) 若政府不採用定額稅，而改採所得稅 $T=ty$，若所得稅率是 $t=25\%$，均衡所得是多少？在此情況下，此經濟有貿易盈餘嗎？
　　　　　　　　　　　(104 年元智國企)

19. 若政府購買增加 30 億元使 GDP 增加 120 億元，請問 MPC 是多少？
　　　　　　　　　　　(104 年輔仁企研所)

網路習題

1. 請至行政院主計總處網站，下載最近 1 年的可支配所得、消費支出和儲蓄金額。

2. 請至美國聯邦準備銀行聖路易分行的網站 https://research.stlouisfed.org/fredz 下的 Gross Domestic Product (GDP) and Components，下載最近一期的個人消費支出 (Personal Consumption Expenditure)、私人國內投資毛額 (Gross Private Domestic Investment)、個人可支配所得 (Disposable Personal Income)，以及私人儲蓄毛額 (Gross Private Saving) 的資料。

3. 請至行政院國發會網站，下載有關增加政府支出的經濟建設計畫，並簡要敘述相關內容。

第 5 章 貨幣市場

猶太人認為不讓小孩子從小掌握理財知識與投資事務，就會被生活拋棄。

"小孩子 3 歲時，能夠辨認美元硬幣與紙鈔。"

"小孩子 4 歲時，知道每枚硬幣是多少美分，瞭解我們無法買光所有商品。"

"孩子 5 歲時，知道基本硬幣的購買力，知道錢是怎麼來的。"

"孩子 7 歲時，知道兌換小額零錢，並能夠數大量硬幣。"

猶太拉比 (Rabbi) 猶大說：關鍵不在你能夠掙到多少錢，而是你如何讓錢為你工作。[1] ——賽妮亞

為什麼貨幣如此的重要？想像一個**以物易物** (barter) 的經濟體系。假設你們家從事畜牧業，而你最近想要一台電腦。某個星期六早上，你將牛牽到市集，等了一個上午，終於有一個電腦商家想要吃牛排，而願意拿電腦與你交換牛。因為沒有貨幣，討價還價的結果是以半頭牛交換一台電腦。這個時候問題來了，如果你給電腦商家半頭牛，剩下的半頭牛要如何處理？

其實，這個問題不難解決。如果有"貨幣"這個東西，你可以先將牛賣掉，拿到等值的"貨幣"。然後，拿其中的一半交換所需的電腦，剩下一半的"貨幣"還可以帶回家，等到需要的時候再消費。

上面的例子告訴我們，貨幣是交易雙方的媒介。它能夠便利買賣，促進交易速度，進而帶動生產。另外，貨幣沒有到期日，其價值不會在某一天突然結束。你口袋裡的 1 千元，留到下一個星期，仍然可以買到麥當勞超值全餐。難怪，猶太人從小就要小孩子體認到金錢與理財的重要性。

---

[1] 資料取自賽妮亞著，《猶太家教智慧》，智富出版社，2005 年。

5-1 何謂貨幣

　　財政部公布 2014 年的繳稅大戶名單，前兩名分別為台積電與鴻海。獲利王台積電繳庫超過 2 百億元。聽到這個驚人的數字，第一印象一定是張忠謀很富有。何謂很富有？是指張忠謀口袋裡有很多紙鈔和硬幣嗎？

　　當然不是。因為紙鈔和硬幣只是錢的形式之一。中國商朝人使用貝殼、早期美國人用彈藥、二次大戰時期戰俘營使用香菸，這些都是貨幣的例子。這樣看來，貨幣不一定是我們所熟悉的紙鈔或硬幣。一般來說，在任何一個經濟體系，貨幣具有三種功能：交易媒介、價值儲存和計價單位。

貨幣的三種功能

1. **交易媒介** (medium of exchange)　是指貨幣可用來與別人交換商品或服務。譬如，你走進麥當勞點一份大麥克，櫃檯服務人員會客氣地對你說：69 元。意思是：你必須付 69 元與她交換一份大麥克。在這個例子裡，貨幣即為你與麥當勞之間的一個**媒介** (medium)。

2. **價值儲存** (store of value)　是指貨幣沒有到期日，現在與未來均具有購買力。假設妳利用課餘打工賺得工資 1 千元，妳可以馬上到威秀影城看一場電影，或是等到週末與朋友去錢櫃唱 KTV。貨幣在今天、1 週後或 1 年後都可以用來購買商品或服務。當然，貨幣並非是價值儲存的完美工具，因為物價會上漲，同樣的 1 千元，能夠買到的商品數量就相對減少。

3. **計價單位** (unit of account)　是指任何商品價格或財務活動均可以貨幣來計算。杰倫到新光三越想買一對套戒作為情人節禮物，店員告訴他套戒值新台幣 6 萬元，而非 6 百份大麥克 (即使兩者的價值相等)。同樣地，借據上面載明將來必須償還的特定金額，而非幾份熱狗。

　　如果一資產同時符合上述三種功能就可定義成貨幣。信用卡是貨幣嗎？信用卡是交易的媒介，因為我們可以用刷卡的方式購買商品。信用卡不是計價單位，因為大麥克不等於 1 張信用卡或 0.5 張信用卡。

雖然信用卡稱為塑膠貨幣，但因為它不具計價功能，因此信用卡不是貨幣。利用相同的邏輯，台北捷運公司發行的悠遊卡、7-11 發行的 icash 也不是貨幣。

如何衡量貨幣

前面提到，台積電在 2014 年繳交了新台幣 200 多億元的營所稅，這是否意味著台積電捧著 200 多億元的現金去國稅局繳稅？當然不是。最有可能的方式是經由銀行帳戶匯款。從這個角度來看，現金是一種貨幣，銀行存款應該也算貨幣的一種。

我們知道，貨幣是交易媒介，任何資產都有可能作為交易的媒介。譬如，旅行支票、外匯存款、古董、字畫、珠寶等。然而，上述的這些資產都可視為貨幣嗎？在一個比較複雜的經濟體系，我們應該如何衡量貨幣呢？

在一般日常生活中，最常被用來作為交易之用的資產應該是紙鈔和硬幣。買一份麥當勞超值全餐，牽涉到一張百元紙鈔與一個十元硬幣。經濟學家將紙鈔與硬幣的總和稱為**通貨** (currency)。

第二種作為日常交易使用的資產是支票存款或活期存款。支票有其安全性與便利性。如果商店都接受個人支票，就像在美國一樣，很多人去超市購物都開立支票，支票存款就與通貨一樣地便利。因此，支票存款也可加到通貨，視為貨幣的一種。

一旦我們承認支票存款是貨幣的邏輯，許多存款種類也可當成貨幣。譬如，活期儲蓄存款是每個人都會開立的一種帳戶，開戶時，銀行會給你一張提款卡。在台灣，自動櫃員機相當普及，所以活期儲蓄存款幾乎與通貨沒有差異。

由於很難判斷何種資產應該包含在貨幣之中，中央銀行公布了幾種定義。表 5-1 列出中央銀行計算的貨幣數量及資產的種類。從最小到最大，包括 M_{1A}、M_{1B} 和 M_2。

根據中央銀行金融統計月報的說明，通貨淨額等於央行通貨發行額減全體貨幣機構庫存現金，再減去中華郵政公司儲匯處庫存現金。所以 M_{1A} 為通貨淨額加上企業及個人在貨幣機構的支票存款及活期存款。M_{1B} 可寫成通貨淨額加存款貨幣。存款貨幣又稱活期性存款，是支票存款、活期存款與活期儲蓄存款的加總。至於 M_2 也可寫成 M_{1B} 加準

表 5-1　貨幣的衡量
(單位：百萬元)

貨幣總計數	定義	金額
M₁ₐ	通貨淨額 加企業及個人在貨幣機構的支票存款及活期存款	6,047,259
M₁ᵦ	M₁ₐ 加個人在貨幣機構之活期儲蓄存款	15,317,647
M₂	M₁ᵦ 加個人在貨幣機構之定期存款、定期儲蓄存款 　外匯存款及郵政儲金總數 加附買回交易餘額與外國人持有之新台幣存款 　(民國 83 年 1 月起) 加貨幣市場共同基金 (民國 93 年 10 月起)	39,975,156

資料來源：中央銀行網站，https://www.cbc.gov.tw (民國 105 年 1 月)。

貨幣。其中，準貨幣包括企業及個人的定期存款 (包括一般定存及可轉讓定期存單)、定期儲蓄存款、外匯存款 (包括外匯活期存款及外匯定期存款)，以及郵政儲金總數 (含劃撥儲金、存簿儲金及定期儲金)。自民國 83 年 1 月起，尚包括附買回交易餘額與外國人持有之新台幣存款 (含活期性及定期性)。而自民國 93 年 10 月起，準貨幣也包括貨幣市場共同基金。

練習題 5-1

下列何者並非一般公認貨幣應具有的功能：
(a) 獲利的功能
(b) 計價單位的功能
(c) 交易媒介的功能
(d) 價值儲存的功能　　　　　　　　　　　(100 年文化國企)

答：(a)。

5-2 貨幣供給

仔細觀察新台幣鈔票，你會發現除了面額以外，上面還印有中央銀行的字樣。台灣如同大部分的國家，由政府控制著貨幣供給：中央銀行法賦予央行印製紙鈔與鑄造硬幣的獨占權利。換句話說，仿造新台幣，即使唯妙唯肖，幾可亂真，仍然是觸犯刑法的行為。

貨幣創造

儘管中央銀行負責印鈔票，我們手中的錢卻不是去央行窗口領取。錢究竟從哪裡來？答案可能是老闆或父母。但老闆或父母的錢又從哪裡來？本節嘗試從一般社會大眾與中央銀行的角度來回答這個問題。記得，M_{1B}是通貨淨額(C)及活期性存款(存款貨幣)(D)的總和：

$$M_{1B} = C + D$$

假設阿基師在證券市場賣出一張 1,000 元的債券。阿基師收到 1,000 元這筆錢後將其存入第一銀行。由於第一銀行每日必須應付大眾提款需求，它會提存部分存款作為**準備** (reserve)，剩下的部分即可作為放款之用。當商業銀行從事上述放款業務與提存準備時，我們有**部分準備銀行體系** (fractional-reserve banking)。

以下為第一銀行的資產負債表：

第一銀行

準備	$200	存款	$1,000
放款	$800		

這個資產負債表假設準備率 —— 準備占存款的比率 —— 為 20%。請注意，第一銀行的存款增加貨幣供給 1,000 元，理由是存款是貨幣供給的一部分。若第一銀行放款給詹姆士買手機，通訊行老闆將 800 元存入台新銀行。當台新銀行收到存款 800 元，保留 20%，或 160 元，作為準備，剩下的 640 元可供放款。其資產負債表可寫成：

台新銀行

準備	$160	存款	$800
放款	$640		

同樣地，台新銀行的存款可增加貨幣供給 800 元。兩家銀行總共增加貨幣供給 1,800 元。若台新銀行放款給浩角買機車包，店主將 640 元存入彰化銀行。彰化銀行保留 20%，或 128 元，作為準備，剩下的 512 元可供放款。其資產負債表如下所示：

彰化銀行

準備	$128	存款	$640
放款	$512		

在此，彰化銀行也增加貨幣供給 640 元，而整體貨幣供給增加 2,440 元。這個過程將一直持續下去，每一次的存款，貨幣數量就會增加，貨幣數量最後可增加

$$\begin{aligned}&1,000+800+640+512+\cdots+0\\&=1,000\times(1+0.8+0.8^2+0.8^3+\cdots+0.8^\infty)\\&=1,000\times\frac{1}{1-0.8}\\&=1,000\times\frac{1}{20\%}\\&=5,000\end{aligned}$$

上式中的 20% 是**準備率** (reserve-deposit ratio)，$rr=20\%$。換句話說，原始存款 1,000 元創造貨幣供給 5,000 元，此倍數為準備率的倒數，我們稱為**存款乘數** (deposit multiplier)。

$$存款乘數=\frac{1}{準備率}$$

貨幣供給模型

我們已經見到銀行如何創造貨幣供給。現在我們可以來檢視影響貨幣供給的因素。貨幣供給模型描述貨幣供給與**貨幣基數** (monetary base) 之間的關係。貨幣基數 (B)，包括銀行的準備金 (R)，與社會大眾持有的通貨 (C)；亦即，

$$B=C+R$$

通貨與準備是中央銀行的負債，直接由中央銀行控制其數量。在央行出版的金融統計月報中，貨幣基數又稱為**準備貨幣** (reserve money) 或**強力貨幣** (high-powered money)。貨幣基數的變動，將直接影響銀行可運用資金的增減，並透過信用創造過程，經一段時間後，對貨幣數量及社會的流動性產生倍數擴張或收縮的效果。這個倍數就是**貨幣乘數** (money multiplier)。貨幣供給模型有三個外生變數：

1. 貨幣基數。
2. **通貨存款比率** (currency-reserve ratio, cr)：社會大眾手中持有的現金數量 (C)，占其銀行活期性存款 (D)，的比例。定義成 $cr=C/D$。
3. 準備率 (rr)：銀行吸收的活期存款中，以準備形式 (R)，所持有的比例。定義成 $rr=R/D$。

而貨幣供給模型的推導如下。首先，記得貨幣供給的定義為

$$M=C+D$$

上式的貨幣供給 (M) 為通貨 (C) 與活期性存款 (D) 的加總。其次，我們將貨幣供給除以貨幣基數，可得

$$\frac{M}{B}=\frac{C+D}{C+R}$$

上式等號右邊的分子和分母都除以 D。

$$\frac{M}{B}=\frac{C/D+1}{C/D+R/D}$$

C/D 即為通貨存款比率 (cr)，而 R/D 為準備率 (rr)。因此，上式可改寫成

$$\frac{M}{B}=\frac{cr+1}{cr+rr}$$

或
$$M = \frac{cr+1}{cr+rr} \times B$$

上式說明貨幣供給是貨幣基數的倍數。這個倍數稱為貨幣乘數，可寫成 $m=(cr+1)/(cr+rr)$。而上式可改寫成

$$M = m \times B$$

每新增 1 元的貨幣基數可創造 m 元的貨幣供給。讓我們用一個數字的例子來說明貨幣供給模型。假設通貨存款比率是 0.2，準備率是 0.1，和貨幣基數是 500 億元，請問貨幣乘數與貨幣供給是多少？在這個例子裡，

$$貨幣乘數 = \frac{0.2+1}{0.1+0.2} = 4$$

$$貨幣供給 = 4 \times 500 = 2,000 \text{ 億元}$$

每 1 塊錢的貨幣基數可創造 4 塊錢的貨幣，而總貨幣供給為 2,000 億元。因此，貨幣供給取決於三個外生變數 —— cr、rr 和 B。

1. 通貨存款比率 (cr) 愈大，人們手中持有的現金數量愈多，銀行可用來創造貨幣的準備愈少，貨幣供給的創造就愈少；相反地，通貨存款比率愈小，可創造的貨幣供給會愈多。
2. 準備率 (rr) 愈高，銀行可供放款的金額愈低，貨幣供給的增加數量也會愈少；相反地，準備率愈低，可創造的貨幣供給數量就愈多。
3. 貨幣供給與貨幣基數以 m 比例增加 (減少)。因此，中央銀行增加準備貨幣，也會使得貨幣供給以 m 的比例增加。

練習題 5-2

台新銀行有存款 100,000 元和現金 10,000 元。它在央行的存款是 15,000 元，而法定準備率是 20%。台新銀行：
(a) 無超額準備
(b) 有超額準備 5,000
(c) 存款準備不足

(d) 存款對貸款比率不足　　　　　　　　　(100 年銘傳三年級)
答：(c)。

5-3　貨幣需求

　　貨幣需求是指一般民眾對"貨幣"的需求，而持有貨幣的動機為何？答案是，它的便利性，使人們隨時可以買到需要的商品。你不會用台積電股票去 7-11 買御茶園，你也不會用一克拉鑽戒買一張飛往日本的機票。當然，未來你不會將全部的財產以貨幣形式持有。經濟學家對民眾應該持有多少貨幣或其它資產，有一些看法。以下將介紹三個貨幣需求理論：流動性偏好理論、資產組合理論及現代貨幣數量學說。

流動性偏好理論

　　延續劍橋學派主張貨幣是一種資產，凱因斯及他的老師馬歇爾均強調貨幣具有交易媒介與價值儲藏的功能。凱因斯在《一般理論》中，強調貨幣是一種流動性資產，個人持有貨幣的動機有三：交易性動機、預防性動機與投機性動機。

1. **交易性動機** (transaction motive)　民眾選擇持有貨幣，而不選擇有報酬的債券，最主要的原因是貨幣能夠用來購買商品。當你外出用餐時，一定是準備了現金，而不是用股票或債券付款。凱因斯認為貨幣需求與交易量多寡成正比，也就是交易量愈大，貨幣需求愈多。而交易量又與所得成正比，高所得家庭的交易支出比低所得家庭支出要高。因此，交易性貨幣需求會隨著所得提高而增加。

2. **預防性動機** (precautionary motive)　有別於馬歇爾的看法，凱因斯認為人們持有貨幣，有時是應付突如其來的需要。譬如，為了電腦課程，你計畫購買平板電腦。在你經過光華商場時，適逢蘋果推出 iPad Air 3 的促銷活動。如果身上有足夠現金就可以把平板電腦帶回家；如果你沒有足夠的錢，便無法抓住這千載難逢的促銷機會。
　　凱因斯認為預防性動機的貨幣需求是受預期未來交易水準而

定，也是著重在交易媒介的功能，且交易水準與所得成正比。因此，預防性動機的貨幣需求隨所得的增加而增加。

3. **投機性動機** (speculative motive)　這個動機是強調貨幣有價值儲藏的功能。當利率下跌時，民眾會增加對貨幣的持有，而減少持有債券或股票等有價證券。當利率上升時，民眾會減少持有貨幣的需求，而增加對債券或股票的需求。凱因斯以預期與利率-債券價格的關係來說明投機性貨幣需求理論。

要瞭解這個理論，首先我們必須知道債券價格與利率是呈現負向關係；亦即，當利率愈高時，債券價格愈低；當利率愈低時，債券價格愈高。

假設債券是 1 年期的國庫券，亦即承諾在到期日以面額支付，如 $1,000。若債券今日的價格是 P_B，其中 B 代表債券 (bond)，如果你今天購買一張債券且打算持有 1 年，則持有 1 年期債券的報酬率為 $(\$1,000 - \$P_B)/\$P_B$。因此，債券的利率為

$$i = \frac{\$1,000 - \$P_B}{\$P_B}$$

如果債券價格 $\$P_B = \$950$，利率為 $50/$950＝5.3%。如果債券價格 $\$P_B = \$800$，利率是 $200/$800＝25%，債券價格愈高，利率愈低。

從上式也可推論債券價格，1 年後支付 $1,000 面額債券的今日價格為

$$\$P_B = \frac{\$1,000}{1+i}$$

債券價格是面額除以 $(1+i)$。如果你在報紙上看到標題 "債券下跌，推升利率"，這意味著債券價格下跌，市場利率上漲。

現在我們來看預期在投機性貨幣需求所扮演的角色。凱因斯將資產分為兩類：貨幣與債券。貨幣作為交易之用，利率為零；債券不能作為交易，但有正常報酬率 —— 利率 i。凱因斯假設個人相信利率會在一正常水準。

- 若利率低於正常水準。民眾預期債券利率未來會上漲，債券預期價格將會下跌。如果現在將債券賣出，以後再買進，賣高買低，就可享受資本利得。如果現在投資債券，所受資本損失會大於持有債券的利息收入。因此，在市場利率較低且預期利率會走高時，大家會比較願意持有貨幣，而不願持有債券。
- 若利率高於正常水準。民眾預期債券利率未來將下跌，而預期利率下跌導致債券預期價格上漲。若此時購買債券，將來再賣出，買低賣高，就可享受資本利得。因此，當市場利率較高而預期未來利率將走跌時，大家會將其持有的貨幣移轉，去購買債券，貨幣需求因而減少。

綜合上述的討論，我們知道：利率愈高，投機性貨幣需求愈低；利率愈低，投機性貨幣需求愈高。

凱因斯的貨幣需求理論，即為結合三種貨幣需求動機而成。另一方面，凱因斯強調民眾想持有的是**實質貨幣餘額** (real money balance)。譬如，若平板電腦 iPad Air 3 在今天是 20,000 元，如果明年物價上漲 1 倍，1 台 iPad Air 3 變成 4 萬元。同樣的 4 萬元，今天能夠買 2 台 iPad Air 3，到了明年卻只能買 1 台 iPad Air 3。凱因斯相信民眾關心的是貨幣購買力。因此，實質貨幣需求是實質所得與利率的函數，可寫成下式：

$$\frac{M^d}{P} = L(i,\ Y)$$

上式即為著名的流動性偏好理論。M^d/P 是實質貨幣需求量，L 代表**流動性** (liquidity)，i 是利率，而 Y 為實質 GDP。上式說明實質貨幣需求與利率呈負向關係，即利率上升，實質貨幣需求減少；利率下降，實質貨幣需求增加，如圖 5-1(a) 所示。實質所得與實質貨幣需求呈正向關係。當民眾所得增加時，平常支出的交易水準也會增加，民眾持有的貨幣餘額因而提高，反映在圖 5-1(b)，是貨幣需求曲線向右移動；相反地，實質所得減少，貨幣需求曲線向左移動。

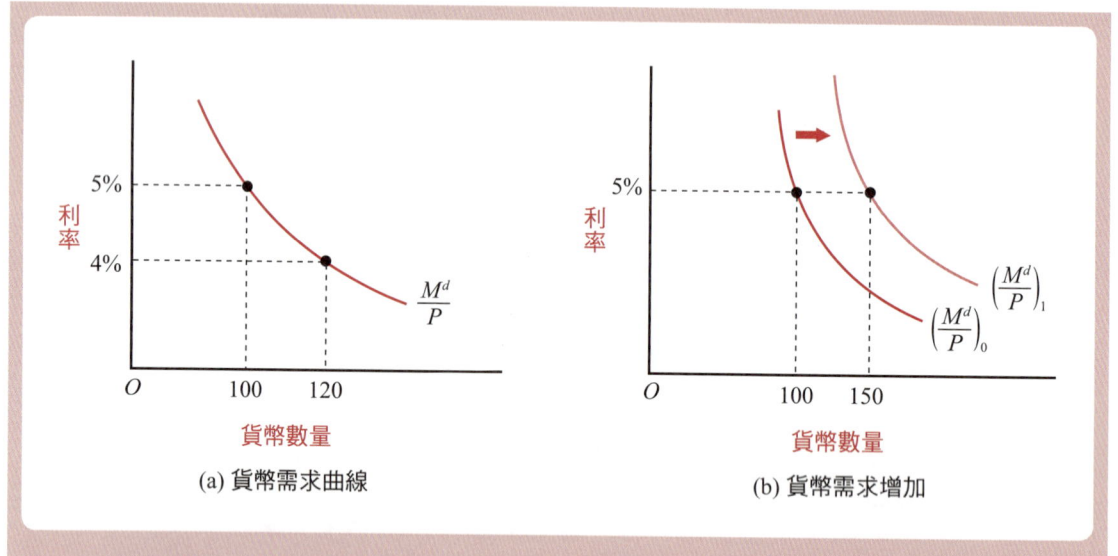

圖 5-1　貨幣需求

圖 (a) 是貨幣需求曲線，當利率是 5% 時，貨幣需求是 100，當利率下跌至 4% 時，人們會賣出債券、持有貨幣，貨幣需求上升至 120。利率與實質貨幣需求呈負向關係。圖 (b) 是在一定利率水準下，實質所得提高，導致貨幣需求增加，貨幣需求曲線向右移動。

資產組合理論

資產組合理論 (portfolio theory) 強調貨幣作為價值儲存的功能。根據這個理論，貨幣僅是人們資產組合的一部分。不同於凱因斯的流動性偏好理論主張，人們的財富不是全部以貨幣形式持有，就是以債券形式持有。杜賓 (James Tobin) 在 1958 年提出貨幣相較其它資產，可提供不同的風險與報酬組合。

貨幣，包括 M_1 與 M_2，其價值不會隨著利率的變動而改變。因此，貨幣是一種零風險的資產。其它金融資產，如股票或長期債券的價值會隨著時間經過而波動。因此，股票與債券屬於風險性資產。譬如，阿亮口袋裡的幾張千元大鈔，留到明天或下禮拜，仍可買到價值相當的大麥克 (前提是物價波動不能太大)。但如果阿亮買了地雷股，可能在一夕之間就暴跌成水餃股。

人們對貨幣的需求受其所面對不同資產的風險與報酬的影響。持有風險性高的資產，可使投資者獲得較高的報酬，但在同一時間，也會暴露在較高的風險中；相反地，零風險資產的平均報酬較低。當利率上升時，債券的報酬增加，投資者比較願意面對風險，人們會多持有債券少持有貨幣。因此，利率與貨幣需求呈反向變動。

杜賓提供一個解釋人們的資產會同時以貨幣與其它金融資產的堅實基礎。但是，他並未解釋，為何存在零風險金融資產 (如國庫券) 的情形下，人們仍然願意持有不付任何利息的現金。

現代貨幣數量學說

約略在杜賓發表資產選擇理論的同時，傅利德曼也發表類似的貨幣需求理論。延伸原有的貨幣數量學說，傅利德曼認為貨幣是許多資產 (包括債券、股票和商品) 的其中一種。當人們選擇持有貨幣時，意味著他們放棄其它資產的報酬。因此，貨幣需求函數可寫成

$$\frac{M^d}{P} = L(\underset{-}{i_b},\ \underset{-}{i_s},\ \underset{-}{\pi^e},\ \underset{+}{w})$$

其中，i_b 是預期債券實質報酬，i_s 是預期股票實質報酬，π^e 是預期通貨膨脹率，而 w 是實質財富。i_b 和 i_s 代表持有貨幣的機會成本。當 i_b 或 i_s 上升時，投資者購買債券或股票的預期報酬提高，其對貨幣需求的數量將會減少。如果債券的報酬率從 5% 上升至 25%，你一定會盡量將錢省下來買債券，而減少貨幣的持有。所以，i_b 和 i_s 與貨幣需求呈反向關係。

由於貨幣的報酬是預期通貨膨脹率的負值，也就是預期物價上漲得愈凶，貨幣購買力下降得愈快，貨幣變得較不具吸引力，貨幣需求也會減少。因此，π^e 與貨幣需求亦呈反向關係。最後，一個人擁有的財富愈多，她的資產組合愈大，而對貨幣的需求也就愈多。

杜賓的資產選擇理論與傅利德曼的現代貨幣數量學說，都強調貨幣作為價值儲存的重要性。因此，貨幣需求不僅是所得的函數，且受財富的影響。兩個理論提到的貨幣定義皆為廣義的貨幣供給 M_2。至於兩者的不同在於，傅利德曼強調 GDP 中的任何一項都是貨幣的替代品，貨幣的替代品包括債券、股票、GDP 項目中的商品與財富；而杜賓眼中的貨幣替代品並未包括 GDP 項目中的商品。

房市泡沫神話

一切都要從 2008 年的西班牙房市泡沫說起。

西班牙陽光充足、氣候宜人，加上房價相對低廉，吸引英國、德國、北歐等國前來觀光，進而在海邊購買度假的陽光屋或養老的第二屋。

由於建商的預期心理作祟，使得營建業拚命借錢蓋房子；另一方面，寬鬆的金融體系也是禍首。由於西班牙加入歐元區後，各國銀行拆借利率就是 1%，使得西班牙地區性的儲蓄銀行也看準房市前景，向歐元區銀行借錢，甚至無擔保也可貸款。美國的《商業周刊》曾指出，西班牙人借的外債和 GDP 一樣多，而其中六成是房貸。

房市泡沫的元凶，在時任聯準會主席柏南奇的眼中不是過低的利率，而是新興市場資本大量流入先進國家及房貸市場金融監理鬆散，白話來說就是"錢來得太多，管得太鬆"。

回到台灣的情況，央行提出台北市買賣金額超過 8 千萬元的豪宅，最高貸款成數高達八成至九成七，利率最低僅 1.84%；而一般住宅平均貸款成數為七成一，平均利率為 1.91%。在 2012 年 6 月 21 日的理監事會議，彭淮南對豪宅進行信用管制，包括貸款成數降至六成以下，放款利率不得低於 2%，避免房市炒作風氣捲土重來。

2016 年元月 1 日，房地合一稅制開始實施。房屋及土地以合併後的實價總額扣除實際取得成本後，按實際獲利課徵所得稅。這代表低稅制時代終結，取而代之的是高稅制時代來臨。

據牛津經濟研究院 (Oxford Economics) 在 2016 年 2 月的報告指出，台灣在過去 3 個月的房價跌逾 7%，跌幅居新興市場之冠。

在房價部分，2016 年 1 月永慶房屋的資料顯示，七都均呈現向下修正的狀況。若與房價高點相比，北北桃的累計跌價均超過一成，其中以新北市累計跌幅 16% 最高。在台北市部分，民權東路六段、和平東路三段及光復南路跌幅最高，房價較 2015 年下修 13.4% 到 11.9%，其中大安路的跌價占比例最高。

資料來源：
1. 蕭勝鴻，"彭老重打豪宅貸款，防金融黑天鵝"，《商業周刊》，第 1284 期，2012 年 7 月 2 日。
2. 方明，"北市房價鬆動，和平東路三段跌最凶"，《中時電子報》，2016 年 3 月 3 日。

練習題 5-3

根據流動性偏好理論，除了物價變動以外，貨幣需求增加會造成：
(a) 利率上升，總需求左移
(b) 利率下跌，總需求右移
(c) 利率上升，總供給右移
(d) 利率下跌，總供給左移　　　　　　　(104 年政大智財所)

答：(a)。

5-4 貨幣政策

依據我國《中央銀行法》第 2 條，中央銀行的經營目標是促進金融穩定、健全銀行業務、維護對內及對外幣值穩定與協助經濟發展，這些目標是中央銀行的**最終目標** (ultimate targets)。

為了達成這些最終目標，中央銀行須實施貨幣政策，也就是利用各種政策工具來調整貨幣數量。然而，從政策工具的實施到最終目標發生效果，可能費時 1 年。這中間可能會因為國際經濟情勢變化或其它部會政策的不協調，發生物價上漲過快或幣值波動太過劇烈的事實。此時，修正政策方向卻為時已晚。

貨幣政策的基本架構

因為這些考慮，中央銀行在政策工具與最終目標之間，加入**操作**

目標 (operating targets) 與**中間目標** (intermediate targets)。這也是貨幣政策的基本架構，如圖 5-2 所示。

1. **政策工具** 政策工具是中央銀行執行貨幣政策能夠使用的工具。主要包括：(1) 公開市場操作；(2) 重貼現率政策；(3) 存款準備率政策；(4) 選擇性信用管制；(5) 直接管制；(6) 道德說服。

2. **操作目標** 中央銀行能夠更快速正確控制的短期目標變數，這些變數包括準備總計數 (準備貨幣、超額準備或自由準備)，以及短期利率 (銀行同業拆款利率、國庫券利率)。選擇的標準是讓中央銀行能夠有效的控制，資料能夠正確迅速地衡量，並對政策工具的反應較敏銳。

3. **中間目標** 與最終目標關係較為密切，中央銀行缺乏直接控制能力。這些變數是基於能夠直接影響物價水準與國民所得而選定，包括貨幣總計數 (M_{1A}、M_{1B} 或 M_2) 與中、長期利率。

4. **最終目標** 中央銀行執行貨幣政策所能影響的總體變數。這些變數是《中央銀行法》規定的四個經營目標。通常最終目標包括：(1) 物價穩定；(2) 金融穩定；(3) 外匯市場穩定；(4) 經濟成長；(5) 利率穩定；(6) 充分就業。

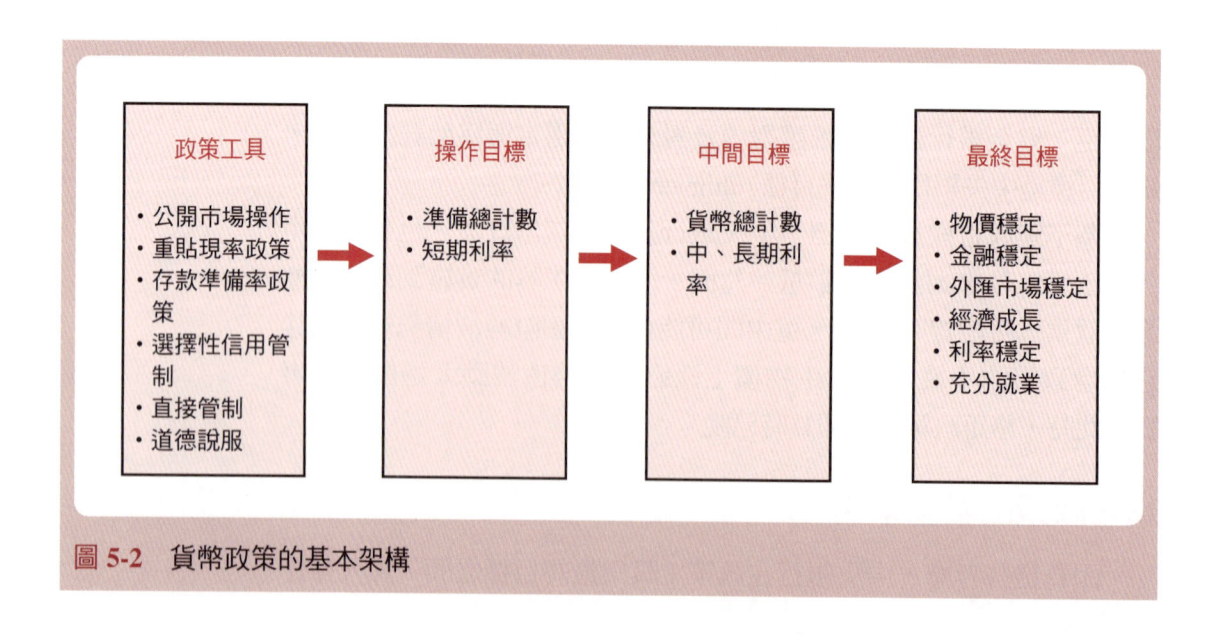

政策工具	操作目標	中間目標	最終目標
・公開市場操作 ・重貼現率政策 ・存款準備率政策 ・選擇性信用管制 ・直接管制 ・道德說服	・準備總計數 ・短期利率	・貨幣總計數 ・中、長期利率	・物價穩定 ・金融穩定 ・外匯市場穩定 ・經濟成長 ・利率穩定 ・充分就業

圖 5-2　貨幣政策的基本架構

我們可以舉一簡單例子說明貨幣政策執行的步驟。假設中央銀行的政策目標是實質 GDP 成長率 8%，並容許物價上漲率是 2%。中央銀行相信貨幣數量 (中間目標) 成長率 10% 可以達成這樣的目標。我們可以利用存款貨幣創造的公式來找出操作目標的成長率，即：貨幣供給量＝貨幣乘數×準備貨幣。貨幣供給量是中間目標裡貨幣總計數的一種，而準備貨幣是操作目標中準備總計數的一種。如果貨幣乘數在一段期間內是相對穩定，則準備貨幣成長 10%，就可達成貨幣數量成長 10% 的目標。中央銀行依據操作目標再來決定公開市場操作或其它政策工具的數量。

當然，貨幣數量成長可能因貨幣乘數的波動而隨之波動。因此，中央銀行也可藉著制定目標區的方式來影響貨幣數量。譬如，下年度預計準備貨幣 (操作目標) 成長率在一個目標區 8% 到 12% 之間，貨幣供給 (中間目標) 成長率也是維持在 8% 到 12% 之間。如果中央銀行發覺準備貨幣成長過快，如 15%，就可以利用公開市場賣出有價證券策略來修正。

若 M_2 成長過慢，如只有 5%，中央銀行可以應用公開市場買進政策以增加銀行準備金來增加貨幣數量。總之，中央銀行藉由操作目標與中間目標的制定與實施，引導貨幣政策朝最終目標實現。其中，央行隨時監看操作目標與中間目標，若有偏離即隨時修正，以確定最終目標能夠達成。

貨幣政策的三個工具

上一小節提到中央銀行執行貨幣政策有三個基本工具，分別是公開市場操作、重貼現率及法定存款準備率。這三個政策工具中，公開市場操作是最重要的政策工具，理由是中央銀行透過公開市場操作改變銀行準備金及貨幣數量，並可精確控制所要增減的數量，同時，公開市場操作可迅速執行，無時效上的遲延。

以下逐一介紹三個政策工具。

1. 公開市場操作 (open market operation)　公開市場操作是指中央銀行在金融市場買賣債券，以改變貨幣基數，進而影響貨幣供給量。央行能夠買賣的債券包括政府發行或保證之債券，銀行發行之金融債券與承兌或保證之票據，以及中央銀行發行之定期存單、儲蓄券及短期債券。公開市場操作如何影響貨幣供給，我們以下面的例子加以說明。

假設央行在貨幣市場向阿基師買入 10 億元的國庫券。阿基師收到一張 10 億元的支票，並將它存入第一銀行。此時，貨幣基數會增加 10 億元。由於貨幣供給是貨幣乘數與貨幣基數的乘積。貨幣基數的增加導致貨幣供給呈倍數增加。因此，中央銀行實施**公開市場買進** (open market purchase)，貨幣基數增加，貨幣供給隨之提高；相反地，中央銀行實施**公開市場賣出** (open market sale)，銷售政府債券給社會大眾，貨幣供給隨之下降。

2. 重貼現率 重貼現是指商業銀行以未到期票據，請求中央銀行給予資金融通。這些票據包括：(1) 國庫券及政府公債為擔保品之本票；(2) 公民營生產事業在其產製銷過程中依實際交易行為而產生之銀行承兌匯票、商業承兌之匯票及本票。**重貼現率** (rediscount rate) 則是中央銀行對商業銀行進行重貼現時，預扣利息所收取的利率。[2] 重貼現與貼現並不相同。貼現是銀行客戶以未到期票據向銀行請求資金融通。重貼現則是銀行以客戶要求貼現但未到期的票據向中央銀行請求再一次貼現。

當中央銀行降低重貼現率，商業銀行的借入款提高，超額準備增加，貨幣基數因此提高，貨幣供給呈倍數增加；相反地，當中央銀行提高重貼現率，商業銀行借款成本提高，借款金額降低，導致超額準備減少，貨幣基數因而減少，透過乘數效果，貨幣供給呈倍數減少。

中央銀行的重貼現率政策無法直接干涉商業銀行的經營決策，亦即，無法強制商業銀行借入款金額，故對貨幣供給變動的影響是間接效果，而非直接效果。

3. 法定存款準備率 法定準備金是中央銀行要求存款貨幣機構，必須依存款總額提存一部分作為準備金。法定存款準備率等於法定準備金除以存款總額，在我國又稱為應提準備率，簡稱法定準備率。

改變法定準備率對貨幣供給量的影響與公開市場操作及重貼現

---

[2] 重貼現率只是重貼現政策的一部分。我國中央銀行重貼現政策還包括短期融通及擔保放款融通兩種。

率調整並不相同。公開市場操作與重貼現率是透過準備貨幣的變動來影響貨幣供給。而法定準備率的變動是透過改變貨幣乘數大小來影響貨幣供給。記得貨幣乘數與法定準備率呈反向關係。調降法定準備率會提高貨幣乘數和貨幣供給。調升法定準備率會降低貨幣乘數和貨幣供給。這三種政策工具中，法定準備率是最不常被使用，但卻是效果較強的政策工具。

貨幣供給曲線

根據上一節的說明，中央銀行可以透過公開市場操作與重貼現率政策影響準備貨幣，而法定準備率的調整會影響貨幣乘數的大小，這三個政策工具都會影響貨幣供給。因此，在某種意義上，我們可以說貨幣供給由中央銀行控制。如果我們想要畫出貨幣供給，即縱軸是利率與橫軸為貨幣數量的圖形，貨幣供給曲線會是一條垂直線，如圖 5-3 所示。

圖 5-3 的垂直貨幣供給曲線 (M^s)，代表貨幣供給量不受利率的影響。不論利率是 5% 或 10%，貨幣數量完全由中央銀行來決定。當中央銀行在公開市場買進債券或降低重貼現率，準備貨幣增加，透過乘數效果，貨幣供給呈倍數增加，貨幣供給曲線平行向右移動。若中央銀行降低法定準備率，貨幣乘數提高，貨幣供給增加，貨幣供給曲線向右移動，如圖 5-4(a) 所示。

相反地，當中央銀行公開市場賣出債券或調高重貼現率，銀行超額準備降低，透過乘數效果，貨幣供給呈倍數減少，貨幣供給曲線平

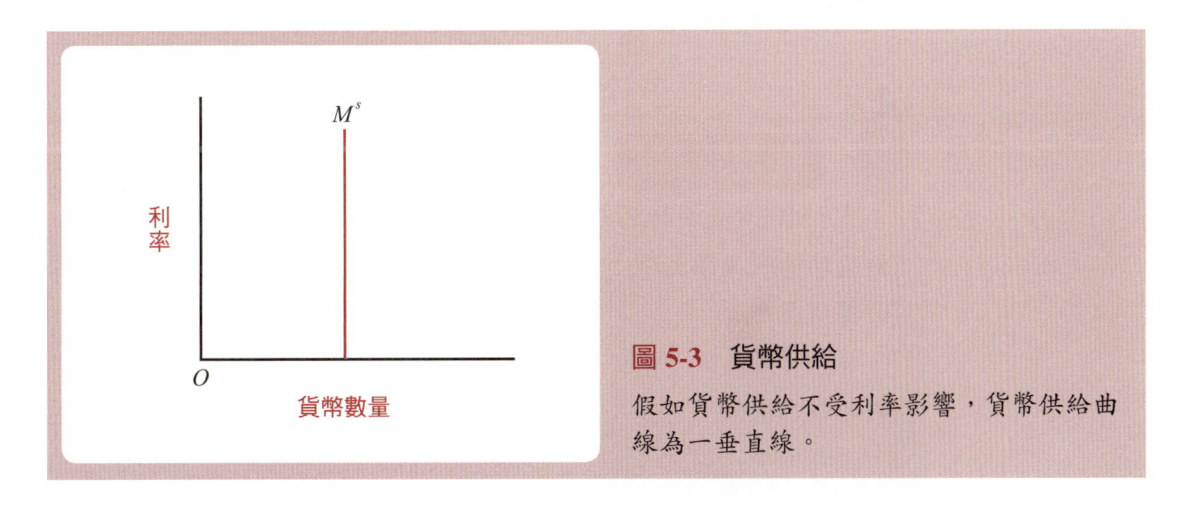

圖 5-3　貨幣供給

假如貨幣供給不受利率影響，貨幣供給曲線為一垂直線。

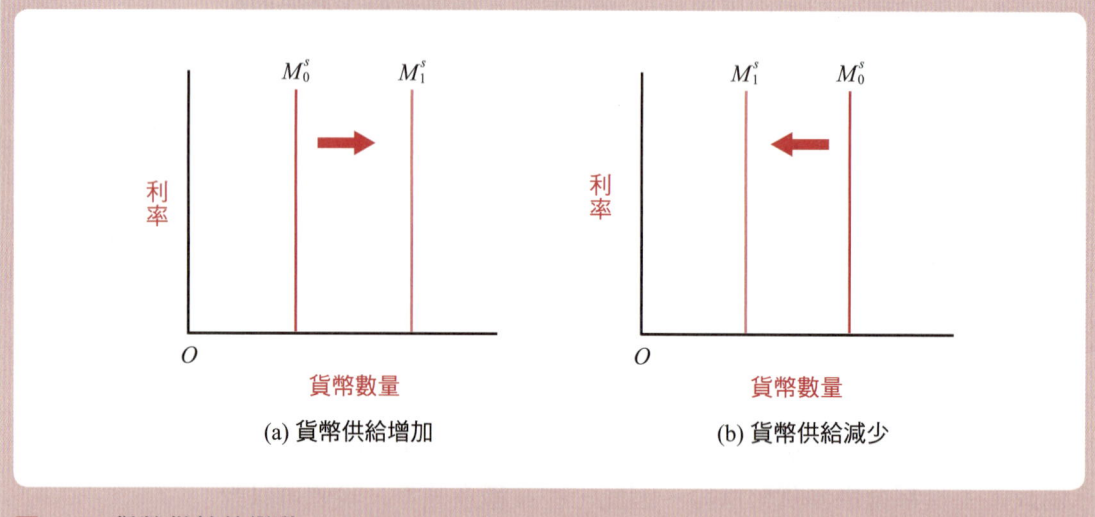

圖 5-4　貨幣供給的變動

圖 (a) 是貨幣供給增加，貨幣供給曲線右移，由 M_0^s 右移至 M_1^s。圖 (b) 是貨幣供給減少，貨幣供給曲線左移，由 M_0^s 左移至 M_1^s。

行向左移動。若中央銀行宣布調高法定準備率，貨幣乘數下跌，貨幣供給減少，貨幣供給曲線向左移動，如圖 5-4(b) 所示。有關貨幣供給曲線變動的結論如下：

- 中央銀行公開市場買進、降低重貼現率或法定準備率，貨幣供給量增加，貨幣供給曲線向右移動。
- 中央銀行公開市場賣出、提高重貼現率或法定準備率，貨幣供給量減少，貨幣供給曲線向左移動。

練習題 5-4

下列何者是央行的政策目標？
(a) 協助總統贏得大選
(b) 操縱匯率
(c) 提供貨幣基數
(d) 維持價格穩定　　　　　　　　　　　　　(104 年中興企管)

答：(d)。

5-5 貨幣市場均衡

現在我們可以回答一個總體經濟的問題：利率水準如何決定？答案很簡單，依凱因斯的觀念，當貨幣供給與貨幣需求相等，也就是貨幣市場達到均衡時，就可以決定均衡利率水準。

在圖 5-5，當市場利率水準是 i_1 時，貨幣需求是 70 億元，而貨幣供給是 100 億元；貨幣供給大於貨幣需求，超額貨幣供給是 30 億元。這表示流通在外的貨幣超過家計單位與廠商想要持有的貨幣。家計單位與廠商會將多餘的貨幣拿去購買債券，債券需求因而增加，債券價格上升，利率下跌。

相反地，當市場利率是 i_2 時，貨幣需求 (140 億元) 大於貨幣供給 (100 億元)。當家計單位與廠商賣掉所持有的債券以換取更多貨幣時，債券供給增加導致債券價格下跌。政府與一般企業發現在這種情況下，只有提供更高的利率才能吸引民眾持有債券，利率水準因而上升。

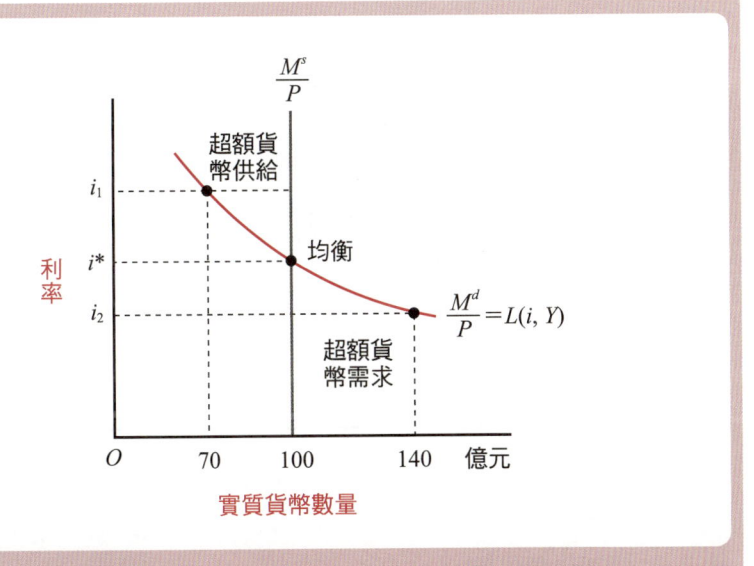

圖 5-5　貨幣市場均衡

當貨幣供給等於貨幣需求時，決定均衡利率 i^*。如果市場利率是 i_1，貨幣供給大於貨幣需求，利率會下跌。如果利率是 i_2，貨幣需求大於貨幣供給，利率會上升。只有在利率等於 i^* 時，利率不會再變動。

所以，只有在貨幣供給等於需求時，家計單位與廠商不再做資產調整。此時，所決定的利率 i^* 是均衡利率水準，而對應的債券價格也是使債券供給等於債券需求的均衡價格。

均衡的變動：供給的變動

貨幣供給 (M^s/P) 等於貨幣需求 $L(Y, i)$，決定均衡利率 (i^*)。假設中央銀行衡量當前金融狀況，認為當前利率 10% 太高，而決定降低利率。中央銀行可透過公開市場買進債券，降低重貼現率或調降存款準備率來提高貨幣供給。貨幣供給曲線會平行向右移動，由 M_0^s/P 移至 M_1^s/P，如圖 5-6 所示。

在 10% 的利率水準下，貨幣供給大於貨幣需求。家計單位與廠商會將多餘貨幣拿去購買債券，造成利率下跌，一直到 $i=8\%$ 為止。此時，$M_1^s/P=L(Y, i)$ 是新的貨幣市場均衡；相反地，若中央銀行決定調高利率，它可以藉由公開市場賣出債券，調高重貼現率或法定存款準備率來減少貨幣供給，貨幣供給曲線向左移動，使均衡利率上升。

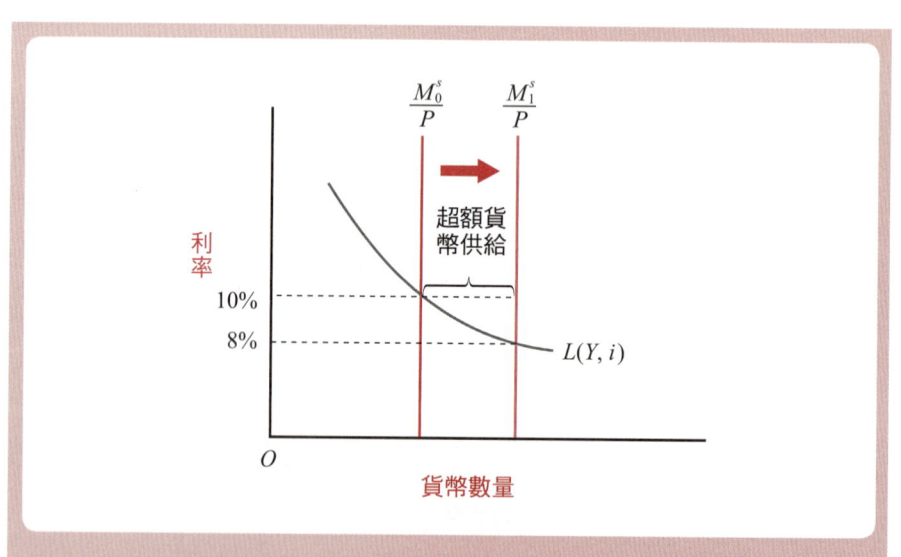

圖 5-6　增加貨幣供給

中央銀行可使用擴張性政策工具，增加貨幣供給。貨幣供給曲線會向右移動。由 M_0^s/P 移至 M_1^s/P，均衡利率由 10% 下降至 8%。

金融危機專題：聯合降息

2012 年 7 月 6 日，中國人民銀行宣布調降存貸款基準利率。歐洲央行也降息 1 碼至 0.75% 的歷史新低，並把存款利率降至 0；英國央行啟動第三波量化寬鬆；丹麥央行更將定期存單利率降為負值。

中、歐、英央行紛紛祭出新的寬鬆措施，反映經濟成長迫使全球主要央行採取主要救市措施。歐洲央行總裁德拉基說："這波降息或許無法刺激需求，卻有助於歐洲領袖達成的解危措施提供奧援。基準的再融資利率降低，能壓低處境困難的銀行業者取得央行貸款的成本。"

德拉基在利率決策會議後說："一些不利於歐元區經濟展望的風險已經成形。"而存款利率降為 0，則能鼓勵商業銀行放款給其他機構、企業和家庭，降低把資金停泊在央行隔夜存款機制的誘因。

經濟學家認為人行宣布降息，距離上一次不到 1 個月。這凸顯因實體經濟比預期差，希望藉由擴大放款利率降幅，來引導資金流向實體投資。另外，中國能與歐洲協調降息，有利於人民幣國際化。

2016 年 3 月 1 日，人行繼 2015 年降準 5 次後，無預期下調金融機構存款準備率 2 碼。2016 年有一個字是投資人不能不知的英文縮寫 —— NIRP (Negative Interest Rate Policy)，也就是負利率政策。

在情人節前夕，日本央行送出儲蓄者和銀行業最不想收到的禮物，無愛的負利率。

負利率是指日本銀行存入央行的準備金利率降至負數，每年需付 0.1% 的手續費。

老實說，負利率不是新鮮事，丹麥早在 2012 年 12 月就開始實施負利率，瑞士、瑞典、歐洲央行也相繼實施。

央行實施負利率是為了壓迫銀行業加強放款，促進消費及投資，拉抬經濟成長及通膨。

從投資的角度，負利率將影響許多保守型資產的收益率，全球已有價值近 6 兆美元的公債為負殖利率。更有甚者，日本政府在 2016 年 3 月 1 日，首度以負殖利率標售 10 年期公債，表示日本政府借錢還能收到利息。

資料來源：
1. 任中原，"陸、歐、英央行連袂寬鬆貨幣"，《聯合報》，2012 年 7 月 6 日。
2. 任中原，"日 10 年期公債標出負殖利率"，《經濟日報》，2016 年 3 月 2 日。

均衡的變動：需求的變動

記得貨幣市場的均衡式為

$$\frac{M^s}{P} = L(\underset{+}{Y}, \underset{-}{i})$$

根據第 5-3 節對貨幣需求函數的討論，實質所得 Y 的提高，代表經濟體系交易水準增加，貨幣需求也隨之增加。因此，上式的變數 Y 下的 " $+$ " 號是代表 Y 對貨幣需求有正向影響。其次，利率上升，民眾會多持有債券而少持有貨幣，故貨幣需求與利率呈負向關係。利率 i 下的 " $-$ " 號，表示利率對貨幣需求有負向影響。

如圖 5-7 所示，當實質所得提高時，貨幣需求增加，由 $L_0(Y_0, i)$ 右移至 $L_1(Y_1, i)$。在原來利率水準 $i=5\%$ 下，貨幣需求大於貨幣供給，民眾賣掉其所持有的債券來換取貨幣，造成債券價格下跌和利率上升。最後，均衡利率由 5% 上升至 7%；相反地，實質所得 Y 的下跌，使貨幣需求曲線左移，均衡利率下跌。

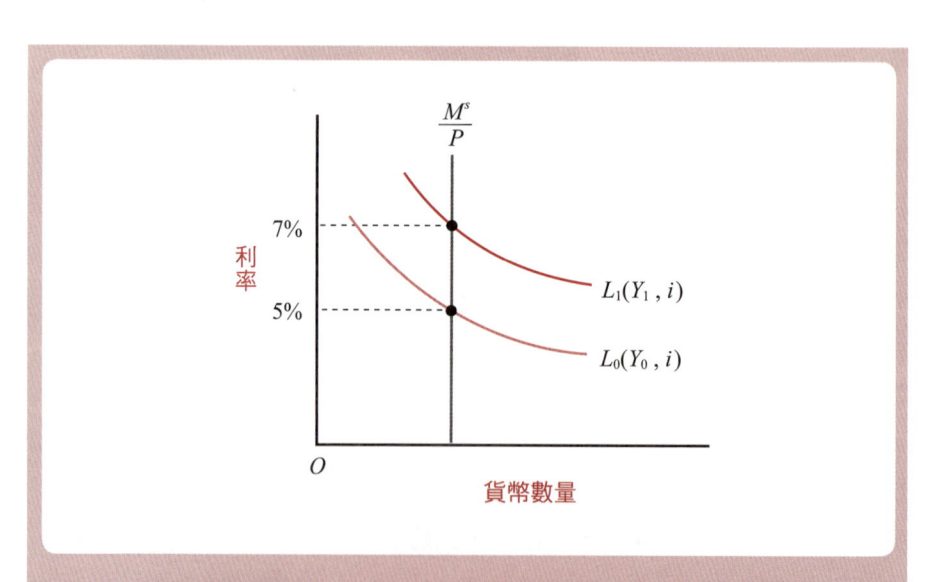

圖 5-7　貨幣需求增加

實質所得由 Y_0 上升至 Y_1，造成貨幣需求提高，由 $L_0(Y_0, i)$ 上移至 $L_1(Y_1, i)$，均衡利率由 5% 上升至 7%。

摘要

- 貨幣是指可用來交易商品的資產。貨幣的功能有交易媒介、計價單位與價值儲存。
- 台灣的貨幣總計數包括 M_{1A}、M_{1B} 和 M_2。M_{1A} 是通貨、活期存款與支票存款的加總。M_{1B} 是 M_{1A} 加活期儲蓄存款。M_2 是 M_{1B} 加準貨幣。
- 存款乘數是法定準備率的倒數。貨幣乘數是法定準備率與通貨存款比率的反函數。
- 貨幣供給取決於三個外生變數：貨幣基數、法定準備率和通貨存款比率。
- 凱因斯的流動性偏好理論主張貨幣需求與所得呈正向關係，與利率呈負向關係。
- 資產組合理論強調貨幣作為價值儲存的功能。理論主張貨幣需求決定於風險、貨幣與其它金融資產的報酬。
- 現代貨幣數量學說認為貨幣需求受股票、債券、報酬、預期通貨膨脹率及財富的影響。
- 央行公開市場買進，或降低重貼現率可使貨幣基數增加，進而導致貨幣供給增加。央行降低法定準備率可使貨幣乘數提高，進而貨幣供給增加。
- 貨幣供給增加，貨幣供給曲線右移，均衡利率下跌。貨幣需求增加，貨幣需求曲線右移，均衡利率上升。

習題

選擇題

1. 假如你將一部分暑假打工的錢放在保險櫃，你將貨幣視為：
   (a) 交易媒介　　(b) 價值儲存
   (c) 計價單位　　(d) 以上皆是
   (e) 以上皆非

2. 倘若法定準備率是 20%，從一家銀行提款 $10,000，最終將造成貨幣供給減少：
   (a) $100,000　　(b) $80,000
   (c) $40,000　　(d) $20,000

3. 假設貨幣市場一開始在均衡狀態。根據流動性偏好理論，若物價水準下跌，將有超額：
   (a) 貨幣供給直至利率上升為止
   (b) 貨幣供給直至利率下跌為止
   (c) 貨幣需求直至利率上升為止
   (d) 貨幣需求直至利率下跌為止

   (100 年政大商學)

4. 在貨幣市場，若利率超過均衡利率，存在超額貨幣供給，請問超額供給如何消除？
   (a) 銀行可將剩餘貸款放出去，降低利率
   (b) 人們可用此剩餘購買債券，使債券價格上升，利率下跌
   (c) 央行可收回貨幣，降低貨幣數量
   (d) 高利率增加貨幣需求，消除剩餘

   (104 年中興企管)

5. 貨幣需求的利率彈性 (絕對值) 無限大，下列何者最可能發生？
   (a) 財政支出增加無法使產出增加
   (b) 減稅可使產出增加
   (c) 大眾預期債券價格上升的可能性低於下跌的可能性
   (d) 貨幣供給增加

6. 若台灣央行想要降低貨幣供給，它應該：
   (a) 降低法定準備
   (b) 降低重貼現率
   (c) 實施公開市場買進
   (d) 實施公開市場賣出　　(100 年成大交管)

7. 央行採取何種工具會使貨幣供給增加？
   (a) 增加政府支出
   (b) 在公開市場買股票
   (c) 降低貼現率
   (d) 提高存款準備率　　(102 年政大智財所)

8. 一般而言，央行如欲控制貨幣供給量，最常使用的工具是：
   (a) 調整重貼現率　　(b) 公開市場操作
   (c) 調整存款準備率　(d) 外匯市場操作
   　　(104 年淡江財金)

9. 下列哪一項未包括在台灣的 M_{1B} 定義中？
   (a) 活期儲蓄存款　　(b) 活期存款
   (c) 定期存款　　　　(d) 支票存款
   (e) 流通在外貨幣　　(104 年元智國企)

10. 某人從郵局提出 20 萬元存簿儲金轉存定期儲金，這對 M1A、M1B 與 M2 的立即影響為：
    (a) M1A 減少，M2 增加
    (b) M1A 減少，M2 不變
    (c) M1B 減少，M2 增加
    (d) M1B 不變，M2 不變
    　　(104 年台大國企所)

11. 傅利德曼的現代貨幣數量學說主張總支出的變動主要受下列何種因素的影響？
    (a) 政府支出與稅收　(b) 貨幣流通速度
    (c) 利率　　　　　　(d) 貨幣供給
    　　(94 年政大風管)

12. 央行發行額外新台幣 1,000 萬元購買等額債券，請問央行資產負債表有何變化？
    (a) 資產減少新台幣 1,000 萬元，負債減少新台幣 1,000 萬元
    (b) 資產減少新台幣 1,000 萬元，負債不變
    (c) 資產與負債增加新台幣 1,000 萬元
    (d) 負債增加也減少新台幣 1,000 萬元
    　　(104 年交大經管所)

問答與計算

1. "信用卡交易日益普及，因此，我國的貨幣供給日益增加。"試評論之。　(台大)

2. 貨幣供給與貨幣基數的定義有何不同，兩者的關聯又如何？說明時請使用數學關係式加以推演表達。金融卡是不是一種貨幣？其理由何在？　(交大經管)

3. 當人們去國外旅行時，都會持有較多的貨幣，請問是交易性動機、投機性動機或預防性動機型的貨幣需求？　(交大運輸)

4. 日本在 2016 年的通貨為 200，郵政儲金是 100，定期存款是 60，外匯存款是 20，支票存款是 60，信用卡支出金額是 80，活期存款是 40，活期儲蓄存款是 50。請問 2016 年日本的 M_{1B} 金額。
    　　(100 年淡江商管二)

5. 宏達電賺入價值新台幣 5,000 萬元的外匯，在外匯市場出售這筆外匯時，由央行購得。宏達電將收到的 5,000 萬元存入台灣銀行的支票存款帳戶。假設法定準備率為 20%。請回答下列問題：

(a) 貨幣供給量 M_{1B} 增加或減少＿＿萬元
(b) 台灣銀行的超額準備增加或減少＿＿萬元
(c) 若台灣銀行將上述的超額準備金額貸放給鴻海，則社會的 M_{1B} 增加或減少＿＿萬元　　(100 年台北大學經濟系)

6. 假設美國聯邦理事會實施量化寬鬆，利用到期收回的短期政府公債的收入去購買長期美國的政府公債，請問此操作對 M1 的影響為何？　　(103 年台大國企所)

7. "若存款大眾從銀行提領現金，銀行總準備會減少。"試評論之。(104 年中興企管)

8. "若央行賣債券給商業銀行，貨幣供給會減少，但若央行賣債券給個人，貨幣供給不會減少。"試評論之。(104 年中興企管)

9. 玉山銀行的超額準備是 10 億元，除此之外，銀行有存款 500 億元和貸款 410 億元。請問法定準備是多少？
　　(100 年台大經濟)

10. 若央行將法定準備率從 0.25 減少至 0.2，在活期存款為 \$10,000，超額準備變動多少？
　　(104 年輔仁企研所)

11. 假設央行要求銀行存款的 10% 作為法定準備。第一銀行有超額準備 \$20,000，並賣給央行一張政府債券 \$9,000。若第一銀行先要持有法定準備，請問它要借貸何種數量？　　(100 年政大商學)

12. 某國銀行體系的法定存款準備率為 20%，實際準備率為 25%，所有的貸款回存銀行的比例為 75%，若該國一位民眾將現金 900 萬元存入這個銀行，整個經濟體系可創造多少存款貨幣？　　(103 年淡江財金所)

13. 請問利率上升如何影響準備率 (rr)？若將此因素列入考慮，請問貨幣供給曲線的形狀為何？　　(元智管科)

14. 假設通貨發行淨額＝100，存款準備金＝200，定期存款＝420，活儲＝120，活存＝110，支存＝270，則 M_{1A} 等於多少？貨幣乘數是多少？　　(政大財政)

15. 蒙古的經濟成長率 5%，貨幣需求所得彈性 1.3，央行設定的物價上漲率 3%，則蒙古央行設定的貨幣供給增加率是多少？
　　(100 年文化國貿)

16. 準備率 $rr=0.2$，通貨存款比率 $cr=0.25$，若央行決定實施公開市場買進增加貨幣供給 200 億元，它應該買或賣多少金額的債券？　　(元智管科)

17. 假設貨幣需求函數為 $(M/P)^d = 2,200 - 200r$，r 為利率水準。貨幣供給 M 為 2,000，價格水準 P 為 2，則：
(a) 均衡利率水準是多少？
(b) 當物價水準固定，而貨幣供給上升至 2,800 時，均衡利率下降多少？
(c) 當物價水準固定，而央行想把利率水準固定在 7% 時，央行應將貨幣供給固定在多少？　　(台大)

18. 在短期，若央行想要對抗不景氣，應該買進或賣出政府債券？　　(104 年暨南國企所)

網路習題

1. 請至中央銀行網站，下載最新的貨幣總計數資料。

2. 請至中央銀行網站，下載最新的準備貨幣金額。請問與前一期的準備貨幣比較，哪一個項目變化最大？

第 6 章
商品與貨幣市場：IS-LM 模型

凱因斯在劍橋大學的同事曾說了一個笑話：

> 皇家委員會向五位經濟學家徵詢意見，結果得到了六個不同的答案——其中有兩個答案是來自凱因斯。

凱因斯曾經說過，經濟學家應該要像牙醫一樣地務實。如果一名牙醫不管病人是誰，每次都鑽同一顆牙齒，還會有誰敢光顧這家牙科診所？

不同於古典學派，凱因斯學派的經濟學家正面迎戰景氣循環。當經濟不景氣時，政府可以增加公共支出或減稅，直到景氣復甦。在 1964 年，凱因斯學派的聲望達到最高點，在這一年，甘迺迪與詹森的經濟顧問察覺到經濟停滯，他們估計大約有 300 億美元的緊縮缺口，而乘數是 2.3。所以，他們讓個人與公司減稅達 130 億美元。所有的重要指標都因而顯著改善，更高的總需求推升產出，並創造出數千個工作機會。

台灣的經濟奇蹟也處處可見凱因斯學派的經濟處方。從十大建設開始，一直到國發會的新十大建設，莫不以強化台灣國際競爭力，創造就業機會，刺激內需成長為要務。

新十大建設的第八項是"北、中、南捷運"，其興建牽涉到營建軌道、機電和號誌工程，這些都和商品市場有關；捷運的財務計畫，涉及到發行公債和政府投資之處，則與金融市場 (貨幣市場) 有關。從捷運的例子可知，商品市場與貨幣市場並非獨立運作。貨幣市場的新聞會衝擊到商品市場，而商品市場的突發事件也會影響貨幣市場。同時考慮兩個市場，可以決定均衡所得與利率水準。

在第 4 章，我們探討商品與服務市場——**商品市場 (goods market)** 的均衡。在計畫總支出等於總產出時，我們可以決定經濟體系的均衡產出 (所得)。在第 5 章，則檢視金融市場——**貨幣市場 (money market)** 的均衡。當貨幣供給等於貨幣需求時，可以決定均衡利率水準。

本章在檢視商品與貨幣市場的均衡時，隱含一組重要的假設——價格僵固性。在短期，許多價格都已事先決定。譬如，雜誌發行後通常要 3 年到 4 年才會調整零售價格。在古典模型裡，經濟學家通常假設商品或服務的價格可以迅速調整，以使供給量與需求量達到平衡，這項假設稱為市場結清 (market clearing)。然而，在實際生活中，有些工資與價格是僵固的 (sticky)。因此，在短期研究的議題上，大多數總體經濟學家認為價格僵固性是研究短期經濟行為較理想的假設。

6-1 商品市場與貨幣市場的關聯性

本章序言提到捷運公司必須自籌營運資金。在財務規劃裡，向銀行融資，邀請政府投資，然後軌道、機電工程發包興建、站區開發、疏通區域交通瓶頸；亦即，一個投資方案的規劃與營運的評估，不只會牽涉到資金來源 (財務槓桿)，也會衝擊到商品與服務市場。然而，究竟商品市場與貨幣市場透過何種管道相互影響？

圖 6-1 顯示貨幣市場與商品市場的關聯性。我們在前面提到在商品市場，總支出等於總產出，決定均衡所得水準 (Y^*)。同時，民眾需要貨幣數量的多寡受交易數量的影響，交易數量愈大 (以總所得衡量)，貨幣需求愈高。因此，商品市場透過所得，影響貨幣需求與貨幣市場。

商品市場與貨幣市場的另一個關聯性是透過計畫投資的管道。儘管在簡單凱因斯模型，我們假設計畫投資是外生，但是實際上，影響計畫投資仍有其它因素：市場利率和企業預期未來銷售。根據淨現值法則，市場利率愈高，投資方案的淨現值愈有可能成為負值，廠商不會接受淨現值為負的投資方案。因此，市場利率上升，有利可圖的投

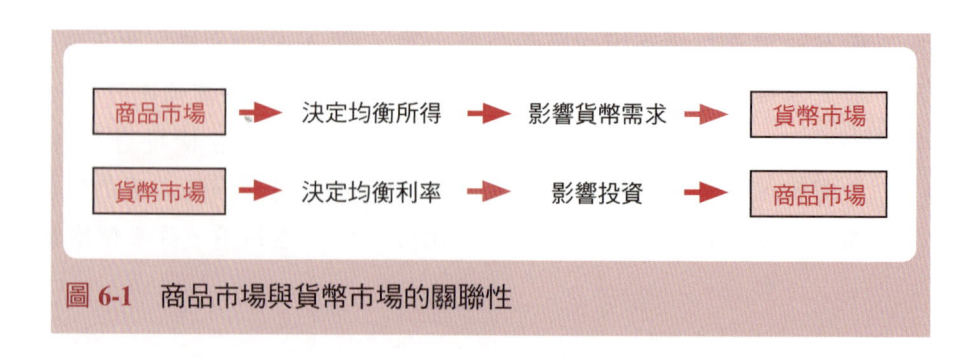

商品市場 → 決定均衡所得 → 影響貨幣需求 → 貨幣市場

貨幣市場 → 決定均衡利率 → 影響投資 → 商品市場

圖 6-1　商品市場與貨幣市場的關聯性

資方案變少,計畫投資減少;市場利率下跌,有利可圖的投資方案增加,計畫投資增加。重要的是,市場利率是由貨幣市場的供給與需求共同決定。因此,貨幣市場透過利率影響投資,進而影響商品市場。

6-2 商品市場與 IS 曲線

簡單凱因斯模型是描述家計單位、廠商和政府部門的計畫支出如何影響經濟體系的所得水準。讓我們回顧封閉經濟體系下的簡單凱因斯模型:

$$AE = C + I + G$$
$$C = a + b(Y - T)$$
$$I = \bar{I}$$
$$G = \bar{G}$$
$$T = \bar{T}$$

在簡單凱因斯模型中,假設計畫投資是外生決定。為了簡化分析,假設政府支出和稅收都固定不變。商品市場的均衡條件是 $Y = AE$,總所得 (產出) 等於計畫總支出。我們曾用凱因斯十字架的圖形來說明均衡所得的決定,如圖 6-2 所示。

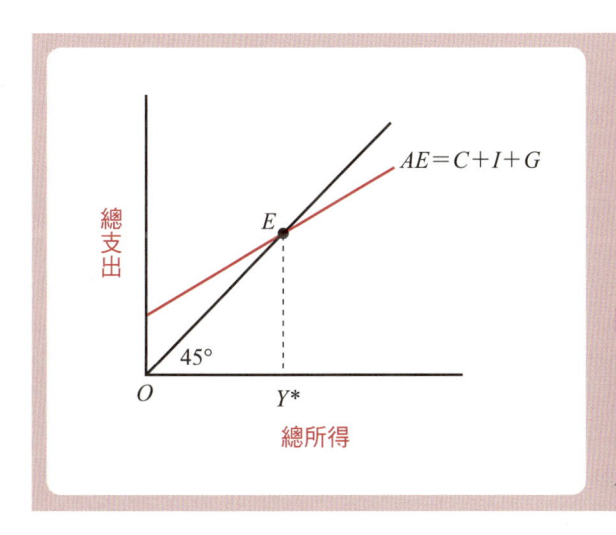

圖 6-2 商品市場均衡:凱因斯十字架

當計畫總支出等於總產出 (所得),$Y = AE$ 時,商品市場達到均衡。從圖形觀察,總支出函數與 45° 的交點 E 點,決定均衡所得 Y^*。

投資與利率

捷運公司向銀行融資時，它必須與銀行團約定償還的時間與條件。若議定的貸款利率比較高，捷運公司的利息負擔就比較重；相反地，如果議定的貸款利率較低，利息負擔就比較輕。從這個角度來看，利息是投資的成本。利率愈高，投資數量自然會減少。

若從淨現值法則的角度觀察，捷運興建完工後，營運期間可以為該公司每年帶來大筆現金流量。此外，站區開發的周邊利益每年也可帶來營運收入。利率愈高，表示未來一連串現金流量的現值愈低，而淨現值愈有可能成為負值。在這種情況下，捷運愈容易變成被拒絕的投資方案。因此，利率愈高，投資數量愈少；利率愈低，投資數量愈多。

從上面的分析得知，計畫投資是利率的函數，可以寫成

$$I = I(r)$$

這個投資函數如圖 6-3 所示。負斜率的投資需求曲線表示利率與計畫投資間存在負向關係。當利率為 r_1 時，投資數量為 I_1；當利率上升為 r_2 時，投資數量為 I_2；亦即，利率愈高，計畫投資數量愈低。請注意，本章假設短期物價固定不變，通貨膨脹率為零。所以，名目利率 (i) 與實質利率 (r) 會相等。

圖 6-3　投資需求曲線

利率在縱軸，投資數量在橫軸。負斜率的投資需求曲線代表利率與計畫投資之間存在負向關係。

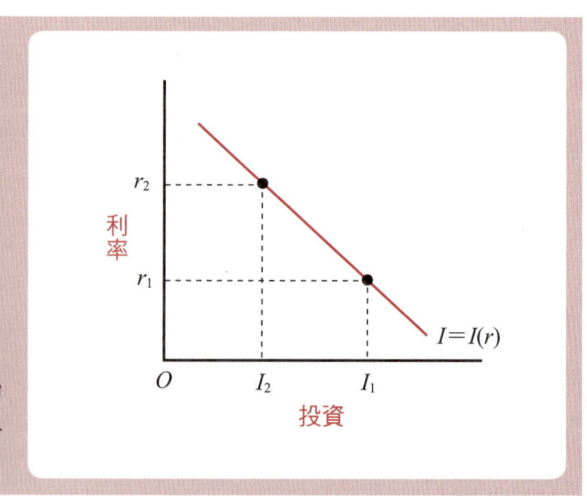

利率、投資與 IS 曲線

在納入投資為利率的函數之後，簡單凱因斯模型擴充成

$$AE = C + I + G$$
$$C = a + b(Y - T)$$
$$I = I(r)$$
$$G = \overline{G} \, , \, T = \overline{T}$$

均衡條件仍為 $Y = AE$。1972 年諾貝爾經濟學獎得主，英國經濟學家希克斯 (John R. Hicks) 曾經發展出一套工具 —— IS-LM 曲線來說明商品與貨幣市場的均衡。IS 曲線描繪商品市場的均衡，其中 I 代表計畫投資，而 S 表示儲蓄。當投資等於儲蓄時，即代表商品市場達到均衡。LM 曲線描繪貨幣市場的均衡，其中 L 代表流動性，而 M 代表貨幣供給 (money supply)。當貨幣供給等於貨幣需求時，表示貨幣市場達到均衡。

在這一節，我們將利用凱因斯十字架與投資需求曲線的概念來協助推導 IS 曲線。圖 6-4 顯示 IS 曲線的推導過程。由於投資與利率呈負向相關，利率從 r_0 下降至 r_1 時，投資數量會從 I_0 增加至 I_1，如圖 6-4(a) 所示。因為計畫投資是總支出的一部分，投資的增加意味著總支出的增加。在圖 6-4(b)，當投資數量為 I_0 時，總支出是 AE_0。如果投資從 I_0 增加至 I_1，總支出從 AE_0 增加至 AE_1。商品市場的均衡從 e_0 移至 e_1 點，均衡所得從 Y_0 增加至 Y_1。因此，利率下跌導致所得增加。

圖 6-4(c) 的 IS 曲線為商品市場中，利率與所得水準之間的變動關係。當利率為 r_0 時，均衡所得為 Y_0；當利率從 r_0 下降至 r_1 時，均衡所得從 Y_0 增加至 Y_1。因此，IS 曲線代表在商品市場均衡條件下，利率與所得之間的反向變動關係。從上面的討論得知，IS 曲線上的任何一點都代表商品市場的均衡。

在第 4 章，商品市場的均衡條件可以有兩種不同的表示方式：(1) 總支出等於總所得，$AE = Y$；或 (2) 儲蓄等於投資，$S = I$。封閉經濟體系下的**國民儲蓄** (national saving) S，為私人儲蓄 $(Y - T - C)$ 和公共儲蓄 $(T - G)$ 的加總：

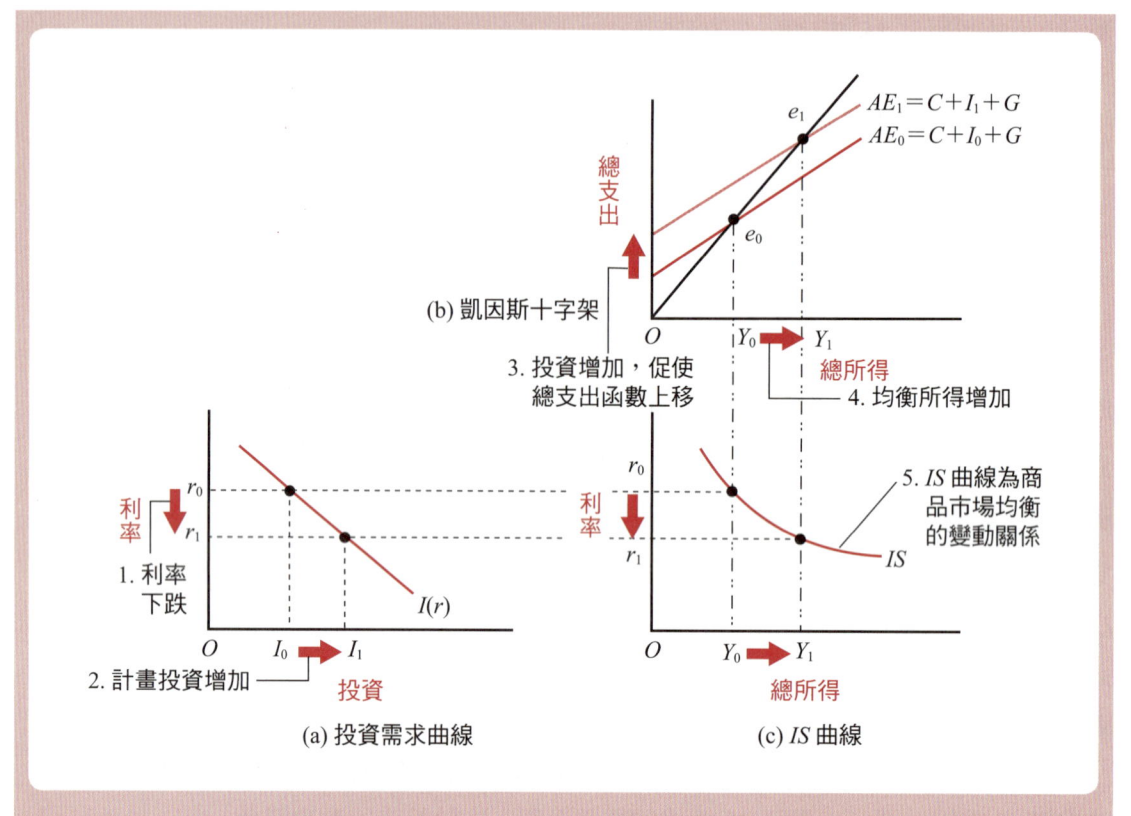

圖 6-4　IS 曲線的推導

圖 (a) 顯示投資需求曲線：利率從 r_0 下跌至 r_1，投資從 I_0 增加至 I_1。圖 (b) 是凱因斯十字架：投資從 I_0 上升至 I_1，使總支出函數從 AE_0 上移至 AE_1，均衡所得從 Y_0 增加至 Y_1。圖 (c) 顯示 IS 曲線說明了利率與所得兩者間的變動關係利率愈低，所得水準愈高。

$$S = (Y - T - C) + (T - G)$$

上式中的 $Y-T-C$ 是可支配所得減去消費，也就是家計單位扣除消費之後，將剩餘的錢存入金融機構，如銀行。$T-G$ 是政府預算中稅收減去支出的部分。若 $T-G>0$，表示政府有**預算盈餘** (budget surplus)，可以用來買公債或公司債；若 $T-G<0$，表示政府有**預算赤字** (budget deficit)，此時，政府可能會以舉債方式來融通多餘的政府支出；亦即，政府有負儲蓄。上式可改寫成

$$S = Y - C - G$$

我們知道，當總支出等於總所得時，$Y=AE=C+I+G$。經過整理，投資可寫成下式：

$$I=Y-C-G$$

因此，商品市場的均衡條件也可寫成

$$S(Y)=I(r)$$

IS 曲線的移動

IS 曲線告訴我們，在任何既定利率下，讓商品市場達到均衡的所得水準。圖 6-4 的 IS 曲線是在政府支出 G 與稅收 T 固定的情況下建構的。當政府藉著改變 G 或 T 來實施財政政策時，IS 曲線的位置隨之移動。

圖 6-5 利用投資需求曲線和凱因斯十字架來說明政府購買從 G_0 增加至 G_1 如何造成 IS 曲線的移動。圖 6-5(a) 顯示在利率水準 r_0 下，計畫投資為 I_0。圖 6-5(b) 的 AE_0 是政府購買為 G_0 和投資為 I_0 的支出線。當政府購買從 G_0 上升至 G_1 時，總支出隨之增加，總支出函數從 AE_0 上移至 AE_1。請注意，此時的利率固定在 r_0 和投資固定在 I_0。商品市場的均衡從 e_0 上移至 e_1 點，均衡所得從 Y_0 增加至 Y_1。因此，政府購買增加，使所得增加。

圖 6-5(c) 顯示，當利率固定在 r_0 時，政府購買增加，導致 IS 曲線向右移動，從 IS_0 右移至 IS_1。政府購買增加 ΔG，均衡所得會增加 $\frac{1}{1-MPC}\Delta G$，即 Y_0 到 Y_1 的距離。這種政府購買增加，導致所得增加的政策，稱為**擴張性財政政策** (expansionary fiscal policy)。

另一方面，減稅會提高可支配所得，刺激消費和總支出，導致均衡所得增加，IS 曲線也會向右移動。因此，減稅也是一種擴張性財政政策；相反地，政府購買減少或增稅，造成均衡所得的減少，稱為**緊縮性財政政策** (contractionary fiscal policy)。我們可將政府購買增加或減稅對 IS 曲線的影響彙總如下：

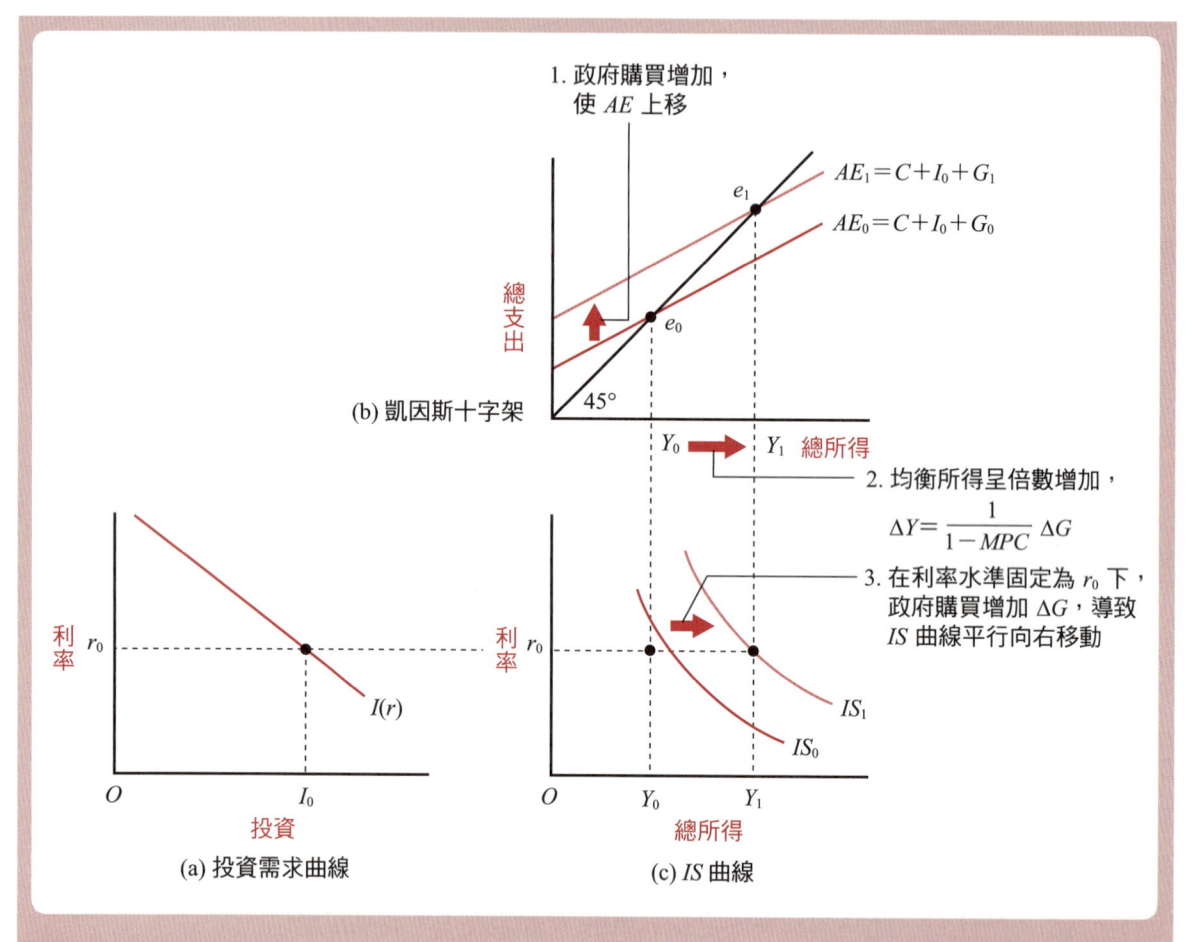

圖 6-5　政府購買增加

圖 (a) 顯示投資需求曲線：當利率為 r_0 時，投資為 I_0。圖 (b) 是凱因斯十字架：當政府購買從 G_0 增加至 G_1 時，總支出函數從 AE_0 上升至 AE_1；均衡所得從 Y_0 增至 Y_1。圖 (c) 顯示在固定的利率 r_0 下，政府購買的增加，使所得增加 $\dfrac{1}{1-MPC}\Delta G$，因而造成 IS 曲線向右移動，從 IS_0 到 IS_1。

$\begin{matrix} G\uparrow \\ T\downarrow \end{matrix} \Rightarrow AE\uparrow \Rightarrow Y\uparrow \Rightarrow IS\text{ 曲線右移}$　　　（擴張性財政政策）

$\begin{matrix} G\downarrow \\ T\uparrow \end{matrix} \Rightarrow AE\downarrow \Rightarrow Y\downarrow \Rightarrow IS\text{ 曲線左移}$　　　（緊縮性財政政策）

- 在固定的利率下，政府購買增加或稅收減少，導致總支出增加。
- 總支出的增加，使總支出函數平行上移，均衡所得增加。
- 政府購買增加或減稅，使所得呈倍數增加，IS 曲線右移。

國富論

聯合國貿易暨發展會議 (UNCTAD) 發表 "2015 年世界投資報告" 指出，中國和香港是接受外國投資總量排名前兩名的經濟體系。而在對外直接流出金額部分，美國、香港和中國分居前三名。

外國直接投資 (foreign direct investment, FDI) 包括企業併購、設立分公司及股權收購等投資活動。FDI 可加速資本、技術及勞動等生產要素的流動，有利於提升技術、擴大市場及勞動就業，並深化各國經貿相互往來程度，促進經濟繁榮。

曾經在 2001 年到 2003 年作為老布希經濟顧問委員會主席的胡巴德 (R. Glenn Hubbard) 指出，想要以提高國內支出的方式來促進經濟成長，國內金融體系必須能夠將資金分配到最有價值的地方，並改善消費者貸款能力和企業投資的效率。這種論點的邏輯是，在高儲蓄的經濟體系中，增加公共支出或減稅可以刺激消費與投資，吸引過剩儲蓄，並提高總需求。然而，日本的例子卻告訴我們相反的故事。1990 年代後期，日本政府的財政赤字吸收的家庭與企業儲蓄達 60%，但是對經濟成長一點幫助也沒有。

亞洲的許多國家都是透過出口增加來維持經濟成長，這些國家累積大量外匯存底以應付金融風暴。殘酷的是，這種策略將危及長期經濟成長。實質上，比較窮的中國和其它亞洲的開發中國家的人民借錢給比較富有的美國人民使用。再加上在這些國家中，不健全的國內金融市場使得資金導向生產性投資的代價十分昂貴。過剩的全球儲蓄造成實質利率走低。這種結局似乎合情合理，但就像是凱因斯所提的節儉矛盾性，它並不利於經濟的永續成長。

胡巴德強調，美國並不能毫無止盡地吸收過剩的全球儲蓄。而接近零的實質利率導致各國的成長不一 —— 在 2005 年美國預測為 3.7%，歐盟為 1.5%，而日本估計約 1%。儘管亞洲國家的金融市場並不以全球資金失衡為考量，但生活水準的提升需要一個健全發展的金融市場。

資料來源：
1. "2015 年世界投資報告"，聯合國貿易暨發展會議。
2. R. Glenn Hubbard, "Magic Capital Rule," *Wall Street Journal*, May 2, 2005, p. A.18.
3. R. Glenn Hubbard, "A Paradox of Interest," *Wall Street Journal*, June 23, 2005, p. A.112.

> **練習題 6-1**
>
> 下列何因素會使 IS 曲線右移?
> (a) 國民所得上升
> (b) 實質利率下降
> (c) 實質利率上升
> (d) 台股指數下跌
> (e) 以上皆非 　　　　　　　　　　　　　　　(104 年中山企研)
>
> 答:(e)。

6-3 貨幣市場與 LM 曲線

在上一節,我們檢視利率——由貨幣市場決定,如何影響計畫投資和商品市場。現在,我們可以觀察貨幣市場與商品市場的第二種關聯性:商品市場如何透過所得,影響貨幣市場。要瞭解這種關係,我們必須借助凱因斯的流動性偏好理論。

流動性偏好理論主張利率可自由調整到使貨幣供給與貨幣需求達到均衡。正如同凱因斯十字架是商品市場的基石 (cornerstone),流動性偏好理論是貨幣市場的基石。

所得、貨幣需求與 LM 曲線

流動性偏好理論下的貨幣市場均衡條件可寫成

$$\frac{\overline{M}}{\overline{P}}=L(Y,\ r)$$

其中 M 是貨幣供給,而 P 是物價水準。M 上面的橫線代表貨幣供給是外生固定,P 也是外生固定。$L(Y, r)$ 是貨幣需求函數,Y 是所得,r 是利率。

現在我們可以說明,當總所得改變時,均衡利率發生什麼變動。假設在圖 6-6,所得由 Y_0 上升至 Y_1,對貨幣市場將造成何種衝擊?所得上升導致貨幣需求從 $(M/P)_0^d$ 上移至 $(M/P)_1^d$。在原來的利率 r_0 下,貨幣需求大於貨幣供給，利率上升，從 r_0 上漲至 r_1。因此，根據流動性偏好理論，所得上升導致利率上漲，如圖 6-6(a) 所示。有關所得對均衡利率的影響，可彙整如下：

$$Y\uparrow \Rightarrow \left(\frac{M}{P}\right)^d \uparrow \Rightarrow r\uparrow$$

$$Y\downarrow \Rightarrow \left(\frac{M}{P}\right)^d \downarrow \Rightarrow r\downarrow$$

- 當商品市場發生變動時，均衡所得隨之變動。
- 所得上升 (下降) 導致貨幣需求增加 (減少)，貨幣需求曲線右移 (左移)。
- 在貨幣供給固定不變下，所得上升 (下降) 導致利率上升 (下降)。

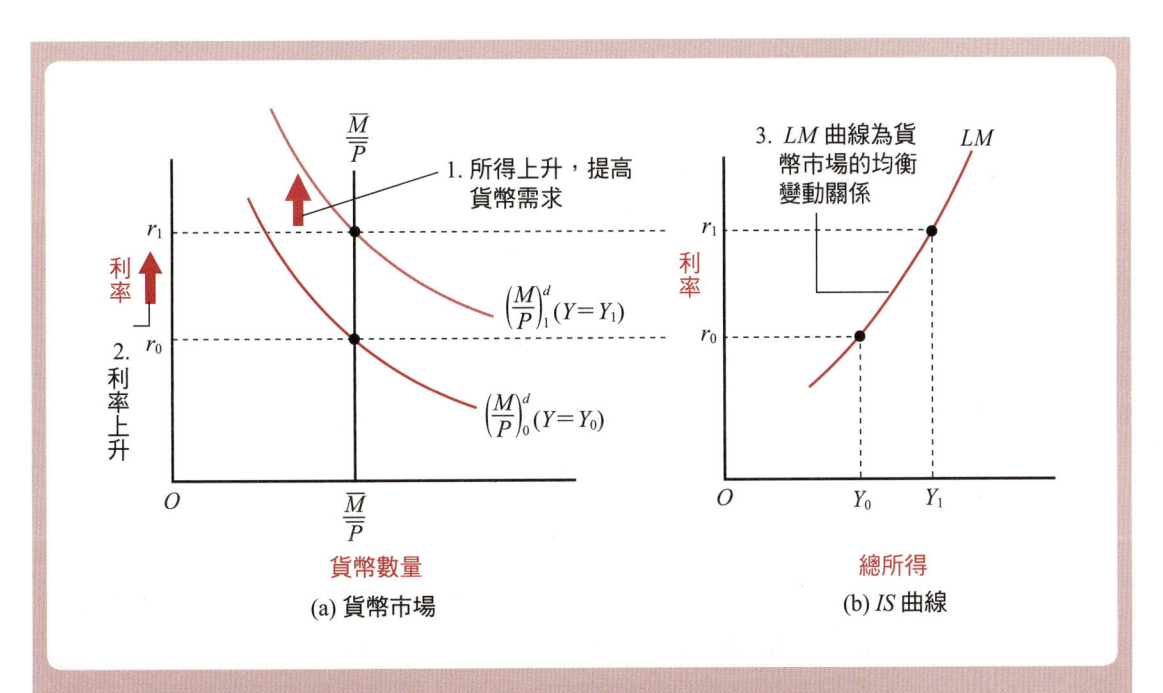

(a) 貨幣市場

(b) IS 曲線

圖 6-6　LM 曲線的推導

圖 (a) 顯示貨幣市場均衡：當所得從 Y_0 增加至 Y_1 時，貨幣需求上移至 $(M/P)_1^d\ (Y=Y_1)$，均衡利率從 r_0 上升至 r_1。圖 (b) 是 LM 曲線說明利率與所得兩者間的變動關係：所得愈高，利率也會愈高。

LM 曲線為貨幣市場中，所得與利率之間的變動關係。所得愈高，貨幣需求量愈多，均衡利率也會愈高。因此，LM 曲線的斜率為正，如圖 6-6(b) 所示。請注意，如同 IS 曲線上任何一點都代表商品市場均衡，LM 曲線上的任何一點都代表貨幣市場的均衡；亦即，在既定的所得 Y 下，我們可以決定均衡利率 r。

LM 曲線的移動

LM 曲線告訴我們，在任何既定的所得下，讓貨幣市場達到均衡的利率水準。我們可以利用流動性偏好理論來說明貨幣供給的變動如何影響 LM 曲線的位置。假設中央銀行為降低失業，決定將貨幣供給從 M_0 增加至 M_1。這會使實質貨幣餘額從 M_0/P 上升至 M_1/P。在所得不變的情況下，貨幣供給的增加導致貨幣供給曲線向右移動，如圖 6-7(a) 所示。在原來的利率 r_0 下，貨幣供給大於貨幣需求，使均衡利率從 r_0 下跌至 r_1。

當所得固定在 Y_0 時，貨幣供給的增加，導致 LM 曲線向下移動，稱為**擴張性貨幣政策** (expansionary monetary policy)，如圖 6-7(b) 所示；相反地，貨幣供給減少，導致 LM 曲線向上移動，稱為**緊縮性貨幣政策** (contractionary monetary policy)。貨幣供給對 LM 曲線的影響可彙整如下：

$$M^s \uparrow \Rightarrow \left(\frac{M}{P}\right)^s \uparrow \Rightarrow r \downarrow \Rightarrow LM \text{ 曲線下移}$$

$$M^s \downarrow \Rightarrow \left(\frac{M}{P}\right)^s \downarrow \Rightarrow r \uparrow \Rightarrow LM \text{ 曲線上移}$$

- 在所得固定下，中央銀行增加 (減少) 貨幣供給，使實質貨幣餘額供給增加 (減少)。
- 實質貨幣餘額供給的增加 (下降)，導致貨幣供給曲線平行右移 (左移)，均衡利率下跌 (上升)。
- 貨幣供給增加 (減少)，使 LM 曲線下移 (上移)。

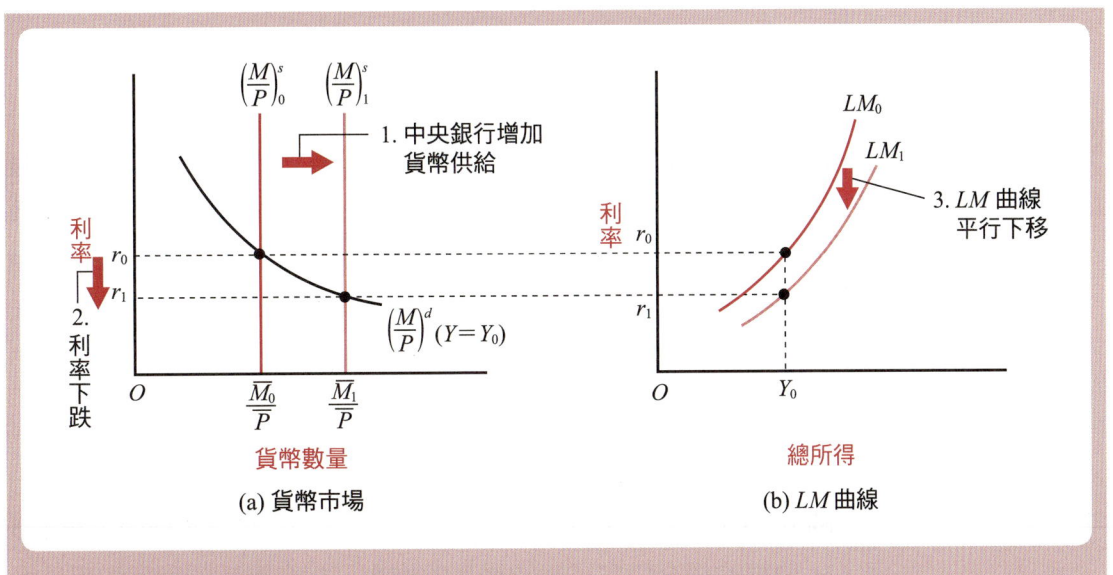

圖 6-7　貨幣供給增加

圖 (a) 顯示當所得固定在 $Y = Y_0$ 時，貨幣供給增加，導致貨幣供給曲線從 $(M/P)_0^s$ 右移至 $(M/P)_1^s$，均衡利率從 r_0 下跌至 r_1。圖 (b) 說明在所得水準固定在 Y_0 下，貨幣供給增加，導致 LM 曲線向下移動。

練習題 6-2

金融創新使貨幣需求減少，將使：

(a) IS 曲線左移

(b) LM 曲線左移

(c) AD 曲線右移

(d) 短期總供給線右移

(e) 以上皆非

答：(c)。

6-4　商品與貨幣市場均衡：IS-LM 模型

在瞭解商品市場與貨幣市場的關聯性後，現在我們已經有 IS-LM 模型的所有部分。此模型的兩個方程式分別為

$$IS: \quad Y = C(Y-T) + I(r) + G$$
$$LM: M/P = L(r, Y)$$

模型假設財政政策變數 G 和 T、貨幣政策變數 M，以及物價水準 P 為外生固定。在這些外生變數固定的情況下，IS 曲線表示 r 與 Y 兩變數各種不同均衡的組合滿足商品市場的均衡；而 LM 曲線表示 r 與 Y 兩變數各種不同均衡的組合滿足貨幣市場的均衡。在短期物價水準固定不變下，IS 與 LM 曲線決定均衡利率與所得水準。

短期均衡

圖 6-8 顯示經濟體系的短期均衡。在短期，當物價水準固定時，IS 與 LM 曲線的相交決定了經濟體系的均衡。相交點下的利率和所得水準，同時滿足商品與貨幣市場的均衡。換言之，在均衡點下，實際支出等於計畫支出，實質貨幣供給等於實質貨幣需求。

IS-LM 模型的用途有二：第一，可用來檢視國民所得波動形成的原因。IS-LM 模型可以探討外生變數 (政府購買、稅收和貨幣供給) 的變動如何影響內生變數 (利率與所得)。當然，任何對商品市場或貨幣市場的衝擊，可透過 IS-LM 模型的分析來瞭解其對利率和所得的影響。第二，IS-LM 模型可用來推導總需求曲線。具體地說，在物價可以變動的假設下，IS-LM 模型隱含負斜率的總需求曲線 —— 物價與所得的負向關係。IS-LM 模型也可說明總需求曲線移動的原因和方向。

圖 6-8　IS-LM 模型的均衡

IS 和 LM 曲線的交點代表在固定的 G、T、M 和 P 下，商品與貨幣市場同時達到均衡。

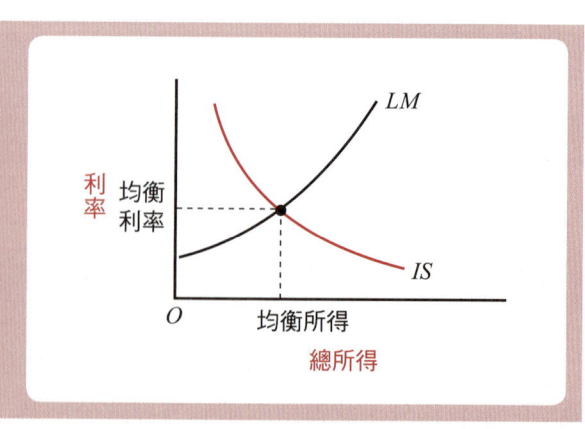

短期均衡的變動：財政政策

　　財政政策係指政府藉著政府購買 (G) 與稅收 (T) 的改變來影響總體經濟。一般我們將財政政策分成擴張性和緊縮性兩類：擴張性財政政策是增加政府購買或減稅，來提高總需求、所得和就業；緊縮性財政政策則是降低政府購買或增稅，以減少總需求、所得和就業。

　　讓我們以擴張性財政政策的政府購買增加為例。根據前一節的討論，在封閉經濟體系下，政府購買增加 ΔG，使 IS 曲線向右移動，均衡所得增加 $\frac{1}{1-MPC}\Delta G$，即圖 6-9 中的 A 點到 B 點所示。經濟體系的新均衡是 LM 曲線和新的 IS 曲線的交點 —— C 點。因此，政府購買增加造成所得增加及利率上升。

　　要瞭解財政政策的調整過程，我們可以用凱因斯十字架和流動性偏好理論的觀念加以說明。首先，當政府增加商品與服務的購買時，計畫總支出增加。在利率固定不變的情況下，總支出函數上移，均衡所得從 Y_0 增加至 Y_2，如圖 6-9 的 A 點到 B 點所示。此時，均衡所得增

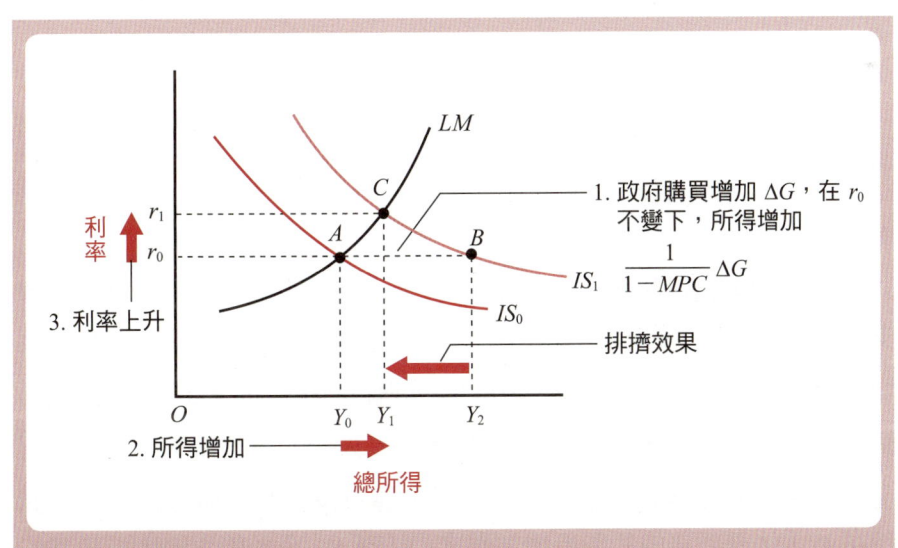

圖 6-9　擴張性財政政策：增加政府購買 ΔG

政府購買的增加，導致 IS 曲線向右移動。均衡從 A 點移向 C 點。所得從 Y_0 增加至 Y_1，利率由 r_0 上升至 r_1。

加的幅度為 $\frac{1}{1-MPC}\Delta G$。

其次,考慮以流動性偏好理論描述的貨幣市場。由於貨幣需求是所得的函數,均衡所得的提高導致實質貨幣需求增加。在貨幣供給不變的情況下,貨幣需求增加造成均衡利率上升,如圖 6-9 的 r_0 上升至 r_1。

貨幣市場的利率上升進而影響到商品市場的投資。當利率上升時,有利可圖的投資方案減少,廠商會撙節支出,計畫投資因而降低。投資降低抵銷一部分政府購買增加的擴張性效果,如圖 6-9 的 B 點移到 C 點所示。這種因為政府購買增加,引起利率上升,導致民間投資減少的情況,稱為排擠效果。

排擠效果會使簡單凱因斯模型下的財政擴張效果大於 IS-LM 模型下的財政擴張效果。在圖 6-9,簡單凱因斯模型的財政擴張效果是由 Y_0 移到 Y_2 來表示。IS-LM 模型的財政擴張效果是由 Y_0 移到 Y_1 來表示。至於兩者之間的差距,Y_1Y_2,就是排擠效果下所引發的所得減少。

政府購買增加對均衡所得的影響,可彙整如下:

$$G\uparrow \Rightarrow Y\uparrow \Rightarrow \left(\frac{M}{P}\right)^d \uparrow \Rightarrow r\uparrow \Rightarrow I\downarrow \Rightarrow Y\downarrow (Y減少幅度較小)$$
$$\Rightarrow 最後 Y\uparrow$$

圖 6-10 顯示減稅對均衡所得的影響。減稅使稅後所得提高與消費支出增加。在簡單凱因斯模型中,當利率固定不變時,減稅 ΔT 可提高均衡所得,$\Delta T\times(-MPC)/(1-MPC)$,如圖 6-10 的 A 點到 B 點所示。減稅使 IS 曲線向右移動。所得增加會提高人們的貨幣需求,利率因而上升。利率上升轉而回饋到商品市場,導致投資減少與所得下跌。減稅在 IS-LM 模型造成的所得增加幅度 (Y_0 到 Y_1) 小於簡單凱因斯模型的所得增加幅度 (Y_0 到 Y_2)。

有關減稅對均衡所得的影響,可彙整如下:

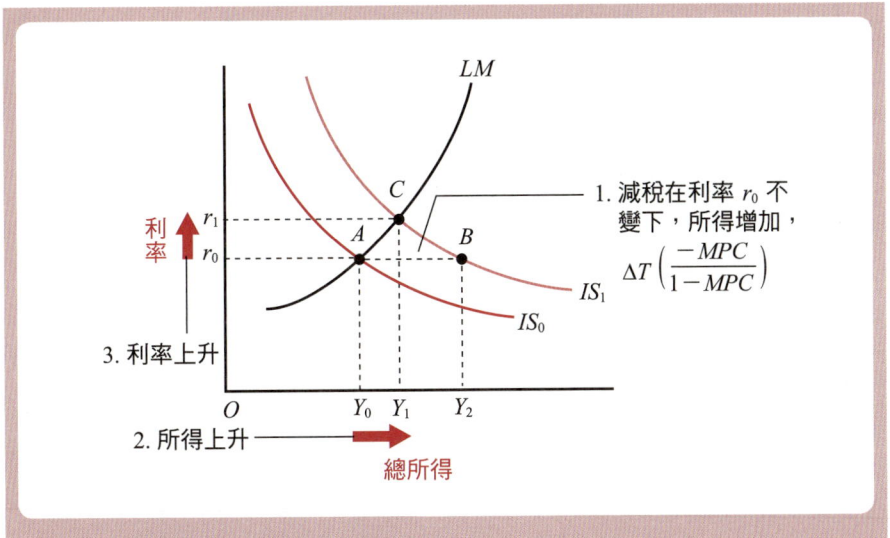

圖 6-10　擴張性財政政策：減稅 ΔT

減稅導致 IS 曲線向右移動。均衡從 A 點移到 C 點。均衡所得從 Y_0 上升至 Y_1，利率由 r_0 上升至 r_1。

$$T\downarrow \Rightarrow Y_D\uparrow \Rightarrow C\uparrow \Rightarrow Y\uparrow \Rightarrow \left(\frac{M}{P}\right)^d\uparrow$$

$$\Rightarrow r\uparrow \Rightarrow I\downarrow \Rightarrow Y\downarrow (Y\text{下降幅度較小}) \Rightarrow \text{最後 } Y\uparrow$$

至於緊縮性的財政政策造成 IS 曲線向左移動，均衡利率和所得都會下跌。政府購買減少和增稅對均衡所得的影響彙整如下：

$$G\downarrow \Rightarrow Y\downarrow \Rightarrow \left(\frac{M}{P}\right)^d\downarrow \Rightarrow r\downarrow \Rightarrow I\uparrow \Rightarrow Y\uparrow (Y\text{增加幅度較小})$$

$$\Rightarrow \text{最後 } Y\downarrow$$

$$T\uparrow \Rightarrow Y_D\downarrow \Rightarrow C\downarrow \Rightarrow Y\downarrow \Rightarrow \left(\frac{M}{P}\right)^d\downarrow$$

$$\Rightarrow r\downarrow \Rightarrow I\uparrow \Rightarrow Y\uparrow (Y\text{增加幅度較小}) \Rightarrow \text{最後 } Y\downarrow$$

> **練習題 6-3**
>
> 當政府支出增加，開放經濟的所得增加將較封閉經濟＿＿＿＿，而且貨幣需求的所得彈性愈大，所得增加愈＿＿＿＿。
> (a) 小，大
> (b) 大，小
> (c) 小，小
> (d) 大，大　　　　　　　　　　　　　　　　(104 年台大國企所)
> **答**：(c)。

短期均衡的變動：貨幣政策

貨幣政策係指中央銀行藉改變貨幣供給來達成總體經濟目標。通常我們將貨幣政策分成擴張性與緊縮性兩類：擴張性貨幣政策是指中央銀行增加貨幣數量，以提高總需求、所得和就業；緊縮性貨幣政策則指中央銀行收縮貨幣數量，以抑制總需求，降低所得與就業。

讓我們以貨幣供給的增加為例。因為物價水準在短期不變，中央銀行增加貨幣供給導致實質貨幣餘額 M/P 增加。流動性偏好理論主張：在所得固定不變情況下，實質貨幣餘額增加導致利率下跌。因此，LM 曲線向下移動，由 LM_0 移至 LM_1，如圖 6-11 所示，均衡由 A 點移至 C 點。貨幣供給增加，會降低利率和提高所得。

要瞭解貨幣政策的調整過程，我們再次利用 IS-LM 模型的基石——凱因斯十字架與流動性偏好理論加以解釋。首先，當中央銀行增加貨幣供給時，人們所持有的貨幣超過他們想要持有的數量。因此，人們會將多餘的錢存入銀行或購買債券，造成貨幣市場的利率下跌；亦即，在所得不變下，利率從 r_0 下跌 r_2。

利率下跌會影響商品市場的計畫投資。當廠商意識到有利可圖的投資方案增加時，計畫投資隨之提高。投資增加進而提高計畫總支出、生產和所得，如圖 6-11 的 B 點至 C 點所示。此時所得上升，使貨幣需求增加，利率因而微幅上漲，由 r_2 升至 r_1。最後，新的均衡點是在 IS 與 LM_1 曲線的交點——C 點。貨幣供給增加造成利率下跌和所得

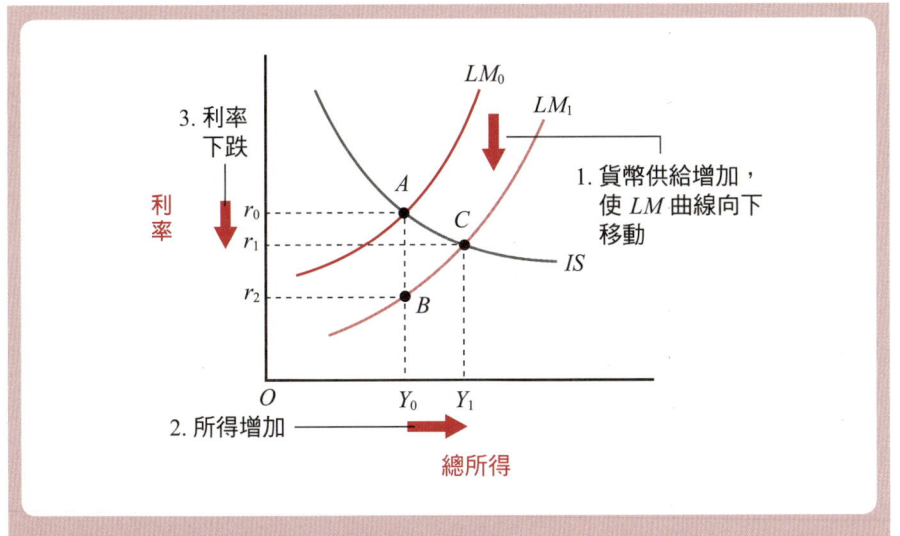

圖 6-11　擴張性貨幣政策：貨幣供給增加

貨幣供給增加，導致 LM 曲線向下移動。均衡從 A 點移至 C 點。均衡所得從 Y_0 上升至 Y_1，和均衡利率從 r_0 下跌至 r_1。

增加。

擴張性貨幣政策的效果為

$$M^s \uparrow \Rightarrow \left(\frac{M}{P}\right)^s \uparrow \Rightarrow r \downarrow \Rightarrow Y \uparrow \Rightarrow \left(\frac{M}{P}\right)^d \uparrow$$
$$\Rightarrow r \uparrow (上升幅度較小) \Rightarrow 最後\ r \downarrow$$

至於緊縮性貨幣政策，使得 LM 曲線向上移動，造成利率上升。利率的上升促使廠商計畫投資下跌，總支出因而減少。總支出減少使均衡所得下降。而所得下降，讓人們對貨幣的需求減少，利率微幅下降。當然，利率下降的幅度不會完全抵銷緊縮性貨幣政策造成的利率上漲幅度。因此，貨幣供給減少，造成利率上升和所得下跌。

緊縮性貨幣政策的效果為

$$M^s \downarrow \Rightarrow \left(\frac{M}{P}\right)^s \downarrow \Rightarrow r \uparrow \Rightarrow I \downarrow \Rightarrow Y \downarrow \Rightarrow \left(\frac{M}{P}\right)^d \downarrow$$
$$\Rightarrow r \downarrow (下跌幅度較小) \Rightarrow 最後\ r \uparrow$$

> **練習題 6-4**
>
> 下列何者是擴張性貨幣政策？
> (a) 增加流動比率
> (b) 提高貸款回存比率
> (c) 延長貨幣償還期限
> (d) 公開市場賣出債券
> (e) 央行贖回特別存款
>
> **答**：(c)。

6-5 貨幣政策與財政政策的相對有效性

　　貨幣政策與財政政策的有效性，係指政策對所得影響程度的大小。假如貨幣政策比財政政策更能刺激所得，我們稱貨幣政策是相對有效；相反地，假如財政政策比貨幣政策更能夠衝擊所得，財政政策是相對有效。這兩種政策對所得的衝擊幅度，其實是與 IS 和 LM 曲線的斜率有關，本節將探討 IS 與 LM 曲線斜率大小對財政政策和貨幣政策有效性的影響，並討論兩個特殊情況：投資陷阱與流動性陷阱的政策效果。

財政政策有效性

　　圖 6-12 顯示兩種極端的 IS-LM 曲線。在圖 6-12(a)，LM 曲線是一水平線。當政府購買增加或減稅時，IS 曲線從 IS_0 向右移至 IS_1，均衡所得從 Y_0 增加至 Y_1。在圖 6-12(b)，IS 曲線為一垂直線。當政府購買增加或減稅時，IS 曲線從 IS_0 右移至 IS_1，所得從 Y_0 上升至 Y_1。圖 6-12(a) 和 (b) 的不同處在於：圖 (a) 的利率固定不變，而圖 (b) 的利率會因為擴張性財政政策而上升。

　　在什麼樣的情況下，LM 曲線是一條水平線？水平的 LM 曲線代表貨幣需求對利率的彈性無窮大。凱因斯的流動性偏好理論認為利率與投機性的貨幣需求呈反向關係。然而，當利率降到非常低的水準時，

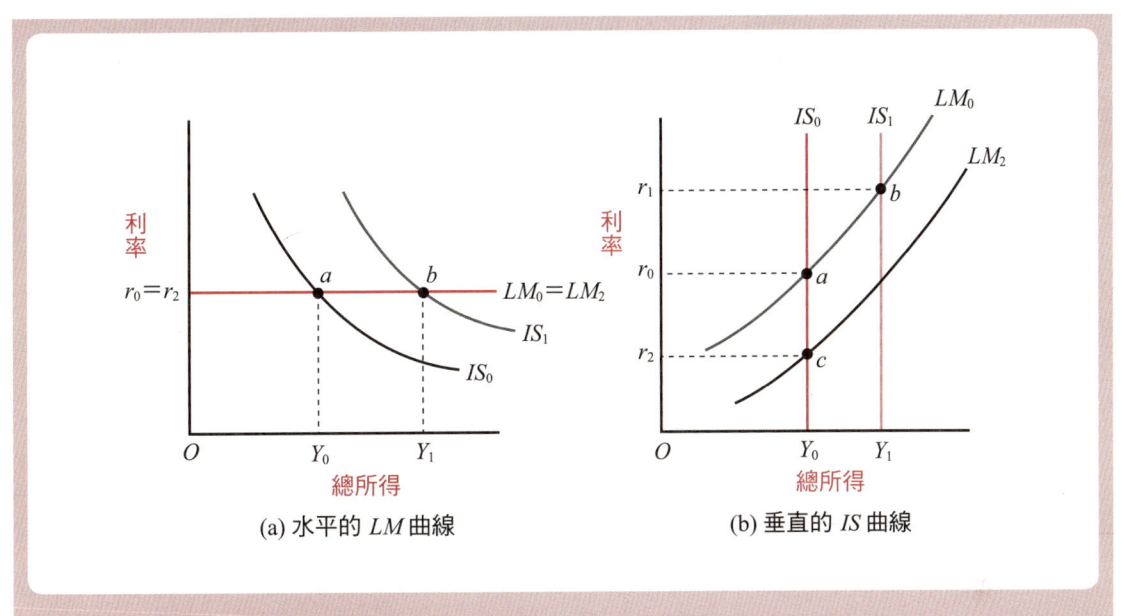

圖 6-12　水平的 LM 曲線和垂直的 IS 曲線

圖 (a) 是水平的 LM 曲線：貨幣供給變動不會影響利率水準與所得水準 (a 點不變)；政府購買增加或減稅使 IS 曲線右移，財政政策有效 (a 點到 b 點)。圖 (b) 是垂直的 IS 曲線：貨幣供給的變動只會影響利率，不會影響所得水準 (a 點到 c 點)；增加政府購買或減稅，會使所得增加，財政政策有效 (a 點到 b 點)。

社會大眾會拋售其所持有的債券，而完全持有貨幣，等到債券價格下跌時，再買回債券，賺取差價。因此，當社會大眾預期利率已降到最低時，持有債券的風險達到最大，而對貨幣產生無限的需求。所以，貨幣需求曲線為一水平線，這種現象稱為**流動性陷阱** (liquidity trap)。

流動性陷阱下的 LM 曲線是一條水平線，如圖 6-12(a) 所示。由於貨幣需求是水平的，貨幣供給的增加，只會造成 LM 曲線水平部分 (流動性陷阱) 的延長，利率絲毫不會變動。凱因斯提出流動性陷阱的觀念來說明：當一個國家的經濟進入極端不景氣時，其利率水準已經降低至不能再下降的階段。譬如，1930 年代的經濟大恐慌、台灣 2001 年時期、美國 2008 年後半年的零利率及 2012 年 6 月歐洲零存款利率，政府若採取擴張性貨幣政策，因利率不變，所以無助於該國經濟的好轉 (因為所得不會增加)，此時政府應該採取擴張性財政政策。

在圖 6-9，政府購買增加使利率上升，導致私人投資減少 (即排擠效果)。因此，IS-LM 模型下的政府購買乘數小於簡單凱因斯模型下的政府購買乘數。然而，圖 6-12(a) 顯示，政府購買的變動不會影響到利率，排擠效果並不存在。因此，乘數效果與簡單凱因斯模型的乘數效果是相同的。

流動性陷阱下的政策效果可彙整如下：

> $G\uparrow$ $\Rightarrow$ IS 曲線右移 $\Rightarrow Y\uparrow$，r 不變　　財政政策有效
> $M^s\uparrow$ $\Rightarrow$ LM 曲線水平部分延長
> 　　　　$\Rightarrow Y$ 和 r 不變　　　　　貨幣政策完全無效

IS 曲線在什麼樣的情況下是一條垂直線？垂直的 IS 曲線代表投資的利率彈性為零。在一般情況下，利率愈低，有利可圖的投資案愈多，廠商的投資數量愈高。然而，當景氣低迷時，投資者的投資意願極低，即使利率下降，投資也不會有任何變動。這種利率變動對投資沒有影響的情形，稱為**投資陷阱** (investment trap)。

當投資陷阱存在時，投資需求曲線為一條垂直線。[2] 而當投資需求曲線是一條垂直線時，對應的 IS 曲線也是垂直線，如圖 6-12(b) 所示。由於投資不受利率的影響，政府購買增加雖然造成利率上揚，但投資數量卻沒有改變，排擠效果為零，乘數效果與簡單凱因斯模型的乘數效果完全相同。

投資陷阱下的政策效果可彙整如下：

> $G\uparrow$　$\Rightarrow$ IS 曲線右移　　$\Rightarrow Y\uparrow$，$r\uparrow$　　財政政策有效
> $M^s\uparrow$ $\Rightarrow$ LM 曲線下移　$\Rightarrow r\downarrow$，Y 不變　貨幣政策完全無效

---

[2] 投資不受利率的影響，代表投資需求曲線為一條垂直線。

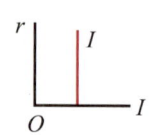

金融危機專題：流動性陷阱

美國次貸風暴觸發信貸危機，延燒全球。2008 年諾貝爾經濟學獎得主克魯曼在 2008 年 10 月 31 日《紐約時報》的專欄中指出，美國經濟落入流動性陷阱之際，聯準會已喪失對經濟的控制能力。然而，2004 年諾貝爾經濟學獎得主普斯考特 (Edward Presott) 明確表示，美國不會步入日本後塵，主要是美國與日本在文化和制度上有根本的不同。日本有失落的 10 年是因為它們的生產力沒有提升，它們沒有成長是因為日本政府處理危機速度太慢、官僚體系和銀行體系的問題。

其中，在危機處理的速度上，日本在資產泡沫 10 年後才首次採取量化寬鬆政策。但是，美國聯準會在 2009 年 3 月市場氣氛最緊張時就採用量化寬鬆，對市場注資超過 1 兆美元，讓美國經濟不會落入流動性陷阱。

克魯曼認為綁手綁腳的貨幣政策，是因為聯準會官員擔心一旦祭出任何擴張性政策，必定會被解讀成為當時的歐巴馬總統拉抬選情。

克魯曼呼籲我們響應聖奧古斯丁 (St. Augustine) 的懇求：「請賦予我禁慾和自制力，但不是現在。」這意味著重大的財政振興方案需要用來取代節約的消費者。

耶魯大學傑克森全球事務研究中心資深研究員羅奇 (Stephen Roach) 認為，歐元區 2008 年到 2015 年間實質 GDP 平均只成長 0.11%，日本 24 年來 GDP 成長僅 0.8%，這一切代表經濟已陷入 1930 年代的「流動性陷阱」。

日本央行原本為穩定經濟，先祭出零利率，然後量化寬鬆，如今是負利率。負利率代表央行政策重大轉折，先前重點放在刺激總需求，但現在利用對存放央行超額準備金課徵罰款的方式，實際上，就是不顧市場需求發放新貸款。

其實，焦點應放在受危機重創經濟體系的需求面，其成長受抗拒資產負債症候群所害，那是「資產負債表衰退」(blance sheet recession) 揮之不去的後遺症。

在缺乏財政刺激的情況下，美國央行繼續加碼，正重蹈 1930 年代的覆轍，「推繩子」般的徒勞無功。[3]

資料來源：
1. Paul Krugman, "When Consumer Capitulate," *New York Times*, Oct. 31, 2008, p. A31.
2. 賀先蕙，"美國不會步入日本失落十年後塵"，《商業周刊》，第 1191 期，2010 年 9 月 20 日。
3. 陳智偉摘譯，"羅奇觀點：央行採負利率，種下禍根"，《蘋果日報》，2016 年 2 月 29 日。

---

3 繩子就是央行的利率。

> **練習題 6-5**
>
> 在面對流動性陷阱時，下列哪一個政策比較能刺激景氣？
> (a) 擴張性財政政策
> (b) 擴張性貨幣政策
> (c) 降低利率政策
> (d) 以上皆非　　　　　　　　　　　　　　　　　　(104 年元智國企)
> **答**：(a)。

貨幣政策有效性

圖 6-13 顯示另外兩種極端的 *IS-LM* 曲線。圖 6-13(a) 是水平的 *IS* 曲線。當中央銀行增加貨幣供給時，*LM* 曲線會從 LM_0 右移至 LM_1，均衡所得從 Y_0 增加至 Y_1，利率仍維持在 r_0。圖 6-13(b) 的 *LM* 曲線為一垂直線。當中央銀行增加貨幣供給時，*LM* 曲線從 LM_0 右移至 LM_1，所得

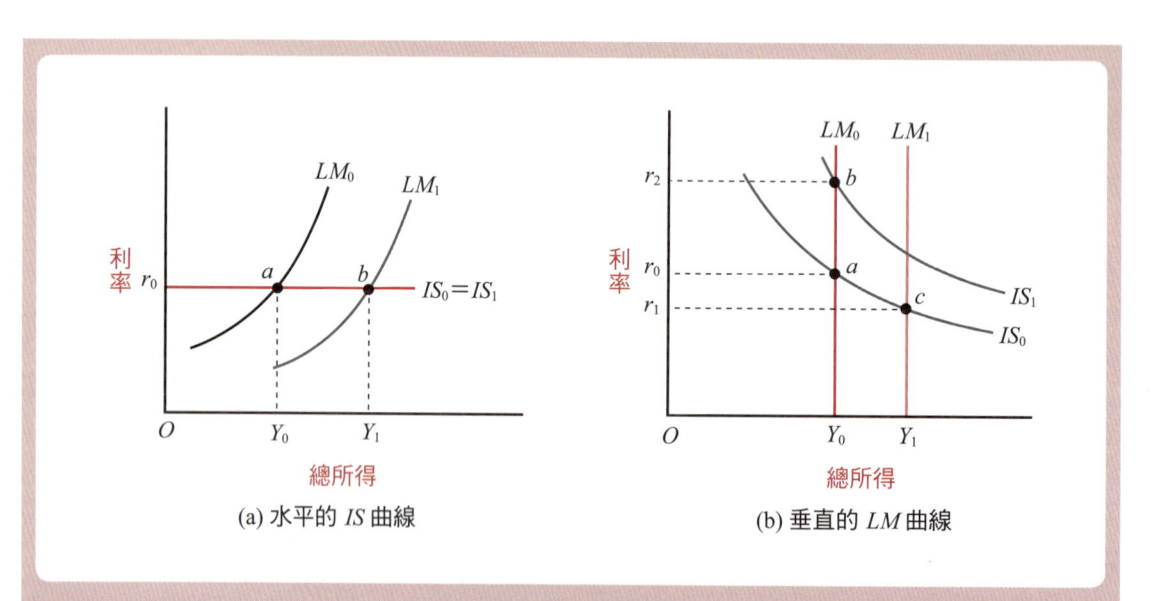

圖 6-13　水平的 *IS* 曲線和垂直的 *LM* 曲線

圖 (a) 是水平的 *IS* 曲線：政府購買或稅收的變動不會影響利率 (*a* 點不變)。貨幣供給增加，使 *LM* 曲線右移，貨幣政策有效 (*a* 點到 *b* 點)。圖 (b) 是垂直的 *LM* 曲線：財政政策只會影響利率 (*a* 點到 *b* 點)，增加貨幣供給使所得增加，貨幣政策有效 (*a* 點到 *c* 點)。

從 Y_0 上升至 Y_1，利率由 r_0 下降至 r_1。

水平的 IS 曲線代表投資對利率的變動極度敏感，所以投資需求曲線為一水平線，對應的 IS 曲線也是水平線，如圖 6-13(a) 所示。擴張性財政政策並不會改變利率水準，IS 曲線仍舊固定不變。唯有擴張性的貨幣政策，才能刺激所得和就業。在這種情況下，財政政策完全無效，貨幣政策有效。

垂直的 LM 曲線代表貨幣需求對利率變動毫無彈性。不論利率如何下降，貨幣需求不會增加，唯有所得才會影響貨幣需求。因此，貨幣需求曲線為一垂直線，而對應的 LM 曲線也是垂直線，如圖 6-13(b) 所示。當中央銀行增加貨幣供給時，LM 曲線向右移動，所得上升，利率下跌。在這種情況下，貨幣政策有效，財政政策只會影響利率水準。

水平 IS 曲線的政策效果為

$G\uparrow \Rightarrow$ IS 曲線水平部分延長 $\Rightarrow Y$ 和 r 不變　　財政政策完全無效
$M^s\uparrow \Rightarrow$ LM 曲線下移　　　　　　$\Rightarrow Y\uparrow$，r 不變　　貨幣政策有效

垂直 LM 曲線的政策效果為：

$G\uparrow \Rightarrow$ IS 曲線右移　　$\Rightarrow Y$ 不變，r 上升　　財政政策完全無效
$M^s\uparrow \Rightarrow$ LM 曲線右移　$\Rightarrow Y\uparrow$，$r\downarrow$　　　　貨幣政策有效

練習題 6-6

在下列何種情況下，貨幣政策有效？
(a) 貨幣需求對利率變動較敏感，投資對利率變動不敏感
(b) 貨幣需求與投資均對利率變動敏感
(c) 利率對貨幣供給敏感，而投資對利率變動敏感
(d) 以上皆非
答：(d)。

IS 曲線、LM 曲線與政策相對有效性

凱因斯認為在 1930 年代的經濟大恐慌期間，社會存在流動性陷阱的現象，而造成大量的失業。財政政策可以有效解決失業問題，貨幣政策則無關緊要。凱因斯學派在討論投資需求的決定因素時，強調投資主要受預期的影響，而比較不受利率的影響。因此，IS 曲線比較陡峭。另外，在討論流動性偏好理論時，強調"投機性"的貨幣需求動機，貨幣較易受利率的影響。因此，LM 曲線比較平坦。

圖 6-14 顯示 LM 曲線愈平坦，財政政策愈有效。假設政府為解決日益高漲的失業問題，決定採用擴張性財政政策，使 IS 曲線從 IS_0 右移至 IS_1。當 LM 曲線是較平坦的 LM_0 時，新的均衡為 C 點，所得從 Y_0 增加至 Y_2；當 LM 曲線是較陡峭的 LM_1 時，新的均衡為 B 點，所得從 Y_0 增加至 Y_1。比較 B 點與 C 點得知：LM 曲線愈平坦，財政政策效果愈大。理由是，當 LM 曲線較平坦時，貨幣需求對利率變動較敏感。利率只要微幅上揚，貨幣市場就可恢復均衡。利率上升幅度較小，排擠效果也會較小。因此，財政政策的擴張性效果較大。

以諾貝爾經濟學獎得主傅利德曼為主的貨幣學派 (monetarism) 認為，人們的貨幣需求對利率的敏感度較小，LM 曲線比較陡峭，而 IS 曲線比較平坦。圖 6-15 顯示 IS 曲線愈平坦，貨幣政策愈有效。假設中央銀行為刺激景氣，理事會決議以公開市場操作來提高貨幣供給，使 LM

圖 6-14 財政政策相對有效
凱因斯學派強調陡峭的 IS 曲線和平坦的 LM 曲線。LM 曲線愈平坦，財政政策愈有效。

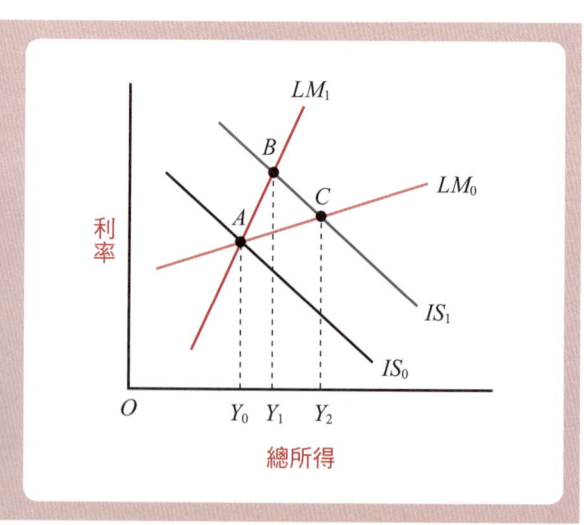

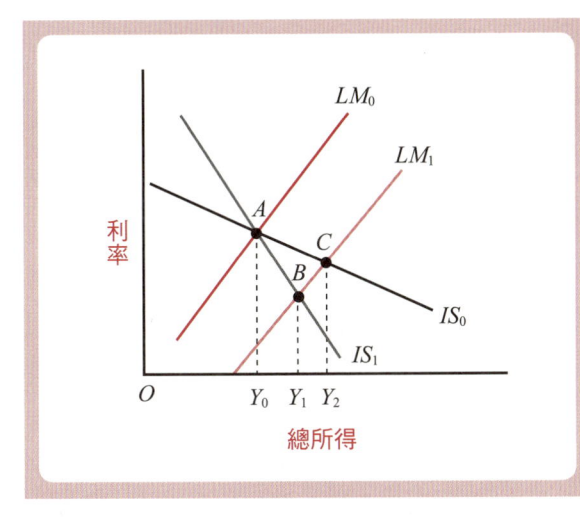

圖 6-15　貨幣政策相對有效

貨幣學派強調 IS 曲線比較平緩，而 LM 曲線比較陡峭。IS 曲線愈平坦，貨幣政策愈有效。

曲線從 LM_0 右移至 LM_1。當 IS 曲線是較平坦的 IS_0 時，新的均衡為 C 點，所得從 Y_0 增至 Y_2；當 IS 曲線是比較陡峭的 IS_1 時，新的均衡為 B 點，所得從 Y_0 增至 Y_1。比較 B 點與 C 點可知：IS 曲線愈平坦，貨幣政策效果愈大。理由是，當貨幣供給增加導致利率下跌時，由於投資對利率比較敏感，計畫投資的增加幅度較大，所得自然增加較多。

關於貨幣政策與財政政策的相對有效性，可彙整如下：

・LM 曲線愈平坦，財政政策愈有效。
・IS 曲線愈平坦，貨幣政策愈有效。

練習題 6-7

下列何者為真？
(a) LM 曲線愈平坦，財政政策愈有效
(b) IS 曲線愈平坦，貨幣政策愈有效
(c) LM 曲線愈平坦，貨幣政策愈有效
(d) IS 曲線愈平坦，財政政策愈有效

答：(a), (b)。

摘要

- 商品市場與貨幣市場並非獨自運作。商品市場決定均衡所得，進而影響到貨幣市場中的貨幣需求。貨幣市場決定利率，進而影響到商品市場中的投資需求。
- 凱因斯十字架的投資需求函數可以用來建構 IS 曲線。IS 曲線具負斜率，描述商品市場均衡的利率與所得之間的關係。
- 流動性偏好理論是決定利率水準的基本模型。貨幣供給與貨幣需求決定 LM 曲線。LM 曲線具正斜率，是描述貨幣市場均衡的利率與所得之間的關係。
- IS 和 LM 曲線的交點──IS-LM 模型的均衡，代表商品市場與貨幣市場同時達到均衡。IS-LM 模型的外生變數有 G、T、M^s 和 P。而模型的內生變數是利率和所得。
- 擴張性財政政策：政府購買增加或減稅，使 IS 曲線向右移動，均衡所得和利率同時上升。緊縮性財政政策：政府購買減少或增稅，使 IS 曲線向左移動，均衡所得與利率同時下跌。
- 擴張性貨幣政策：貨幣供給增加，使 LM 曲線向右移動，所得上升而利率下跌。緊縮性貨幣政策：貨幣供給減少，使 LM 曲線向左移動，所得下降和利率上揚。
- LM 曲線愈平坦，財政政策愈有效；IS 曲線愈平坦，貨幣政策愈有效。

習題

選擇題

1. 下列何者造成 IS 曲線左移？
   (a) ATM 或信用卡的發明
   (b) 擴張性貨幣政策
   (c) 減稅
   (d) 禽流感蔓延
   (e) 出口增加　　　　　(104 年元智國企)

2. IS 曲線為負斜率的主因為：
   (a) 消費與所得呈正向關係
   (b) 消費與利率呈正向關係
   (c) 投資與利率呈正向關係
   (d) 投資與利率呈負向關係
   (e) 投資與所得呈正向關係

3. 若央行購買政府債券，則＿＿＿。
   (a) LM 曲線向右移動
   (b) LM 曲線向左移動
   (c) IS 曲線向右移動
   (d) IS 曲線向左移動

4. 為了對抗經濟蕭條，央行會：
   (a) 增加貨幣供給，提高利率
   (b) 增加貨幣供給，降低利率
   (c) 減少貨幣供給，提高利率
   (d) 減少貨幣供給，降低利率
   　　　　　　　　　　(100 年世新財管)

5. 緊縮性財政政策：
   (a) 貨幣需求數量降低，利率上升和投資需求減少

(b) 貨幣需求數量降低，利率下降和支出增加
(c) 消費者支出減少，進而造成利率上升
(d) 貨幣需求數量增加，利率上升和投資需求減少

6. 在下圖，經濟體系從點 1 到點 2 的原因為：
(a) 政府支出增加
(b) 自發性投資增加
(c) 減稅
(d) 以上皆是
(e) (a) 或 (b) 正確 (輔仁管研)

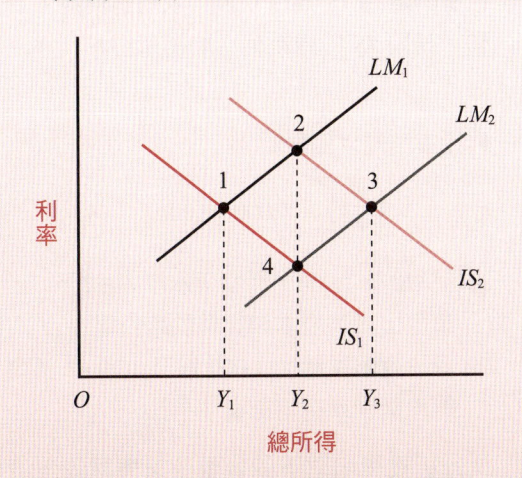

7. 若央行公開市場賣出債券，我們預期此交易會：
(a) 降低 M^S，提高債券價格和降低利率
(b) 增加 M^S，降低債券價格和降低利率
(c) 增加 M^S，提高債券價格和降低利率
(d) 降低 M^S，降低債券價格和提高利率
(100 年銘傳三年級)

8. 大眾對貨幣需求的利率彈性愈大，貨幣政策愈＿＿影響產出，而財政政策愈＿＿影響產出。
(a) 能，能
(b) 能，不能
(c) 不能，能
(d) 不能，不能 (104 年台大國企所)

9. 下列何者情況能使公共支出的排擠效果不存在？
(a) 垂直的 IS 曲線
(b) 垂直的 LM 曲線
(c) 水平的 IS 曲線
(d) 水平的 LM 曲線

10. 下列何者正確？
(a) IS 曲線愈陡，貨幣政策愈有效
(b) IS 曲線愈陡，財政策政愈有效
(c) LM 曲線愈陡，排擠效果愈小
(d) LM 曲線愈陡，排擠效果愈小
(102 年中興應經所)

11. 若經濟體系為一封閉經濟體系，IS 曲線為 $Y=800-4{,}000R$，LM 曲線為 $Y=200+6{,}000R$，請問市場均衡為何？
(a) $R=1\%$，$Y=460$
(b) $R=2\%$，$Y=320$
(c) $R=5$，$Y=600$
(d) $R=6$，$Y=560$

12. 考慮下列模型：$Y=C+I$，$C=100+0.7Y$，$I=150-80i+0.2Y$。其中，$Y=$ 所得，$C=$ 消費，$I=$ 投資，$i=$ 利率。
(a) IS 曲線斜率為正
(b) IS 曲線斜率為負
(c) IS 曲線為一水平線
(d) IS 曲線為一垂直線 (84 年中正企管所)

13. 發生流動性陷阱時，下列何者為真？
(a) 貨幣供給的改變對利率影響很大
(b) LM 為一垂直線
(c) 短期名目利率很高
(d) 貨幣需求為無窮 (100 年文化財金)

問答與計算

1. 比較 (1) 消費只受所得與 (2) 消費受利率和所得影響兩種情形下，何者的 IS 曲線較平坦？

2. 日本的國內利率水準已接近 0，在這種情形下，IS-LM 模型政策效果討論，貨幣政策與財政政策，何者效果較大？
   (102 年成大政經)

3. 請用 IS-LM 模型作圖分析下列狀況發生對經濟體系的影響。
   (a) 貨幣供給增加
   (b) 政府支出增加　　(100 年淡江商管二)

4. 為解決台灣 GDP 成長率低迷的問題，政府該採取擴張性或緊縮性財政政策因應？(請以 IS-LM 模型分析之)　(103 年暨南國企所)

5. 政府支出對產出的影響在凱因斯模型與 IS-LM 模型間有何差異？　(103 年清大科管所)

6. 凱因斯學派主要主張之一為 "增加政府支出可以刺激所得成長，解決經濟不景氣的問題"，請問這個陳述在哪些假設下會成立？又在哪些假設下不會成立？詳細解釋你的答案。　(88 年台大財金所乙)

7. 以一般 IS 曲線及 LM 曲線將平面分成四部分，若實際經濟處於 IS 曲線之右及 LM 曲線之左，則商品與貨幣市場有何影響？

8. 請問貨幣需求的所得彈性愈大，LM 曲線會愈平坦或愈陡峭？

9. 假定費雪假說成立，在典型的 IS-LM 模型中，原來物價固定，若突然大眾預期未來物價上漲率上升。假設物價在短期有僵固性，請問對所得和利率有何影響？
   (91 年中山財管所)

10. 若其它情況不變，但企業對未來非常悲觀，使其投資決策中利率高低所影響的資金成本不再是重要的考量因素，則政府的穩定經濟政策工具為貨幣政策或財政政策？

11. 若就業超過充分就業水準，政府應採取何種財政政策來消除缺口？
    (104 年暨南國企所)

12. 假設貨幣需求函數為 $M^d/P = 201 + 0.3Y - 2r$、貨幣供給 $M^s/P = 500$ 和 $P=1$，請問 LM 曲線為何？假設消費函數為 $C = 6 + 0.8Y_d$ 和 $Y_d = Y - T$，投資函數為 $I = 5 + 0.26Y - 2r$，租稅函數為 $T = 50 + 0.1Y$，政府購買為 $G = 50$，請問 IS 曲線為何？均衡所得和利率為何？

13. 假設貨幣需求函數為：
    $$\left(\frac{M}{P}\right)^d = 1{,}000 - 100r$$
    貨幣供給為 1,000，而物價水準 $P = 2$。
    (a) 請畫出貨幣需求和貨幣供給曲線
    (b) 假設貨幣供給從 1,000 增至 1,200，請問對均衡利率有何影響？

14. 試分析投資陷阱下的貨幣政策與財政政策的效果分析。　(100 年淡江商學二)

15. 假設希臘的總體經濟模型如下：
    $$C = 6 + 0.8Y_d$$
    $$Y_d = Y - T$$
    $$T = 50 + 0.1Y$$
    $$I = 540.26Y - 2r$$
    $$G = 50$$
    物價水準 $P = 1$
    $$\frac{M^s}{P} = 500$$
    交易預防性動機貨幣需求 $\frac{M^d}{P} = 0.3Y$，
    投機性動機貨幣需求 $\frac{M^d}{P} = 201 - 2r$，

請求出 IS 曲線、LM 曲線及均衡的 r 與 Y。

(100 年台北大學經濟系)

16. 某國的消費 (C)、投資 (I)、交易性的貨幣需求 (L_t)、投機性的貨幣需求 (L_s)、貨幣供給 (M_s) 如下：

$$C = 850 + 0.75Y$$
$$I = 950 - 50i$$
$$L_t = 0.2Y$$
$$L_s = 150 - 50i$$
$$M_s = 600$$

(i：利率，Y：所得。假設該國並無對外交易，亦無支出與稅收。)

(a) 該國的均衡利率為多少？

(b) 若該國的自發性投資將減少 450，則均衡所得為多少？

(c) 該國的中央銀行要將貨幣供給變動多少，才能將均衡所得恢復至投資減少之前的水準？這時候的均衡利率為多少？

17. 如果貨幣供給量增加，經由貨幣市場均衡機制將會引起何種移動？

(103 年彰師大企研所)

網路習題

1. 請至行政院國發會網站，找出最新的經建計畫，並找出一項需舉債或融資的公共建設名稱。

第 7 章
總供給與總需求

在1929年到1933年的美國，失業率從3%狂飆到25%，國民所得則掉了一半。住宅停止興建、股市崩盤、許多經紀人跳樓。勞工爭取僅有一點的工作機會，街頭出現施捨食物給窮人的窗口。

自由市場裡那一隻看不見的手真的不見了。古典賽伊法則成了愚蠢的信條。賽伊法則是：勞工與廠商生產出來的商品為他們帶來足夠的收入，使其可以購買所有的商品。因此，一般性的過度供給不可能發生，長期失業現象也不會出現，因為工資與價格可向下調整。

信仰古典學派的執政者呼籲人民耐心等待，並承諾長期下經濟一定復甦。凱因斯對這樣的觀點提出猛烈批評，他在1923年出版的《貨幣改革論》(*A Tract on Monetary Reform*) 中寫道："在長期，我們都死了。"凱因斯主張，經濟蕭條是因為家計單位與廠商對商品與服務的需求不足所引起，如果他們買的不夠多，商人將解雇員工並削減支出。美國能靠花錢來邁向經濟復甦嗎？凱因斯宣告：當然可以。雖然沒有什麼可以防止廠商停止投資及家計單位沒有意願消費，但政府可以透過減稅或直接花錢來挽救下沉的經濟。

如果政府把紙幣塞滿舊瓶子，並埋在廢棄的礦坑，讓私人企業家雇用勞工把這些紙幣挖出來……那麼，只要獲得回響，就會遏止失業情形繼續惡化，經濟體系的實質所得也會累積，……，就算用這樣的方法，總比什麼都不做來得好。

7-1　總需求曲線

前一章中，我們利用 IS-LM 模型來解釋在物價水準固定不變時，短期國民所得的波動。想要瞭解如何從 IS-LM 模型推導總需求曲線，必須放寬物價固定不變的假設。總需求曲線是在不同的物價水準下，經濟體系中所有的家計單位、廠商及政府部門所願意購買的商品與服務的數量。在價格水準變動的情況下，IS-LM 模型提供一個解釋總需求曲線位置及斜率的理論基礎。本節首先探討 IS-LM 模型如何推導出負斜率的總需求曲線，接下來再檢視引起總需求曲線移動的因素。

從 IS-LM 模型到總需求曲線

要解釋為何總需求曲線斜率為負，我們先檢視在價格水準改變時，IS-LM 模型的改變。總需求曲線的推導從貨幣市場著手將較為理想。記得貨幣市場均衡式為

$$\frac{M}{P}=L(r, Y)$$

或

$$M=P \times L(r, Y)$$

上式的 M 為名目貨幣供給，P 為物價水準，$P \times L(r, Y)$ 是名目貨幣需求。當物價上升時，名目貨幣需求隨之上升。這並不難瞭解。譬如，在 7-11 便利商店，一個奮起湖懷舊便當售價 60 元，一瓶可口可樂售價 22 元，你需要 82 元現金來購買這兩項商品。若因為通貨緊縮，商品價格下跌一半，購買相同的商品，你現在只需要 41 元。

就既定的貨幣供給量 M 而言，物價水準愈低，家計單位需要用來購買商品的貨幣數量就愈少。所以，當物價下跌時，人們會將多餘的貨幣存放銀行或購買債券，以賺取利息。無論是哪一種情形，利率都會下跌。由於利率是貸款的機會成本，當利率下跌時，廠商從事新設備或新工廠等有利可圖的投資計畫變得比較多。另一方面，消費者房屋貸款成本下降，消費支出也會增加。因此，物價下跌，使得貨幣需求下降。貨幣需求的減少，導致 LM 曲線向下移動，造成均衡利率下跌和均衡所得增加，如圖 7-1(a) 所示。

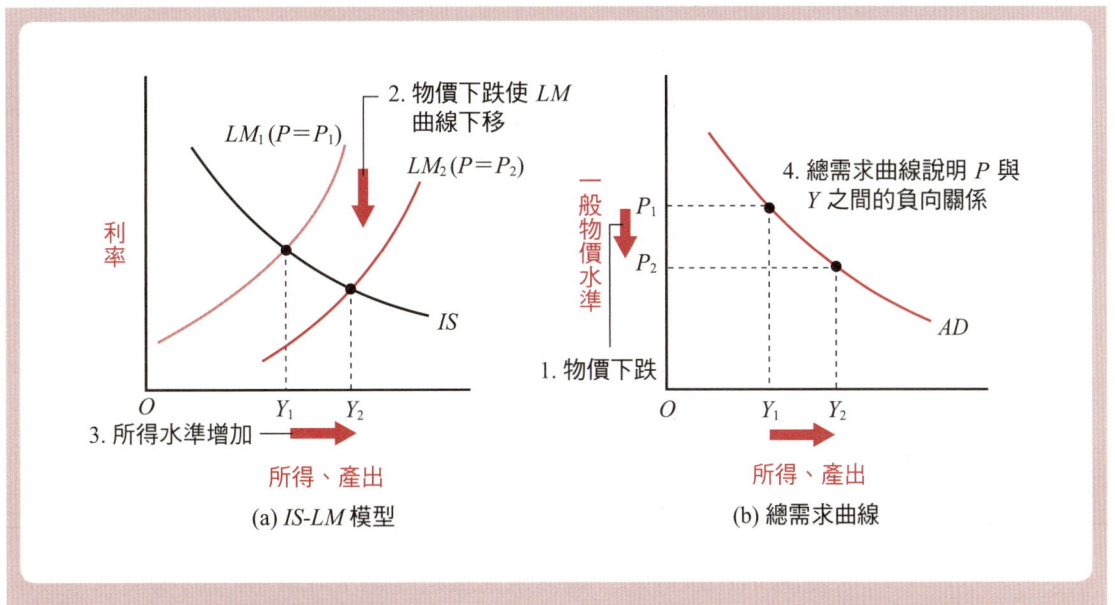

圖 7-1　從 IS-LM 模型到總需求曲線

圖 (a) 顯示 IS-LM 模型：物價水準從 P_1 下跌至 P_2，使名目貨幣需求下降，導致 LM 曲線從 $LM_1\ (P=P_1)$ 向下移動至 $LM_2\ (P=P_2)$。圖 (b) 顯示總需求曲線：當物價水準下跌時，總所得(產出)從 Y_1 增加至 Y_2，總需求曲線斜率為負。

　　在圖 7-1(a) 中，當物價從 P_1 下跌至 P_2 時，LM 曲線從 $LM_1\ (P=P_1)$ 向下移動至 $LM_2\ (P=P_2)$，均衡所得從 Y_1 增加至 Y_2。圖 7-1(b) 的總需求曲線繪出國民所得與物價水準之間的負向關係。換句話說，總需求曲線是在 IS-LM 模型中，當物價水準變動時，國民所得隨之變動的均衡點集合。每一個在總需求曲線上的點代表貨幣市場與商品市場同時達到均衡。

　　相反地，若物價水準上升，造成名目貨幣需求提高，則 LM 曲線向上移動。LM 曲線的上移導致利率上升和所得水準減少。因此，物價上升，使國民所得下跌，總需求曲線斜率為負。這種物價下跌，導致利率下滑，總所得增加以及物價上升，導致利率上揚，總所得減少的關係，稱為**利率效果** (interest rate effect)。請注意，在本章中名目利率 (i) 與實質利率 (r) 並不相等。物價透過費雪效果影響名目利率，但不會影響實質利率。

　　物價水準的利率效果包括：

- 物價下跌，使貨幣需求下跌。
- 在既定的貨幣供給 M 下，貨幣需求減少，導致 LM 曲線下移。
- LM 曲線的下移，使均衡利率下滑和均衡所得增加。
- 因此，物價下降，透過利率效果，引起國民所得上升。若以符號表示，可寫成

$$P\downarrow \Rightarrow M^d\downarrow \Rightarrow i\downarrow \Rightarrow I\uparrow \Rightarrow Y\uparrow$$
$$P\uparrow \Rightarrow M^d\uparrow \Rightarrow i\uparrow \Rightarrow I\downarrow \Rightarrow Y\downarrow$$

總需求曲線的移動

　　從圖 7-1(b) 得知，總需求曲線是總結 IS-LM 模型的物價水準與國民所得的組合，任何引起 IS 曲線或 LM 曲線移動的因素，都會造成總需求曲線的移動。

　　譬如，假設中央銀行為對抗失業率的攀升，而採取擴張性貨幣政策。在物價固定不變下，貨幣供給的增加，使 LM 曲線向下移動，均衡利率下跌，如圖 7-2(a) 所示。利率的下跌，使計畫投資增加，所得因而增加，從 Y_1 增加至 Y_2。圖 7-2(b) 顯示，當物價固定在 P_1 時，貨幣供給增加，使得國民所得從 Y_1 增加至 Y_2，總需求曲線從 AD_1 右移至 AD_2。

　　貨幣供給變動對總需求曲線的影響，可彙整如下：

- 擴張性貨幣政策，使得 LM 曲線下移，利率下跌。
- 利率下跌，造成投資增加，所得增加。
- 在物價不變下，貨幣供給增加，引起總需求曲線右移。
若以符號表示，可寫成

$$擴張性貨幣政策：M^s\uparrow \Rightarrow i\downarrow \Rightarrow I\uparrow \Rightarrow Y\uparrow \Rightarrow AD\ 右移$$
$$緊縮性貨幣政策：M^s\downarrow \Rightarrow i\uparrow \Rightarrow I\downarrow \Rightarrow Y\downarrow \Rightarrow AD\ 左移$$

　　同樣地，若財政部決定以擴張性財政政策來對抗通貨緊縮。在物

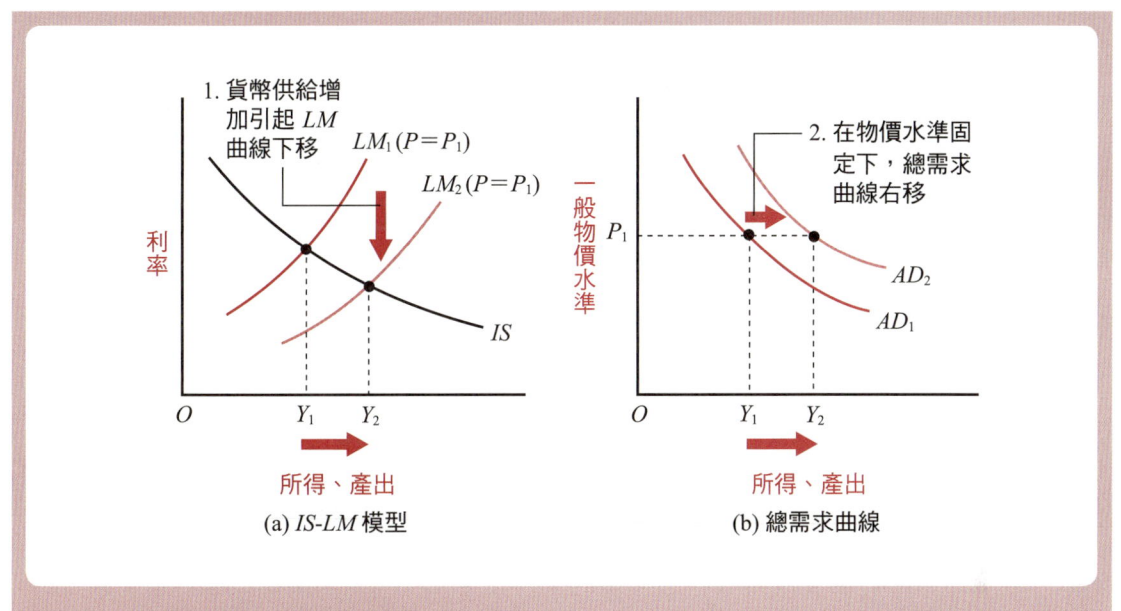

圖 7-2　擴張性貨幣政策引起總需求曲線右移

圖 (a) 顯示 IS-LM 模型：當貨幣供給增加時，在物價水準固定不變下，LM 曲線向下移動，導致利率下跌和所得增加。圖 (b) 顯示總需求曲線：在物價水準固定不變下，貨幣供給增加造成總需求曲線向右移動。

價固定不變下，政府購買的增加或稅收的降低，均會造成 IS 曲線向右移動，如圖 7-3(a) 所示。由於政府購買是計畫總支出的一部分，政府購買增加直接使均衡所得增加。另一方面，稅收降低，使可支配所得增加，消費支出上升，間接地使總所得上升。圖 7-3(b) 顯示，在物價固定為 P_1 時，政府購買增加或稅收降低，使國民所得從 Y_1 增加至 Y_2，總需求曲線從 AD_1 右移至 AD_2。

財政政策對總需求曲線的影響可彙整如下：

- 擴張性財政政策，導致 IS 曲線右移。
- 在物價固定不變下，政府購買增加或稅收減少，使均衡所得增加。
- 因此，擴張性財政政策引起總需求曲線向右移動。
  若以符號表示，可寫成

$$\text{擴張性財政政策：} G\uparrow \text{ 或 } T\downarrow \Rightarrow Y\uparrow \Rightarrow AD \text{ 右移}$$
$$\text{緊縮性財政政策：} G\downarrow \text{ 或 } T\uparrow \Rightarrow Y\downarrow \Rightarrow AD \text{ 左移}$$

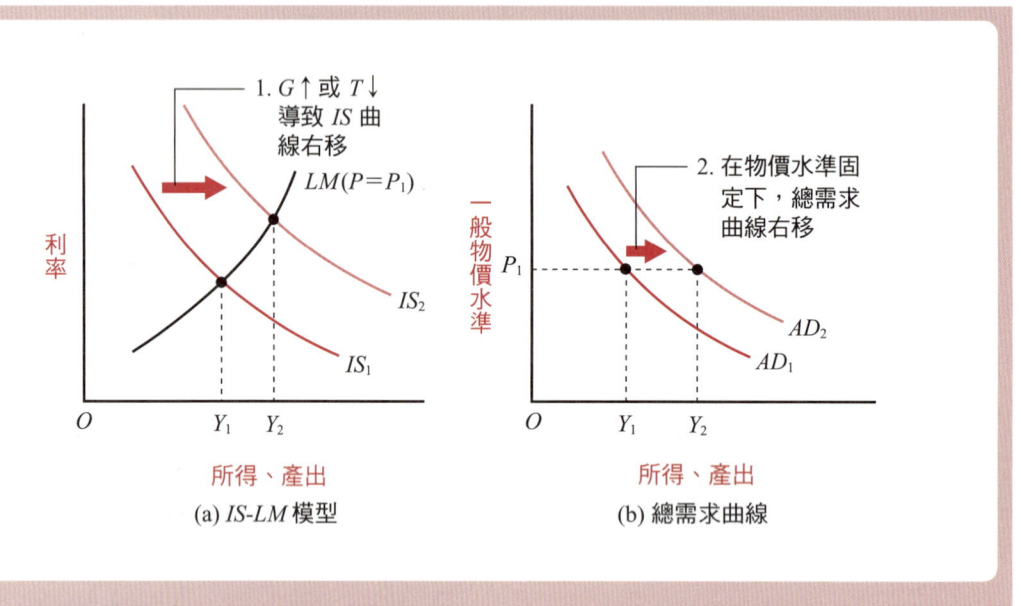

圖 7-3　擴張性財政政策引起總需求曲線右移

圖 (a) 顯示 IS-LM 模型：政府購買增加或稅收減少，均會造成 IS 曲線右移。在物價水準固定下，均衡所得從 Y_1 增加至 Y_2。圖 (b) 顯示總需求曲線：在物價水準固定不變下，政府購買增加或稅收降低，引起總需求曲線向右移動。

練習題 7-1

下列何者不是 AD 曲線呈現負斜率的原因？
(a) 較高物價水準，使實質財富降低，消費支出減少
(b) 較高物價水準，使貿易餘額降低
(c) 較高物價水準，使實質貨幣供給降低，利率上升，投資支出減少
(d) 較高物價水準，使實質貨幣需求上升，利率上升，投資支出減少
(e) 以上 (a) (b) (c) (d) (e) 皆是　　　　　　　　　(104 年中山企研)

答：(d)。

7-2 總供給曲線

總供給曲線係在不同的物價水準下，經濟體系中所有廠商願意生產的商品與服務數量。根據廠商理論的描述，商品的生產數量主要由生產技術、勞動與資本的使用數量所決定。由於廠商的生產決策有長短期之分，總供給曲線也分為長期總供給曲線與短期總供給曲線兩種。

不同形狀的總供給曲線

圖 7-4 描繪三種不同形狀的總供給曲線。在圖 7-4(a)，**總供給曲線** (aggregate supply curve, AS) 為一垂直線。古典學派認為商品沒有賣不出去的問題。只要價格夠低，一定會有人購買。譬如，台灣從民國 79 年以後，就存在空屋過多的問題。銀行後來委託專業拍賣公司處理，只要價格夠低，還是有人願意承接。同樣地，失業者發覺在現行工資下無法找到工作時，他們願意拋開自尊接受較低的薪水。所以，只要工資可自由調整，勞動市場始終處於充分就業，透過生產函數，產出為充分就業下的產出水準，如圖 7-4(a) 的 Y_n 所示。

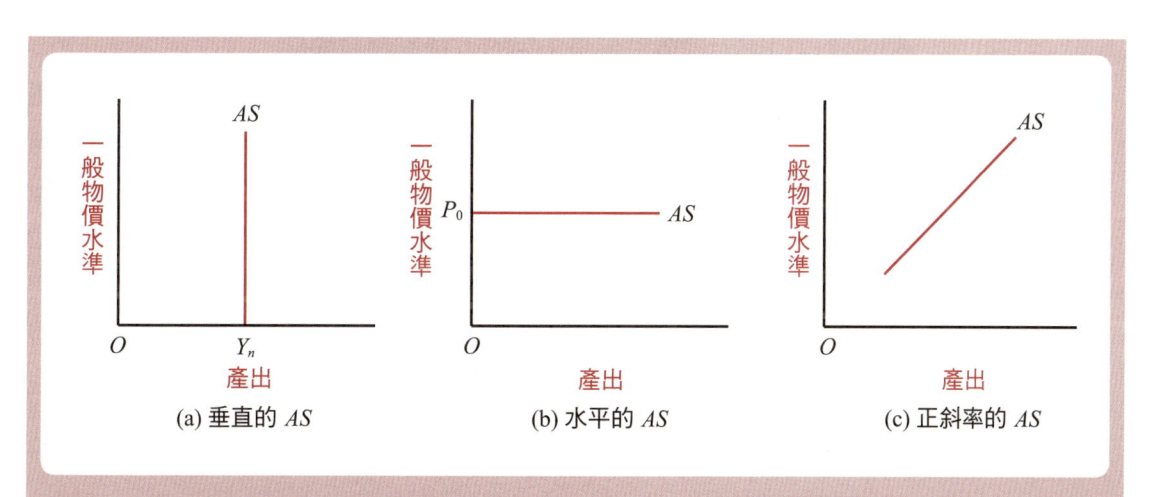

圖 7-4　不同形狀的總供給曲線

圖 (a) 為一垂直的總供給曲線，所得固定在 Y_n。圖 (b) 為一水平的總供給曲線，價格固定在 P_0。圖 (c) 為一正斜率的總供給曲線，物價與產出呈正相關。

在第 3 章討論古典學派時，曾經說明物價與工資在長期具完全彈性。因此，垂直總供給曲線是一種長期總供給曲線的概念。

圖 7-4(b) 的水平總供給曲線是，假設物價在短期完全固定不變。在第 4 章到第 6 章，當我們假設某些商品價格 (如牛肉麵或捷運票價) 並非經常浮動，廠商只需著眼於產出水準的決定，它所面對的供給曲線為一水平線。然而，水平的 AS 並不是一個符合現實社會的假設，因為它隱含貨幣數量的增加對物價無絲毫影響。

圖 7-4(c) 的正斜率總供給曲線是一個比較符合實際現象的假設。譬如，中油和台塑石化宣布汽油價格調漲，油價的上漲加上國際原物料價格大漲，造成民生物資價格邊揚，但一般民眾的薪水並未隨之增加。廠商短期內的利潤上升，產出也隨之增加。換句話說，在短期，物價與產出呈正向關係。有關正斜率 AS 曲線的理論基礎，我們將於下一節詳細討論。

短期總供給曲線

對物價水準與總產出之間呈現正向關係的原因，凱因斯認為是勞動市場存在**工資僵固性** (wage rigidity)。工資僵固性是指勞動市場存在超額供給時，名目工資難以向下調整，而出現僵固的現象。譬如，在部分產業，名目工資會以契約方式明文約定。即使沒有正式契約，有時也會以口頭方式議定未來 1 年的工資或調薪幅度。

讓我們用一個簡單例子來說明名目工資僵固性的事實。假設剛過聖誕節，在 12 月 31 日前，你必須和雇主議定明年的薪資及調薪幅度。在你進行談判前，心中會有一目標的實質工資，如 30,000 元。雇主如果同意這個薪資，明年你會以這個議定的 30,000 元薪資工作。如果將這個例子一般化，對整個社會而言，勞工會在議定的薪資水準提供勞動力。[1] 在議定工資的同時，雇主保留聘用勞工人數的權利。換言之，雖然老闆同意以這個薪水雇請勞工，但當經濟遭遇不景氣時，他

---

[1] 勞工與雇主事先議定名目工資 (或稱貨幣工資)：

$$\text{名目工資} = \text{目標實質工資} \times \text{預期物價}$$
$$W = w \times P^e$$

會選擇減少僱用人數。因此，工資僵固性模型假設就業數量是由勞工需求曲線決定。

圖 7-5 顯示在工資僵固性模型下短期總供給曲線的推導過程。圖 7-5(a) 顯示勞動市場。由於在工資僵固性模型中，就業人數是由廠商需要的勞動數量決定。因此，圖 7-5(a) 中只畫出勞動需求曲線。假設物價由 P_1 上升至 P_2。因為名目工資事先議定而僵硬固定，物價上升導致實質工資下跌。當勞工的實質僱用成本下降，廠商的勞動僱用數量，從 L_1 增至 L_2，如圖 7-5(a) 所示。圖 7-5(b) 顯示生產函數。當均衡就業量從 L_1 增至 L_2 時，產出從 Y_1 上升至 Y_2。圖 7-5(c) 顯示短期總供給曲線。**短期總供給曲線** (short run aggregate supply curve, *SRAS*) 彙整物價與總產出之間的短期關係。當物價上升時，總產出 (總所得) 也會增加；當物價下跌時，產出隨之減少。因此，短期總供給曲線的斜率為正。

更正式一點來說，因為名目工資是僵固的，當實際物價高於勞工與廠商起初預期的物價時，目標實質工資會低於實質工資，廠商實際支付的薪資成本下降。勞動僱用量因而增加，商品與服務的總產出數量也會增加。[2]

我們將工資僵固性模型的結論整理如下：

上式兩邊除以實際物價水準，可得

$$實質工資 = 目標實質工資 \times \frac{預期物價}{實際物價}$$

$$\frac{W}{P} = w \times \left(\frac{P^e}{P}\right)$$

上式說明，當預期物價與實際物價不一致時，實質工資不會等於目標實質工資。若實際物價高於預期物價，實質工資會低於目標實質工資；若實際物價低於預期物價，則實質工資高於目標實質工資。

[2] 除了工資僵固性模型外，還有不完全資訊模型及物價僵固性模型，可以說明為何短期總供給曲線斜率為正。所謂**不完全資訊模型** (imperfect-information model) 係指在短期間內，當一般物價水準上漲時，生產者誤以為產品的相對價格上漲，而覺得有利可圖，所以會增加商品與服務的生產數量。物價僵固性模型強調，廠商面對需求變動時，不見得會立刻調整售價。當物價下降，有些廠商不願調整售價，銷售會減少，產出也會減少。

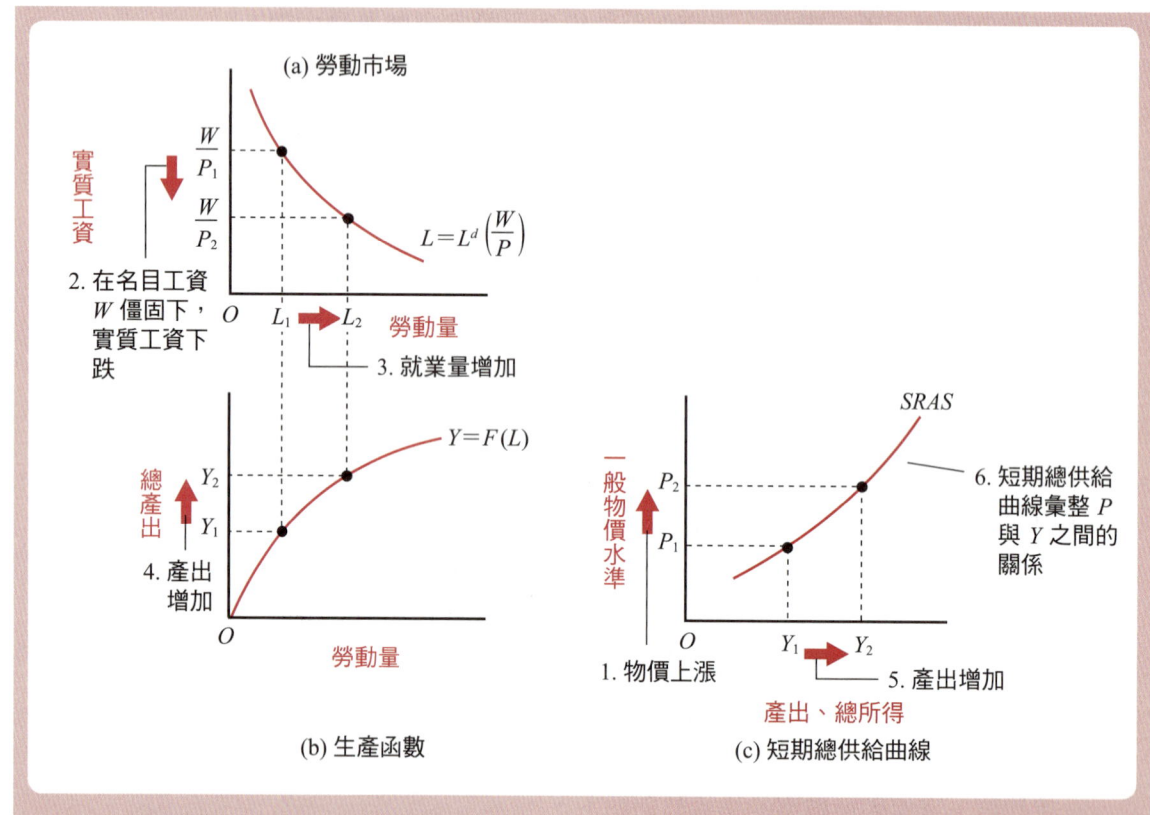

圖 7-5　短期總供給曲線：工資僵固性模型

圖 (a) 顯示勞動市場：由於名目工資僵固，物價從 P_1 上漲至 P_2，促使實質工資從 W/P_1 下跌至 W/P_2。圖 (b) 顯示生產函數：當勞動數量從 L_1 增至 L_2，總產出從 Y_1 增加至 Y_2。圖 (c) 顯示短期總供給曲線：短期總供給曲線總結物價與總產出之間的關係。物價從 P_1 上升至 P_2，總產出從 Y_1 增加至 Y_2。

- 當名目工資僵固時，物價上升導致實質工資下跌，勞動雇用成本減少。
- 實質工資下跌，導致廠商雇用更多的勞工。
- 更多的勞工促使廠商生產更多的總產出。

若以符號表示，可寫成

$$P\uparrow \Rightarrow \frac{\overline{W}}{P}\downarrow \Rightarrow L\uparrow \Rightarrow Y\uparrow$$

$$P\downarrow \Rightarrow \frac{\overline{W}}{P}\uparrow \Rightarrow L\downarrow \Rightarrow Y\downarrow$$

平坦的世界

潘朵拉的盒子

首位成功分割頭部相連連體嬰的外科醫生卡森 (Ben Carson)，在 2016 年共和黨提名的共和黨參選人競選政見之一是，參考《聖經》裡十一奉獻的觀點，主張採取單一稅制，不管貧窮、富裕，15% 的所得稅是最好的稅制。

採行單一稅制的國家

國家(地區)	香港	牙買加	愛沙尼亞	拉脫維亞	立陶宛	俄羅斯
稅率	15%	25%	21%	23%	15%	13%
年	1947	1986	1994	1995	1996	2001

國家(地區)	塞爾維亞	斯洛伐克	烏克蘭	羅馬尼亞	喬治亞	德涅斯特河沿岸摩爾達維亞共同國
稅率	14%	19%	15%	16%	12%	10%
年	2003	2004	2004	2005	2005	2006

國家(地區)	冰島	蒙古	吉爾吉斯	馬其頓	蒙特內哥羅	模里西斯
稅率	35.7%	10%	10%	10%	9%	15%
年	2007	2007	2007	2007	2007	2007

國家(地區)	哈薩克	阿爾巴尼亞	捷克	保加利亞
稅率	10%	10%	15%	10%
年	2007	2008	2008	2008

單一稅制源自 1798 年英法戰爭時期，首次於英國開徵，其主要特色是所得稅採一個稅率，如 15%，而非採累進比例課徵。令人莞爾的是，當今世界採取單一稅制的國家大部分都是前鐵幕國家。愛沙尼亞早在 1994 年即採行單一稅制，當時的總理拉爾 (Mart Laar) 將累進到 33% 的個人所得稅和累進到 35% 的公司所得稅，統一降為 26% 的單一稅率。結果驚人：逃漏稅降低、稅收增加、投資成長。拉脫維亞和立陶宛隨即跟進。但真正讓單一稅制在東歐國家蔓延開來的是俄羅斯，它在 2001 年採行 13% 的單一稅率取代原本最高 30% 的累進稅率。此舉震驚全世界，並引發塞爾維

亞和烏克蘭、斯洛伐克、喬治亞與羅馬尼亞等鄰國跟進。曾經是全世界富有國家之一的冰島，也在 2007 年改採單一稅制，個人所得稅率為 35.7%，而公司營利事業所得稅率為 18%。

在單一稅制下，所得都以相同比率課稅。贊成者認為，單一稅制可以免除報稅的複雜程序，不再需要花 12 個週末或聘請專家幫你報稅，只要用短短 10 分鐘填寫在明信片後面即可。單一稅制也可減輕行政負擔，並將資源導向更有生產力的地方。反對單一稅制的人則主張，它將打擊中低所得階級，並使財政赤字升高，因為擁有勞斯萊斯和豪華遊艇的富人可以繳交更少的稅賦。

其實，反對者並沒有從愛沙尼亞、俄羅斯或斯洛伐克得到教訓：從富人身上收取更多稅收的最佳方法是創造更多的富人，並且透過更低的稅率賦予富人誠實納稅的誘因。較低的單一稅率讓人們有更多的錢用在消費和投資。單一稅制也可以讓外國公司更清楚國內政策，而願意將資金投入。投資增加即可創造更多的新工作機會。

資料來源：
1. G. Thomas Suns, "The Economy; The Outlook: In Struggling European Countries, Momentum Is Building for (Gasp.!) the Flat Tax," *Wall Street Journal*, Oct. 3, 2005, p. A.2.
2. Wall Street Journal, "The World is Flat," *Wall Street Journal*, Oct. 7, 2005, p. A.16.
3. 孫克難、羅時萬，"台灣實施所得稅單一稅率制度之探討"，40 期 3 卷，2012 年，pp. 325-367。

練習題 7-2

在長期：
(a) 總供給曲線為正斜率
(b) 實質 GDP 等於潛在 GDP
(c) 總供給取決於物價水準
(d) 以上皆是

(104 年中興企管)

答：(b)。

短期總供給曲線移動的因素

不管是工資僵固性模型，不完全資訊模型或物價僵固性模型，這三個模型都強調，當物價水準與人們的預期不同時，實際產出就會偏離自然失業率下的產出水準，我們可以用數學式來表示短期總供給曲線：

$$Y = Y_n + \alpha(P - P^e), \alpha > 0$$

其中，Y 為產出，Y_n 為自然產出，P 是實際物價，和 P^e 為預期物價，α 代表產出面對未預期物價變動的敏感程度，$1/\alpha$ 即為短期總供給曲線的斜率。上式說明當物價偏離預期物價時，產出會偏離自然產出。當實際物價等於預期物價時，產出會等於自然產出，$Y = Y_n$ 為長期總供給曲線。

短期總供給曲線移動的因素有二：一為生產因素數量 (資本、勞動和自然資源) 與生產技術的變動。譬如，1980 年代中期石油價格的下跌，廠商的生產成本降低，導致短期總供給曲線向右移動；相反地，若生產因素數量減少，生產技術危害勞工安全或生產過程導致產量減少，均會使短期總供給曲線向左移動。譬如，1990 年到 1991 年的波斯灣戰爭，科威特的油田及煉油設施嚴重受創，該國商品與服務的生產數量大幅減少，導致短期總供給曲線向左移動。2008 年 7 月，原油價格每桶突破 147 美元，這種能源價格的上升，也會造成短期總供給曲線向左移動。

除了生產因素與生產技術外，預期物價也會引起短期總供給曲線的移動。一般來說，預期物價下跌，短期總供給曲線向下移動；預期物價上漲，短期供給曲線向上移動。如果勞工與廠商預期未來物價上漲，就會要求較高的工資，廠商的人事雇用成本提高，假如商品售價不跟著調漲，商品的供給數量就會減少，也就是在既定物價水準下，短期總供給曲線向上移動；相反地，若廠商及勞工預期物價即將下跌，廠商將工資調低，雇用成本因而減少。若商品售價不變，廠商的利潤提高，商品與服務的供給數量增加，即短期供給曲線向下移動。

有關短期總供給曲線的移動，可彙整如下：

- 當生產要素數量增加，要素價格下跌，生產成本降低，短期總供給曲線右移。
- 技術進步，生產成本下降，短期總供給曲線右移。
- 預期物價下跌，短期總供給曲線右移。

7-3　總體經濟均衡

　　第 7-1 節的總需求曲線是指在各種不同的物價水準下，經濟體系中的家計單位，廠商和政府所願意購買的商品與服務的數量。第 7-2 節的總供給曲線顯示在各種不同的物價水準下，廠商所願意生產或銷售的商品與服務的數量。將總供給與總需求曲線繪在同一個圖形上，即是**總供需模型** (AS-AD model)。我們可以利用 AS-AD 模型來探討景氣循環、貨幣與財政政策、菲力浦曲線，以及通貨緊縮等一些重要的經濟議題。當然，AS-AD 模型也能夠協助我們分析，在總需求或總供給發生變動時，物價與產出水準如何改變的情形。

　　總供給曲線與總需求曲線的交點，就是總體經濟的均衡；亦即，總供需曲線的交點，代表商品市場、貨幣市場及勞動市場同時達到均衡。由第 7-2 節的討論中，我們知道總供給曲線可分成長期與短期總供給曲線兩種。因此，總體經濟的均衡也分成兩種：長期均衡與短期均衡。

　　圖 7-6 描繪總體經濟的均衡。圖 7-6(a) 顯示總體經濟的長期均衡，係由總需求曲線 (AD) 與長期總供給曲線 (LRAS) 的交點所決定。因為長期總供給為一垂直線，總需求曲線的位置決定均衡物價水準。至於自然產出 Y_n，係由長期總供給曲線的位置決定。所以，自然產出並不受總需求曲線的影響；亦即，總需求與長期總供給的交點只決定社會中的物價水準。自然產出是由實質面變數，如資本、勞動數量及生產技術決定。

　　圖 7-6(b) 顯示總體經濟的短期均衡，係由總需求曲線 (AD) 與短期總供給曲線 (SRAS) 的交點所決定。與長期均衡不同的是，短期總供給曲線與總需求曲線的交點同時決定均衡物價和均衡產出。任何引起總

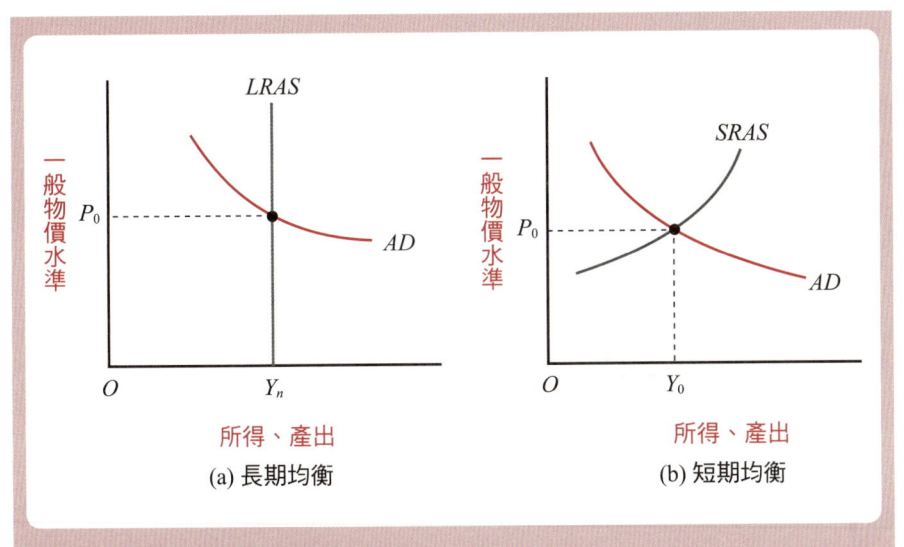

圖 7-6　短期與長期總體經濟均衡

圖 (a) 顯示長期總體經濟均衡：由總需求曲線與長期總供給曲線 LRAS 的交點決定。圖 (b) 顯示短期總體經濟均衡：由總需求曲線與短期總供給曲線 SRAS 的交點決定。

供給與總需求曲線變動的因素，均會造成物價與國民所得的改變。

在基本的景氣循環模型中，物價水準與國民所得是衡量景氣波動的兩個主要因素。因此，可用來討論物價與所得的 AS-AD 模型，正是用來分析景氣循環的最佳模型。有一點值得注意的是，短期總體經濟均衡與長期總體經濟均衡並不必然一致。當短期均衡偏離長期均衡時，國民所得偏離自然產出水準，而物價也會發生通貨膨脹或通貨緊縮現象。

圖 7-7 顯示經濟體系的均衡。E 點為總需求曲線與長期總供給曲線的相交點，所以是長期均衡點，其均衡產出為自然失業率下的產出水準。同時，短期總供給曲線也通過 E 點，所以 E 點也是短期的均衡點。長期均衡點與短期均衡點重疊，表示生產者與勞工的預期物價水準與實際物價水準一致，沒有資訊不完全或工資與物價僵固性的情形出現。

圖 7-7　經濟體系的均衡

圖中的 E 點是總需求曲線與長期總供給曲線的交點。E 點是一長期均衡點，同時也是總需求曲線與短期總供給曲線的交點，它也是短期均衡點。

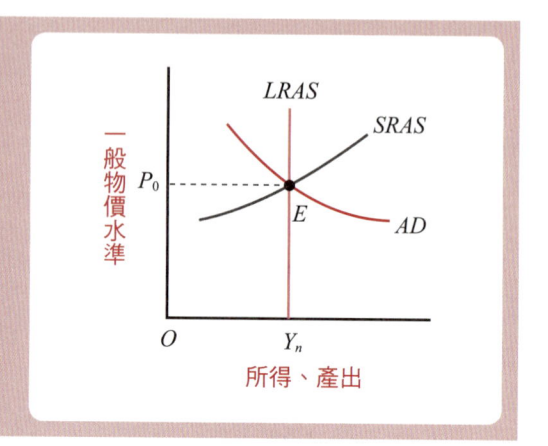

練習題 7-3

按古典學派的總供需理論，若央行公開市場買進 1 億元公債，則：
(a) 產出和物價都上升
(b) 不論長短期，產出不變但物價上升
(c) 不論長短期，產出與物價不變
(d) 長期的產出與物價不變，但短期產出會增加　　(103 年淡江產經)

答：(c)。

7-4　AS-AD 模型與景氣循環

　　現在，我們可以利用 AS-AD 模型來解釋短期經濟波動現象。受到伊朗、奈及利亞的不安情勢，加上巴西石油工人威脅罷工，造成石油供應緊張，紐約原油價格暴衝 5 美元，突破 147 美元，再創歷史新高。生產成本上揚，對總體經濟會造成什麼樣的衝擊？

　　根據第 7-2 節的說明，在物價水準不變下，商品與服務產量減少，導致短期總供給曲線向左移動，$SRAS_0$ 移至 $SRAS_1$，如圖 7-8 所示。短期內，經濟會沿著總需求曲線從 E 點移至 A 點，產出減少，由 Y_n 降至 Y_1 物價上升，由 P_0 提高至 P_1。當實際產出低於潛在產出時，我們說經

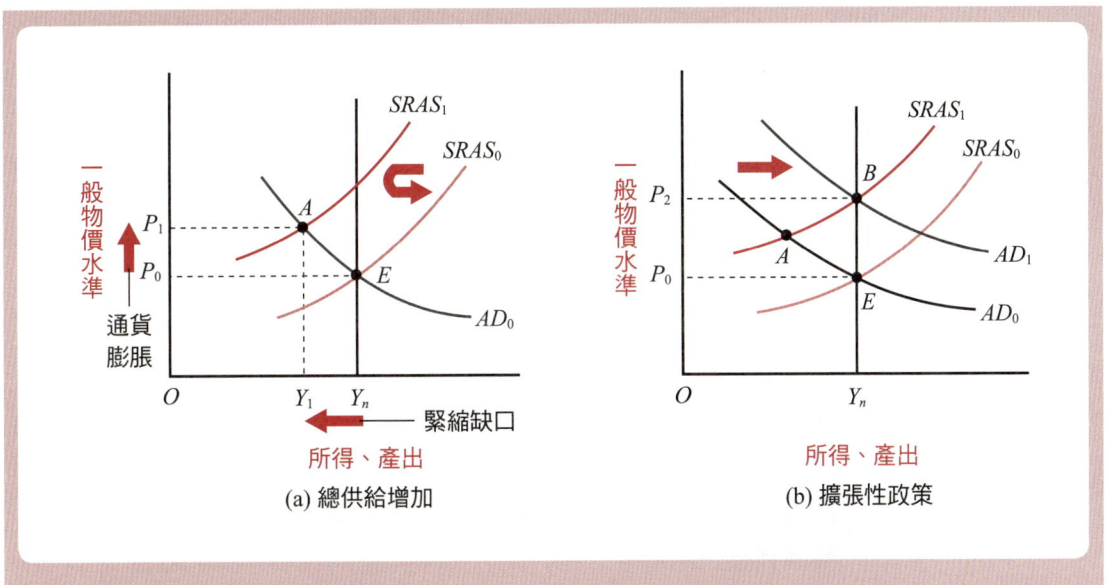

圖 7-8　總供給的減少：緊縮缺口

生產成本提高導致短期總供給曲線從 $SRAS_0$ 上移至 $SRAS_1$。圖 (a) 是長期間，廠商與勞工都預期物價下跌，短期總供給曲線會下移，回到原來的 $SRAS_0$，經濟回到長期均衡 E 點。圖 (b) 是擴張性政策，使總需求曲線從 AD_0 右移至 AD_1，產出回到自然產出水準，但物價達到更高水準。

濟處於不景氣的階段。**緊縮缺口** (contractionary gap) 為 $\overline{Y_nY_1}$。這種物價上升與產出下降同時發生的現象，我們稱為**停滯性膨脹** (stagflation)。

面對停滯性膨脹，政府可以採取何種對策？其中一項對策是採取無為而治的態度。由於失業率高於自然失業率，勞工將競相爭取稀少的工作機會，這會造成名目工資有向下調整的壓力。在長期，如果工資與物價能夠自由地向下調整，人們會預期未來的物價下跌，加上廠商生產成本減少，導致短期總供給曲線向下移動。只要預期物價不等於實際物價，短期總供給曲線會持續下移，直至回到原來的 $SRAS_0$，產出恢復原來的自然產出水準，如圖 7-8(a) 所示。此時，經濟體系從 A 點回到原來的長期均衡 E 點。

政府面對緊縮缺口的另外一種因應方式是採取擴張性的貨幣或財政政策，刺激總需求，使總需求曲線向右移動。當政府增加政府購買、降低稅收，或增加貨幣供給時，總需求曲線從 AD_0 右移至 AD_1，如圖 7-8(b) 所示。如果政府對經濟情勢的研判完全正確且因應得宜，總需求曲線右移的幅度恰好等於短期總供給曲線左移的幅度，產出再度回到自然產出水準，經濟體系從 A 點移至 B 點。B 點是另一個長期均衡點，此時產量維持在充分就業下的產出水準，失業率等於自然失業率，但物價卻由 P_0 上升至 P_2。

有關短期總供給曲線與景氣循環之間的關係，可彙整如下：

- 總供給的減少導致短期總供給曲線上移，產生停滯性膨脹。
- 政府有兩種對策：一為採自由放任政策；另一為採取擴張性財政或貨幣政策。
- 自由放任使人們預期物價下跌，短期總供給曲線下移，產出和物價回到原來水準。
- 擴張性財政或貨幣政策使總需求曲線右移，產出回到自然產出水準，但物價的上漲幅度更大。

2005 年上半年中國經濟成長率高達 9.5%，其中，出口與固定投資快速成長是推升經濟向上的主要功能。當出口成長帶動商品與服務需求增加時，總需求曲線有何影響？

圖 7-9 顯示，出口成長將造成總需求曲線向右移動。在短期間，造成經濟體系從長期均衡的 E 點，移向短期均衡的 A 點。產出從 Y_n 增加至 Y_1，物價從 P_0 上升至 P_1。當短期的實際產出水準超過充分就業下的產出水準時，代表經濟體系內所有的生產資源已過度利用，工作超時，機器不停運轉。這種產出差距等於 $\overline{Y_1Y_n}$：短期產出超過充分就業產出水準的部分，我們稱為**膨脹缺口** (inflationary gap)。另一方面，物價從 P_0 上升至 P_1，物價的上漲稱為**通貨膨脹** (inflation)。當實際產出超過潛在產出時，景氣發生過熱現象，失業率下跌，通貨膨脹現象出現。

面對景氣過熱，政府可以採取什麼樣的對策？其中一個對策是採取緊縮性財政或貨幣政策。根據第 7-1 節的討論，降低貨幣供給、增加稅收或減少政府購買都會造成人們對商品與服務的購買量減少，總需求曲線因而向左移動。如果政府沒有錯估經濟情勢且反應得宜，總需求曲線從 AD_1 回到原來的位置，即 AD_0，經濟體系再度回到原來的

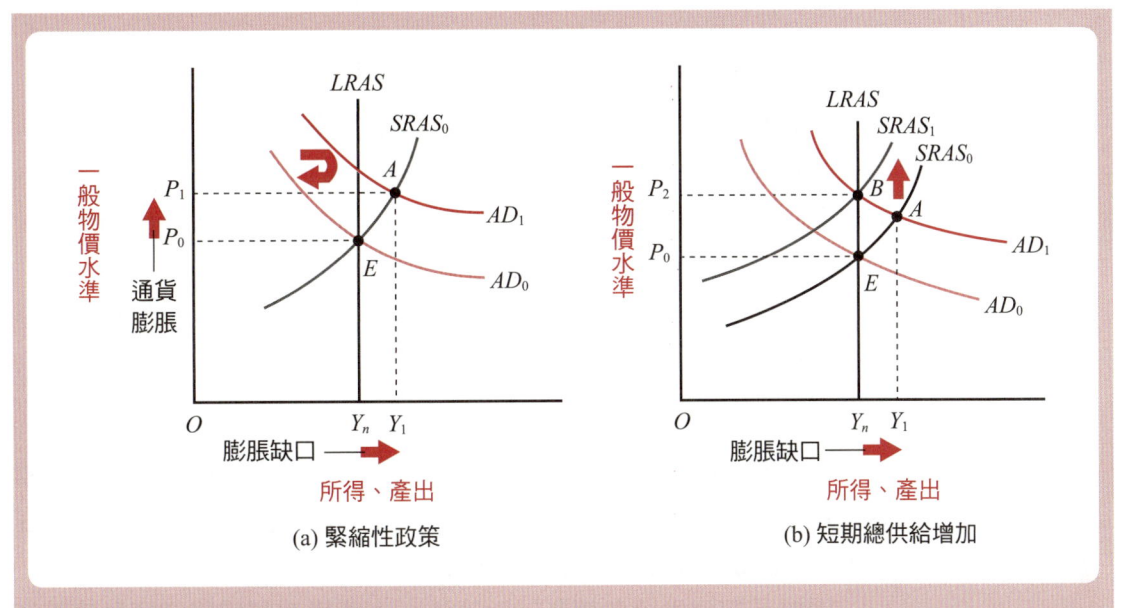

圖 7-9　總需求的增加：膨脹缺口

出口擴張，帶動總需求從 AD_0 增加至 AD_1。圖 (a) 是緊縮性貨幣或財政政策，使總需求曲線向左移動，產量回到原來的自然產出水準。圖 (b) 是不採取任何對策。社會大眾預期物價上漲，導致短期總供給曲線上移，從 $SRAS_0$ 移至 $SRAS_1$，產出回到原來的自然產出 Y_n。

長期均衡 E 點，如圖 7-9(a) 所示。此時，產出下跌至充分就業產出水準，通貨膨脹現象消失不見。

另一個方法是政府不採取任何對策，讓市場機能自由運作。面對通貨膨脹，社會大眾開始對物價未來的走勢形成預期。當人們預期一般物價上升時，工資與產品售價跟著調整，短期總供給曲線從 $SRAS_0$ 上移至 $SRAS_1$，如圖 7-9(b) 所示。長期下來，經濟會從 A 點移到 B 點。B 點為新的長期均衡。此時產出回到原來的充分就業產出水準，而物價卻達到更高的物價水準 P_2。

總而言之，總需求曲線的移動只會對物價水準有影響，在長期不會改變產出水準。因此，總需求的變動只影響名目變數而非實質變數。

有關總需求曲線與景氣循環之間的關係，可彙整如下：

- 總需求增加,導致總需求曲線右移,產出增加和物價上升。
- 政府有兩種政策:一為採取緊縮性財政或貨幣政策;一為採取自由放任政策。
- 自由放任政策,使人們預期物價上升,SRAS 上移,產出回到原來水準,物價再一次提高。
- 緊縮性財政或貨幣政策使總需求曲線左移,產出與物價回到原來水準。

從上面的討論可知,當實際產出低於潛在產出,經濟會遭遇不景氣。當實際產出高於潛在產出,經濟則處於繁榮階段。產出環繞潛在產出上下波動,正是景氣循環的現象。

由於長期總供給曲線為一垂直線,古典學派經濟學家認為實際產出只會暫時偏離潛在產出,實質 GDP 的景氣循環並不會發生。至於價格的上下波動並不需要政府特別以貨幣或財政政策來穩定。在 1913 年,古典學派經濟學家皮古出版《失業》一書。他提出失業發生的原因是工資無法迅速調整,導致勞動供給大於勞動需求。只要解決工資僵固的問題,勞動市場即可恢復均衡,政府無須以擴張性政策來刺激總需求。

凱因斯在《一般理論》中強調,有效需求不足是造成經濟波動的主因,其中,投資最變化無常。凱因斯認為許多投資都是被**動物本能** (animal spirit) 所煽動。市場容易受到樂觀與悲觀情緒所左右,不理性的力量驅使企業家與投資者往前衝,但是這些力量並不一致。投資上即使是少量的縮減,都有可能嚴重影響經濟。假如人們將所得的四分之一拿去儲蓄,乘數便是 4;企業家減少 1 億元的投資,國民所得將大幅減少 4 億元。景氣上的悲觀是一種自我毀滅的夢魘。如果有效需求不足造成經濟不景氣,那麼解藥一定是促進更多的支出。只要知道邊際消費傾向,就可以知道乘數,政府挹注更多的支出,讓它產生乘數效果,消弭不景氣所帶來的負面效果。

諾貝爾經濟學獎得主薩繆爾森 (Paul A. Samuelson) 認為,除了企業家的預期外,**乘數-加速原理** (multiplier-accelerator principle) 也是造成景氣波動的原因。所謂乘數-加速原理是指投資增加會造成所得增加,所得增加透過消費增加會更進一步地引起投資增加。薩繆爾森強調，總需求非預期地增加，透過乘數效果，所得呈倍數增加。所得增加，使得企業收入提高，而更願意投資。更多的投資又造成所得上升。更多的所得誘發更多的投資，……，經濟景氣會過度地波動；反之，總需求減少，導致所得下跌，透過乘數-加速原理，投資與所得會不斷地波動，也會使經濟景氣過度地波動。

練習題 7-4

根據正斜率 AS 曲線與負斜率 AD 曲線，下列哪些政策組合可能導致 GDP 增加，但物價的變化卻不一定？
(a) 提高個人所得稅，減少貨幣供給
(b) 提高石油進口關稅，增加貨幣供給
(c) 降低石油進口關稅，增加政府支出
(d) 增加政府支出，央行在公開市場賣出公債　　　(103 年淡水管科)
答：(c)。

7-5　凱因斯革命：垂直的 AD 曲線

我們可以利用 AS-AD 模型來說明經濟大恐慌時的高失業現象。凱因斯認為經濟問題可以分成兩類。第一是供給面的名目工資僵固性；因為 1 個月領 5 萬元的勞工不願意降薪至 3 萬元而被迫失業，這是一種非自願性失業。當有效需求不足且勞工不願意接受減薪時，廠商只好裁員，失業變成常態。第二是需求面貨幣的無效性，也就是經濟體系存在流動性陷阱或投資陷阱時，增加貨幣數量並不能改善失業現象。

流動性陷阱

當中央銀行增加貨幣供給而無法降低利率時，我們說社會存在**流動性陷阱** (liquidity trap)。圖 7-10(a) 描繪流動性陷阱下的 LM 曲線。中央銀行增加貨幣供給，只會造成 LM 曲線水平部分的延長，利率絲毫不

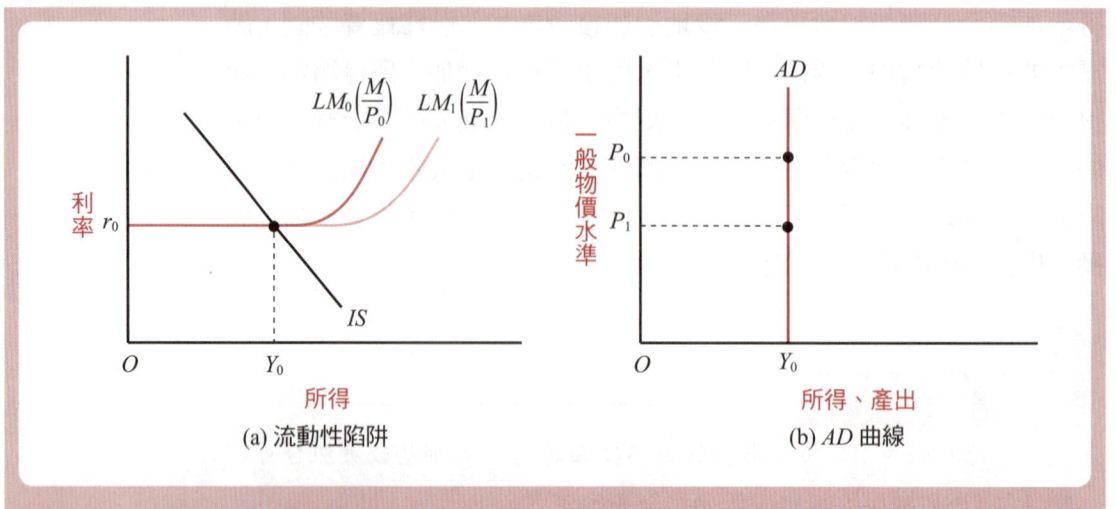

圖 7-10　流動性陷阱與總需求曲線

圖 (a) 為流動性陷阱下的 LM 曲線。IS 曲線與 LM 曲線的交點決定均衡所得 Y_0。物價下跌，LM_0 右移至 LM_1，但均衡所得仍為 Y_0。在圖 (b)，物價從 P_0 跌至 P_1，所得仍維持在 Y_0。AD 為一垂直線。

受影響。許多經濟學家指出，1998 年到 2002 年間日本曾經歷流動性陷阱。

在圖 7-10(a)，當物價從 P_0 下跌至 P_1 時，LM 曲線會從 $LM_0(M/P_0)$ 右移至 $LM_1(M/P_1)$，流動性陷阱的區域延長，均衡所得仍然停留在 Y_0。換句話說，物價下跌並不會造成所得的增加。因此，總需求曲線為一垂直線，如圖 7-10(b) 所示。

圖 7-11 描繪流動性陷阱下的短期均衡。假設 AD 與 SRAS 的交點決定短期均衡所得 Y_0，且 Y_0 小於充分就業下的所得 Y_n。當央行採取擴張性貨幣政策時，貨幣供給的增加不會造成利率的下跌，總需求曲線也不會變動。短期均衡仍然維持在 E 點。因此，貨幣政策並不會對所得有任何影響。在流動性陷阱下，貨幣政策是無效的；相反地，政府增加公共支出，使得 IS 曲線與 AD 曲線都向右移動，短期均衡所得增加而趨近 Y_n。另一方面，物價上升導致實質工資下跌，廠商利潤增加，而增加對勞動的雇用，失業率隨之下降。因此，在流動性陷阱下，財政政策是有效的。

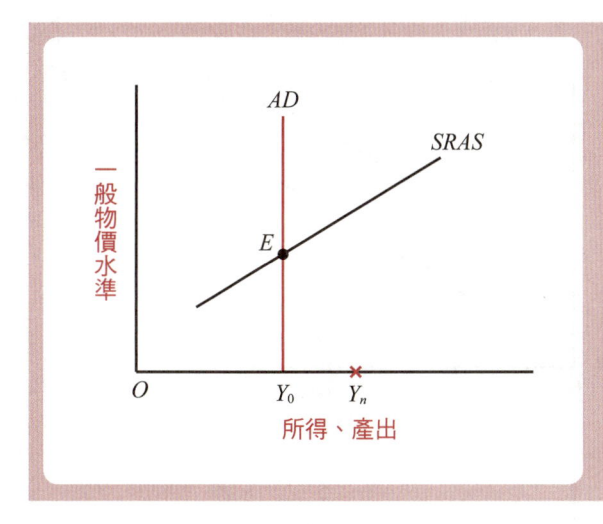

圖 7-11　流動性陷阱：貨幣政策無效

若 AD 與 SRAS 交點決定的短期均衡所得 Y_0 小於 Y_n。貨幣供給增加並不會造成 AD 曲線移動，均衡仍維持在 E 點，貨幣政策無效。

　　凱因斯認為圖 7-11 可用來描述經濟大恐慌時的整體經濟。當總需求 (Y_0) 小於充分就業的產出 (Y_n) 時，廠商的商品賣不出去，倉庫有堆積如山的存貨。為了消化存貨，廠商會減少勞工的雇用。如果所有的廠商都大量裁員，大量失業便會發生；也就是說，有效需求的不足再加上流動性陷阱的出現而造成景氣循環。

投資陷阱

　　若投資不受利率的影響，則投資曲線與 IS 曲線都是垂直線，如圖 7-12(a) 所示。中央銀行增加或減少貨幣供給，使得 LM 曲線向下或向上移動。儘管利率會上下波動，但所得卻不受影響，仍維持在 Y_0。

　　在圖 7-12(a)，當物價水準從 P_0 跌至 P_1 時，LM 曲線會從 $LM_0(M/P_0)$ 右移至 $LM_1(M/P_1)$。物價下跌，所得仍維持在原來水準。因此，總需求曲線為一垂直線，如圖 7-12(b) 所示。

　　同樣地，垂直 AD 曲線下的貨幣政策是無效的。我們可以再利用圖 7-12(a) 加以說明。如果 IS 曲線垂直且 IS 曲線與 LM 曲線的交點在 Y_n 的左邊，貨幣供給的增加，並不會造成 AD 曲線的移動。因此，投資陷阱下的貨幣政策是無效的；相反地，政府實施擴張性財政政策，使得 IS 曲線與 AD 曲線向右移動，所得上升且失業減少。因此，在投資陷阱下，財政政策是有效的。

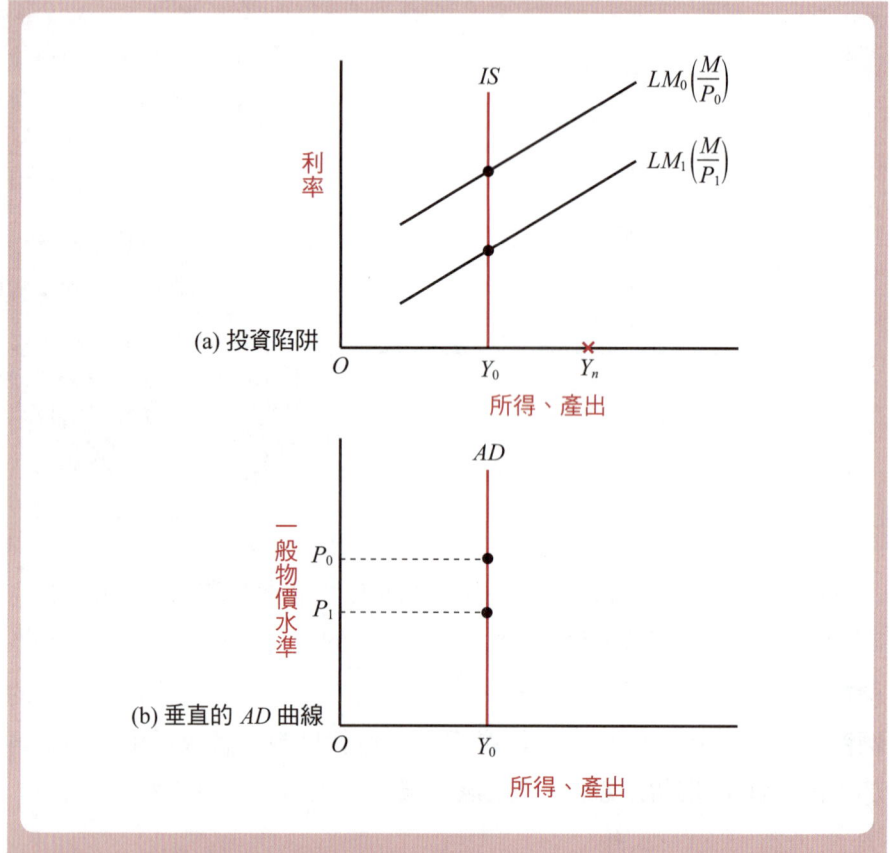

圖 7-12　投資陷阱與總需求曲線

圖 (a) 為投資陷阱下的 IS 曲線。IS 曲線與 LM 曲線交點決定均衡所得 Y_0。物價下跌，LM 曲線從 LM_0 右移至 LM_1，但均衡所得仍為 Y_0。在圖 (b)，物價從 P_0 跌至 P_1，所得仍維持在 Y_0，AD 為一垂直線。

當 LM 曲線水平或 IS 曲線垂直時，古典學派的物價與工資自由調整假設並不能解決循環性的衰退或蕭條問題。在圖 7-12(b)，即使價格從 P_0 下跌至 P_1，甚至低於 P_1，實質 GDP 仍然固定在 Y_0，AD 曲線並不會向右移動。

金融危機專題　冰島破產

"Kreppa" 本來是指 "陷入窘境"，若運用到整體經濟，則變成 "金融危機"。冰島在 2008 年 10 月 7 日，國家瀕臨破產，從 2007 年 7 月開始，冰島股市從 9 千點重挫至 2008 年 10 月 16 日的 640 點。過去冰島的失業率只有 1%，但隔年預估的失業率超過 10%。冰島貨幣克朗貶值 63%，而通貨膨脹率為 14%。

貨幣貶值對冰島人而言是雪上加霜。除了漁獲外，冰島物資仰賴進口，外國供應商要求事先付款才交貨。外匯市場已經停擺，促使民眾大量湧進超商搶購與囤積民生用品。

2007 年冰島的平均所得是 54,100 美元，排名世界第 8 名，為台灣的 6.3 倍，經濟快速成長，加上股市繁榮，讓部分冰島人開始揮霍。根據《經濟學人》在 10 月 9 日的文章 "Kreppanomics" 中指出，家庭負債占可支配所得的比例高達 213%，遠遠超過英國的 109% 和美國的 140%。

從 2001 年開始，冰島政府採用 "目標通貨膨脹" 的政策，將通貨膨脹上限訂為 2.5%，上下可波動 1.5%。每當碰到價格上揚時，冰島央行即透過調升利率來抑制通貨膨脹。因為冰島相當仰賴進口，高利率吸引投資人自低利國家 (如日本) 貸款來投資冰島，賺取高利息，這是所謂 "利差交易" (carry trade)。2001 年諾貝爾經濟學獎得主史帝格里茲 (Joseph E. Stiglitz) 指出，近年來的通貨膨脹主要是因為原油及糧食價格高漲而來。換句話說，通貨膨脹是成本推動所造成，小型國家仰賴調高利率也無濟於事。

另一方面，根據冰島央行資料，當年 8 月冰島銀行的外國負債 (foreign liability) 超過國外資產 (foreign asset) 1 兆 7 千億克朗，央行外匯準備又不足，且 GDP 只有近 2 百億美元，銀行資金告急，無法償還外債，造成貨幣貶值，通貨膨脹率上揚，消費力減弱，私人投資與國家建設也因而停擺。

《經濟學人》指出，當一個國家發生金融危機時，政府的國力大小就是關鍵。舉例來說，英、美等大國，資本市場深廣，國際投資人相信這個政府不會垮台，而冰島本身太小，政府的實力無法讓其安然度過危機。

事實上，冰島政府破產並不是因為購買

美國的次級房貸證券，而是因為利用短期融資來進行長期投資，高度槓桿的擴張，一旦碰到信用緊縮，即面臨破產危機。

不過，身陷破產危機的冰島已開始重振旗鼓，2011 年的經濟成長可望達 2.8%。《紐約時報》報導，冰島早已償還大部分國際紓困貸款，盤旋在 6% 的失業率也開始下降。經濟復甦的關鍵在於政府債務相對偏低，社會安全網健全，且急速貶值的冰島長期提振了最關鍵的出口市場。

資料來源：
1. 郭典伶、單小懿，"冰島破產"，《商業周刊》，2008 年 10 月 27 日。
2. 賴美君，"冰島經濟鹹魚翻生，可望成長 2.8%"，《經濟日報》，2012 年 7 月 9 日。
3. Reykjavik, "Kreppanomics," *The Economist*, October 8, 2008.

練習題 7-5

在經濟大恐慌期間，長期總供給曲線左移。為符合當時物價與產出，總需求曲線的變動為何？

答：AD 左移幅度大於 AS 左移幅度 $\Rightarrow P\downarrow$，$y\uparrow$。

7-6　皮古的實質餘額效果

依照凱因斯的說明，流動性陷阱造成垂直的 AD 曲線，即使物價下跌，經濟體系仍無法回到充分就業所得水準，失業是一種常態。

然而，皮古卻挑戰凱因斯提出的難題。他認為消費決策不僅受支配所得的影響，還受實質貨幣餘額的影響。當物價下跌時，實質貨幣餘額 (M^s/P) 會增加，進而導致消費支出增加，消費增加使 IS 曲線向右移動。即使是在流動性陷阱的情況下，物價下跌一方面延長 LM 曲線水平的部分，另一方面導致 IS 曲線右移，均衡所得因此增加，而 AD 曲線的斜率為負，如圖 7-13(b) 所示。

實質餘額效果 (real balance effect) 係指實質貨幣餘額 (M^s/P) 增加不需要透過利率而可直接影響總需求。為什麼實質餘額效果如此管用？想像你擁有 1,200 元的銀行存款，如果一支 4G 手機價值 2 萬元，你根

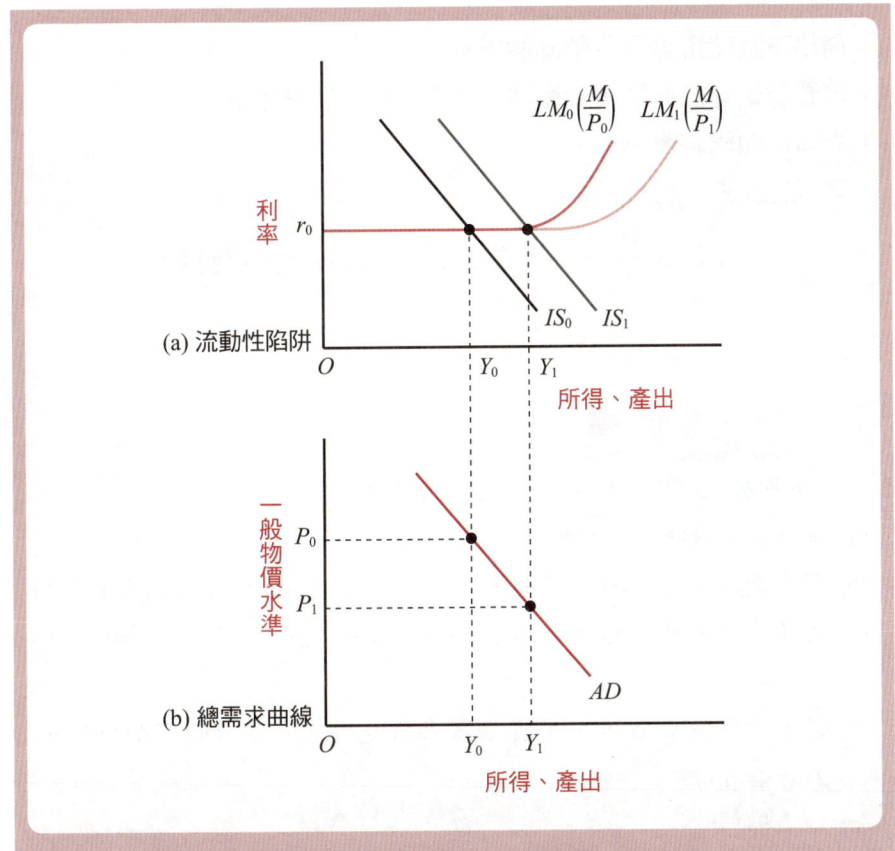

圖 7-13 實質餘額效果與總需求曲線

在圖 (a)，物價水準下跌，實質貨幣餘額增加，使 IS 曲線與 LM 曲線都向右移動，新的均衡所得為 Y_1。圖 (b) 為負斜率的總需求曲線。物價水準下跌，透過實質餘額效果，所得會上升。

本負擔不起。但如果因為全球性經濟不景氣，物價下跌了 40 倍，本來一支 2 萬元的手機，現在只要 500 元。你不但可以買得起手機，還有 700 元的餘款。雖然這個例子頗為極端，但是它也說出實質餘額效果的重點。當價格下跌時，口袋的金錢可以買更多的東西，也就是名目所得不變，但實質所得增加了。

如果價格可以自由調整和實質餘額效果確實有效，AD 曲線將會與 LRAS 曲線相交，央行總裁與財政部長可以度假，因為長期總體經濟目標可自動達成，失業不再是常態。我們可將實質餘額效果整理如下：

> - 價格下跌使得實質貨幣餘額上升。
> - 實質貨幣餘額增加可刺激消費支出，所得因此增加。
> - 總需求曲線斜率為負。
>
> 若以符號表示可寫成
>
> $$P\downarrow \Rightarrow \frac{M^s}{P}\uparrow \Rightarrow C\uparrow \Rightarrow Y\uparrow \Rightarrow AD\text{ 曲線具負斜率}$$

練習題 7-6

下列有關 AD 曲線的敘述何者正確？
(a) 加入皮古效果，AD 曲線會變陡
(b) 所有造成 IS 和 LM 曲線移動的因素，皆使 AD 曲線左右移動
(c) 若不考慮皮古效果，投資對利率完全缺乏彈性時，AD 曲線為一垂直線
(d) 若不考慮皮古效果，當貨幣需求只是所得的函數時，AD 曲線為一垂直線
(e) 以上皆非

答：(c)。

7-7 價格下跌的預期效果與重分配效果

儘管皮古主張價格下跌有穩定經濟的效果，但是有些經濟學家提出價格下跌會使所得進一步地減少。他們認為無法穩定經濟的理由有二：

1. **預期效果** (expectations effect)　當人們預期物價下跌時，他們的消費變得異常謹慎，盡可能等到低價時再消費，10 元商店也如雨後春筍般興起。台灣在 2002 年到 2003 年間曾出現通貨緊縮現象，資產價格泡沫化、債務沉重、人民財富縮水、銀行呆帳增加。預期效果的存在會使得 IS 曲線與 AD 曲線都左移，而抵銷皮古效果。

2. **重分配效果** (redistribution effect)　未預期物價下跌將導致財富從債務人手中移轉到債權人手中。為什麼？假設你向台新銀行借 1 萬元，利率是 20%，所以到年底你要還給台新銀行 12,000 元。如果物價下跌，12,000 元能夠買到的東西一定比之前多。譬如，年初的 12,000 元，在麥當勞超值全餐每份 100 元下，可以買 120 份超值全餐。如果年底物價下跌，超值全餐只要 50 元，12,000 元現在可買 240 份。換句話說，債務人的實質債務負擔變得更為沉重，而債權人的實質財富上升了。

重分配效果係指價格下跌，財富重新從債務人分配到債權人手上，債權人支出增加和債務人支出減少。一般而言，債務人的支出比例比債權人高，一個月入 3 萬元的大學畢業生，可能要花 2 萬 5 千元在食、衣、住、行等方面，而這些需求的花費對郭台銘而言，卻只是他財產的九牛一毛。在這種情況下，債務人支出減少的金額超過債權人支出增加的金額。淨效果是整體支出下滑，IS 曲線與 AD 曲線均向左移動，國民所得將會減少。有些經濟學家將重分配效果稱為**負債-通貨緊縮理論** (debt-deflation theory)。讓我們將物價下跌的預期效果與重分配效果整理如下：

預期效果
- 物價下跌引起人們預期物價進一步下跌。
- 消費支出減少使得 IS 曲線與 AD 曲線左移。
- 國民所得下降。

重分配效果
- 物價下跌使得財富由債務人移轉至債權人手中。
- 債務人支出減少的金額大於債權人支出增加的金額，此引起總消費支出減少。
- IS 曲線與 AD 曲線左移，國民所得下降。

摘 要

- 總需求曲線是指,在各種不同物價水準下,經濟體系中的家計單位、廠商和政府所願意購買各種不同商品與服務的總量。為商品市場的 IS 曲線及貨幣市場的 LM 曲線共同推導出的曲線。
- 總需求曲線斜率為負的原因為凱因斯的利率效果:物價水準下跌導致貨幣需求減少,利率下跌,刺激投資及消費支出增加,引起商品與服務的總量增加。
- 擴張性財政與貨幣政策,使總需求曲線向右移動。緊縮性財政與貨幣政策使總需求曲線向左移動。
- 生產函數與勞動市場可以推導總供給曲線。古典學派假設物價與工資可以自由調整,所以長期總供給為一垂直線。長期總供給曲線決定的產出水準,稱為自然產出、充分就業產出或潛在產出。
- 短期總供給曲線斜率為正的原因有三:(1) 工資僵固性模型:名目工資在短期是固定的,物價水準低於預期物價,造成實質工資上升,公司的生產成本提高而減少勞工雇用,商品與服務數量也會減少;(2) 物價僵固性模型:由於菜單成本的存在,物價下跌但有些廠商不會調整售價,銷售量因而減少,導致廠商減產;(3) 不完全資訊模型:如果一般物價水準下降,但有些廠商誤以為自己的產品相對價格下跌,因此減少生產量。
- 引起短期總供給曲線移動的因素包括預期物價、生產因素數量、公共政策、天氣、戰爭等供給面衝擊。預期物價上漲、戰爭發生、天氣惡劣、最低工資率提高、石油及能源價格上漲,均會造成短期總供給曲線上移。
- 造成經濟波動的原因有二:總需求的移動或總供給的移動。總需求減少,使實際產出低於潛在產出,經濟體系發生緊縮缺口及通貨緊縮現象。在長期,人們預期物價水準下跌,使短期總供給曲線向下移動,產出回到自然產出水準,但物價比以前更低。總供給減少,使產出低於潛在產出和物價上漲,而出現停滯性膨脹現象。時間一久,人們預期物價下跌,短期總供給曲線回到原來水準。
- 流動性陷阱與投資陷阱下的 AD 曲線為一垂直線。凱因斯主張政府介入才可穩定經濟。
- 皮古效果主張物價下跌,使實質貨幣餘額增加,消費因此上升,總需求曲線斜率為負。只要物價能自由調整,經濟體系可恢復充分就業所得水準。
- 預期效果係指物價下跌,導致人們預期物價將進一步下跌,消費因而下降,IS 曲線與 AD 曲線左移,國民所得水準下降。
- 重分配效果係指物價下跌,導致財富由債務人手中移轉至債權人手中,總支出減少,AD 曲線左移,與國民所得減少。

習題

選擇題

1. 在短期政府支出增加,將:
   (I) 總需求曲線右移
   (II) 實質 GDP 上升
   (III) 政府支出乘數增加
   (IV) 定額稅乘數增加
   (a) I 與 II (b) I 與 III
   (c) I、II 與 III (d) III 與 IV
   (100 年逢甲二年級)

2. 下列哪一種變化會使垂直總供給線移動?
   (a) 貨幣供給增加 (b) 大眾消費增加
   (c) 物價的上升 (d) 技術進步
   (100 年輔仁會計)

3. 根據總供需模型,在長期,貨幣供給增加導致:
   (a) 物價與實質 GDP 均上升
   (b) 實質 GDP 上升,但物價不變
   (c) 物價上升但實質 GDP 不變
   (d) 物價與實質 GDP 均不變
   (100 年政大商學)

4. 下列何者造成潛在產出的下降?
   (a) 技術進步 (b) 資本存量減少
   (c) 總需求下降 (d) 勞動力上升
   (e) 投資成長率下降 (88 年中山財管所)

5. 短期下的凱因斯模型中,原油價格下跌使產出____,實質利率____。
   (a) 上升,下降 (b) 上升,上升
   (c) 下降,上升 (d) 下降,下降
   (e) 以上皆非

6. 根據工資具完全彈性理論,如果價格上升,實質 GDP 供給將:
   (a) 不變,但依據工資僵固性理論,實質 GDP 供給上升
   (b) 增加,但依據工資僵固性理論,實質 GDP 供給上升
   (c) 增加,但依據工資僵固性理論,實質 GDP 供給不變
   (d) 減少,但依據工資僵固性理論,實質 GDP 供給上升 (85 年成大國企所)

7. 油價大漲,若政府想要穩定產出,它會進行下列何種措施?
   (a) 增加政府支出或增加貨幣供給
   (b) 增加政府支出或降低貨幣供給
   (c) 減少政府支出或增加貨幣供給
   (d) 減少政府支出或減少貨幣供給
   (100 年政大商學)

8. 從長期均衡出發,下列何者不會造成通貨膨脹率的上升?
   (a) 不利的通膨衝擊
   (b) 有利的總供給衝擊
   (c) 政府購買增加
   (d) 貨幣寬鬆 (100 年成大經濟)

9. 擴張性貨幣政策能夠對抗不景氣,但有其副作用:
   (a) 若不採任何行動,投資會減少
   (b) 若不採取任何行動,產出下跌
   (c) 若不採取任何行動,物價上升
   (d) 若不採取任何行動,預算赤字上升
   (103 年政大智財所)

10. 在下圖中,何者可代表物價下跌及固定貨幣工資?
    (a) E 到 I (b) E 到 F
    (c) E 到 G (d) E 到 H
    (100 年逢甲二年級)

(基期 2000)　　　(單位：兆元)

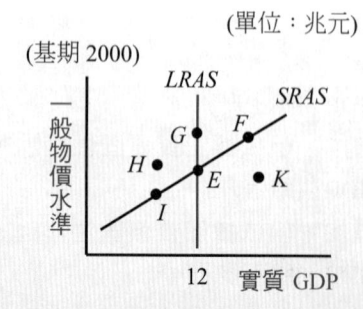

一般物價水準　LRAS　SRAS
　　　　G　F
　　H　　E　K
　　　I
　　　　12　實質 GDP

11. 經濟體系自動調正機制意味著通貨膨脹下跌最終會消除：
    (a) 膨脹缺口　　(b) 緊縮缺口
    (c) 外生支出　　(d) 誘發性支出
    (e) 失業　　　　(104 年中正企研)

12. 下列何者為供給面衝擊？
    (a) 貨幣供給減少　(b) 地震
    (c) 石油產量減少　(d) (b) 與 (c) 都對

13. 利用貨幣政策想要終結膨脹缺口，央行應該____貨幣供給來____投資和消費支出並讓總需求曲線____移。
    (a) 增加，增加，左
    (b) 減少，減少，左
    (c) 增加，增加，右
    (d) 減少，減少，右　(100 年銘傳三年級)

問答與計算

1. 台灣股價指數在 1990 年曾達 12,495 點，在次年卻跌至 4,928 點，民眾深受泡沫經濟之苦，請問對消費支出有何影響？總需求曲線有何變動？

2. 請說明下列各項因素對 AD 曲線的影響。
   (a) 政府支出增加
   (b) 貿易出超的減少　(104 年中興行銷所)

3. 擴張性財政與貨幣政策都會造成總需求曲線向外移動，但對利率影響是否有差異？
   　　　　　　　　(104 年中興行銷所)

4. "根據理性預期理論，總需求之減少，會引起衰退。"試評論之。(104 年中興企管)

5. "在長期擴張性財政政策會提高實質 GDP。"試評論之。(104 年中興企管)

6. 假設經濟體系一開始處於長期均衡。若每月最低工資從新台幣 18,000 元上調至新台幣 25,000 元，且目前瀰漫一股對未來景氣的悲觀，則短期實質 GDP 會上升或下跌？長期的物價和產出變動為何？
   　　　　　　　　(100 年台大經濟)

7. 利用總供給-總需求曲線圖形，分別就下列情形分析對實質 GDP 與物價水準的變動。
   (a) 外勞的大量引進
   (b) 健保制度的實施使得民眾減少生病住院所需之個人儲蓄　(成大政經)

8. 相對於固定價格及固定工資模型，在一個價格有彈性但為固定工資的凱因斯模型下，貨幣存量的增加將導致產出和利率如何變動？　(中興企管所)

9. 試以 AD-AS-LRAS 模型說明：
   (a) 為何政府因戰爭增加政府支出，在長期會造成排擠效果 (crowding-out effect)？
   (b) 美國的持續量化寬鬆政策如何影響預期通膨，進而影響短期與長期產出？
   　　　　　　　　(100 年暨南財金)

10. 若一經濟處於長期均衡，下列事件會造成物價、工資、實質 GDP 如何變動？
    (a) 政府興建高速公路
    (b) 生產力提升 (貨幣供給不變)
    　　　　　　　　(104 年台師大全球經營)

11. 在下列模型下：
    $IS: Y = C(Y-T, M/P) + I(r) + G$
    $LM: M/P = L(Y, r)$
    (a) 若貨幣需求對所得愈具彈性 (L_Y 愈大)，

則 LM 曲線與 AD 曲線會愈陡峭或愈平坦？

(b) 若貨幣需求對利率愈具彈性 (L_r 愈大)，則 LM 曲線與 AD 曲線會愈陡峭或愈平坦？ (中興企研)

12. 假設某國生產函數為 $Y=10AL-AL^2$，其中，Y 為產出，A 為總要素生產力，L 為總勞動工時。若 $A=2$，且在無彈性的勞動供給下，總勞動工時 $L=4$，則長期下的全國總產出與均衡實質工資是多少？ (104 年中山企研)

13. 貨幣幻覺 (money illusion) 係指人們只重視貨幣 (名目) 工資，而忽略實質工資。假設勞工比廠商更有幻覺，亦即，廠商比勞工更清楚物價上升。請推導無貨幣幻覺與存在貨幣幻覺的總供給曲線。

14. 假設一封閉性的經濟體系：
    消費支出：$C=150+0.8(Y-T)$
    投資支出：$I=100-40i$
    政府支出：$G=250$
    稅收：$T=100$
    而且，實質貨幣需求 $L(i,Y)=840+0.4Y-80i$，名目貨幣供給量是 640 億元。i 為利率，Y 為所得 (產出)。
    請求出總需求曲線 (AD) 曲線，並繪其圖形。 (長榮管研所)

15. 設名目工資固定時總供給曲線為 $Y=1,050+10P$，總需求曲線 IS-LM 構成 $C=60+0.8Y$，$I=350-1,000r$，$G=50$，$M^s=100$，$M^d/P=40+0.2Y-1,000r$，請求出均衡時之 P、Y 和 I。 (90 年中山財管所)

16. (填空題)
    (a) 凱因斯理論在分析勞動市場的均衡時，假設____ (貨幣、實質) 工資率有僵固性現象。更清楚地說，他假設上述的工資率因為種種原因很難____ (往上、往下) 調整。因此，勞動市場並非經常處於均衡狀態。在某一特定的物價水準下，如果實質工資率高於均衡水準，則勞動力雇用量是由____ (供給面、需求面) 所決定的。因為工資僵固性的假設，故當物價上漲時，實質工資率會隨著____ (上升、下降)；而勞動的雇用量乃隨著____ (上升、下降)。從總生產函數 $Y=F(K,L)$，我們知道勞動雇用量變動時，產出也隨著同方向變動，故 AS 的斜率為正 (78 年成大)

    (b) 在總供給曲線呈現____ (水平、正斜率、垂直) 的階段，擴張性財政政策，促使總需求曲線右移的能力較大。對物價之影響也較____ (大、小)，而緊縮性貨幣政策在總供給曲線呈現____ (水平、正斜率、垂直) 之階段能較有效地迫使總需求曲線左移，故平抑物價的效果較____ (大、小) (空大總經)

17. 美國前總統小布希所提出的大幅減稅方案，相當受到朝野及國內外產官學界的重視。試分別從 (a) 凱因斯學派及 (b) 供給面經濟學 (supply-side economics) 等兩種不同的論點，討論說明減稅方案的影響效果為何？ (90 年台大農經所)

18. 假設經濟體系處於長期均衡，請以 AS-AD 模型說明擴張性貨幣政策的短期與長期效應。 (100 年東吳企管)

網路習題

1. 請至行政院國發會網站，下載最近的經建計畫。請找出計畫的預期目標。

第 8 章
菲力浦曲線與預期

　　一位成功的商人拜訪他以前的經濟學教授。談話間，這名商人注意到教授桌上的一份考卷，並開始閱讀。讀完了之後，他非常訝異地問道："這跟你15年前考我們的試題一模一樣，你難道不怕學生查閱考古題嗎？"教授笑了："沒關係，我的確是用同樣的一份試題，但是我每年都會改變答案！"

—— 布希霍茲 (Todd G. Buchholz)，
《經濟大師不死》

　　已故的前美國總統雷根曾把經濟學家形容為，看到某件事在現實可行，才會去測試理論上成不成立。這種說法尤其在談論菲力浦曲線時可清楚見到。菲力浦曲線是指失業率與通貨膨脹率之間的負向關係。經濟學家利用菲力浦曲線來探討景氣循環現象。習慣上，通貨膨脹率與失業率的加總，叫做"痛苦指數"。因為失業率愈高，代表一國人民沒有工作的比例愈高，而通貨膨脹率愈高則意味著人們必須花費更多的金錢才能買到同樣的東西。

　　世界各國都以痛苦指數來衡量人民生活痛苦的程度。國際油價上漲，交通費隨之漲價，各種商品價格蠢蠢欲動；另一方面，民眾的薪水卻不見調升，這說明了民眾消費能力的流失，民眾消費意願也漸趨保守。因此，我們有必要仔細研究通貨膨脹與失業，兩者如何協調的問題。

8-1 歐肯法則與菲力浦曲線

從第 4 章到第 7 章，我們的焦點放在實質 GDP 的決定與景氣循環的對策。現在，我們可以將重點轉向失業與通貨膨脹之間的關係。記得，在第 7-2 節曾以一數學式子描述總供給曲線：

$$Y = Y_n + \alpha(P - P^e)$$

或

$$P = P^e + \frac{1}{\alpha}(Y - Y_n)$$

若將上式的等號左右兩邊都扣除前一期物價指數 P_{-1}，可得

$$P - P_{-1} = (P^e - P_{-1}) + \frac{1}{\alpha}(Y - Y_n)$$

或

$$\pi = \pi^e + \frac{1}{\alpha}(Y - Y_n)$$

其中 $P - P_{-1}$ 即為通貨膨脹率，而 $P^e - P_{-1}$ 為預期通貨膨脹。

1962 年，布魯金斯學會 (Brookings Institution) 研究員歐肯 (Arthur Okun) 利用美國的潛在產出與失業資料得到著名的歐肯法則。其中一個版本強調產出缺口與失業率缺口的負向關係：

$$Y - Y_n = -2.5 \times (u - u_n)$$

如果真實失業率為 8%，自然失業率為 6%，則實質 GDP 將下跌 5%。[1]
結合總供給曲線與歐肯法則，可以得到菲力浦曲線函數：

$$\pi = \pi^e - \frac{2.5}{\alpha}(u - u_n)$$

或

$$\pi = \pi^e - \beta(u - u_n) + \varepsilon$$

上式的 $\beta = \frac{2.5}{\alpha}$，$(u - u_n)$ 可視為循環性失業，而 ε 為**供給面衝擊**

---

[1] 菲力浦曲線與歐肯法則中的 $P - P_{-1}$ 及 $Y - Y_n$ 其實不是成長率的觀念。若我們將 P 和 Y 視為 P 與 Y 的自然對數，則 P 與 Y 的變動即為通貨膨脹率和經濟成長率。

(supply shock)。若真實失業率高於自然失業率，經濟體系存在循環性失業。由於經濟不景氣，人們會預期物價水準上升。譬如，假設 $u=8\%$、$u_n=6\%$ 和 $\beta=0.5$，人們預期未來的物價將上漲 1 個百分點。

β 是菲力浦曲線的斜率。當工資與物價的僵固程度愈大時，總供給曲線愈接近水平，β 值愈小，菲力浦曲線就愈平坦。若 $\beta=0.5$，這意味著即使失業率大幅變動對物價波動也不會有太大的影響。預期通貨膨脹 π^e 是菲力浦曲線的截距。當人們預期通貨膨脹將上升時，菲力浦曲線會向上移動。另一方面，供給面的負面衝擊 (如 1973 年的石油危機) 將導致菲力浦曲線上移；相反地，供給面的正面衝擊 (如 1986 年全球油價的下滑) 將使得菲力浦曲線下移。我們將菲力浦曲線的結論整理如下：

> 通貨膨脹率受以下三個因素的影響：
> - 預期通貨膨脹 π^e。
> - 循環性失業 $(u-u_n)$。
> - 供給面衝擊 ε。

圖 8-1 描繪出菲力浦曲線。菲力浦曲線顯示通貨膨脹率與失業率之間的短期抵換關係。當失業率處於自然水準 $(u=u_n)$ 時，通貨膨脹率等於預期通貨膨脹加上供給面衝擊 $(\pi^e+\varepsilon)$。

負斜率的菲力浦曲線帶給各國政府一個重要的啟示：它們要做的選擇是不同的失業率與通貨膨脹率組合。在既定的預期通貨膨脹下，財經當局可藉著操作總需求來達成既定目標。譬如，A 點代表低失業與高通膨的組合。歐元區在 2012 年的失業率在 10% 左右，而通膨在 2% 以下。若央行希望控制通貨膨脹在一定範圍內，緊縮貨幣政策的實施將使得經濟體系從 A 點移向 C 點：低通膨與高失業；亦即，執政者面臨通貨膨脹與失業之間的取捨，低通膨與低失業只能二選一，魚與熊掌不可兼得。所以，圖 8-1 的菲力浦曲線稱為**短期菲力浦曲線** (short-run Phillips curve)。

圖 8-1　菲力浦曲線

菲力浦曲線描繪失業率與通貨膨脹率之間的短期抵換關係。當 $u = u_n$ 時，通貨膨脹率為 $\pi^e + \varepsilon$，曲線的斜率為 β。

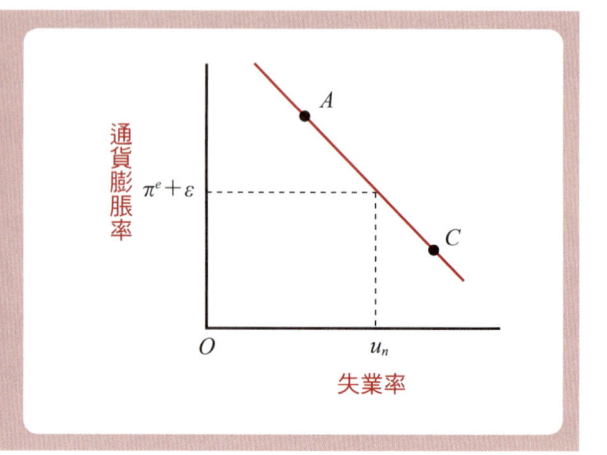

練習題 8-1

沿著短期菲力浦曲線向上移動，其原因可能為：
(a) 預期貨幣供給增加
(b) 非預期貨幣供給增加
(c) 預期貨幣供給減少
(d) 非預期貨幣供給減少
(e) 以上皆非　　　　　　　　　　　　　　　　(104 年中央人資所)

答：(b)。

8-2　預期通貨膨脹

預期通貨膨脹與自然失業率共同決定菲力浦曲線的位置。但是，人們是依據什麼來形成預期？經濟學家將預期分成三類：

1. **靜態預期** (static expectations)　人們不對未來做任何猜測。

2. **適應性預期** (adaptive expectations)　人們根據最近觀察到的資訊來做預期。

3. **理性預期** (rational expectations)　人們利用所有可以得到的資訊來對未來做最適預測。

金融危機專題：歐洲主權債務危機 vs. 負利率

希臘是古神話之地，現代的希臘人則以瀕臨破產國家的前途，創造他們的新神話。他們堅信，希臘是不可分割的一部分，歐元區絕不會一腳將他們踹出。

問題是如何浮現的？在 2010 年希臘債務高達 GDP 的 116%。而在 2010 年 4 月，信評機構標準普爾 (Standard and Poor, S&P) 將希臘債券降為垃圾等級。希臘債券價格開始下滑，利率開始攀升。到了 2011 年夏天，利率升至 26%；到了 11 月，更漲至超過 100%。許多持有希臘政府債券的歐洲銀行面臨虧損，更大的信用危機成形。

雪上加霜的是，倘若歐盟不拯救希臘的話，許多人相信義大利、西班牙、葡萄牙和愛爾蘭也可能發生金融風暴。歐豬五國主權債券價值的下降，導致歐洲銀行體系岌岌可危。葡萄牙被認為是下一個希臘，其財政赤字占 GDP 比例高達 9.4%，而淨外債占 GDP 比例更高達 112%，而其中接近一半是該國政府欠下的公債。與葡萄牙同病相憐的是西班牙，2012 年上半年失業率高達 24%，加上資金外逃，債信評等屢遭調降。國際市場不敢借錢給西班牙，公債殖利率激增，而義大利則是葡萄牙的難兄難弟。

德國和法國等經濟表現相對較佳的國家協助安排貸款給歐豬五國。然而，這種政策並不受歡迎。德、法兩國人民質疑為何要犧牲他們的所得去拯救別國的債務違約。另一方面，希臘民眾也不開心，因為這些貸款的條件是提高稅收和降低政府支出。這種嚴苛的撙節財政導致希臘變天，反撙節的極左派聯盟以明顯差距擊敗主張撙節的"新民主黨"。

儘管債務危機已過，但是伴隨危機而來的痛苦依然延續。即使在 2015 年末，希臘失業率仍高達 24.6%，西班牙是 20.5%，但人口最多的德國只有 4.3% (2016 年 1 月)，如典型的短期菲力浦曲線所預測，經濟停擺讓歐洲通膨低於 2% 的目標水準。

許多觀察家憂心歐洲可能朝通貨緊縮的道路前進，為了要擴張總需求和拉抬疲弱通膨，歐洲央行在 2015 年 3 月實施 1.1 兆歐元的 QE 購債計畫，更在 2015 年 12 月的例行貨幣政策會議中，將隔夜存款利率從 −0.2% 降到 −0.3%，意味著商業銀行必須付出更多代價，才能把一部分準備金存放央行。

資料來源：
1. Gregory Mankiw, *Macroeconomics*, 8th ed., Worth Publishers, 2013.
2. 湯淑君編譯，"ECB 再降息，擴大 QE 規模"，《經濟日報》，2015 年 12 月 4 日。

靜態預期下的菲力浦曲線

如果通貨膨脹的預期是靜態，這表示人們的腦袋根本沒有通貨膨脹這件事。假設動畫人物史瑞克在信義路 101 大樓的街角等公車回家。過去的經驗告訴他，在下午 6 點的時候要遠離站牌，因為每天這個時候都會有重達 1 噸的鐵板從 50 樓高的新光鋼鐵公司墜落。有一天，史瑞克在街角等公車，這個鐵板遲了 15 分鐘才掉下，在 6 點 15 分把史瑞克壓扁了。

如果史瑞克採靜態預期，他壓根兒不會做任何揣測。隔日依舊站在原地等公車。因此，第二天的 6 點 15 分，他再一次地被壓扁了。所以，只要通貨膨脹的預期保持靜態，預期通貨膨脹不會改變，失業與通貨膨脹之間的抵換關係也不會有任何變動。靜態預期下的菲力浦曲線不會上移或下移，如圖 8-2 所示。

在什麼情況下，菲力浦曲線不會移動？當經濟體系的通貨膨脹率頗低且相當穩定時，廠商及消費者通常是靜態預期。為什麼？理由是廠商與消費者每天都面臨許多選擇，廠商必須決定是否設立新廠房、向誰採購原料，或如果競爭對手降價，要不要跟進？家庭主夫 (婦) 每天要決定買什麼菜，到哪裡去買最划算等。因此，當通貨膨脹一直都很穩定且低時，人們將注意力放在更重要的事情上。換句話說，當經濟體系處於高失業與低通膨 (C 點) 時，政府採用擴張性政策，人們不會形成通貨膨脹預期，明年經濟體系會有高通膨與低失業 (A 點)。

圖 8-2　靜態預期下的菲力浦曲線

假如通貨膨脹的預期是靜態的，經濟體系會沿著同一條菲力浦曲線從 A 點移向 C 點或從 C 點移向 A 點。菲力浦曲線不會上移或下移。

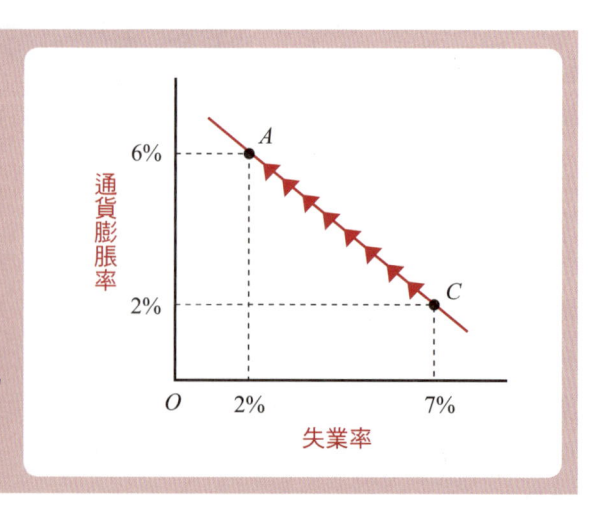

適應性預期下的菲力浦曲線

適應性預期係指人們只看過去變數的表現，並且只會保守地調整他們的看法。如果過去幾年當中，通貨膨脹率都是 5%，而今年上升為 7%。在適應性預期模型下，人們可能預測明年的物價上漲 6%。

在史瑞克的例子中，如果採用適應性預期，在第二天的 6 點 15 分，他會怎麼做？他依舊會站在站牌旁，並認為鐵板不會在這個時候掉落，因此再一次被壓扁。在連續一個禮拜天天被壓扁後，他可能才瞭解到新光鋼鐵公司的時刻表改變了。

只要物價上漲相對緩慢，且去年的物價上漲率可作為今年物價上漲率的參考，廠商與消費者即是採取適應性預期模式。預期通貨膨脹等於去年的通貨膨脹率，$\pi^e = \pi_{-1}$。在這種情形下，菲力浦曲線可寫成

$$\pi_t = \pi_{-1} - \beta(u - u_n) + \varepsilon$$

上式說明通貨膨脹受去年通貨膨脹、自然失業率與供給面衝擊的影響。這種模型的菲力浦曲線有一些重要的政策涵義：當失業率低於自然失業率時，通貨膨脹會加速；而當失業率超過自然失業率時，通貨膨脹會減速。讓我們用一個例子來加以說明。假設 $\pi_{-1} = 3\%$，$\beta = 0.5$，而循環性失業 $(u - u_n) = -2\%$，今年的通貨膨脹率為

$$\pi_t = \pi_{-1} + \beta \times 2 = 3 + 0.5 \times 2 = 4$$

明年的通貨膨脹率等於　$4 + 0.5 \times 2 = 5$
後年的通貨膨脹率等於　$5 + 0.5 \times 2 = 6$
大後年的通貨膨脹率等於　$6 + 0.5 \times 2 = 7$

由於明年的預期通貨膨脹率等於今年的通貨膨脹率 (4%)，後年的預期通貨膨脹率等於明年的通貨膨脹率 (5%)，可見每年的預期通貨膨脹率都在增加。因此，只要政府企圖控制低失業，代價就是菲力浦曲線加速上移。有時，我們將圖 8-3 的菲力浦曲線稱為**加速型菲力浦曲線** (accelerationist Phillips curve)。

在 1979 年代到 1980 年代中期，美國聯準會主席沃克將通貨膨脹率從 9% 降至 3%。因為通貨膨脹採適應性預期，物價的下跌導致預期通貨膨脹也下跌。聯準會的作法是採取緊縮性貨幣政策，大幅提高利

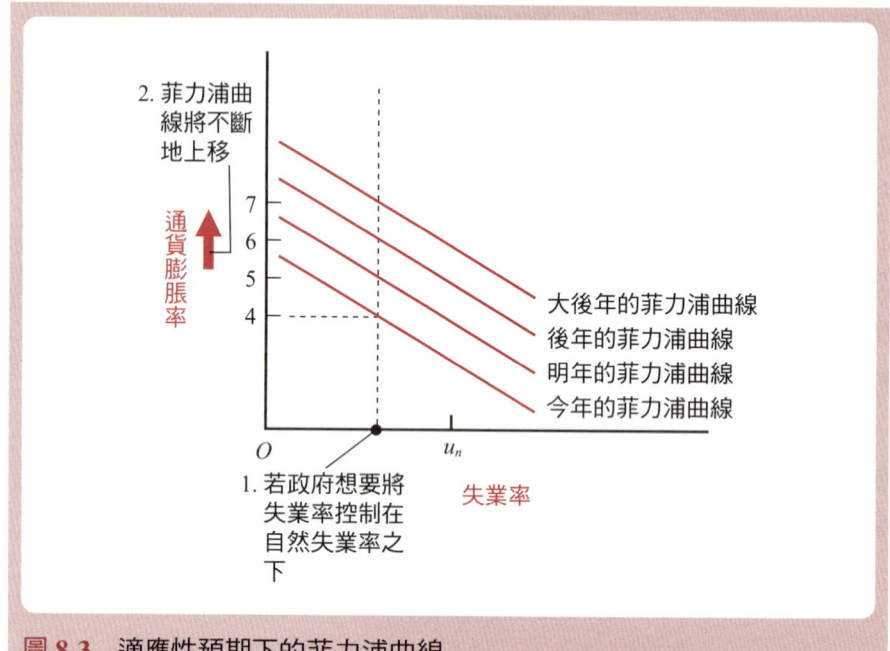

圖 8-3 適應性預期下的菲力浦曲線

若政府企圖將失業率控制在自然失業率之下，在適應性預期下，通貨膨脹率每年上升 1%，使得菲力浦曲線向上移動。

率，投資減少，總需求因而下降。經濟體系沿著菲力浦曲線向右下方移動。

通貨膨脹率下降 6% 不是沒有代價的。在這段期間，循環性失業平均每年是 1.5 個百分點。通貨膨脹的快速減少，使得人們預期通貨膨脹也快速地下跌，整條菲力浦曲線大幅地往左下方移動，如圖 8-4 所示。這種快速降低通貨膨脹，而大幅犧牲實質 GDP 的作法，稱為通貨膨脹的**冷火雞療法** (cold turkey solution)。

理性預期下的菲力浦曲線

理性預期學派強調人們會運用所有可能得到的資訊，包括當前政府政策的資訊來預測未來。如果史瑞克採用理性預期，在他第一次被鐵板壓扁而恢復原形後，他會上 50 樓向新光鋼鐵公司詢問究竟，並記下時刻表。如果他掌握了新的資訊，就不會犯系統性的錯誤。理性預期的擁護者相信，如果財經當局承諾降低通貨膨脹，且民眾也深信政府將信守承諾，理性的人們將迅速地降低通貨膨脹的預期。換句話

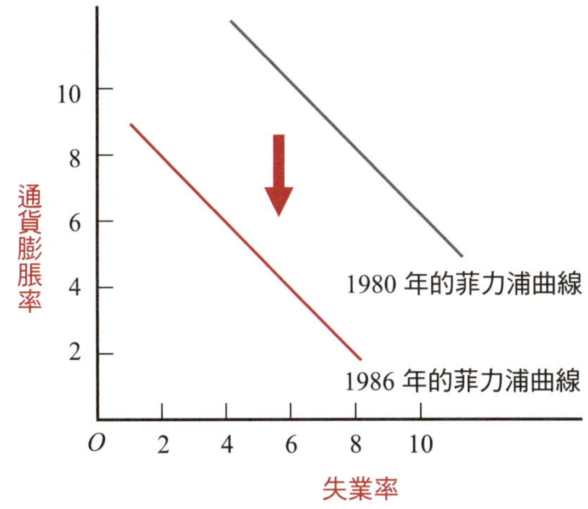

圖 8-4 冷火雞療法

央行採行緊縮性貨幣政策使物價急速下滑。在適應性預期下，預期通貨膨脹也大幅滑落，菲力浦曲線向左下方移動。

說，任何預期到的經濟政策對產出或就業水準毫無影響。

讓我們用圖 8-5 來說明理性預期下的菲力浦曲線。假設廠商與消費者具理性預期觀點。一開始的經濟體系處於 *A* 點，失業率等於自然失業率，而通貨膨脹與預期通貨膨脹也相等。若政府覺得失業率太高而決定採取減稅措施時，經濟體系的衝擊為何？

倘若政府的減稅政策**出乎意料** (surprise) —— 譬如，訂單已經決定，投資決策開始實施，通貨膨脹預期已經完成 —— 經濟體系將沿著菲力浦曲線往左上方移動，如圖 8-5 的 *A* 點移至 *B* 點所示。

然而，假使政府的減稅政策已經被**正確預期** (anticipated) —— 減稅政策已經制定且宣布後，人們才開始形成預期 —— 廠商與消費者會將減稅對經濟體系的衝擊列入考慮，而持續更新他們心理的預期。擴張性政策導致物價水準上升，人們開始預期物價上升。在理性預期下，菲力浦曲線向上移動，如圖 8-5 的 *A* 點到 *B* 點，再到 *C* 點所示。因此，預期到的政府政策對產出或失業沒有任何影響，失業率仍然維持在自然失業率的水準。

最後，讓我們用一個小故事來總結理性預期的主張。1995 年 10

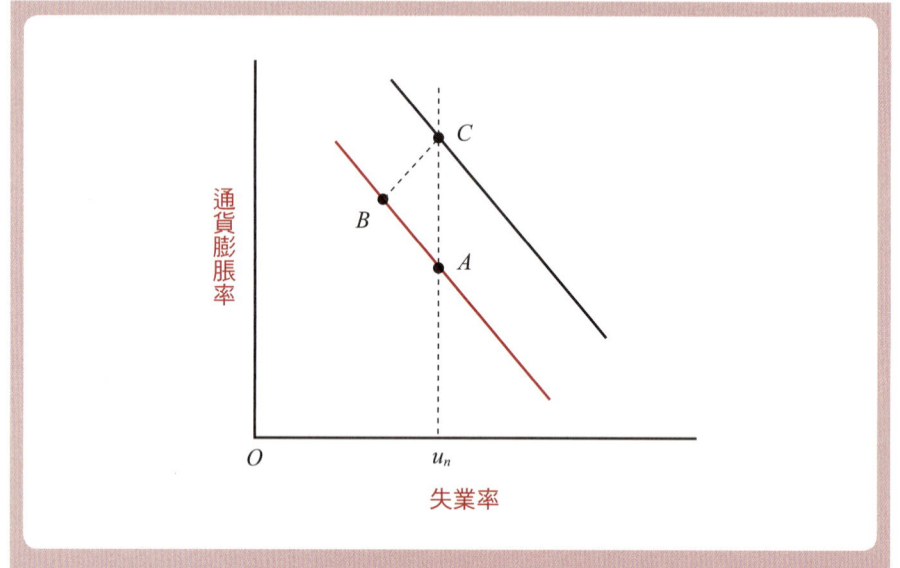

圖 8-5　理性預期下的菲力浦曲線

政府採取擴張性政策，若出乎人們意料，經濟體系會從 A 點移至 B 點。若在意料之中，經濟體系會從 A 點移至 B 點再到 C 點。C 點為最終均衡。

月，當諾貝爾獎委員會宣布盧卡斯 (Robert E. Lucas, Jr.) 獲獎消息時，他前妻的律師透露她早已預知他會得獎。在 7 年前的離婚協議書上即有一項條款，載明如果盧卡斯在 1995 年以前獲頒諾貝爾經濟學獎，她將要求獲得半數獎金。盧卡斯的前妻根據"理性預期"多得到 50 萬美元。

練習題 8-2

理性預期的通貨膨脹是：
(a) 經濟學家完全預期通膨
(b) 未預期通膨如何影響經濟
(c) 為何未預期通膨進行所得重分配
(d) 利用所有可得相關資訊預測通膨　　　　(100 年逢甲二年級)

答：(d)。

8-3 從短期到長期

當史瑞克日復一日地面臨鐵板掉落的威脅，隨著時間經過，他的因應對策為何？其實，他現在的行為與他對未來的預測有關。由於我們將預期分成靜態預期、適應性預期，以及理性預期，讓我們逐一討論三種預期型態的"長期"菲力浦曲線。

靜態預期

如果史瑞克的腦筋非常單純，從來不會想到明天以後的景況，也從來不憂心鐵板的事情。"長期"這個概念就不會出現。這種說法有點類似凱因斯學派的工資與物價僵固性假設，廠商可能與顧客簽訂長期契約，而不任意更動價格。

在靜態預期下，"長期"菲力浦曲線並不存在。真實與預期通貨膨脹間的差距可能隨著經濟外在衝擊而加大。當然，面臨波動的物價環境，廠商與消費者也不會傻到不做任何預期。

適應性預期

當通貨膨脹較為溫和且易波動時，人們有可能採取適應性預期模式。圖 8-6 顯示適應性預期下的"長期"菲力浦曲線。假設經濟體系一開始的均衡在 A 點。如果政府想要降低失業而採取增加政府支出的政策，實質 GDP 增加，失業將減少、物價開始上揚，如圖 8-6(a) 的 A 點移至 B 點所示。

當廠商與消費者見到物價上漲時，他們會開始提高通貨膨脹預期。菲力浦曲線隨之上移，如圖 8-6(a) 的 PC_1 移至 PC_2。由於人們採適應性預期，真實通貨膨脹仍會高於預期通貨膨脹，菲力浦曲線繼續向上移動，如圖 8-6(b) 的 PC_2 至 PC_3 至 PC_4……。此時，通貨膨脹和失業率持續上升。隨著時間經過，真實與預期通貨膨脹的差距逐漸縮小，失業率也逐漸趨向自然失業率，也就是圖 8-6(b) 的 C 點所示。因此，長期均衡會逐漸形成。

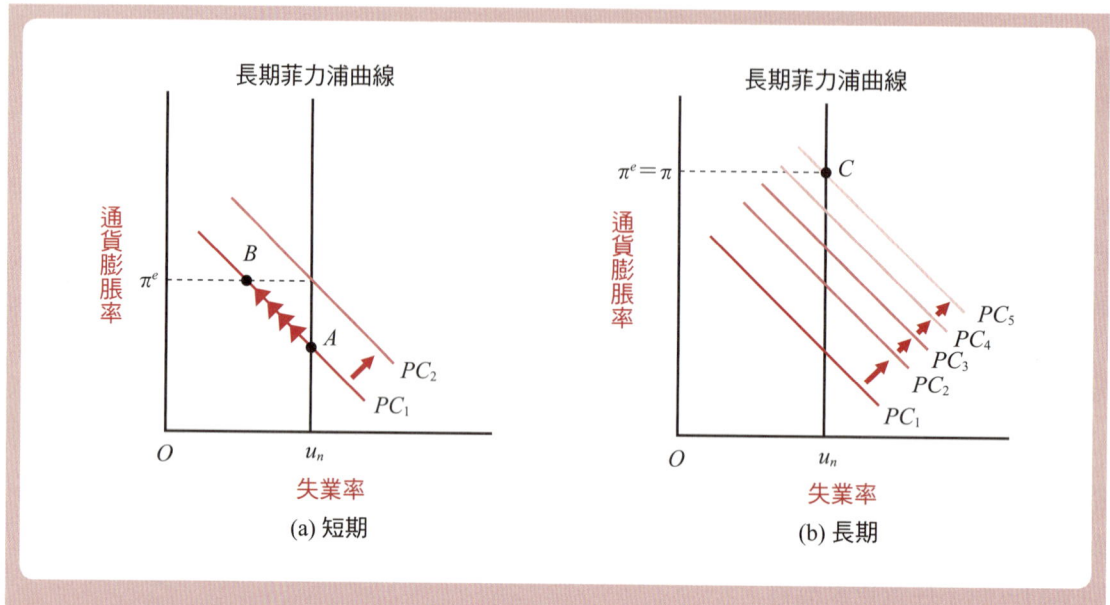

圖 8-6　適應性預期下的 "長期" 菲力浦曲線

在適應性預期下，擴張性政策最初使得失業減少，物價上升，如圖 (a) 的 A 點至 B 點所示。但隨著時間經過，政策效果逐漸式微。在長期，如圖 (b) 失業率回到自然失業率水準，真實與預期通貨膨脹相等。

理性預期

當通貨膨脹變動幅度較為劇烈，容易波動且與經濟政策息息相關時，人們傾向採用理性預期。如果反通貨膨脹政策是在消費者與廠商形成預期之前宣布，且消費者與廠商都相信這個宣布，通貨膨脹即刻下跌，而失業率不會隨之提高，理性預期隱含預期通貨膨脹與真實通貨膨脹相等：

$$\pi = \pi^e$$

在不考慮供給面衝擊的菲力浦曲線 $\pi = \pi^e - \beta(u - u_n)$ 下，真實失業率會等於自然失業率。經濟體系處於充分就業，均衡直接由 A 點移至 C 點，如圖 8-7 所示；亦即，若反通貨膨脹政策 (或擴張性政策) 完全被預期，失業率與通貨膨脹間沒有抵換關係，沒有所謂短期菲力浦曲線。只有出乎人們意料的政策才會造成失業波動。

長期菲力浦曲線

$\pi = \pi^e$

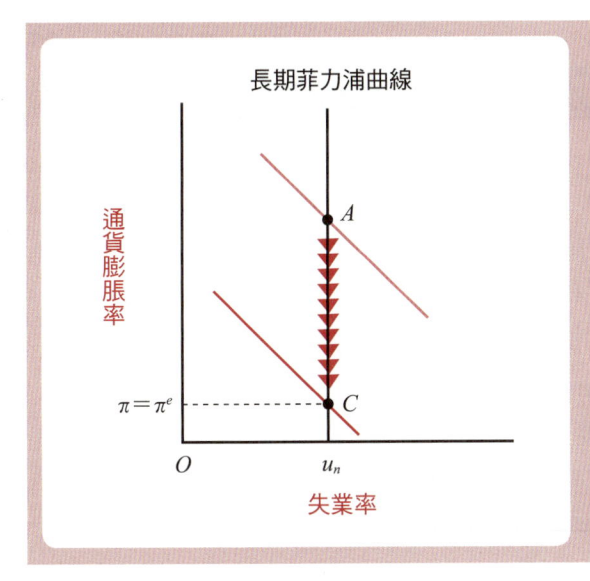

圖 8-7　理性預期下的"長期"菲力浦曲線
在理性預期下，如果政策事先已被預期，就沒有短期菲力浦曲線，均衡從 A 點移至 C 點。

練習題 8-3

長期菲力浦曲線 (long-run Phillips curve) 是指_____時的通貨膨脹率與失業率的組合軌跡。
(a) 預期通貨膨脹率為零
(b) 預期通貨膨脹率＝實際通貨膨脹率
(c) 實際通貨膨脹率＝0%
(d) 實際通貨膨脹率＝預期通貨膨脹率＋名目工資上漲率
(e) 實際通貨膨脹率＝預期通貨膨脹率－名目工資上漲率
答：(b)。

8-4　通貨膨脹的來源與成本

通貨膨脹的兩個成因

如果我們以總供給與總需求曲線來分析形成通貨膨脹的原因，則通貨膨脹有兩種來源：總需求的增加，或總供給的減少。由總需求增加所引發的通貨膨脹稱為**需求拉動的通貨膨脹** (demand-pull inflation)。

通縮流沙

潘朵拉的盒子

根據 2016 年 3 月 3 日《經濟日報》的報導，歐元區 1 月份生產者物價指數 (PPI) 比去年同期下降 2.9%，而 2 月份消費者物價指數比去年同期下降 0.2%。ECB 總裁暗示加碼量化寬鬆，並將－0.3% 的存款利率下調。

物價下跌，代表你只要付出較少的代價，就能買到同樣的東西。但長期物價下跌，會讓經濟窒息。根據國際貨幣基金 (International Monetary Fund, IMF) 的定義，物價連續 2 年下跌，就是通貨緊縮，東西便宜有什麼不好？通縮有什麼好怕的？

人們體會到下個月買商品比這個月買更便宜時，他們就不會急著買。只要東西沒有壞，消費者就會一直等跌價。假設消費者對華碩筆電的需求比去年少 10 個百分點，華碩發覺筆電賣不出去時，就會開始降價，甚至賠本求現。

故事不會就此結束，經濟體系的每一家廠商都會面臨相同窘境。所有廠商獲利減少、沒錢投資。東西賣不出去，就不需要那麼多勞工生產。員工開始休無薪假，甚至裁員，最壞的結果是企業倒閉、失業率開始飆升。

這就好比你養了一隻黃金獵犬，名叫"經濟"，如果牠愈跑愈快，物價就跟著飛漲。有時跑得太快，你必須使勁拉繩子，才能讓牠慢下來，那條繩子就是央行的利率；相反地，如果牠不走或一直往反方向走，你再怎麼推繩子也沒有用。若消費者預期物價將下跌，消費者就愈不會購買，愈不買價格就愈跌，廠商就愈沒有收入，也就愈不會投資和雇用勞工。失業率上升，消費者荷包縮水，就更不會消費。經濟越發疲弱，通貨緊縮的惡性循環開始，無法終結。

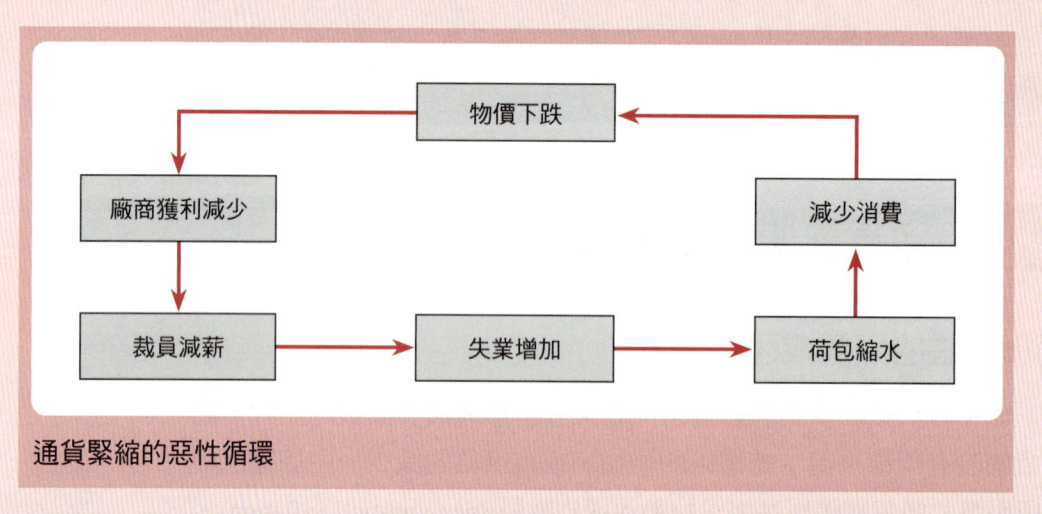

物價下跌 → 廠商獲利減少 → 裁員減薪 → 失業增加 → 荷包縮水 → 減少消費 → 物價下跌

通貨緊縮的惡性循環

資料來源：賀桂芬、辜樹仁、陳諍諂，"中國震盪　全球通縮，如何逃脫通縮流沙"，《天下雜誌》，581 期，2015 年 9 月 15 日。

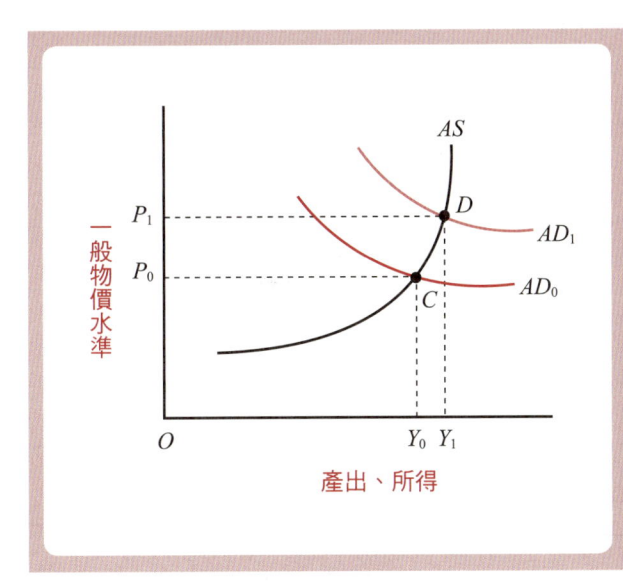

圖 8-8 需求拉動的通貨膨脹

若經濟體系接近充分就業狀態下，總需求曲線向右移動，導致物價水準大幅攀升，產出僅微幅增加。

造成總需求增加的因素有很多，包括貨幣供給的增加、減稅、政府支出的上升或消費意願提高等。圖 8-8 說明需求推動的通貨膨脹。當經濟體系接近充分就業水準時，所有的勞工都找到工作，機器設備也接近滿載。總供給曲線處於相對陡峭的部分。總需求增加造成總需求曲線向右移動，如圖 8-8 的 AD_0 右移至 AD_1。物價水準從 P_0 上升至 P_1，此即為需求拉動的通貨膨脹。若從菲力浦曲線的函數觀察，總需求是透過循環性失業 $(u-u_n)$ 來影響通貨膨脹 π。

除了需求拉動的通貨膨脹外，生產成本提高，使總供給減少因而引起的通貨膨脹，稱為**成本推動的通貨膨脹** (cost-push inflation)。成本的上升，如工資漲幅大於生產力提升的幅度，或是進口物價上揚直接衝擊消費品價格，或透過中間投入影響生產成本，都會使廠商減少勞工的雇用及原物料的購買，這將使生產減少，總供給曲線向左移動。

假設政府面對供給面的負面衝擊，並未以擴張性總需求政策 (增加貨幣供給或政府支出或是減稅)，總需求曲線固定不變。總供給曲線的左移導致均衡價格從 P_0 上升至 P_1，而總產出從 Y_1 下跌到 Y_0，這種產出下跌與物價上漲同時發生的現象稱為**停滯性膨脹** (stagflation)，如圖 8-9 所示。停滯性膨脹是由兩個詞組合而成：停滯 (stagnation) ── 經濟停滯和通貨膨脹 (inflation) ── 物價水準的上升。若從菲力浦曲線的函數來看，成本推動乃透過供給面衝擊 ε 來影響通貨膨脹 π。

圖 8-9 成本推動的通貨膨脹

生產成本提高，使總供給曲線向左移動。如果政府並未以擴張性政策因應，總需求曲線固定不動，則產出會下跌，物價水準會上漲。

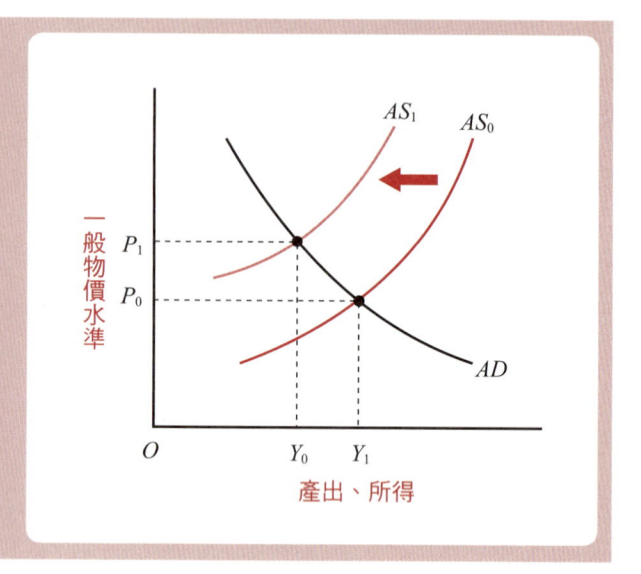

通貨膨脹的成本

　　一般人對通貨膨脹的印象是錢變薄了。譬如，第一次石油危機時，以消費者物價指數計算的通貨膨脹在 1974 年是 47.5%。這表示，你在年初以 100 元買一份麥當勞超值全餐，到了年底，你必須花費 147.5 元才能買到一份相同的超值全餐。物價上升會造成貨幣的實質購買力下跌。但如果你的老闆在當年年底決定調漲你的薪水，調幅達 47.5%，這樣你所得的實質購買力才不會受通貨膨脹而有所減少。

　　通貨膨脹對社會所造成的不利的成本共有六種，分別會透過兩種途徑影響：預期通貨膨脹與非預期通貨膨脹。**預期通貨膨脹** (expected inflation) 是指社會大眾事先預估的通貨膨脹。假設社會大眾依據現有資訊事先預估通貨膨脹幅度，且交易雙方能夠充分調整行為。民眾盡量減少手中持有的貨幣數量，以避免購買力的下降。廠商會根據事先做的預期來調整售價、進貨時間和生產流程。在這種情況下，預期通貨膨脹的社會成本，主要是經濟體系面對物價上漲所付出的調整成本：菜單成本、皮鞋成本及財富重分配效果。

　　然而，每一個人對通貨膨脹的預期不一定十分準確，即使今年預期正確，也不見得每一年都會預期正確。有時候，因為資訊不足或突發狀況，造成預期通貨膨脹與實際通貨膨脹之間有差異，我們稱為**非預期通貨膨脹** (unexpected inflation)，即

非預期通貨膨脹＝實際通貨膨脹－預期通貨膨脹

非預期通貨膨脹所造成的社會成本有三種：干擾長期規劃、無規律性的財富重分配、損害資源配置效率。以下僅就預期通貨膨脹和非預期通貨膨脹所引發的成本，略述如下：

1. **菜單成本**　《聯合報》與《中國時報》一份 10 元，已經維持好幾年的時間。士林夜市的蚵仔煎一份 60 元也是好久不曾變動。難道紙漿價格或採蚵成本都沒有上漲嗎？當然不是。廠商不願意經常調動商品價格的原因是價格變動會帶來不利的成本。這種因為商品價目表上的更改所導致的額外花費，稱為**菜單成本** (menu cost)。

2. **皮鞋成本**　現金放在口袋裡並不會幫你賺取任何利息，只有存放銀行才有利息可領。當通貨膨脹愈高時，持有貨幣的機會成本就愈高。在這種情況下，你會選擇多跑幾次銀行，盡可能將錢存在銀行賺取利息。由於常跑銀行，會使皮鞋磨損得更快，而產生**皮鞋成本** (shoe-leather cost)。皮鞋成本泛指大眾減少現金持有數量，所犧牲的時間及提領貨幣的成本。

3. **財富重分配效果**　儘管社會大眾能夠正確預期通貨膨脹的幅度，但是各經濟單位調整的時間不一定同時發生，而使一方獲利，另一方遭受損失，產生**財富重分配** (redistribution of wealth) 的現象。財富重分配可能發生在下列兩種人身上：

    (1) 債權人和債務人：假設莊孝維過年領到紅包 10,000 元，過年後存入台新銀行的 1 年期定存，利率是 3%，1 年後他可領回本金和利息共 $10,000 \times (1+3\%) = 10,300$ 元。如果同一期間的物價上漲率是 5%，1 年後領到的實質餘額是 $10,300/(1+5\%) = 9,809.52$ 元。在這個例子，銀行 1 年期定存利率未能充分反映通貨膨脹，即使民眾正確預期通貨膨脹率是 5%，存款人 (債權人) 仍遭受損失，銀行 (債務人) 得到利益。

    (2) 納稅人和政府：台灣的綜合所得稅是採取累進稅率，賺得愈多，適用的稅率愈高。綜合所得稅的課徵是針對名目所得，因此現行稅制可能使得稅收增加得比物價水準上漲得快。

    其中綜合所得淨額是綜合所得總額減免稅額和扣除額。民國 104 年度的夫妻標準扣除額是 152,000 元,免稅額每人 82,000 元。假設有一對頂客族夫妻,民國 104 年度的名目所得是新台幣 1,350,000 元。夫妻合併申報後的所得淨額是新台幣 1,034,000 元,適用稅率是 12%,應納稅額等於新台幣 89,080 元。

假設民國 104 年的物價上漲 10%,名目所得也等比例上漲 10%,則民國 105 年的名目所得現在是新台幣 1,485,000 元,免稅額和扣除額是 316,000 元。綜合所得淨額是 1,485,000－316,000＝1,169,000。這對頂客族夫妻的所得級別上升到第 3 級,適用稅率是 20%,應納稅額是 1,169,000×20%－125,400＝108,400 元。在考慮物價上漲率 10% 後,實質稅負等於 108,400/(1＋10%)＝98,545.45 元。這個稅額比民國 104 年的新台幣 89,080 元多了新台幣 9,465.45 元,多出來的部分繳給了政府。因此,在累進所得稅制,通貨膨脹使政府實質稅收增加,納稅人遭受損失,而政府得到利益。

(3) **固定收入者與非固定收入者**:軍公教人員均為固定收入者,在通貨膨脹下,其名目所得沒有改變,但他們的實質所得卻減少而受害。商人為非固定收入者,當通貨膨脹時,他們的收益會因物價上揚而增加獲益。

4. **長期規劃的干擾**　出乎意料之外的通貨膨脹經常讓家計單位和廠商的長期規劃變得難以實行。許多經濟單位會進行長期規劃。譬如,台灣目前並沒有社會安全制度,有些人可能早在 25 歲或 30 歲就計畫將來退休的生活,面對未來的不確定性,勞工很難估計 30 年後商品與服務的購買成本,因此也難以決定現在應該儲蓄多少或消費多少。

廠商面臨的問題更複雜,如是否開發某一新產品,或是否要進入新市場,諸如此類的決策將決定公司未來的營運和產品。

總之,未來的不確定性造成通貨膨脹難以預期,許多家庭和公司管理階層無法分辨投資的優劣。

5. **無規律性的財富重分配**　非預期的通貨膨脹則會造成財富重分配呈無規律性的變化。我們舉兩個例子來說明。首先,回到債權人 (莊孝維) 和債務人 (台新銀行) 的例子。如果我們將 1 年期的定存利率改成 5%，而其它條件不變，莊孝維 1 年後領回的本金加利息是 10,500 元，實質價值是 10,500/(1＋5%)＝10,000 元，和未存入台新銀行前的價值是相同的。這個例子說明，當名目利率等於通貨膨脹率時，實質利率為零。

如果非預期通貨膨脹為正，使得實際通貨膨脹高於預期通貨膨脹，則莊孝維存款的實質價值會下降。在這種情況下，存款人遭受損失，銀行獲得利益；相反地，如果非預期通貨膨脹為負，導致實際通貨膨脹低於預期通貨膨脹，甚至發生通貨緊縮 (整體物價水準下跌)，則莊孝維存款的實質價值上升。在這種情況下，存款人得到利益，銀行遭受損失。

另一個例子則是發生在勞工與雇主之間。經濟體系中，許多人去上班時，通常會與雇主簽訂正式或非正式的工作契約，契約中載明每年的薪水以若干比例調整，如 3%，或以去年的通貨膨脹率來調整。但是，如果未預期的通貨膨脹為正，使實際通貨膨脹率高於 3% 或去年的通貨膨脹率，勞工的實質工資會下降。在這種情況下，勞工遭受損失，雇主獲得利益；相反地，如果未預期的通貨膨脹為負，使實際通貨膨脹低於預期通貨膨脹，甚至發生通貨緊縮，因此勞工的實質工資增加，勞工會得到利益，而雇主遭受損失。

6. **損害資源配置效率**　想像每天要供給台北市 260 萬人口正確種類和正確數量的食物，需要難以想像的協調機制。這個不可能的任務不是由台北市政府的任何局處負責，而是透過自由市場經濟體系來達成。

市場經濟是如何傳遞龐大而複雜的資訊來達成這個不可能的任務？答案是透過價格機能。在一個通貨膨脹的環境中，尤其是非預期通貨膨脹存在時，單一廠商難以分辨商品的價格的上漲是由供給和需求失衡所引起，還是因為一般物價水準上升所造成。通貨膨脹在某種程度上阻礙正確價格訊息的傳遞，扭曲了商品的相對價格，進而損害資源配置效率。

> **練習題 8-4**
> 若實際物價高於預期物價 ($\pi > \pi^e$)，債務人與債權人均受影響，何者受惠，何者受損？　　　　　　　　(104 年淡江產經所)
> **答**：債務人受惠，債權人受損。

8-5　自然失業率

　　引起菲力浦曲線移動的因素除了預期通貨膨脹與供給面衝擊外，第三個因素是自然失業率。在前面的分析中，我們似乎假設自然失業率始終固定在某一個水準上，不會隨著時間經過而改變。其實不然，依據加州大學柏克萊分校經濟學教授迪隆 (J. Bradford Delong) 的估計，美國在 1960 年的自然失業率為 6%，而在 2000 年以後，大約介於 4.5% 到 5% 之間。一般來說，自然失業率會受到下列四個因素的影響。

1. **人口**　當人口結構中有較多的青少年時，經濟體系會有較高的自然失業率，理由是青少年比成年人的失業率高。同樣地，勞動力中教育程度高者與技術純熟者的比例愈高，經濟體系的自然失業率愈低。

2. **制度**　工會通常要求資方給付較高工資，而造成非工會會員的失業，因此一個具有強而有力工會的國家會有比較高的失業率。另一方面，學校與職場缺乏有效銜接橋樑的經濟體系也會有比較高的失業率。

3. **生產力成長**　當一個社會經歷較高的生產力成長時，經濟體系會有比較低的自然失業率，理由是生產力快速成長，使得廠商有能力給付較高的實質工資而仍享有利潤。在這種情形下，廠商比較願意多雇用勞工，失業率自然而然地降低；相反地，若實質工資成長得比生產力成長更快，廠商將開始解雇勞工，失業率將因而上揚。

4. **遲滯現象**　如果勞工失業 2 年，他們的工作技能可能過時，即使不景氣結束，他們找工作的能力也降低。此外，長時間失業可能改變一個人對工作的態度並降低求職意願。因此，自然失業率會隨著每次的不景氣而持續上升。有些經濟學家稱這種不景氣改變自然失業率的現象為**遲滯現象** (hysteresis)。

練習題 8-5

請問任何妨礙勞工自由移動的制度性因素，如在法國，廠商必須支付高稅額來雇用勞工，自然失業率會：
(a) 上升
(b) 下降
(c) 不變
(d) 資訊不足，無法判斷

答：(a)。

摘　要

- 菲力浦曲線描繪失業率與通貨膨脹率的短期抵換關係。
- 菲力浦曲線的位置受三個因素影響：預期通貨膨脹率、自然失業率，以及供給面衝擊的影響，至於菲力浦曲線的斜率受物價僵固性的影響。物價愈僵固，菲力浦曲線愈平坦。
- 預期的形式有三種：適應性預期、理性預期與靜態預期。
- 通貨膨脹的來源有二：需求拉動與成本推動。
- 通貨膨脹的成本有六種：菜單成本、皮鞋成本、財富重分配效果、干擾長期規劃、無規律性的財富重分配，以及損害資源配置效率。
- 自然失業率並不會固定不變，它會受人口結構、制度、生產力成長及遲滯現象的影響。

習　題

選擇題

1. 菲力浦曲線為負斜率是因為：
   (a) 總需求變動所引起
   (b) 石油價格上漲
   (c) 勞工物價預期改變
   (d) 旱災導致食物價格上升
   (e) 物價上升導致實質貨幣供給下降，因而經濟衰退　　　　　　　　（中山財管所）

2. 關於短期菲力浦曲線，下列敘述何者正確？
   (a) 預期通貨膨脹率將等於實際通貨膨脹率
   (b) 擴張性的需求管理政策只會造成通貨膨脹
   (c) 擴張性的需求管理政策不會降低失業率
   (d) 物價上漲率與失業率具有抵換關係
   (104 年台大國企所)

3. 若菲力浦曲線 $u=u_N-\alpha(\pi>\pi^e)$，民進黨比較關心失業、國民黨比較關心通膨，而無黨聯盟兩個都關心。如果選前民調顯示民進黨將贏得大選，根據菲力浦曲線，何者正確？
   (a) 若民進黨贏得大選，失業率會接近自然失業率
   (b) 若無黨聯盟贏得大選，失業率會接近自然失業率
   (c) 若國民黨贏得大選，失業率會接近自然失業率
   (d) 不管誰贏得大選，失業率都會接近自然失業率
   (103 年清大科管所)

4. 下圖中，下列何者為需求拉動通貨膨脹？

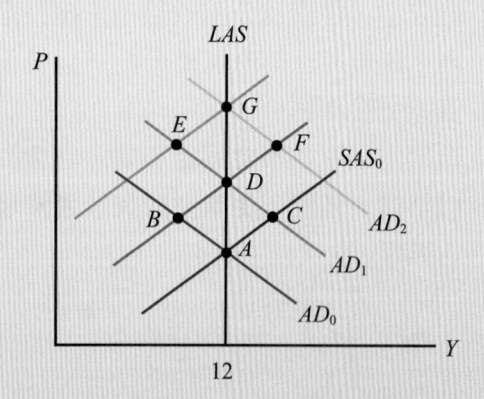

   (a) A 點至 C 點到 D 點到 F 點到 G 點
   (b) A 點至 B 點到 D 點到 E 點到 F 點
   (c) A 點至 C 點到 D 點到 E 點到 G 點
   (d) A 點至 B 點到 D 點到 F 點到 G 點
   (100 年逢甲二年級)

5. 自然失業率上升會造成下列何者移動？
   (a) 長期與短期菲力浦曲線右移
   (b) 短期菲力浦曲線右移，長期則否
   (c) 長期菲力浦曲線右移，短期則否
   (d) 長期與短期菲力浦曲線都不會移動
   (100 年逢甲二年級)

6. 一般來說，通貨膨脹比較不會對下列何者造成損失？
   (a) 麥當勞服務員
   (b) 統一超商店長
   (c) 學校老師
   (d) 全職學生

7. 如果菲力浦曲線接近水平，則：
   (a) 失業大幅增加將引起通貨膨脹微幅減少
   (b) 失業微幅減少將引起通貨膨脹大幅增加
   (c) 失業大幅增加將引起通貨膨脹大幅增加
   (d) 失業微幅減少將不會改變通貨膨脹
   (中山資管所)

8. 在任何期間，如果通貨膨脹能正確地被預期，下列何者能夠規避通貨膨脹造成的成本？
   (a) 領固定生活津貼者
   (b) 現金持有者
   (c) 訂有 COLA 條款契約 (生活成本指數化) 的工人
   (d) 以上皆是

9. 日本能否脫離長期通貨緊縮 (deflation) 的泥沼，是近來國際財經關注的焦點，以下何者是通貨緊縮常見的特點：
   (a) 物價持續下跌，消費支出顯著成長
   (b) 物價持續上漲，景氣衰退
   (c) 物價持續下跌，利率維持高檔

(d) 物價持續下跌，失業率難以改善
(104 年淡江財金)

10. 停滯性膨脹是下列何者的組合？
    (a) 失業上升與通膨下跌
    (b) 失業下跌與通膨下跌
    (c) 失業上升與通膨上升
    (d) 失業下跌與通膨上升　(100 年政大財政)

11. 利用預期擴增的菲力浦曲線 (expectations-augmented Phillips curve)，擴張性財政政策：
    (a) 最初會降低失業率，但將引發通貨膨脹預期，使菲力浦曲線外移
    (b) 將降低失業率與降低通貨膨脹預期
    (c) 將導致菲力浦曲線移動
    (d) 對失業率或通貨膨脹率沒有造成任何短期衝擊　(81 年政大)

問答與計算

1. 若經濟一開始處於通貨膨脹均衡，央行沿著短期菲力浦曲線上移，請問失業、通膨與產出有何變化？　(104 年輔仁企研所)

2. 請問菲力浦曲線與總供給的關係為何？

3. 假設一經濟體系的菲力浦曲線為 $\pi = \pi^e - 0.5(u - 0.07)$。
   (a) 請計算自然失業率
   (b) 請畫出長期菲力浦曲線？
   (102 年中興應經所)

4. 何謂長期及短期菲力浦曲線？有些國家有高通貨膨脹及長期的高失業率，請問這與菲力浦曲線一致嗎？請解釋。
   (104 年清大科管所)

5. 在其它條件不變下，自然失業率的上升，將造成短期與長期菲力浦曲線如何變動？
   (100 年台北大學經濟)

6. 某甲把 1 萬元存入銀行的 1 年期定存，年利率是 1.8%。假設預期通貨膨脹率是 1.5%
   (a) 請算出 1 年期定存的名目報酬率
   (b) 若某甲沒有存入定存，而是留為現金，請算出持有現金 1 年之實質報酬率
   (104 年台大商研所)

7. 在通貨膨脹與通貨緊縮的環境下，請問你會如何處理你的銀行存款？

8. 若預期通貨膨脹是適應性的 (adaptive)，政府是否有任何政策來降低通貨膨脹，而不會導致失業上升？

9. 預期通膨上升，會使短期與長期菲力浦曲線如何變動？　(100 年政大商學)

10. 有些經濟學家主張減稅可刺激勞工工作意願，勞動供給將會增加。
    (a) 請問如果這種說法屬實，對自然失業率有何影響？
    (b) 減稅如何影響總需求曲線？如何影響長期總供給曲線？
    (c) 減稅對產出與物價影響為何？

11. 當停滯性膨脹發生時，若政府減少貨幣供給，對通膨及產出有何影響？(東吳企管二)

12. 假設台灣地區的菲力浦曲線為：
    $$\pi = \pi^e - 0.5(u - 0.06)$$
    (a) 請問自然失業率是多少？
    (提示：$\pi^e = \pi_{-1}$)
    (b) 請畫出短期與長期菲力浦曲線。

13. 假設烏托邦國的菲力浦曲線為：
    $$\pi_t = \pi^e - \beta(u_t - u_n)$$
    其中 $\beta = 0.5$，自然失業率 $u_n = 0.06$。而失業率的函數形式為：

$$u_t = u_0 + \phi(\pi_t - \pi_0)$$

π_0 是央行的目標通貨膨脹，假設 $\pi_0 = 2\%$，$\phi = 0.4$，而 $u_0 = 6\%$。若第 0 年的預期通貨膨脹等於實際通貨膨脹，請問：

(a) 第 0 年的失業率是多少？

(b) 假設政府宣布自第 1 年後，u_0 將降為 4%，且政策是可信的；亦即，通貨膨脹預期是理性的，請問第 1 年的失業率與通貨膨脹率為何？第 1 年以後呢？

(c) 若 (b) 小題的預期改成適應性預期，答案有何變化？

(d) 若 (b) 小題的預期改成靜態預期，答案有何變化？

14. 承上題，若自然失業率下跌成為 4% ($u_n = 4\%$)。若人們採理性預期，請問第 1 年的失業率和通貨膨脹率為何？第 1 年以後的失業率和通貨膨脹率為何？

15. 假設一總體經濟體系的模型如下：

$u_t - u_{t-1} = -0.4(g_t - 3\%)$　（歐肯法則）

$\pi_t - \pi_{t-1} = -(u_N - 5\%)$　（菲力浦曲線）

$g_t = m_t - \pi_t$　（總需求）

其中，u_t、g_t、π_t 和 m_t 為第 t 期的失業率、產出成長率、通貨膨脹率與貨幣供給成長率，請問：

(a) 未來需要多少的產出成長率，才能避免失業率上升？

(b) 此經濟體系之自然失業率是多少？

(c) 假設失業率等於自然失業率且通膨率為 7%，產出成長率與貨幣供給成長率各是多少？　　　　　（101 年高應大國企所）

網路習題

1. 請至行政院主計總處網站，下載通貨膨脹率與失業率的資料。請自行計算痛苦指數。最近一期之痛苦指數為何？

第 9 章
經濟成長

曾經有一則冷笑話是這樣寫著：

一位化學家、一位物理學家和一位經濟學家一起困在無人荒島上，他們正思考如何將食品罐頭打開。

"讓我們把罐頭放在火上加熱，直到它爆炸為止。"化學家說。

"不，不！"物理學家說："讓我們從樹頂將罐頭砸向石頭。"

"我有個主意！"經濟學家說："首先，我們假設開罐器……"

這則笑話的目的是告訴我們，經濟學家如何利用假設來簡化 —— 有時是過度簡化 —— 其所面對的問題。過度簡化的假設常讓經濟學家變得不知所云，當討論經濟成長理論時更是如此。

成長理論的其中一個目標是，解釋我們觀察世界上大部分國家生活水準持續上升的現象。由於經濟成長是國民所得隨著時間經過的持續成長，它常常與微積分、動態分析歸為一類，需要背誦的東西不少，往往在辛苦瞭解數學式子的推演後，反而忘記背後嘗試要解釋的東西。

因此，本章的目的是想要瞭解是什麼因素引起不同時間與不同國家的所得差異。在第 3 章，我們曾經指出，生產因素 —— 勞動與資本 —— 和生產技術是產出與總所得的來源。因此，所得差異一定來自資本、勞動或生產技術差異。

為了避免淹沒在數學模型，本章會先介紹成長事實。然後再介紹三個成長模型 —— Harrod-Domar 成長模型、梭羅成長模型，以及內生成長模型。我們盡量地以實際資料來詮釋模型的結論，並嘗試與政策連結，來落實經濟理論有趣的一面。

9-1　成長的事實

本質上，實質 GDP 衡量一個國家在一段時間內，如 1 季或 1 年，所生產的商品與服務的總數量。因此，**平均每人實質國內生產毛額** (real GDP per person 或 per capital real GDP) 提供一個衡量一個國家普通居民在一段時間內可以享受到商品與服務的數量。雖然平均每人實質 GDP 並不是經濟福祉的完美指標，但是它與許多代表國民經濟福利的變數有正向關係，這些變數包括國民平均壽命、嬰兒死亡率、文盲比率、教育程度等。在沒有找到更好的衡量指標之前，經濟學家將平均每人實質 GDP 視為一國生活水準與經濟發展階段的主要衡量指標。

因此，我們定義經濟成長是指平均每人實質 GDP 的增加。一般對經濟成長率的計算都是採取平均每年成長率的觀念。譬如，從西元元年到 1000 年，這 1000 年間的平均成長率是

$$經濟成長率_{1到1000} = \frac{1}{1000} \times \frac{平均每人實質GDP_{1000} - 平均每人實質GDP_1}{平均每人實質GDP_1}$$

假設全世界在西元元年的平均每人實質 GDP 是 135 美元，在西元 1000 年是 165 美元，則全球在這 1000 年間的平均每年經濟成長率可以計算成 1/1000×(165－135)/135＝0.0259%；亦即，從西元元年到 1000 年，全世界各個國家每年平均經濟是以 0.0259% 的速度成長。

世界各國經濟成長：過去的歷史

在人類歷史領域中，平均每人產出的成長是最近的現象。從西元元年到 1800 年，每年人口平均成長率低於 0.1%。從表 9-1 觀察，在西元 1500 年之前，平均每人產出近乎停滯。在過去的 1500 年，平均每人產出 (以平均每人實質 GDP 衡量)，僅增加 40 美元。在這段期間，多數勞工在農業部門，而農業技術進步呈零成長狀態，因為農業產出占總生產比例甚高，農業以外的技術進步對總產出與生產的貢獻極微。即使到了西元 1800 年，平均每人的生活水準也只是西元元年的 2 倍。

平均每人實質 GDP，在西元 1500 年到 1800 年間，每年平均成長率約為 0.15%。從西元 1800 年到 1900 年，平均每年約以 1% 的速度

表 9-1　全球平均每人產出：過去歷史

(西元) 年	人口*	平均每人實質 GDP**
1	170	135
1000	265	165
1500	425	175
1800	900	250
1900	1,625	850
1975	4,080	4,640
2000	6,120	8,175

* 百萬人。
** 以西元 2000 年的美元價格計算。
資料來源：Joel Cohen, "How Many People Can the Earth Support!" (New York: Norton, 1995).

成長。從西元 1900 年到 2000 年，平均每年約以 2% 的速度成長。美國並非一直都是世界經濟的領導者。從西元元年到 15 世紀，中國大概擁有世上最高水準的平均每人產出。幾世紀後，領導權轉向西方的義大利，然後由荷蘭領導至西元 1820 年。接著，英國從西元 1820 年到 1890 年成為領導者。之後，美國就成為領導者。從這個角度看，歷史比較像**交互躍進** (leapfrogging)。如果歷史能有任何借鏡之處，就是美國不可能是永遠的領導者。

世界各國經濟成長：1950 年以後

表 9-2 描繪自 1950 年後，六個國家：法國、日本、英國、美國、德國及台灣的平均每人實質 GDP。選擇這些國家的原因是，除了台灣以外，這些 G-5 (五大工業國) 的國家都是世界經濟強國，足以代表其它先進國家的成長經驗。觀察表 9-2 可得到兩個主要結論。

首先，自 1950 年以後，六個國家的經濟成長表現強勁，且生活水準也大幅改善。美國自 1950 年到 2009 年間，平均每人實質 GDP 成長 3.12 倍，法國是 4.33 倍，台灣是 23.69 倍。這些數據可以用 72 法則來說明。72 法則是說，如果有一個變數每年平均以 X 百分比成長，則這個變數在 72/X 年後會成長 1 倍。譬如，假設 GDP 每年以 2% 成長，則 36 年以後，國內生產毛額會成長 1 倍。若 GDP 每年以 3% 成長，則

表 9-2　1950 年以後的平均每人產出

國家	平均每人實質 GDP 成長率 1950-1973	平均每人實質 GDP 成長率 1974-2009	平均每人實質 GDP (以 1996 年美國價格計算) 1950	平均每人實質 GDP (以 1996 年美國價格計算) 2009	2009/1950
法國	4.1	1.48	7,111.77	30,821.49	4.33
日本	7.8	1.85	3,118.27	31,957.85	10.25
英國	2.5	1.85	10,400.90	33,385.99	3.21
美國	2.2	1.77	13,183.49	41,101.86	3.12
德國	4.8	1.73	4,642.00	32,487.10	6.70
台灣	1.35	5.34	1,210.96	28,693.00	23.69

注意：1950 年到 2009 年間的數據來自網站 https://pwt.sas.upenn.edu。
資料來源：Alan Heston and Robert Summer, "The Penn World Table (Mark 5): An Expanded Set of International Comparison, 1950-1988," *Quarterly Journal of Economics*, May 1991, pp. 327-336.

GDP 在 24 年後就會成長 1 倍。若以表 9-2 的日本為例，日本在 1950 年到 2009 年的平均經濟成長率是 4.09%，平均每人實質 GDP 增加約 10 倍。

　　第二，自 1970 年代中期後，除台灣外，經濟成長率開始下降。表 9-2 的第 1 欄和第 2 欄是 1974 年前後平均每人實質 GDP 的成長率。經濟成長率在前五個國家均是遞減狀態。在 1974 年以前成長較快速的國家，如日本與德國，其在 1974 年以後成長速度都大幅減緩。至於台灣的成長率在 1950 年到 1974 年間僅有 1.35% 的主要原因是：美元兌新台幣匯率大幅貶值所造成 (1951 年是 10.30，1953 年是 15.55，1956 年是 24.78，1961 年是 40)。至於台灣在 1974 年到 2009 年間的平均成長率則為 5.34%。

　　究竟是什麼因素導致 1973 年以後的成長率減緩？有些經濟學家認為有四個主要因素：油價、嬰兒潮、環保支出，以及衡量誤差。在 1973 年，石油輸出國家組織減產導致世界原油價格上漲 3 倍，廠商開始將耗費能源的資本設備轉換成節省能源的資本設備，而且盡量以勞工替代機器。嬰兒潮世代進入勞動市場後，這些欠缺經驗的年輕勞工使得生產力減緩。至於環保支出增加導致生產力下降的說法為：油價上升造成電力公司以燃煤取代石油。為了避免污染空氣，它們必須加裝去除二氧化硫的設備。因此，環保支出的增加導致電力價格上升。另一方面，國民所得帳並不會將污染防治利益視為產出增加。所以，環保支出增加感覺上好像造成生產力的減緩。衡量誤差是指在許多部門，生產力不易衡量。譬如，要如何衡量醫生與律師的生產力？很有可能我們的生活水準比官方統計的要高，技術進步與經濟成長常被低估。譬如，美國在 1971 年時，平均一名銀行行員每小時可處理 265 張支票，在 1986 年增為 825 張，每年以 7.6% 的速度成長。

生產力的重要性

亞洲四小龍在過去幾十年來，每年國民所得約以 7% 的速率成長。在這個比率下，它們的人民所得每 10 年即增加 1 倍；相反地，在一些非洲國家，如查德與馬達加斯加，自 1960 年以後，每人平均所得以 1.3% 的速率下降。

究竟要怎樣解釋這些不同的經驗？為何許多非洲國家的經濟無法成長？那些富有國家(包括亞洲四小龍)的所得會收斂嗎？

要解釋世界各國生活水準的差異，經濟學提供一個非常簡單的解釋——生產力。**生產力** (productivity) 是指一個工人在 1 小時內所能生產力的商品與服務的數量。表 9-3 列出美國在 1895 年與 1997 年生產商品或服務所需的勞動時間成本。以橘子為例，一個美國人在 1895 年必須工作 2 小時才能買到 12 顆橘子。而在 1997 年，一個典型美國工人

表 9-3　1895 年與 1997 年商品的勞動成本

商品	購買商品所需工時 1895 年	購買商品所需工時 1997 年	生產力倍數
橘子 (12 個)	2.0	0.1	20
碎牛肉 (1 磅)	0.8	0.2	4
牛奶 (1 加侖)	2.0	0.25	8
大英百科全書	140	4.0	35
梳子	16	2.0	8
電視	—	15	—
筆記型電腦	—	70	—

資料來源：*1997 Montgomery World Catalogue.*

只要工作 6 分鐘,就能夠買到相同數量的橘子。我們可以說,美國工人在 1997 年的生產力是 1895 年的 20 倍。另一方面,100 年前的美國人要工作一整個星期才能賺到一套《大英百科全書》。現在,需要多少工作時數才能買到《大英百科全書》?答案是一個上午。只要工作一個上午,你就可擁有全世界的知識。

或許你已經注意到,在表 9-3 中,有些商品在 1895 年時並不存在。不管你工作多少個小時,根本買不到筆記型電腦、電視、手機、微波爐或洗碗機。這意味著隨著時間經過,美國的生活水準快速攀升。生產力增加的速度超過價格上漲的速度。就算是你的薪水不變,只要商品的實質成本下降,美國人就能夠享受到更多數量的商品。況且,隨著時間經過,現在的美國人比他們的祖父母更能夠享受到先進的科技產品。因此,生產力的成長即代表生活水準的改善。

2015 年 9 月 17 日,瑞銀 (UBS) 公布第 16 期《價格與收入》(*Prices and Earnings 2015*) 報告,報告顯示台北人要工作 69.2 小時才能買到一支 iPhone 6 (16 GB),蘇黎世人卻只需工作 20.6 小時就能負擔得起,而北京人買 iPhone 6 要花紐約客 9 倍工時。

若以台灣鄰近國家相比,日本東京是平均薪資水準最高的國家,平均只要 40.5 個工時就可以買到 iPhone 6。日本人每工作 10 分鐘就能買到 1 個大麥克或 1 公斤米,而在香港工作 9 分鐘就能吃到大麥克。表 9-4 描繪出買 iPhone 6、大麥克、米和麵包所需工時。

9-2　Harrod-Domar 成長模型

在 1940 年代,凱因斯學派思潮瀰漫整個經濟學界之際,哈羅德 (Roy Harrod) 與多馬 (Evsey Domar) 分別在 1939 年和 1946 年提出相同的成長模型。因為他們的模型修正凱因斯理論的盲點:投資不僅創造有效需求,且會提高資本存量,進而造成總供給增加。

商品需求與消費函數

Harrod-Domar 成長模型的商品需求來自消費與投資:

$$Y = C + I$$

表 9-4　想買這個，你要花多少工時？

城市	1 個大麥克漢堡 (分鐘)	1 公斤麵包 (分鐘)	1 公斤米 (分鐘)	1 支 16 GB iPhone 6 手機 (小時)
台北	13	10	14	69.2
紐約	11	12	16	24
北京	42	40	36	217.8
上海	35	37	25	163.8
香港	9	18	13	51.9
首爾	18	22	19	57.2
東京	10	14	10	40.5
蘇黎世	11	5	5	20.6
基輔	55	26	44	627.2
奈洛比	173	44	62	468.0
杜拜	17	9	13	55.8
里約熱內盧	32	18	9	139.9
倫敦	12	6	16	41.2
巴黎	15	10	9	42.2

資料來源：瑞銀 2015 年《價格與收入》(Prices and Earnings) 報告，商品價值為市調均值，薪資調查範圍含括行政、商業、通訊、建築、教育、金融、醫療、製造、零售等 15 項產業。

其中 Y 是經濟體系的產出，C 是消費，而 I 是投資。假設每一年人們會將所得的一部分 s 拿來儲蓄，而消費 $(1-s)$ 部分的所得，消費函數可寫成 $C=(1-s)Y$。將消費函數代入國民所得恆等式，

$$Y=(1-s)Y+I$$

整理可得

$$I=sY$$

其中 s 是儲蓄率，其值介於 0 與 1 之間。上式說明儲蓄與投資相等。另一方面，Harrod-Domar 成長模型假設資本存量的變動等於投資，$\Delta K=I$。這個假設隱含現有機器設備都不會發生折舊。所以，上式可以寫成

$$\Delta K = I = sY$$

商品供給與生產函數

延續凱因斯的說法，Harrod-Domar 成長模型假設經濟體系存在大量失業。由於經濟體系始終有過多的勞動力，額外增加一單位的資本雇用會使產出增加相同的數量；亦即，**資本邊際產量** (marginal product of capital) 固定，產出是資本的固定函數。因為這個背景，資本-產出比率為一固定常數。[1]

$$\frac{K}{Y} = \alpha$$

這個式子可以推導 Harrod-Domar 成長模型的結論：產出成長率是儲蓄率的固定比例。首先，固定的資本-產出比率隱含產出的變動 ΔY 對資本存量的變動 ΔK，也是一固定比率：

$$\Delta Y = \frac{1}{\alpha} \Delta K$$

保證成長率

在資本存量充分被使用的情況下，投資增加所導致的需求面成長應該會等於資本存量增加所導致的供給面成長。從上面的討論，我們知道

$$\Delta Y = \frac{1}{\alpha} \Delta K = \frac{1}{\alpha}(sY) = \frac{s}{\alpha} Y$$

若將上式的等號左右兩邊除以 Y，可得產出成長率 $\Delta Y/Y$ 為

---

[1] Harrod-Domar 成長模型的生產函數為 Leontief 生產函數：

$$Y = \min\left\{ \frac{K}{\alpha}, \frac{L}{\beta} \right\}$$

因為經濟體系存在大量的非自願性失業 (凱因斯的說法)，所以產出 Y 等於 α 單位的資本，$Y = K/\alpha$ 或 $K/Y = \alpha$。

$$\frac{\Delta Y}{Y} = g_Y = \frac{s}{\alpha}$$

其中 g_Y 代表產出成長率，此式說明為了要使資本充分就業，產出必須以 s/α 的比率成長。哈羅德稱這個讓廠商機器設備充分利用的成長率為**保證成長率** (warranted rate of growth)。也可以說，保證成長率決定於經濟體系的儲蓄率 s，以及資本-產出比率 α。[2]

讓我們用一個數字例子來說明保證成長率的意義。假設儲蓄率是 20%，而每 500 元的機器設備可生產出 100 元的商品 ($K/Y = 5$)。根據保證成長率，我們得到 $s/\alpha = 0.2/5 = 0.04$，產出將以 4% 的速率成長。若我們將儲蓄率改成 30%，則 $s/\alpha = 0.3/5 = 0.06$，產出將以 6% 的速率成長。同樣地，若技術進步，導致使用較少的資本可得到相同的產出，則 K/Y 會下降。假設 $K/Y = 4$，則 $s/\alpha = 0.2/4 = 0.05$，產出將以 5% 的速率成長下去。

應　用

直至今日，國際金融機構，如世界銀行和國際貨幣基金，仍然使用 Harrod-Domar 成長模型來制定開發中國家的經濟計畫。在前面的討論中，保證成長率是 s/α。如果短期的技術不變，資本-產出比率 α 也不會改變。一個國家的經濟成長率完全由該國的儲蓄率而定。如果一個國家的儲蓄無法支應投資水準，國際金融機構可透過**援助** (aid) 來達成目標成長率。

讓我們舉個例子，在 1996 年，世界銀行的經濟學家估計烏干達經濟成長率可達 7% ($s/\alpha = 7\%$)。在資本產出比率為 3 的情況下 ($\alpha = 3$)，儲蓄率必須是 21%。如果烏干達的全國儲蓄率是低到不行的地步，不

---

[2] 如果我們將資本充分就業的假設改成勞動充分就業的假設，則

$$Y = \frac{L}{\beta}$$

產出成長率為 $g_Y = \frac{\Delta Y}{Y} = \frac{1}{\beta}(\Delta L) \times \frac{1}{Y} = \left(\frac{1}{\beta}\Delta L\right)\frac{\beta}{L} = \frac{\Delta L}{L} = g_L$

上式的 g_L 為勞動成長率。因此，為維持勞動充分就業，經濟體系的產出必須以 g_L 的速率成長。哈羅德稱 g_L 為**自然成長率** (natural rate of growth)。

足的部分就必須由世界銀行來支應；否則，將有害於烏干達的經濟成長。經濟學家稱這個不足的部分為**融資缺口** (financing gap)。

除了世界銀行外，國際貨幣基金也訓練開發中國家的官員來計算他們國家的**必須投資水準** (investment requirement)。計算公式其實很簡單："必須投資＝目標成長率×資本產出比率"。在 1996 年，國際貨幣基金曾經告訴東歐的前共產國家，只要投資占 GDP 的比率達到 30%，經濟成長率將會提高 1 倍。[3]

練習題 9-1

假設已知某經濟的資本產出比率 $v=3.3$，人口成長率或自然成長率 $n=0.012$，請利用 Harrod-Domar 成長模型計算，為維持經濟的保證成長率等於此一自然成長率，達成均衡成長，則該經濟的儲蓄應為若干？

答：$s=3.96\%$。

9-3　梭羅成長模型

梭羅 (Robert Solow) 是 1987 年諾貝爾經濟學獎得主，得獎原因是因為他對成長理論的貢獻。梭羅在 1956 年發表成長模型，一開始是針對 Harrod-Domar 成長模型的缺點──特別是資本產出比率固定的假設。同年發表的文章中，他提到 "Harrod-Domar 成長模型是以短期工具處理長期問題"。

曼昆 (Gregory Mankiw) 曾經說過，梭羅成長模型仍然是目前最有用的成長理論。[4] 由於梭羅結合了 19 世紀新古典經濟學家的邊際思考方式，我們習慣上將他的模型稱為**新古典成長模型** (neoclassical growth model)。

---

[3] William Easterly (1999), "The Ghost of Financing Gap: Testing the Growth Model Used in the International Financial Institutions," *Journal of Development Economics*, Vol. 60(2), pp. 423-438.

[4] N. Gregory Mankiw (1995), "The Growth of Nations," *Brookings Papers on Economic Activity*, No. 1, p. 308.

基本的梭羅模型

梭羅成長模型是用來說明經濟體系中，資本存量、勞動力成長及技術進步如何影響一個國家的總產出。正如同 Harrod-Domar 成長模型的推導過程，我們也將從商品供給與需求來檢視資本累積。

商品供給與生產函數 梭羅模型的商品是現在大家很熟悉的生產函數，且他假設生產函數具固定規模報酬的特性：若資本與勞動增加 λ 倍，產出也會增加 λ 倍：

$$\lambda Y = F(\lambda K, \lambda L)$$

令 $\lambda = 1/L$，上式可改寫成

$$Y/L = F(K/L, 1)$$

這個式子指出平均每位勞工產出 (Y/L) 是平均每位勞工資本 (K/L) 的函數。其實，Y/L 就是前面定義的生產力。而生產力的成長即是一般的經濟成長。如果以小寫字母 $y = Y/L$ 代表平均每位勞工產出 (output per worker) 和 $k = K/L$ 代表平均每位勞工資本 (capital per worker)，生產函數可以寫成

$$y = f(k)$$

除了固定規模報酬的假設下，梭羅也假設生產因素的邊際報酬遞減。尤其是，資本的邊際報酬遞減隱含：在 k 很小時，平均每位勞工只能使用一點機器設備，額外增加一單位資本，對產出會有很大貢獻；當 k 很大時，平均每位勞工已使用很多機器設備，額外增加一單位資本只能微幅增加產出。從圖形上來看，$f(k)$ 是一凹函數，隨著 k 的增加，斜率是正的，但增加的速度愈來愈緩慢。如圖 9-1 所示。

商品需求與消費函數 就像是 Harrod-Domar 成長模型，梭羅也將商品需求分成消費與投資兩種。不同的是，梭羅將 $Y = C + I$ 都除以 L，而得到

$$y = c + i$$

圖 9-1　新古典生產函數

生產函數說明平均每位勞工產出如何受平均每位勞工資本的影響。$y=f(k)$ 斜率是 MP_k，隨著 k 的增加，生產函數愈來愈平坦，代表資本的邊際產量遞減。

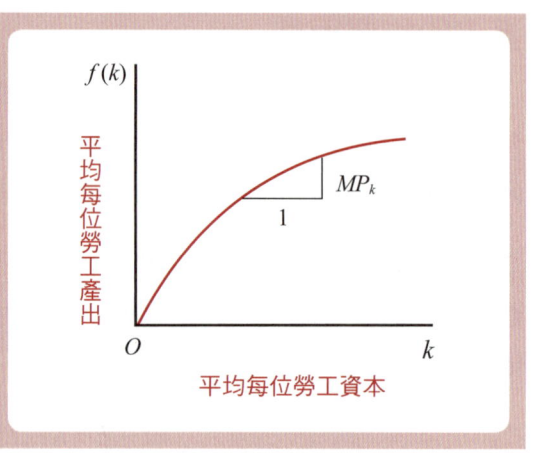

其中 $y=Y/L$ 代表平均每位勞工產出，$c=C/L$ 是平均每位勞工消費，和 $i=I/L$ 為平均每位勞工投資。若儲蓄與所得呈一固定比率 s，消費函數可寫成

$$c=(1-s)y$$

將消費函數代回國民所得等式的 c：

$$y=(1-s)y+i$$

重新整理、集項，可得

$$i=sy$$

這個式子顯示平均每位勞工投資等於平均每位勞工儲蓄。梭羅認為產出貢獻在儲蓄的部分全部導向生產性的投資。

資本存量　梭羅假設每一期的機器設備都會有一固定比例耗損。這個耗損比例稱為**折舊率** (depreciation rate) δ。譬如，電腦平均可使用 5 年，折舊率是每年 20% ($\delta=0.2$)。資本存量的變動 Δk 是每期新增加的資本(投資)扣除既存資本的損耗(折舊)：

$$\Delta k=i-\delta k$$

其中 i 代表投資，δk 代表每年的折舊。因為投資等於儲蓄，$i=sy$，且生產函數 $y=f(k)$，我們可將平均每位勞工投資寫成平均每位勞工資本

的函數

$$i = sf(k)$$

將 $i = sf(k)$ 代入資本存量變動的式子,可得

$$\Delta k = sf(k) - \delta k$$

如果 $sf(k) > \delta k$,平均每位勞工資本會增加;相反地,如果折舊數量很大且邊際報酬遞減得很厲害,以致於 $sf(k) < \delta k$,則 $\Delta k < 0$,k 會減少。

現在,我們可以探討梭羅成長均衡。圖 9-2 顯示折舊與投資兩條線的交點,即為梭羅成長模型的均衡,平均每位勞工資本會趨向穩定均衡水準 k^*。當經濟體系的資本存量恰好等於這個水準時,資本存量不再變動。因為改變資本存量的兩股力量 —— 投資 (i) 與折舊 (δk) —— 恰好平衡;亦即,$k = k^*$ 時,$\Delta k = 0$。資本存量 (k) 與產出水準 [$f(k)$] 隨時間經過而趨於穩定。我們稱 k^* 為**穩定狀態** (steady state) 下的資本水準,而 $f(k^*)$ 為穩定狀態下的產出水準。

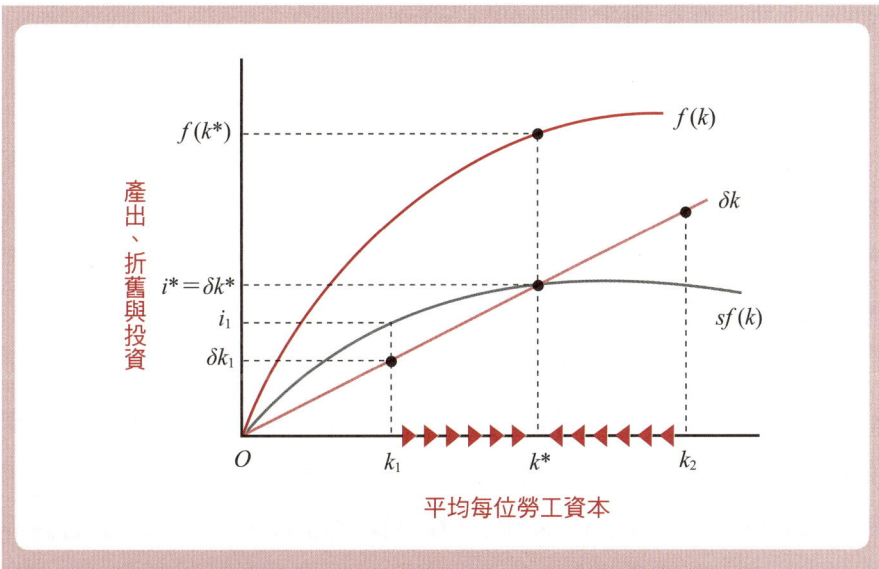

圖 9-2 梭羅成長均衡

當投資等於折舊,經濟體系存在穩定狀態下的資本水準 k^*,這表示隨著時間經過,資本數量不會變動。

穩定狀態代表經濟體系的長期均衡。若經濟體系一開始不在穩定狀態，如 $k_1<k^*$，投資水準超過折舊 $(i_1>\delta k_1)$。隨時間經過，廠商新增加的投資會使資本存量持續累積──$f(k)$ 也隨之成長──直至達到穩定均衡為止；相反地，如果一開始的資本水準高於穩定狀態下的資本水準，如圖 9-2 的 $k_2>k^*$ 所示。在這種情況下，投資小於折舊，機器設備耗損過快、資本存量將下跌。一直到穩定狀態的資本水準，投資與折舊恰好平衡，產出也達到穩定狀態。

從上面的說明，我們可以知道梭羅成長模型預測一個國家大量損失資本存量的後果是：將會有一段時期經歷資本快速累積和產出快速成長。以圖 9-2 說明：當 $k=k_1$ 時，投資大於折舊，平均每位勞工資本 k 會增加而趨向 k^*，產出也會快速增加趨向 $f(k^*)$。第二次世界大戰的法國是一個很明顯的例子。法國是所有歐洲國家中遭受第二次世界大戰損失最嚴重的國家，在其 4,200 萬人口中，估計有 55 萬人死於戰火，其資本存量低於戰前的 30%。譬如，道路毀損比例為 31%，車站毀損比例為 38%，而工業家數則損失約 246,000 家。戰後的車站只要小小的修護，將使兩城間交通時間大減、運輸成本下降，使工廠獲得更多投入而增加產出。從 1946 年到 1950 年，每年實質 GDP 成長率為 9.6%，5 年間實質 GDP 增加 60% 左右。

儲蓄率與穩定狀態

想像一經濟體系 (如台灣) 鼓勵大家多儲蓄，將如何影響產出水準？圖 9-3 描繪這種情況。假設一開始經濟體系處於長期均衡，穩定狀態下的平均每位勞工資本水準為 k_1^*，平均每位勞工產出為 y_1^*，而儲蓄率為 s_1。

當儲蓄率從 s_1 上升到 s_2 時，儲蓄增加，儲蓄函數由 $s_1f(k)$ 上移至 $s_2f(k)$，如圖 9-3 所示。儲蓄的增加立即造成投資增加，在原來的資本存量 k_1^* 下，投資會大於折舊、資本存量逐漸累積，一直到新的穩定狀態 k_2^* 時才會停止。此時，產出也會達到新的水準 y_2^*。因此，儘管儲蓄率的增加不會造成**產出成長率** (rate of growth) 的增加，但是平均每位勞工**產出水準** (output level) 與平均每位勞工資本水準會提高；相反地，儲蓄率的下降會造成產出水準與資本水準的下降。

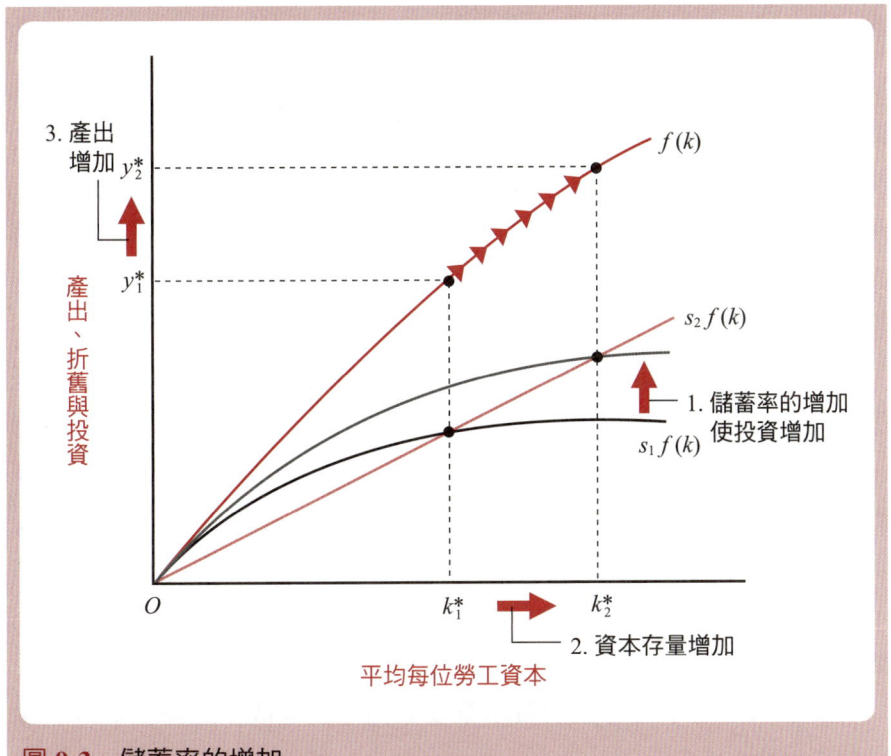

圖 9-3　儲蓄率的增加

提高儲蓄率使得投資增加，儲蓄曲線上移至 $s_2 f(k)$。資本存量會持續增加一直到 k_2^* 為止。同時，產出也會提高而到 y_2^*。

　　梭羅成長模型預測，若儲蓄率較高，經濟體系可擁有較高的資本存量和較高的產出水準。前面對法國在第二次世界大戰後經濟成長的解釋，並不是那麼簡單。其實，現代化資本的引進與更現代化的技術引進也是高成長率的原因之一。曼昆利用 Penn World Table 的統計資料，針對 84 個國家的平均每人產出與投資之間的關係繪製散布圖，資料顯示產出用在投資的比率與平均每人產出間存在一正向關係。擁有高投資率的國家 (如日本與新加坡)，通常會有高所得。那些擁有低投資率的國家 (如烏干達與查德)，會有偏低的人均所得。

　　讓我們將基本梭羅成長模型的結論總結如下：

- 經濟體系會趨向穩定狀態的均衡。
- 在穩定狀態下，產出或資本存量不再變動。
- 當經濟體系的儲蓄率提高時，平均每位勞工產出與平均每位勞工資本都會成長。

黃金法則的資本與產出水準

上一小節提到儲蓄率提高，經濟體系可享有較高的資本與產出水準。但是，如果人們將所得全部儲蓄起來；亦即，在儲蓄率 100% 的情況下，產出和資本水準都會很高，然而因為人們將錢全部存起來，消費等於零。這並不是社會福利的最佳狀態。究竟經濟體系應該儲蓄與投資多少，才能使福利達到最大？執政者應該選擇什麼樣的穩定狀態？

如果執政者是以人民的福利為依歸，最適穩定狀態的挑選應該是追求經濟體系中所有人民福利水準的最大。為了要符合亞當‧斯密《國富論》的說法，社會福利與人們所能享有的商品與服務數量多寡有關。因此，最高消費水準下的穩定狀態，即為黃金法則。而使穩定狀態下之消費水準最大的 k 值和 y 值，稱為**黃金法則的資本水準** (golden rule level of per worker capital) 與**黃金法則的產出水準** (golden rule level of per worker output)。

黃金法則的平均每位消費水準要如何才能達成？記得消費等於產出減去投資：

$$c = y - i$$

在穩定狀態下，$y^* = f(k^*)$，因為資本存量不會改變 $\Delta k = 0 (i^* = \delta k^*)$。若我們以 $f(k^*)$ 和 δk^* 替代 y 與 i，穩定狀態下的平均每位勞工消費水準可寫成

$$c^* = f(k^*) - \delta k^*$$

這個式子說明穩定狀態下的消費是產出與折舊的差距。如果追求福利最大相當於使消費水準最大，黃金法則的資本水準是在圖 9-4 中 $f(k^*)$ 與 δk^* 兩條曲線斜率相等的地方；亦即，當 $k^* = k_g^*$ 時，經濟體系擁有最適穩定狀態。k_g^* 為黃金法則的資本水準，而 y_g^* 為黃金法則的產出水準。

為什麼 k_g^* 是最適穩定狀態下的資本水準？想像一開始經濟體系的資本存量小於黃金法則，$k_1^* < k_g^*$。提高資本存量會使產出增加幅度大於折舊增加幅度，消費數量會上升，福利可以提高；相反地，資本

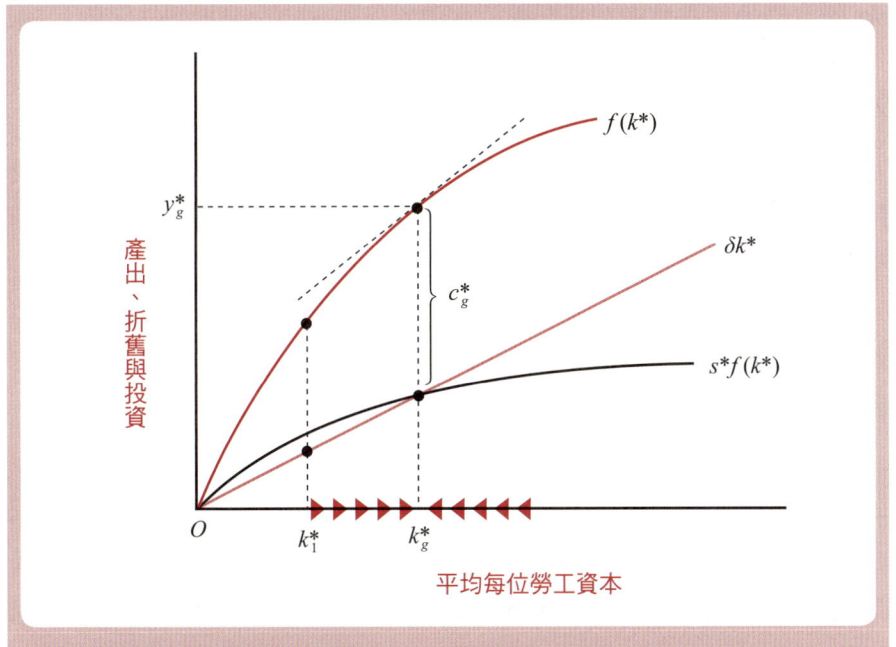

圖 9-4　黃金法則的資本水準

當 $f(k)$ 與 δk 的差距最大時，經濟體系的消費水準達到最高，此時的 k_g^* 為黃金法則下的資本水準。

存量高於黃金法則的資本水準，折舊增加幅度正高於產出增加幅度。唯有減少資本存量，才能使消費增加。因此，在黃金法則的資本水準下，生產函數 $f(k^*)$ 與折舊 δk^* 具有相同斜率，且消費達最大水準。從數學上來觀察，生產函數的斜率是資本邊際產量 MP_k，折舊的斜率是折舊率 δ。當 $k^*=k_g^*$ 時，兩個斜率相等，亦即

$$MP_k=\delta$$

在黃金法則的資本水準下，資本的邊際產量等於折舊率。記得經濟體系並不會自動達到穩定狀態下的黃金法則資本水準。由於梭羅模型視儲蓄率為外生決定，儲蓄率有可能高於或低於黃金法則下的儲蓄率 s^*。若儲蓄率高於 s^*，儲蓄函數將上移，資本存量與產出水準都會太高；相反地，若儲蓄率低於 s^*，儲蓄函數下移導致資本與產出較低。在這種情況下，消費水準都會低於黃金法則的消費水準。這個結論與 Harrod-Domar 成長模型的結論相左：Harrod-Domar 的保證成長率

s/α 隱含提高儲蓄會增進長期福利水準。

人口成長與梭羅模型

基本的梭羅成長模型預測資本累積無法單獨解釋經濟的持續成長，或許還有其它因素可以解釋長期成長。我們將擴充基本梭羅模型，加入另外兩個經濟成長的來源：人口成長與技術進步。

假設人口成長使勞動力以一固定比率成長。譬如，台灣每年人口約成長 1%，所以 $n=0.01$。記得 $k=K/L$，當人口成長時，K/L 會下降。現在資本勞動比率的變動可改寫成

$$\Delta k = i - \delta k - nk$$

這個式子說明，為了維持 k 的不變 ($\Delta k=0$)，投資的增加不僅要彌補現有資本的消耗 (δk)，還要能夠應付新勞工所需的資本 (nk)。折舊是透過資本消耗造成 k 的減少，而人口成長是透過將資本存量分配給新進勞工，而造成 k 的減少。現在讓我們加入儲蓄＝投資這個條件，上式可寫成

$$\Delta k = sf(k) - (\delta+n)k$$

我們利用圖 9-5 來描繪加入人口成長對穩定狀態的 k 與 y 的影響。在未加入人口成長的因素前，穩定狀態是在 $sf(k)$ 與 δk 兩條線的交點。在穩定狀態下，平均每位勞工資本水準為 k_0^*，而平均每位勞工產出水準為 y_0^*。現在，將人口成長納入梭羅成長模型後，想要維持資本存量的不變，投資必須等於折舊加上新勞工所需投資數量，$sf(k)=\delta k+nk$。此時，穩定狀態下的平均每位勞工資本與產出水準分別為 k_1^* 與 y_1^*。有些經濟學教科書將 $(\delta+n)k$ 稱為**平衡投資水準** (break-even investment)──維持平均每位勞工資本存量不變，所需要的投資數量。

人口成長以三種方式改變基本的梭羅成長模型：第一，由於 k 與 y 在穩定狀態下固定不變，當勞動力以固定比率 n 成長時，資本與產出都會以勞動力成長率 n 來成長；第二，若人口成長率上升，如圖 9-5 的 n 增至 n_2，將導致穩定狀態下的平均每位勞工資本 (k) 和產出 (y) 都下

降。因此，梭羅模型預測，擁有較高人口成長的國家，將會有較低的平均每人產出。這就是為什麼有些貧窮國家(如烏干達與查德)，其人均所得低於 1 千美元的原因。最後，人口成長也會影響黃金法則條件。記得：

$$c = y - i$$

在穩定狀態下，$i^* = (\delta + n)k^*$，因此，穩定狀態的消費水準可表示成

$$c^* = f(k^*) - (\delta + n)k^*$$

利用前面的推導過程，我們可以求得追求消費極大的黃金法則，必須滿足：

$$MP_k = \delta + n$$

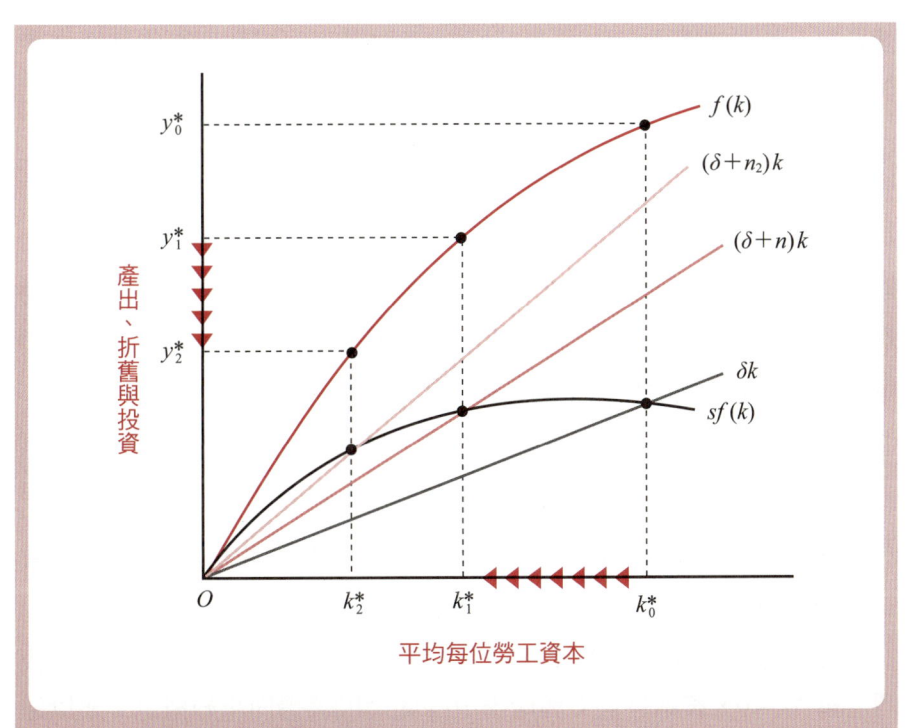

圖 9-5　人口成長與梭羅模型

納入人口成長的梭羅模型顯示，穩定狀態下的平均每位勞工產出為 y_1^*，而平均每位勞工的資本水準為 k_1^*。投資與人口成長和折舊的影響相互抵銷，則經濟體系可達到穩定狀態。

> **練習題 9-2**
>
> 梭羅模型顯示人口成長率愈高,平均每人產出將:
> (a) 愈高
> (b) 愈低
> (c) 以相同比率成長
> (d) 不定
> (中正財金所)
> **答:** (b)。

技術進步與梭羅模型

技術進步是指知識的提升、發明新點子或經濟效率的增加,這些定義都會造成生產函數的移動。假設技術進步可以改善勞動效率,也就是每一單位的勞動因技術進步而生產力提高。這種型態的技術進步稱為**勞動增強** (labor-augmenting)。生產函數可設定成

$$Y = F(K, L \times E)$$

其中 E 為**勞動效率** (efficiency of labor)。當社會經歷技術進步時,勞動效率會提升。譬如,企業 e 化可加速部門間溝通,縮短生產時間,勞動效率因而上升。$L \times E$ 衡量**有效勞動** (effective labor) 的人數,它同時考慮勞工人數 (L) 及每位勞工的效率 (E)。為了方便說明,假設技術進步造成勞動效率以固定比例 z 成長。譬如,$z=1\%$ 代表每一單位勞動在每一年的效率會以 1% 速率成長。一般經濟學教科書稱 z 為勞動增加的技術進步成長率。由於勞動 (L) 以 n 比率成長,有效勞動人數 ($L \times E$) 會以 $n+z$ 的比率成長。

技術進步如何影響穩定狀態?記得在第 9-2 節討論穩定狀態時,我們定義 $\Delta k=0$,資本存量 k 與產出 $f(k)$ 隨時間經過而趨於穩定。要以這種方式分析,必須重新考慮 k 的定義。現在 k 可定義成 $k/(L \times E)$,而 y 可定義成 $Y/(L \times E)$。生產函數可寫成 $y=f(k)$。有了這些定義,**平均每位有效勞工資本存量變動** (capital stock per effective labor changes) 可寫成

$$\Delta k = sf(k) - (\delta + n + z)k$$

上式說明資本存量的變動等於投資 $sf(k)$ 減去平衡投資 $(\delta+n+z)k$。與前面不同的是，這裡的平衡投資水準包括三項：為維持 k 固定不變，我們需要：(1) δk 來替換損耗的資本；(2) nk 來提供資本給新勞工使用；以及 (3) zk 來提供資本給那些因為技術進步所產生新 "有效勞動" 使用。

圖 9-6 描繪技術進步下的穩定狀態。考量技術進步並沒有明顯改變我們對穩定狀態的分析。當投資曲線 $sf(k)$ 與平衡投資線 $(\delta+n+z)$ 相交時，經濟體系達到穩定均衡。k^* 為穩定狀態下的平均每位有效勞工資本。$f(k^*)$ 為穩定狀態下的平均每位有效勞工產出。與以前的分析相同，在穩定狀態下，k^* 與 $f(k^*)$ 都固定不變，其成長率為零。另一方面，在穩定狀態下，平均每位勞工產出與勞動增強技術進步皆以相同比例 z 成長。總產出 $Y = y \times (E \times L)$ 則以 $n+z$ 的比率成長。[5]

技術進步可透過兩種方式影響基本梭羅成長模型。第一，它帶領我們更進一步地解釋持續性經濟成長。在有技術進步與人口成長的穩定狀態，平均每位有效勞工資本和平均每位有效勞工產出都固定不變 ($\Delta k = \Delta y = 0$)。如果經濟成長率定義成平均每位勞工產出 (人均 GDP) 成長率，一經濟體系的所得成長只受技術進步的影響。梭羅模型預測，只有技術進步能夠解釋生活水準持續上升的現象。

我們也可以用圖形來說明勞動增強技術進步如何引起 k 與 y 的成長。首先，在圖 9-7 中，橫軸與縱軸變數是平均每位勞工 (per worker) 資本與產出，而非平均每位有效勞工 (per effective worker) 資本與產出。引進技術進步將使得生產函數上移。

---

[5] 在穩定狀態下，平均每位有效勞工產出成長率等於零；亦即 $g_y = 0$。另一方面，$y = Y/LE$，所以

$$g_y = g_Y - g_L - g_E$$

而平均每位勞工產出成長率可定義成 $g_{Y/L} = g_Y - g_L$。當 $g_y = 0$ 時，$g_{Y/L} = g_E = z$。因此，在穩定狀態下，平均每位勞工產出成長率為 z。總產出成長率

$$g_Y = g_y + g_E + g_L$$

同樣地，在穩定狀態下，$g_y = 0$、$g_E = z$ 和 $g_L = n$，所以 $g_Y = 0 + z + n = n + z$；換言之，總產出以 $n+z$ 比率成長。

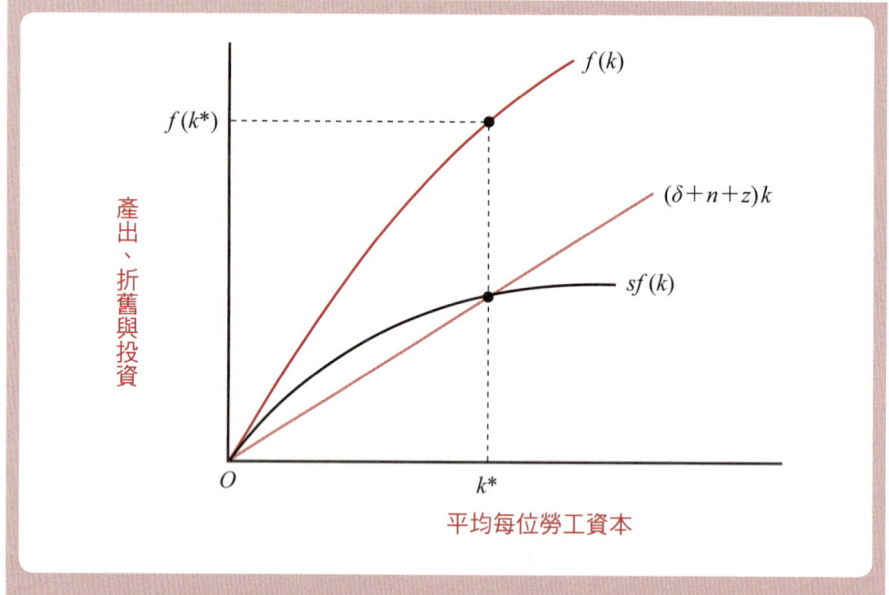

圖 9-6 技術進步的穩定狀態

勞動增強的技術進步以 z 表示。當 $sf(k)$ 等於 $(\delta+n+z)k$ 時，經濟體系達到長期均衡——穩定狀態。k^* 與 $f(k^*)$ 都不再變動。

假設經濟體系一開始處於穩定狀態 k_1^* 和 y_1^*。技術進步使得生產函數 $f(k)$ 與儲蓄函數 $sf(k)$ 上移，如圖 9-7 的 $f_1(k)$ 移至 $f_2(k)$ 與 $sf_1(k)$ 移至 $sf_2(k)$ 所示。

此時，穩定狀態的資本水準從 k_1^* 增加至 k_2^*，產出水準也從 y_1^* 增加至 y_2^*。平均每位勞工產出以技術進步成長率 z 的速度上升。穩定狀態下的 k 與 y 組合會在同一條直線上，如圖 9-7 的 A、B、C 點所示。

第二，技術進步會影響黃金法則。黃金法則的資本水準現在可修正成追求平均每位有效勞工消費最大時，穩定狀態下的資本水準。因為穩定狀態的平均每位有效勞工產出是 $f(k^*)$，而投資是 $(\delta+n+z)k^*$，穩定狀態下的平均每位有效勞工消費水準可寫成

$$c^*=f(k^*)-(\delta+n+z)k^*$$

追求消費極大的黃金法則，必須滿足：

$$MP_k=\delta+n+z$$

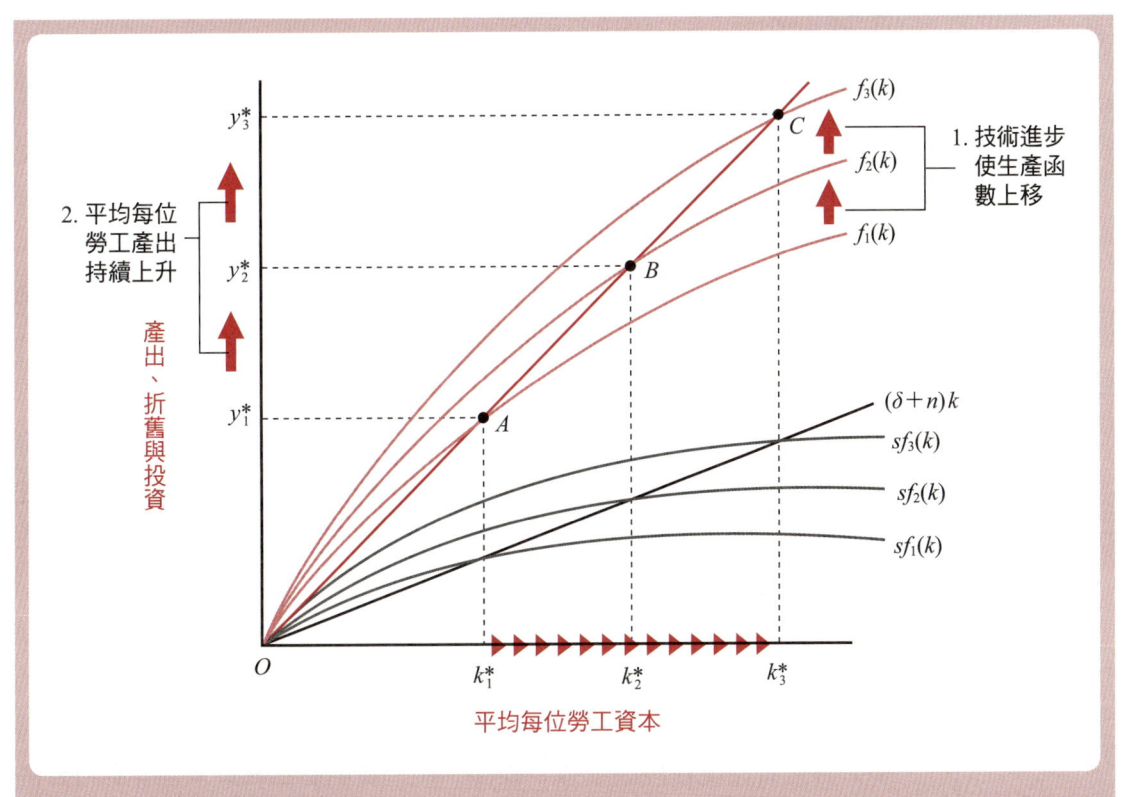

圖 9-7　技術進步與經濟成長

技術進步使生產函數與儲蓄函數向上移動。由 $f_1(k)$ 移至 $f_2(k)$，再移至 $f_3(k)$，以及 $sf_1(k)$ 移至 $sf_2(k)$ 再移至 $sf_3(k)$。平均每位勞工資本與產出皆上升。唯有技術進步才能解釋生活水準持續上升的現象。

資本邊際產量等於折舊率、人口成長率與技術進步成長率的加總。

練習題 9-3

新古典成長理論認為技術進步：
(a) 決定於投資
(b) 決定於儲蓄
(c) 決定於經濟誘因
(d) 決定於資本累積
(e) 為外生變數，不決定於任何因素　　　　(104 年中央人資所)

答：(e)。

條件收斂

過去 50 年來，亞洲四小龍從最貧窮的狀態躋身富有國家之林，韓國的人均所得從 1950 年的低於 1,000 美元到 1996 年超過 10,000 美元，所得成長超過 10 倍。台灣的經濟成長更是驚人，在 1950 年，人均所得是 900 美元；到了 1990 年代中期已超過 13,000 美元。這引起一個有趣的話題：照這樣的速度成長下去，台灣和南韓人民的生活水準是否會超越美國人民？貧窮國家一開始的成長速度是否比富有國家的成長速度快？

回到圖 9-2，當資本存量較低時，生產函數的斜率較大，在其它條件不變下，低所得國家比高所得國家的成長速度快。這種追趕的特性稱為**收斂** (convergence)。請注意，收斂假說的正確與否與是否具有相同穩定狀態有關。具體來說，梭羅模型只有預測**條件收斂** (conditional convergence)，只有在兩個國家具有相同穩定狀態下，貧窮國家的成長才會趕上富有國家。所謂相同穩定狀態是指，相同的儲蓄率、相同的生產函數、相同的技術進步率、相同的折舊率，以及相同的人口成長率。研究者發現在控制上述"條件"後，貧窮與富裕經濟每年以 2% 的比率拉近其差距。譬如，1 個世紀以前的美國各州所得水準差異頗大，但隨著時間經過，差異逐漸消失。

另一方面，不同的技術進步成長率導致不同的穩定狀態。觀察圖 9-7，我們知道不同的技術進步會改變生產函數，而造成不同的穩定狀態。技術進步成長率決定一經濟體系成長的速度，在這種情況下，收斂變得不可能。這也就是為什麼時至今日亞洲四小龍仍未趕上日本與美國生活水準的原因。根據 Aylwin Young 在 1995 年的研究指出，日本在 1960 年到 1989 年間的技術進步成長率，以總要素生產力成長率表示，為 2%。而在 1960 年到 1991 年間新加坡與台灣的技術進步成長率分別為 0.2% 和 2.1%。

9-4　內生成長模型

梭羅成長模型強調技術進步是**外生的** (exogenous)，是天上掉下來的禮物而無須解釋。儲蓄率的增加可暫時提高產出成長。在 1980 年代中期，羅默 (Paul Romer) 與他的博士論文指導老師盧卡斯 (Robert

金融危機專題　金融海嘯

債券天王葛洛斯 (Bill Gross) 說："這是一場金融海嘯，史上罕見的系統性金融危機，全球股市、債市、房市三種主要資產價格一起下跌。"

全球股市在 2008 年 10 月份的跌幅創新高紀錄。全球股市市值蒸發約 9.5 兆美元。其中，冰島表現最糟，OMX 冰島 ICEX15 指數崩跌 81%，標準普爾 500 指數下跌 17.82%，倫敦、巴黎、法蘭克福的跌幅都超過 13%。

美國前總統甘迺迪 (John Kennedy) 曾說："成王敗寇。錦上添花者多，雪中送炭人少。"在 2008 年到 2009 年的金融危機後，許多人都想找出元凶。當然，沒有人會承認自己是始作俑者。儘管如此，哈佛大學教授曼昆指出凶手是一群人，其中包括：

- 聯準會：自 2001 年起，聯準會追求低利率，鼓勵人們勇於貸款買屋，最終導致房市泡沫。
- 購屋者：許多人將買屋視為投資，一旦房價崩跌，後果不可收拾。
- 房貸經紀商：這些經紀商提供忍者貸款 (no income, no job or no assets, NINJA) ——無房無工作者且本身不持有這些風險極高的貸款。
- 投資銀行：雷曼兄弟 (Lehman Brothers) 等投資銀行包裝這些貸款並賣給不知情的投資人。
- 信評機構：標準普爾、惠譽 (Fitch) 等信評公司當初給予房利美、房地美極高評等。中、俄兩國央行其持有二房債券共 9,790 億美元。二房財務危機，使各國央行暴險金額大增。
- 監管單位：銀行及其它金融機構的監理單位並確實監督、導致房價下跌，銀行承受過多風險。
- 政府：政府以租稅減免鼓勵買房，且二房承做房貸，都誘使民眾寧願買房而不租屋。

資料來源：Gregory Mankiw, *Macroeconomics*, 8th ed., Worth Publishers, 2013.

潘朵拉的盒子

經濟大停擺

利率和通膨非零即負，消費者還是不願花錢，企業倒閉頻傳，經濟成長力保正值，歡迎來到經濟大停擺時代。

1938 年，美國經濟學會主席漢森 (Alvin Hansen) 首次提出"長期停滯"(secular stagnation) 的概念，他認為經濟活動萎縮、技術原地踏步、人口成長減緩，使經濟陷入長期停滯的泥沼。時至 2016 年，"大停擺"的預言真實重現。諾貝爾經濟學獎得主克魯曼和前美國財政部長桑默斯 (Lawrence Summers) 宣告全世界，漢森描繪的悲慘世界終究來到。桑默斯、克魯曼與《經濟學人》雜誌都指出，政治人物與財政政策的不作為是經濟大停擺得以實現的主要因素。

桑默斯分析說，全世界已有 7 兆美元的公債殖利率為負，而德國還一味主張撙節，經濟當然會走向死胡同。他主張當前的貨幣政策應聚焦於避免經濟走下坡，並預備迅速發動擴張性財政政策，全球合作的焦點在維持適度的需求水準。錢應該用在何處？跳過銀行和企業直接放錢進消費者口袋，這種直升機撒錢的終極寬鬆或許是解答。

資料來源："歡迎來到經濟大停擺時代"，《天下雜誌》，2016 年 3 月 3 日。

Lucas) 提出**內生成長理論** (endogenous growth theory)，企圖解釋技術進步並非由天上掉下來，而是面對經濟誘因的市場活動結果。譬如，電腦軟體與硬體的創新，使微軟和蘋果享受龐大利潤，因而鼓舞更新的發明，並向外延伸到製造業與服務業，並對商業模式發揮革命性的作用。

為了闡述內生成長理論，讓我們從一個簡單的生產函數開始：

$$Y = AK$$

其中 Y 是產出，K 是資本存量，A 是資本產出係數，衡量額外增加一單位資本所增加的產出數量。由於 A 是常數，MP_k 不會經歷資本報酬遞減。缺乏資本邊際報酬遞減正是內生成長模型與梭羅模型的關鍵差異。

至於資本存量與經濟成長的關係，我們必須回到資本累積方程式：

$$\Delta K = sY - \delta K$$

若將 $Y=AK$ 代入上式，並做一點運算，可得

$$\Delta K/K = \Delta Y/Y = sA - \delta$$

這個式子說明，即使沒有外生技術進步的假設，只要 $sA > \delta$，經濟體系的所得會持續成長下去。記得在梭羅模型中，儲蓄增加導致所得短暫成長，但資本邊際報酬遞減的假設，最終迫使經濟體系趨向穩定狀態；相反地，內生成長模型預測，只要儲蓄與投資就能促進經濟持續成長。

放棄資本邊際報酬遞減的假設是否合理？如果將 K 視為傳統的機器設備，譬如，一個廚師操作 10 部烤箱自然會有邊際報酬遞減。但是，如果將 K 做廣義解釋，K 不但包括物質資本，也包括人力資本。特別是，如果我們也將知識視為資本的一種，則資本固定報酬的假設就不再是那麼不合理。知識係指發展新產品的創意與概念。是什麼樣的動力驅使廠商從事創意活動？內生成長模型認為藉由專利與版權所形成的獨占，能提供廠商誘因從事研究發展與創新。[6]

此外，國際貿易也扮演相當重要的角色。因為每個國家能夠專心發展新的創意來生產商品與別國交換，各國消費者能夠享受來自世界各地的新產品。譬如，錄放影機是由歐洲人發明，但是經由日本和美國的產品發展，使得影音娛樂能夠普及到每一個角落。

---

[6] 兩部門模型可用來說明技術進步的決定因素。內生成長模型主張兩部門為製造部門從事商品與服務生產。研究發展部門 (或大學) 生產一種叫做"知識"的生產因素，勞工可以透過教育、學習知識以累積人力資本。兩部門模型可描述如下：

$$Y = F(K, (1-U)EL)$$
$$\Delta E = g(U) \times E$$
$$\Delta K = sY - \delta K$$

當創意的概念被廣泛應用時，不僅有助於新產品的發明，也能夠協助發展更好的生產技術或讓既有產品擁有更佳的品質。貧窮國家也可同蒙其利，因為電腦的使用操作手冊可能是在像斯里蘭卡等國家印製。結果是富有國家與貧窮國家都能夠享有持續性的經濟成長。

練習題 9-4

下列何者為內生性成長理論最強調的生產因素？
(a) 勞動力的累積
(b) 人力資本的累積
(c) 實質資本的累積
(d) 外生的技術進步
(e) 以上皆對

(100 年台北大學財政)

答：(b)。

摘 要

- 自 1950 年以後，富裕國家的經濟成長速度驚人。然而，自 1973 年以後，成長速度減緩，各國人民生活水準的差異可用生產力來解釋。
- Harrod-Domar 成長模型假設資本產出比率固定，儲蓄等於投資，保證成長率為 s/α，其中 s 為儲蓄率，α 為資本產出比率。
- 梭羅成長模型的生產函數為固定規模報酬，資本與勞動可相互替代。因為資本的邊際報酬遞減，儲蓄率的增加或人口成長率的降低可讓產出到達一較高的穩定狀態。而勞動增強，技術進步成長率的上升會讓生活水準持續地上升。
- 條件收斂是指國家之間有相同穩定狀態，其人均所得將會收斂。
- 內生成長模型拋棄梭羅模型技術外生的假設，強調技術內生使得資本邊際報酬不再遞減，經濟體系的生活水準可以持續上升。版權與專利提供廠商誘因來從事研究發展，發揮創意。

習題

選擇題

1. 下列何者能促進人力資本累積？
   I. 經濟成長
   II. 教育補貼
   III. 在職訓練
   (a) I
   (b) II 與 I
   (c) III 與 I
   (d) II 與 III
   (e) I、II 與 III　　　(104 年中央人資所)

2. 統計資料顯示，世界各國的人均 GDP 水準之差距有逐漸縮小之趨勢；亦即，低所得國家之成長率平均而言高於高所得國家。經濟學家認為，此一現象主要原因是：
   (a) 勞動邊際產量遞減
   (b) 資本邊際產量遞減
   (c) 邊際替代率遞減
   (d) 邊際效用遞減　　(103 年台大商研所)

3. 經濟成長可描述成：
   (a) 因素價格前緣曲線 (factor-price frontier) 的擴張
   (b) 技術進步導致所有投入邊際產量的增加
   (c) 生產可能曲線的擴張
   (d) 資本報酬率的上升
   (e) 勞動力的成長　　　(交大傳播所)

4. 在梭羅模型中，下列哪些變數是內生的？
   (a) 儲蓄率
   (b) 折舊率
   (c) 資本-勞動比率
   (d) 總合資本與總合產出的成長率
   (e) (a) 與 (b) 是，但 (c) 與 (d) 不是
   (f) (c) 與 (d) 是，但 (a) 與 (b) 不是
   (g) (a) (b) (c) (d) 皆是　　(政大企管所甲)

5. 下列有關新古典成長理論之敘述，何者正確？(只就長期均衡來看)
   (a) 儲蓄率愈高，平均每人所得會上升，所以平均每人消費會增加
   (b) 折舊率上升，不會影響平均每人所得成長率
   (c) 技術進步，不會影響平均每人所得的成長率
   (d) 人口成長率的增加，會使平均每人所得的成長率上升　　(中興企研甲)

6. 新古典成長理論與新成長理論的差異在於：
   (a) 新古典成長理論認為當資本增加時，經濟成長即會持續
   (b) 新古典成長理論認為經濟成長是導源於人口成長
   (c) 新成長理論認為資本報酬不會遞減
   (d) 新成長理論認為技術創新不會持續性的隨機發生
   (e) 新成長理論認為自然資源是經濟成長的重要因素　　(104 年中央人資所)

7. 資本累積的黃金法則是下列何者穩定狀態的最高水準？
   (a) 每位勞工產出　　(b) 每位勞工消費
   (c) 每位勞工儲蓄　　(d) 每位勞工資本
   　　　　(104 年高雄大學經管所)

8. 關於梭羅成長理論的描述，請問下列何者正確？
   (a) 將技術變動視為內生
   (b) 長期經濟成長最重要的變動是實體資本
   (c) 由於技術變動具有規模報酬遞增效果，因此，富國與窮國的貧富差距將擴大
   (d) 認為人力資本具外溢效果　(文化財金二)

9. 內生成長理論的基本觀念為：
   (a) 政治穩定對刺激經濟成長是必要的

(b) 勞動生產力的上升可增加經濟成長率
(c) 資本產出比率固定
(d) 新發明可降低未來發明的成本
(e) 高儲蓄率可促進經濟成長　　　(政大)

10. 內生成長理論拒絕下列何者的外生假設？
(a) 生產函數　　　(b) 折舊率
(c) 人口成長率　　(d) 技術變動

11. 下列有關經濟成長之敘述何者正確？
(a) 馬爾薩斯認為生產技術的進步只是使經濟社會所能承載的人口數量增加，但是沒有辦法增加人民的工資
(b) 內生成長理論之重要觀點之一是其認為技術進步為內生決定，例如邊做邊學 (learning by doing) 效果使原來技術較先進國家技術進步會較快
(c) 梭羅成長理論認為儲蓄率愈高，資本累積愈快，則經濟成長愈快；所以為使社會福利愈大，政府應鼓勵儲蓄
(d) 新古典成長理論或內生成長理論都強調實質部門，而忽略金融部門
(e) 在成長理論中所謂"黃金法則" (golden rule) 指的是 18 世紀至 19 世紀，黃金存量較多的國家，其經濟成長較為快速
　　　　　　　　　　　　　(中原)

問答與計算

1. Harrod-Domar 成長模型的成長條件為"保證成長率" (warranted growth rate) 等於"自然成長率"，但兩者會相等，純屬偶然。
　　　　　　　　　　　　　(台大商研)

2. 在 2013 年不丹王國有 1,000 位勞工，平均每天工作 8 小時，生產 16,000 輛汽車。在 2014 年，它有 1,200 位勞工，平均每天工作 8 小時，生產 16,800 輛汽車，不丹王國的生產力及資本存量在 2 年間有何變化？
　　　　　　　　　　　　　(100 年台大經濟)

3. 假設一封閉經濟體系梭羅成長模型的人口成長率為 g，家計單位儲蓄比率為 s，$s_t = sY_t$，消費為 $c_t = (1-s)Y_t$，廠商的生產函數為 $Y = Ak_t^\alpha L_t^{1-\alpha}$，$0 < \alpha < 1$，資本累積的條件式為 $k_{t+1} = (1-\delta)k_t + I_t$，$I_t$ 為投資，δ 為折舊率。將模型改寫為以人均 (per capita) 為單位，可表示成 $y_t = Ak_t^\alpha$，$s_t = sy_t = i_t$，$(1+g)(k_{t+1} - k_t) = sAk^\alpha - (g+\delta)k_t$。若 $A = 1$，$\alpha = 0.5$，$s = 0.4$，$\delta = 0.15$，$g = 0.05$，請問穩定狀態下的產出是多少？
　　　　　　　　　　　　　(103 年台大國企所)

4. 承上題，穩定狀態下的消費水準為何？若儲蓄比例上升到 0.8，請問 s 上升效用如何變動？　　　(103 年台大國企所)

5. 梭羅成長模型的長期均衡解不穩定，而 Harrod-Domar 成長模型的解則為穩定。這個差異，主要是前者採用了一階齊次性生產函數所致，試評論之。　(中央產經所)

6. 若有兩個國家的教育水準不同，但儲蓄率、人口成長率、技術進步率皆相同，請問教育水準較高的國家，其經濟成長率與實質工資會較高或較低？

7. 假設在 2015 年天龍國 GDP 為 2,000 萬，資本存量為 1,700 萬，就業人口為 70 萬，生產函數為 $Y = AK^{0.25}L^{0.75}$，2015 年總要素生產力等於多少？　(103 年台師大全球經營)

8. 米國的生產函數為 $Y = AK^\beta L^{1-\beta}$，$\beta = 0.25$。若 Y、K、L 的成長率分別為 6%、8% 和 2%，請問總要素生產力成長率是多少？
　　　　　　　　　　　　　(102 年中興應經所)

9. 假設一經濟體系的技術進步率為 2%，勞力成長率為 2.5%，資本成長率為 3%，若勞力份額為資本份額的 3 倍，產出增加率是多少？此經濟體系約需多少年可使產出增

加 1 倍？ (102 年中興行銷所)

10. 經濟學家常用勞動生產力 (y) 來代表人均 GDP，假設生產函數為：
$$y = Ak^\beta$$
其中，β 為固定值 0.4，A 為技術水準，k 為資本勞動比例，若勞動生產力成長率 $\Delta y/y = 2\%$，技術進步率 $\Delta A/A = 1\%$，請問 $\Delta k/k$ 是多少？ (104 年台大商研所)

11. 台灣使用的生產函數為 $Y = N^{1/3} K^{2/3}$，長期消費函數 $c = 0.8Y$。若台灣的人口成長率等於勞動成長率而為 2%，資本折舊率為 8%。當台灣達成穩定狀態成長，每人資本與每人產出是多少？ (102 年台大財金所)

12. 依據新古典成長理論，人口成長率降低如何影響穩定狀態下的平均每人所得、投資及經濟成長率？

13. 依新古典成長模型，當儲蓄傾向提高時，如何影響穩定狀態之所得水準、資本及經濟成長率？

14. 請問內生成長模型與梭羅成長模型有何差異？

15. 假設台灣地區的總生產函數為
$$Y = K^{1/2} L^{1/2} E^{1/2}$$
令 s 為儲蓄率，n 為人口成長率，g 為技術進步成長率與 δ 為折舊率。請求出：
(a) 在穩定狀態下，平均每位有效勞工產出函數為何？[提示：$y = \delta(k) = Y/EL$，而 $k = K/EL$]
(b) 若台灣地區的儲蓄率為 28%，人口成長率為 1%，請問穩定狀態下的 y 值為何？若 30 年前的台灣，儲蓄率為 10%，人口成長率為 4%，請問穩定狀態之 y 值為何？(台灣地區的折舊率 $\delta = 0.04$，技術進步成長率 $g = 0.02$)
(c) 從 (a) 與 (b) 的答案，是否可引申出台灣產出成長的奧祕？

16. 假設新古典成長模型之生產函數為：
$$Y_t = 3K_t^{1/3} L_t^{2/3}$$
而儲蓄函數為 $S_t = 0.48 Y_t$，人口成長率為 0.01，請問：
(a) 在穩定狀態下，平均每人所得是多少？
(b) 滿足黃金法則 (golden rule) 的邊際儲蓄傾向是多少？ (中興企管所)

17. 假設查德的生產函數為 Cobb-Douglas，其資本份額等於 0.3。若產出成長率為 0.03、折舊率為 0.04、資本-產出比率為 2.5，請問穩定狀態下之儲蓄率為何？

18. 假設資本每年以 3% 速率成長，勞動每年以 1% 速率成長，資本份額是 1/3，以及勞動份額是 2/3。在沒有技術進步情況下，若新古典假設成立，則產出成長率是多少？

網路習題

1. 請至行政院主計總處網站，下載最近 5 年的台灣經濟成長率？請問是上升或下降？其原因為何？

第 10 章
國際金融

阿亮的興趣是到世界各地旅遊。假設他到瑞士遊玩，住進最喜歡的旅館。在櫃檯登記時發現住一晚的費用比他前次來時貴了近 1 倍。他向旅館經理詢問，旅館經理的回答則是住宿價格已經好些年沒有調漲了。究竟發生了什麼事？

經理說的是實話，阿亮也沒有說謊。中間的玄機是歐元與新台幣或美元之間的匯率。新台幣或美元兌換歐元"貶值"或"走弱"了；亦即，現在的 1 美元 (或新台幣) 能夠換到的歐元數量比前次在瑞士的時候少。相對來說，歐元則是升值。譬如，前次阿亮去瑞士是用 0.8 美元換 1 歐元。這次是用 1.5 美元換 1 歐元，一個晚上的旅館費用是 300 歐元，原本阿亮只需付 240 美元，這次則要付 450 美元。因此，對阿亮而言，瑞士旅館的費用變貴了，但對居住在瑞士的人而言，這家旅館的費用還是跟以前一樣。匯率的變動會讓外國商品變貴或變便宜。

本章主要探討開放經濟體系下，家計單位、廠商及政府部門的經濟行為。一個記錄本國人民與外國人民所有經濟交易，包括債權與債務、商品與服務的買賣，稱為**國際收支帳** (balance of payment account)，這是我們要檢視的第一個課題。國際收支帳涵蓋商品與服務的交換及債券的買賣，這些都牽涉到兩國之間商品的交換比率或是兩國貨幣交換的價格。實質匯率、名目匯率及外匯市場則是第二個需要探討的議題。第三，探討匯率制度。最後，是探討開放總體經濟體系，包括購買力平價說、利率平價條件與總體經濟政策。

10-1　國際收支

國際收支 (balance of payments) 是一種有系統地記載在特定期間內，一個國家與世界其它地區各項經濟交易的統計報表。這些經濟交易涵蓋商品與服務的生產、交換和移轉，物質資產與金融資產所有權的變更及提供。譬如，《聯合報》在台灣印刷出版，再運送到美國的聯合報子公司，儘管沒有金錢交易，這項交易因涉及兩個國家，所以會記錄在國際收支帳上。

國際收支帳分為經常帳、資本帳與金融帳三種。經常帳包括商品、服務、所得及經常移轉。資本帳包括資本移轉 (債務的免除、資本設備的贈與及移民移轉) 與非生產、非金融性資產 (專利權及商標) 的取得和處分。金融帳根據投資種類或功能分為直接投資、證券投資、其它投資與準備資產。表 10-1 為台灣地區 2011 年到 2014 年的國際收支表。

經常帳

經常帳 (current accounts) 由四個部分組成：(1) 商品的出口與進口；(2) 服務的出口與進口；(3) 薪資所得和投資所得的收入與支出；以及 (4) 經常移轉的收入與支出。

台灣的進口會花掉外匯，在經常帳記成借方，以負號表示。台灣的出口是為台灣賺取外匯，故記成貸方，以正號表示。譬如，在 2014 年，台灣出口總值為 311,449 百萬美元，進口總值為 －269,917 百萬美元。出口減去進口稱為**貿易帳** (trade account 或 balance on goods)。當商品出口值大於進口值時，貿易帳有盈餘發生或稱貿易順差；反之，當商品出口值低於進口值時，貿易帳有赤字發生或稱貿易逆差。觀察表 10-1 可知，2014 年台灣地區商品貿易帳為 41,532 百萬美元，即台灣地區在 2014 年是貿易順差。

第二項是服務的進口與出口。服務是無形的，包括：(1) 運輸；(2) 旅行；以及 (3) 其它服務：保險、電腦與資訊、通訊及金融服務等。譬如，台灣出口 HTC 手機到歐洲，可能向英國保誠人壽購買產物保險，這是屬於服務的進口且用掉外匯，記為借方；如果有很多外國人到台

表 10-1 國際收支表：2011 年到 2014 年　　　　　　　　　　　　　　　　　　　(單位：百萬美元)

	2011	2012	2013	2014
A. 經常帳[1]	**39,908**	**49,015**	**55,309**	**65,417**
商品：出口 FOB	305,994	299,054	303,230	311,449
商品：進口 FOB	−279,449	−269,138	−267,778	−269,917
商品貿易淨額	26,545	29,916	35,452	41,532
服務：收入	45,907	49,036	51,183	57,146
服務：支出	−42,032	−42,617	−42,567	−45,924
商品與服務收支淨額	30,420	36,335	44,068	52,754
所得：收入	24,833	25,833	25,352	30,402
所得：支出	−11,654	−10,533	−11,115	−14,945
商品、服務與所得收支淨額	43,599	51,635	58,305	68,211
經常移轉：收入	5,547	5,435	6,147	6,568
經常移轉：支出	−9,238	−8,055	−9,143	−9,362
B. 資本帳*	**−119**	**−83**	**6**	**−76**
資本帳：收入	3	4	103	29
資本帳：支出	−122	−87	−97	−105
合計，A 加 B	39,789	48,932	55,315	65,341
C. 金融帳*	**−32,027**	**−31,654**	**−43,915**	**−52,780**
對外直接投資	−12,766	−13,137	−14,285	−12,711
來台直接投資	−1,957	3,207	3,598	2,839
證券投資 (資產)	−19,503	−45,304	−36,814	−57,064
股權證券	−2,078	−16,960	−7,612	−20,497
債權證券	−17,425	−28,344	−29,202	−36,567
證券投資 (負債)	−16,188	3,213	7,980	12,840
股權證券	−14,924	2,906	9,618	13,538
債權證券	−1,264	307	−1,638	−698
衍生金融商品	1,038	328	770	284
衍生金融商品 (資產)	5,777	4,526	5,851	5,690
衍生金融商品 (負債)	−4,739	−4,198	−5,081	−5,406
其它投資 (資產)	−7,988	4,746	−50,534	−14,243
貨幣當局	....	....	....	....
政府	−13	3	−1	8
銀行	−25,352	−4,453	−60,256	−36,439
其它部門	17,377	9,196	9,723	22,188
其它投資 (負債)	25,337	15,293	45,370	15,275
貨幣當局	—	—	—	—
政府	—	—	2	2
銀行	22,334	10,575	41,391	9,638
其它部門	3,003	4,718	3,977	5,635
合計，A 到 C	7,762	17,278	11,400	12,561
D. 誤差與遺漏淨額	**−1,523**	**−1,794**	**−82**	**454**
合計，A 到 D	6,239	15,484	11,318	13,015
E. 準備與相關項目	**−6,239**	**−15,484**	**−11,318**	**−13,015**
準備資產	−6,239	−15,484	−11,318	−13,015
基金信用的使用及自基金的借款	—	—	—	—
特殊融資	—	—	—	—

*剔除已列入項目 E 之範圍。
資料來源：中央銀行，《中華民國台灣地區金融統計月報》。

灣參加太魯閣馬拉松比賽，可以增加觀光收入，為國家賺取外匯，則記為貸方。台灣在 2014 年的服務收入為 57,146 百萬美元，而服務支出為 －45,924 百萬美元。因此，服務方面有順差 11,222 百萬美元。

經常帳的第三項是所得。所得包括：(1) 薪資所得：指居留期間在一年以下的非居民工作的報酬；(2) 投資所得：指持有國外金融資產一定期間的收益或使用國外金融交換一定期間的支出。台灣人民購買美國國庫券所得到的利息收入，或到美國設廠所賺取的利潤都是所得收入，為所得項目的貸方。在表 10-1，2014 年台灣地區的投資所得及薪資所得有盈餘 15,457 百萬美元。

經常帳的最後一項是**經常移轉淨額** (net current transfer)。經常移轉是指居住民向非居住民無償提供一項實際資源或金融資產，移轉即為一對等的記帳項目。譬如，為了援助非洲饑荒，你捐了一筆錢給世界展望會，這是一種外匯的使用；相反地，某些外國人提供台灣學生的獎學金，或捐款給 921 大地震災民，這是一種外匯的收入。經常移轉淨額是指台灣移轉到國外的金額減去國外移轉給台灣的金額。2014 年台灣地區經常移轉有 2,794 百萬美元的赤字。

如果我們將商品的淨出口、服務的淨出口、所得淨額及經常移轉淨額加總，可得**經常帳餘額** (balance on current account)。當經常帳發生赤字時，這表示一國對外國商品與服務的支出 (加上移轉支付及所得收入) 超過銷售到國外商品與服務的收入；相反地，當銷售到國外商品與服務的收入超過對國外商品與服務的支出，經常帳會有盈餘。從表 10-1 可知，2014 年台灣地區經常帳有盈餘 65,417 百萬美元。

資本帳

資本帳 (capital account) 包括資本移轉及非生產性、非金融性資產，如專利權、商譽等無形資產的取得與處分。資本移轉係指機器設備等資本財產贈與、債務免除和移民移轉。譬如，台灣廠商到越南設成衣工廠，這會使得台灣持有的外國資產增加 (即台灣廠商擁有成衣工廠)；另一方面，越南持有的外國資產也會增加 (即越南人擁有為興建成衣工廠所支付的新台幣)。2014 年台灣地區資本帳收入為 29 百萬美元，資本帳支出為 －105 百萬美元，因此資本帳有赤字 7 千 6 百萬美元。

金融帳

經常帳衡量一國商品、服務、所得與移轉的對外交易，而**金融帳** (financial account) 是記載一國對外金融資產與負債的交易。根據投資的功能或種類分為直接投資、證券投資及其它投資。各類投資又區分為資產 (居民對非居民的債權) 及負債 (居民對非居民的債務) 兩種。

簡單地說，本國居民購買外國公司的股票、外國政府的公債、外國的房地產或到外國銀行存款都會用掉外匯，我們稱為**資本外流** (capital outflow)；相反地，外國人購買台灣上市公司股票、政府的債券，在台灣置產或在本地銀行存款，稱為**資本內流** (capital inflow)。以 2014 年的金融帳而言，台灣對外直接投資與證券投資，分別為 －12,711 百萬美元和 －57,064 百萬美元，都超過外人對台直接投資及證券投資，分別為 2,839 百萬美元及 12,840 百萬美元。此外，外國人對我國的其它投資為 －14,243 百萬美元，低於我們對外國其它投資的 15,275 百萬美元。因此，金融帳呈現赤字 －52,780 百萬美元。

在表 10-1 的國際收支帳中，除了經常帳、資本帳和金融帳外，還有另外兩個項目：準備與相關項目，以及誤差與遺漏淨額。準備資產係指貨幣當局所控管隨時可動用的國外資產，包括貨幣用黃金、外匯存底 (含外幣現鈔、存款及有價證券) 與其它債權。由於國際收支係依據複式簿記借貸原理記帳，國際收支帳符合會計平衡原則，也就是借貸相抵。[1] 因此，在理論上，

經常帳餘額＋資本帳餘額＋金融帳餘額＝準備與相關項目[2]

如果準備與相關項目為負數，一般稱為國際收支順差；反之，則稱為國際收支逆差。在實際的國際經濟登錄上，由於遺漏或其它原因，可能會出現誤差。譬如，政府很難記錄邊界上兩國居民所有的交易或是非法走私的毒品交易，這些根本無法記錄在國際收支帳上。因此，國

---

[1] 貸方記載：(1) 商品及服務輸出；(2) 所得、經常移轉及資本帳的收入；(3) 對外債權的減少；(4) 對外債務的增加；(5) 準備資產的減少。借方記載：(1) 商品及服務的進口；(2) 所得、經常移轉及資本帳的支出；(3) 對外債權的增加；(4) 對外債務的減少；(5) 準備資產的增加。

[2] 一般的總體經濟學教科書並未考慮金融帳與資本帳的差異，而是認為：經常帳餘額＋資本帳餘額＝國際收支帳餘額。

際收支帳中會出現**誤差與遺漏淨額** (net errors and omissions) 一項，確保借貸相等，並提供資料登錄錯誤衡量指標。以 2014 年台灣地區的國際收支帳而言，經常帳餘額為 65,417 百萬美元，資本帳為 －76 百萬美元，金融帳為 －52,780 百萬美元，誤差與遺漏淨額為 454 百萬美元，四項相加可得

$$65,417+(-76)+(-52,780)+454=-13,015$$

從表 10-1 得知，2014 年台灣的準備資產為 －13,015 百萬美元，恰與上述四個項目加總後 $13,015+(-13,015)=0$。這個事實符合國際收支帳的平衡原則。根據這個標準，2014 年台灣地區國際收支有逆差 13,015 百萬美元。

練習題 10-1

台灣捐款給日本 311 大地震，在國際收支帳應記錄在：
(a) 經常帳
(b) 資本帳
(c) 金融帳
(d) 準備與遺漏
(e) 以上皆非　　　　　　　　　　　　　　　　　　(104 年元智國企)

答：(a)。

10-2　匯率與外匯市場

在檢視過資本及商品與服務的國際收支帳後，現在我們來探討這些國際間經濟交易的價格 —— 匯率。經濟學家認為匯率有兩種型態：名目匯率及實質匯率。以下先討論兩種匯率的定義及其區別，然後再討論外匯的供給與需求。

名目匯率與實質匯率

名目匯率 (nominal exchange rate) 是兩個國家貨幣的交換比率。名

目匯率有兩種表現的形式：(1) 一種是以一單位外國貨幣可以兌換多少單位的本國貨幣。譬如，美元與新台幣之間的匯率是 1：30，這表示在外匯指定銀行，你可以用 1 美元兌換新台幣 30 元；(2) 另外一種方式是由一單位本國貨幣可以兌換多少單位的外國貨幣。譬如，新台幣與日圓之間的匯率是 1：3，這表示你可在外匯指定銀行以新台幣 1 元換到 3 日圓。通常，大多數的國家是以第一種方式來表示匯率，因此本章也以第一種方式定義名目匯率，我們以 E 表示。

如果以美元表示的新台幣價格上升，就表示新台幣貶值；亦即，1 美元能夠兌換的新台幣數量增加。譬如，在 1989 年 8 月，1 美元等於新台幣 25.68 元；到 2016 年 1 月，1 美元等於新台幣 33.5 元。同樣地，1 美元在 2016 年比在 1989 年可以兌換更多數量的新台幣。換言之，當 E 上升時，新台幣比較不值錢 (新台幣貶值)，美元比較值錢 (美元升值)；反之，當 E 下跌時，新台幣升值，而美元相對貶值。

實質匯率 (real exchange rate) 是兩國商品的相對價格。實質匯率告訴我們一個國家生產的商品與另外一個國家生產的商品，兩者之間的交換比率，有時我們稱為**貿易條件** (terms of trade)。

我們如何建立台灣與日本間的實質匯率——以日本商品表示的台灣商品價格？假設一輛台灣的凌志 (Lexus) 車價值新台幣 200 萬元，同樣的日本凌志車價值 400 萬日圓。建立實質匯率的步驟如下：

步驟一： 將日本凌志的汽車價格轉換成新台幣價格。假設 1 日圓等於新台幣 0.25 元，則凌志的新台幣價格為 400×0.25＝100 萬元新台幣。

步驟二： 計算日本凌志新台幣價格與台灣凌志新台幣價格的比例。台灣凌志在台灣的售價為新台幣 200 萬元。因此，以日本凌志表示的台灣凌志價格，即日本與台灣之間的實質匯率為

實質匯率 ＝ (0.25 元新台幣/日圓)×(4,000,000 日圓/日本凌志)/
　　　　　(2,000,000 元新台幣/台灣凌志)
　　　　＝ 0.5 台灣凌志/日本凌志

在車子價格及匯率已知的情況下，我們知道 1 部日本凌志可交換 0.5 部台灣凌志。上面有關實質匯率的定義，可寫成

實質匯率＝名目匯率×外國商品價格/本國商品價格

如果將單一商品的實質匯率推廣到所有商品的實質匯率，我們必須以日本商品的日圓物價指數及台灣商品的新台幣物價指數來衡量，它們可以是日本的 GDP 平減指數和台灣的 GDP 平減指數。令 E 代表名目匯率 (新台幣-日圓的名目匯率)，P 為台灣的 GDP 平減指數，和 P^* 為日本的 GDP 平減指數。實質匯率 e 可以表示成

實質匯率 ＝ 名目匯率 × 物價水準的比率
$$e = E \times (P^*/P)$$

兩國之間的實質匯率可由名目匯率與兩國物價水準計算而得。如果以外國商品表示的本國商品價格上升，稱為 **實質升值** (real appreciation)；反之，則為 **實質貶值** (real depreciation)。在實質匯率的定義下，實質升值表示實質匯率 e 的下降，以本國商品表示的外國商品價格下降，這代表本國商品相對較貴，而國外商品相對較便宜。同樣地，實質貶值表示 e 的上升，本國商品表示的外國商品價格上升；亦即，本國商品相對便宜，而國外商品相對較貴。

我們可將實質匯率及名目匯率的定義及其關係整理如下：

- 名目匯率是一單位外國貨幣兌換本國貨幣的比例。或定義成以本國貨幣表示的外國貨幣價格，並以 E 表示。譬如，新台幣兌美元的匯率＝NT \$30/US \$1＝30。
- 實質匯率是兩國之間商品的交換比例。或定義成以國內商品表示的外國商品價格。
- 實質匯率＝名目匯率×外國物價水準/本國物價水準。

外匯市場

外匯市場與一般的商品市場並無兩樣。在商品市場，如平板電腦，商品的價格就是平板電腦的售價。在外匯市場，外匯的價格就是匯率。為了簡化分析，我們假設只有兩個國家：台灣和美國。

一般而言，對外匯的需求，主要有下列幾個原因：

- 進口商從美國進口商品與服務。譬如，進口克萊斯勒吉普車，就需要以美元支付價款。
- 台灣居民到美國觀光旅遊、留學遊學或洽公經商等。譬如，浩角翔起暑假參加美西 9 日遊，身上會帶些美元來支付小費或購買紀念品。
- 台灣居民購買美國股票、債券或其它金融商品。譬如，美國股市大好，為分散投資風險，台灣投資人會將一部分資金拿來購買美國的上市股票。
- 台灣企業到美國設廠投資。譬如，台塑公司在美國的路易斯安那州及德州均設有大型塑化原料工廠。
- 外匯投機客預期新台幣相對美元貶值而購進美元。譬如，亞洲金融風暴後，東南亞各國貨幣相繼貶值，加上台灣經濟不景氣造成預期新台幣貶值心理。

外匯供給 外匯供給是由外國居民需要新台幣所產生。一般而言，對外匯的供給，主要有下列幾個原因：

- 美國政府、廠商或家計單位從台灣進口商品與服務，即台灣出口商品與服務到美國。譬如，美國 Google 向台灣宏達電採購智慧型手機。
- 美國人民來台灣旅遊、經商、洽公或留學。譬如，美國職業籃球尼克隊到台灣訪問比賽，吃麻辣鍋、泡溫泉或逛街買東西都需要將美元換成新台幣才能使用。
- 美國人購買台灣的股票、債券或其它金融商品。譬如，美國共同基金看好台灣電子業，將部分資金用來購買台積電股票，就會在外匯市場供給美元以兌換新台幣。
- 美國公司到台灣設廠投資。譬如，美國微軟到台北南港軟體工業園區成立軟體研發中心。
- 外匯投機客預期台幣升值，買進新台幣進行套利。譬如，在民國 75 年以後，美國因對台貿易赤字，要求新台幣升值。當時，我國中央銀行採取緩慢升值方式造成市場預期台幣升值心理。因此，投機者會以美元換成新台幣，待新台幣進一步升值後進行套利，以獲取更高利潤。

圖 10-1 的 S 與 D 分別為外匯供給與需求曲線。當美元價格上升，美國人能夠買更多的台灣商品。台灣出口上升，出口商賺進外匯。因此，外匯供給曲線為一正斜率曲線。另一方面，若美元價格下跌，且美國商品售價不變，台灣人可以買到更多的美國商品；亦即，當 E 下跌時，外匯需求量增加，外匯需求曲線斜率為負。

當匯率可以自由變動時，外匯市場供給與需求的交點決定均衡匯率水準，1 美元兌新台幣 33 元，如圖 10-1 所示。如果人們對美元的需求大於供給，超額需求使美元價格上升 —— 美元相對新台幣**升值** (appreciation)。譬如，匯率從 31 變成 33，表示原來 1 美元可兌換新台幣 31 元，現在可兌換新台幣 33 元。匯率的上升，造成美元升值和新台幣貶值；相反地，如果美元的供給超過需求，超額供給使美元價格下跌 —— 美元相對新台幣**貶值** (depreciation)。譬如，匯率從 35 變成 33，表示原本 1 美元可兌換新台幣 35 元，現在只能兌換新台幣 33 元。換言之，匯率的下跌造成美元貶值和新台幣升值。

從上面的說明我們知道，引起外匯供需變動的因素包括台灣與美國消費者所得及偏好、台灣與美國的預期通貨膨脹、台灣與美國的相對物價水準，以及台灣與美國的利率水準。任何一項因素的改變都會造成供給與需求曲線移動，而使均衡匯率水準改變。

讓我們將影響均衡匯率變動的因素彙整如下：

圖 10-1 均衡匯率

當匯率可以自由變動時，供給與需求，共同決定均衡匯率，1 美元兌新台幣 33 元。美元超額需求使美元相對新台幣升值；美元超額供給使美元相對新台幣貶值。

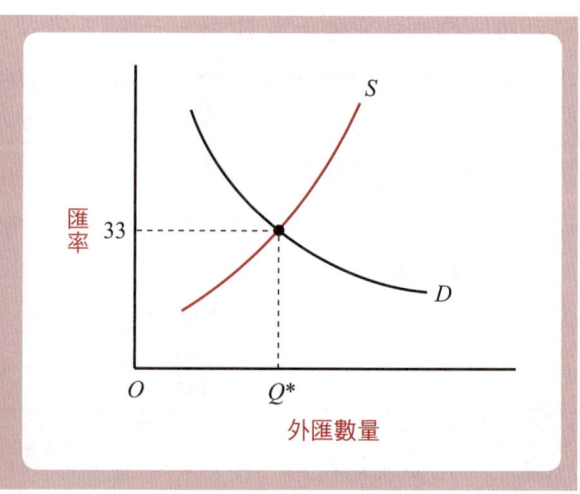

- 當台灣消費者所得增加,民眾偏好美國製商品,台灣的相對物價上漲,美國的相對利率上升,台灣預期通貨膨脹下跌,中央銀行在外匯市場買進美元,或降低關稅,都將造成匯率上升、美元升值和新台幣貶值。
- 當美國消費者所得增加,消費者偏好台灣製商品,美國相對物價上漲,台灣的相對利率上升,美國的預期通貨膨脹下降,中央銀行在外匯市場賣出美元或提高關稅,都將造成匯率下跌、美元貶值和新台幣升值。

練習題 10-2

長期下,下列何因素會使新台幣升值?
(a) 美國政府購買增加
(b) 中國國民所得下降
(c) 台灣實施緊縮性財政政策
(d) 台灣實施擴張性財政政策
(e) 以上皆非　　　　　　　　　　　　　(104 年中山企研)

答:(c)。

10-3　匯率制度

匯率制度 (exchange rate regime) 是指匯率的決定方式。依據中央銀行對外匯市場的管理方式,我們可將匯率制度分成兩大類:固定匯率和浮動匯率。

固定匯率

固定匯率 (fixed exchange rate) 是由政府或中央銀行決定匯率水準,並承諾人們可以在此固定水準下買賣外匯。假設中央銀行將新台幣與美元間的兌換率,固定在 1 美元兌換新台幣 33 元。如圖 10-2 所示,假設外匯市場的供給和需求曲線分別為 S_0 與 D_0。供給與需求的交點為 A

點，決定均衡匯率水準為新台幣 33 元。

假設台灣景氣轉佳，消費者增加對美國商品的需求。當台灣的消費者需要更多的美元購買美國商品時，外匯需求曲線會從 D_0 向右移至 D_1 (圖 10-2)。若任由市場供需決定匯率水準，均衡會從 A 點移到 B 點，美元價格上升，造成美元升值和新台幣貶值。然而，在固定匯率制度下，外匯市場發生超額需求 AC。為維持新台幣 33 元的美元價格，中央銀行必須滿足外匯市場對美元的超額需求，在外匯市場供給 AC 數量的美元以維持固定的匯率水準。

另一方面，美國發生狂牛症疫情，導致台灣消費者不敢食用美國 USDA 的牛肉。進口減少，造成對美元的需求減少，外匯需求曲線向左移動，從 D_0 移至 D_2 (圖 10-2)。市場均衡從 A 點變成 D 點。然而，在固定匯率制度下，外匯市場發生美元超額供給，AE。為了維持固定匯率，中央銀行必須進場將超額供給的部分，以新台幣買回美元而造成外匯存底的增加。

若外匯市場對美元的需求始終在 D_1 和 D_2 之間來回震盪，我國中央銀行能夠在長期維持固定匯率水準。然而，若美元需求平均都在 D_1 的位置，央行必須持續地使用外匯存底來維持固定的美元價格，33 元。當外匯存底用盡時，央行的最後手段是讓**匯率貶值** (devaluation)，以彌補長期的外匯超額需求；相反地，若外匯需求始終停留在 D_2，新台幣在長期被低估，因此央行可讓**匯率升值** (revaluation)。

圖 10-2　固定匯率制度

假設中央銀行將匯率固定在 1 美元兌新台幣 33 元。當需求曲線為 D_1 時，外匯市場有超額需求 AC，央行會提供 AC 部分的美元；當需求曲線為 D_2 時，外匯市場有超額供給，央行會買進美元以維持匯率固定在新台幣 33 元。

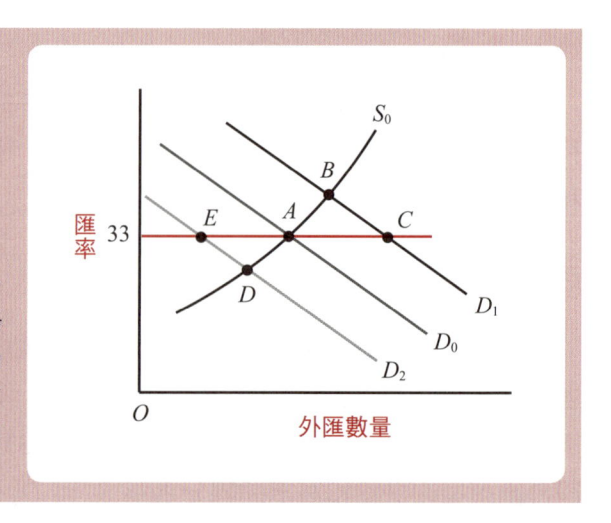

固定匯率制度的缺點有二：(1) 若匯率長期被高估，外匯需求經常超過外匯供給，外匯存底遲早會有用盡的可能。當然，中央銀行可以選擇讓本國貨幣 (新台幣) 貶值，或政府限制進口和禁止資本外移等方式來因應；(2) 由於中央銀行必須進場買賣外匯，本國貨幣供給會隨著外匯數量的增減而變動。譬如，匯率高估造成國際收支盈餘，央行為維持固定匯率會以等值新台幣買入美元，而創造出等值的準備貨幣。貨幣供給增加將對物價上漲造成壓力。因此，固定匯率制度使得央行無法控制貨幣供給。

另一方面，固定匯率制度的優點是減少國際貿易所面臨匯率多變的風險，節省投入預測匯率變動的資源。讓我們以金本位制度為例，說明固定匯率制度的運作。

金本位制度

在 1914 年以前，**金本位制度** (gold standard) 是國際間經濟交易最主要的制度。所有國家的貨幣都以黃金報價 —— 1 盎司黃金值多少的本國貨幣。譬如，1 盎司黃金約值 20 美元；同樣地，1 盎司黃金約值 4 英鎊，故英鎊與美元之間的匯率便可有效地固定在 1 英鎊兌換 5 美元。

金本位制度要有效地運用，必須是每一個國家都同意以事先固定的價格買進或賣出黃金。譬如，美國人因喜歡喝英國的威士忌酒，而大量進口英國酒。當美國的進口大於出口，國際收支帳發生赤字時，美國國內的黃金存量減少，而英國的黃金存量累積。黃金自美國流入英國造成英國貨幣供給的增加，利率下跌，總需求提高，物價水準上升。英國物價相對美國物價上漲將使英國的出口減少和美國的出口增加。因此，相對物價和所得的變動，自動地使貿易恢復平衡。

金本位制度的主要缺點是，經濟社會容易發生通貨緊縮現象。譬如，法國發生國際收支赤字；亦即，法國人喜歡買外國產品或將錢投資到海外。此時，法國的中央銀行發現外國人會將法郎換成黃金，然後運回其母國。當這種情形持續時，法國的黃金準備將會消失殆盡。面對如此不堪的情況，法國央行可以調升本國利率，吸引外國資金流入。因此，為了維繫金本位制度，法國人民付出慘痛代價，利率上升導致產出減少和失業增加，總需求減少使得通貨緊縮現象發生。

黃金熱潮再度來襲？

中東亂局、俄美關係及核彈威脅等地緣政治的升級，加上中國疲軟的經濟數據，點燃全球成長憂慮所導致的股市急跌，提升了市場對於貴金屬的避險需求，人們的注意力因而轉向黃金。

黃金雖然不再與任何貨幣有正式關係，中央銀行仍然願意持有黃金作為準備資產。根據世界黃金協會 (World Gold Council, WGC) 在 2015 年前三季統計，各國央行購買黃金淨額達 425.8 公噸，以中國及俄羅斯最積極搶金。台灣央行持有的黃金準備為 1,362 萬盎司，在全球排名居第 14 名。全球排名前三名依序為美國、德國和國際貨幣基金。

黃金走勢該如何預測呢？資金黃金公司創辦人涂克 (James Turk) 和華爾街財經作家魯賓諾 (John Rubino) 提出"恐懼指標"的概念。這個指標衡量民眾對美元與美國金融體系的焦慮程度。其計算方法為

$$恐懼指標 = \frac{(美國黃金準備) \times 黃金市價}{M_3}$$

依據 2003 年 12 月 31 日的資料，美國的恐懼指標為

$$\frac{2,615 \text{ 億盎司} \times \text{每盎司 } 415 \text{ 美元}}{8 \text{ 兆 } 8,500 \text{ 億}} = 1.23\%$$

這表示流通中的 M_3，每 100 美元中有價值 1.23 美元的黃金存在財政部保險庫內。因此，美元的價值中，1.23% 為黃金，98.77% 為聯邦準備與銀行持有的金融資產。

恐懼指標下降，表示大家對美國經濟展望樂觀；相反地，恐懼指標上升，表示民眾擔心銀行的健全經營，轉而尋求其它保值工具。兩位作者指出，恐懼指標超過 21 個月移動平均線，同時均線漲幅超過前 1 個月的水準，就代表"買進"信號。每次買進信號出現，金價就會大漲。

過去 35 年總共出現 5 次買進信號，分別是 1972 年 5 月、1977 年 10 月、1986 年 7 月、1993 年 4 月及 2002 年 5

月。譬如，1970 年代的石油危機、俄羅斯入侵阿富汗，通貨膨脹上升到兩位數，黃金變成是一項保值工具。在 1980 年元月，金價暴漲到每盎司 850 美元。另外，在 1990 年代末期，亞洲爆發金融風暴、俄羅斯財政崩潰、長期資產管理公司倒閉與科技股慘跌，金價開始走揚。在 2002 年 5 月，金價漲到每盎司 362 美元時，恐懼指標只剩下 1.05%。黃金價格在 2011 年 9 月創出歷史高點，1 盎司 1,923.20 美元。

資料來源：
1. 呂清郎，"中俄趁便宜搶黃金，央行淡定"，中時電子報，2016 年 1 月 7 日。
2. Conrad de Aenlle, "Gold's Running But Is It Worth Chasing After?" *New York Times*, Oct. 1, 2005, p. C.6.

　　另一方面，國際收支盈餘的國家並沒有誘因降低利率。這種不對稱性造成全球經濟的緊縮危機。在第一次世界大戰與第二次世界大戰之間，各國政府官員尋求恢復金本位制度，這種努力使得某些國家的利率水準上升，而加劇 1930 年代經濟大恐慌的衰退程度。

浮動匯率

　　所謂**自由浮動匯率** (freely floating exchange rate) 是指中央銀行沒有利用外匯準備干預匯率水準，匯率完全由市場的供給和需求自行決定。若以圖 10-2 作為說明，需求曲線從 D_2 到 D_0 再到 D_1。在浮動匯率制度下，均衡可從 D 點到 A 點，再到 B 點。在固定匯率制度下，均衡是從 E 點到 A 點，再到 C 點。

　　比較這兩種匯率制度可知，固定匯率的匯率水準始終維持在新台幣 33 元的水準，故匯率為一水平線。然而，浮動匯率隨市場供需位置的不同而隨之變動。當市場對美元需求較低時，美元價格低於新台幣 33 元，如 D 點；相反地，當外匯市場中大家都在追逐美元時，美元價格會上升而高於新台幣 33 元，如 B 點。因此，當需求增加造成名目匯率上升時，將使本國貨幣 (新台幣) 貶值和外國貨幣 (美元) 升值。當供給增加造成名目匯率下跌時，將使本國貨幣 (新台幣) 升值和外國貨幣 (美元) 貶值。

　　自由浮動匯率制度的優點是，中央銀行對本國的貨幣供給有控制力,外匯市場可協助隔絕國外經濟對本國經濟的衝擊。由於在自由浮動匯率制度下,中央銀行不需以外匯準備來干預匯率水準,外匯供需保證國際收支達到平衡。故本國的貨幣供給量不受國際收支的影響,中央銀行可以利用貨幣政策追求匯率穩定或通貨膨脹穩定等目標。譬如,假設美國物價相對台灣物價上漲,台灣出口將會增加,而進口會減少,新台幣對美元的匯率下降。新台幣的升值可降低進口商品價格,減少出口和增加進口。因此,在自由浮動匯率下,國外物價的變動對國內物價及貿易帳的衝擊遠低於固定匯率下的衝擊。

自由浮動匯率制度的缺點,正是固定匯率制度的優點。雖然匯率浮動提高貨幣當局的自主性,匯率的波動卻增加貿易商的風險。特別是匯率巨幅的波動,會使匯率走勢的預測難以掌握。外匯市場的參與者必須投入更多的資源來進行預測和避險,導致國際貿易的交易成本增加,國際貿易的數量因而減少。

管理浮動匯率

上一小節討論的自由浮動匯率制度是,假設中央銀行完全不以外匯準備干預外匯市場,而放任市場機能自由運作。事實上,自 1973 年以來,當浮動匯率取代可調整釘住匯率之後,完全放任外匯市場自由決定匯率的中央銀行並不多見。中央銀行為了防止每日匯率波動過度劇烈,會選擇時機進場買賣外匯。這種匯率制度包括央行以外匯準備進行干預,以維持匯率在理想的區間,稱為**管理浮動匯率制度** (managed float exchange rate system) 或**濁浮動匯率制度** (dirty float exchange rate system)。

在管理浮動匯率制度下,中央銀行可藉由買賣外匯準備從事防衛性的操作,以減緩匯率對經濟體系的衝擊。譬如,在 1997 年初,美國量子基金操盤人索羅斯 (George Soros) 大量賣出泰銖,使泰銖在 1 週內貶值 40%,因此引發東南亞金融風暴。連帶影響亞洲許多國家,包括印尼、泰國、馬來西亞、新加坡、菲律賓、韓國、日本及台灣等國的貨幣貶值。當預期貨幣貶值的心理充斥外匯市場時,外匯需求曲線會大幅向右移動,從 D_1 移至 D_2,如圖 10-3 所示。

在圖 10-3 中,D_1 與 S_1 的交點是 1997 年第 3 季的匯率水準,新台幣 28.43 元兌換 1 美元。在亞洲金融風暴後,新台幣兌美元的匯率,在

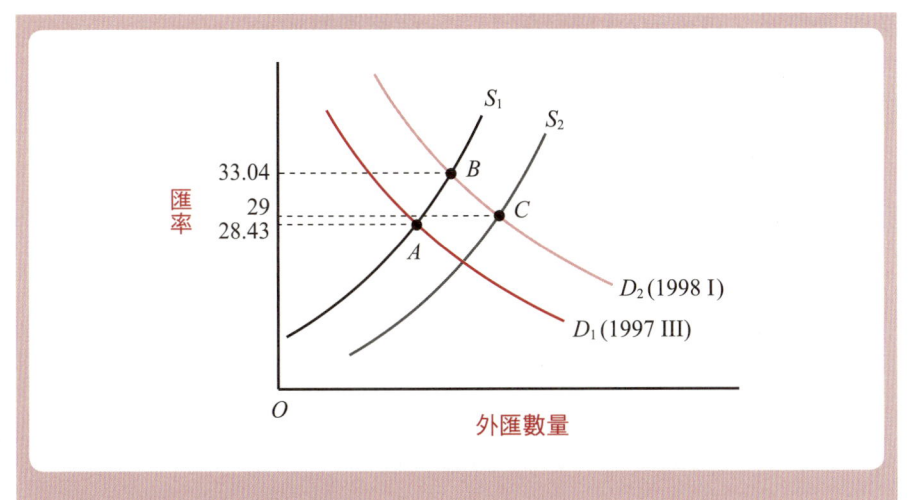

圖 10-3　中央銀行的干預

1997 年亞洲金融風暴使得新台幣大幅貶值，央行可藉由賣出外匯，使外匯供給曲線 S_1 右移至 S_2，讓匯率不致上升過多。

1998 年第 1 季為 33.04 元，貶值幅度達 16.22%。觀察圖 10-3，當外匯市場對美元需求強勁時，需求曲線從 D_1 右移至 D_2。均衡從 A 點變成 B 點，匯率從 28.43 元貶值到 33.04 元。若中央銀行進場賣出美元，將使供給曲線由 S_1 右移至 S_2，均衡從 A 點變成 C 點，均衡匯率則從 28.43 元上升至 29 元。

　　管理浮動匯率制度介於固定匯率制度與自由浮動匯率制度之間，故具有兩種制度的優點和缺點。優點是它可平穩匯率的波動，使匯率不致上下震盪過於激烈；且其亦為浮動匯率制度的一種，故具有隔絕國外經濟衝擊的特質。缺點是中央銀行必須保存大量外匯存底，以便適時進場干預，投機者若預期央行意圖，外匯投機會較為嚴重。尤其是當投機客擁有的外匯數量超過央行擁有的外匯數量時，該國貨幣將大幅貶值，亞洲金融風暴時期的印尼、馬來西亞和泰國，正是遭遇這種攻擊。此外，管理浮動匯率制度讓貨幣當局容易追求擴張性政策，而導致通貨膨脹的發生。

　　根據《聯合報》2016 年 1 月 10 日報導，石油價格跌落到每桶 32 美元，是近 12 年新低。哈薩克與俄國都已棄守釘住美元政策。哈薩克央行總裁克林貝多夫 (Kairat Kelimbetov) 更因為改採浮動匯率制度，使

該國貨幣堅戈 (Tenge) 大幅貶值 11.4% 而慘遭撤換。[3]

練習題 10-3

在固定匯率制度下，若國內貨幣有貶值壓力。為了要維持固定匯率，國內貨幣供給應該：

(a) 增加

(b) 減少

(c) 不變　　　　　　　　　　　　　　　　　　(104 年元智國企)

答：(b)。

10-4　開放經濟體系下的商品與金融市場

　　在本章之前，我們一直是在封閉經濟體系 —— 不與其它國家接觸互動 —— 架構下探討總體經濟行為。本節將說明開放經濟體系下，總體經濟政策的意涵。這裡所謂的"開放"是指商品市場、金融市場及生產因素市場的開放。商品市場的開放是指，消費者與廠商在國內與國外商品間有選擇的機會。金融市場的開放是指，金融投資者在國內與國外金融資產間有選擇的機會；生產因素市場的開放是指，廠商選擇在何處生產及工人選擇在何處工作。通常，總體經濟學教科書對國際金融的探討多著重於商品與金融市場的開放，而對生產因素市場的角色著墨不多。因此，我們將省略生產因素市場，而集中在商品與金融市場的討論。

商品市場的開放

　　當商品市場不再侷限於國內市場時，我們應該如何思考商品市場的均衡？在開放的商品市場，消費者的決策是購買國內商品或國外商品。消費者與廠商要買本國或外國商品主要決定於本國商品與外國商品的相對價格，即以外國商品表示的本國商品的價格，這是我們前面

---

[3] 有限浮動匯率 (crawling peg) (亦稱匯率緊釘) 政策允許匯率在固定匯率水準範圍內上漲或下跌，其優點是使通膨與出口價格維持穩定。

提到的實質匯率，e。當實質匯率較低時，意味著以外國商品表示本國商品的相對價格下跌。在這種情形下，由於國內商品相對昂貴，國內消費者比較願意購買進口商品：他們會多買馬自達的 Tribute 而非裕隆的 X-Trail、多喝法國紅酒而非台灣啤酒，以及到峇里島度假而非到墾丁戲水。同理，國外消費者也會多購買外國商品而非本國商品。因此，實質匯率升值，亦即 e 的下降，使得淨出口數量減少。

相反地，當實質匯率貶值，e 上升時，國內商品相對國外商品較便宜。國內消費者會多喝台灣啤酒少喝法國紅酒；國外消費者會多買華碩筆記型電腦而非 IBM 筆記型電腦。進口的減少和出口的增加，導致淨出口數量增加。實質匯率與淨出口之間的關係可寫成

$$NX = NX(e)$$

這個方程式說明淨出口是實質匯率的函數。圖 10-4 顯示淨出口與實質匯率的正向關係。淨出口除了受實質匯率影響外，還受國內外消費者所得，消費者對國內外商品的偏好程度，國內外貿易政策，以及名目匯率的影響。譬如，美國消費者所得提高，會增加對商品的需求，其中包括美國與台灣生產的商品，這將使台灣的出口增加，導致淨出口上升。因此，國外所得提高，台灣的淨出口上升；國內所得提高，台灣的淨出口下跌。

開放經濟下的商品市場均衡式，可以下列方程式表示：

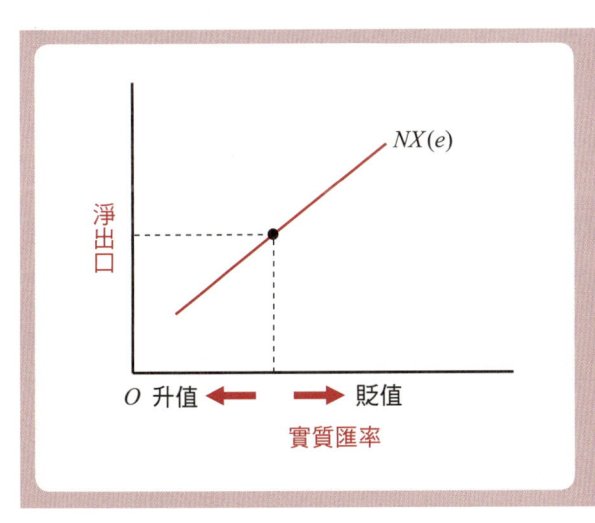

圖 10-4　淨出口函數

當實質匯率上升時，出口增加，進口減少，導致淨出口增加。反之，實質匯率下跌 (升值)，淨出口下跌。淨出口與實質匯率呈正向關係。

$$Y = C(Y-T) + I(r) + G + NX(e, Y, Y^*)$$

上式說明總所得 Y，是消費 C、投資 I、政府購買 G，和淨出口 NX 的加總。消費受可支配所得 $(Y-T)$ 的影響，可支配所得與消費之間為正向關係。投資受實質利率 r 的影響，實質利率上升，投資會減少。淨出口受實質匯率 e，國內所得 Y 及國外所得 Y^* 的影響。淨出口與 e 和 Y^* 呈正向關係，而與 Y 呈負向關係。

購買力平價說

在經濟學有一個著名的假設，稱為**單一價格法則** (law of one price)。這個法則強調，相同的商品在相同的時間，不論在何處出售，價格應該相同。譬如，每磅藍山咖啡豆的售價在台北要比高雄便宜 100 元。任何一個人都可以在台北買進咖啡豆，然後運至高雄賣出，以賺取中間的差價。這種低價買進高價賣出的行為，稱為**套利** (arbitrage)。套利使台北咖啡豆的需求增加而高雄咖啡豆的供給增加。這會使台北咖啡豆價格上升而高雄咖啡豆價格下跌 —— 最後，兩地咖啡豆的價格趨於一致。

單一價格法則運用到國際市場，稱為**購買力平價說** (purchasing power parity, PPP)。購買力平價說主張，若國際間的套利可能發生，則 1 塊錢 (任何貨幣) 在每一個國家的購買力應該相同。如果 1 塊錢在美國買到的咖啡豆比台灣市場多，貿易商便可利用這個機會，在美國買進咖啡豆，再銷到台灣。這種套利行為讓美國的咖啡豆價格上漲和台灣的咖啡豆價格下跌。同樣地，如果 1 塊錢在台灣買到的咖啡豆比在美國多，貿易商可以在台灣買進咖啡豆，再出售到美國，使台灣咖啡豆價格相對美國咖啡豆價格上漲，套利行為使價格在所有國家都趨於一致。

購買力是指貨幣的價值，平價是相等的意思。購買力平價說主張一單位貨幣在任何國家的實質價值都會相同。換言之，如果 1 磅咖啡豆在台灣的售價是新台幣 400 元，在美國的售價是 10 美元，則名目匯率就是新台幣 40 元兌 1 美元，否則美元的購買力在兩國之間不會相等。

上述的例子可以推廣到所有的商品。令 P 為國內 (台灣) 物價水準，P^* 為國外 (美國) 物價水準 (以美元計算的物價)，E 為名目匯率 (1 美元能夠兌換的新台幣數量)。新台幣 1 元能買到的數量為 $1/P$，新台幣 1 元在美國能夠買到的數量 (以美元計價) 為 E/P。為了讓新台幣 1 元在兩國的購買力都相同，下式必須成立：

$$E/P = 1/P^*$$

將上式重新整理，可改寫成

$$EP^* = P$$

上式說明，若國際間的套利行為可能發生，則兩國的物價水準將趨於一致。上式也可改寫成

$$E = P/P^{*\,4}$$

我們可將購買力平價說運用到商品市場的開放模型。國際間套利行為的快速反應隱含淨出口對實質匯率的移動相當敏感。若國內價格相對國外價格微幅下跌；亦即，實質匯率微幅貶值，將導致套利者在國內購買商品，然後銷往國外。同樣地，若國內商品價格相對國外商品價格微幅上升；亦即，實質匯率升值，導致套利者從國外進口商品。因此，淨出口曲線會接近垂直：任何實質匯率微幅改變，導致淨出口大幅改變，如圖 10-5 所示。

淨出口的高度敏感性隱含實質匯率近乎固定。在極端的情況下，實質匯率固定不變，淨出口曲線為一垂直線。如果實質匯率固定不變，所有名目匯率的變動都來自兩國物價水準的變動。

購買力平價說在現實世界中並不常見，原因有二：第一，有些商品無法進行國際貿易。譬如，淡水金門王的腳底按摩，不太可能出現在美國的華盛頓街頭。第二，即使商品可以進行貿易，也不可完全替

---

[4] 上式稱為絕對購買力平價說 (absolute purchasing power parity)。由於運輸成本、貿易障礙及不同商品的成分並不相同，相同的商品在不同國家並不一定能夠比較。因此，購買力平價有另一種版本：

$$\frac{\Delta E}{E} = \frac{\Delta P}{P} - \frac{\Delta P^*}{P^*}$$

如果本國物價相對外國物價上升較快，將導致本國貨幣貶值。一般教科書稱上式為相對購買力平價說 (relative purchasing power parity)。

圖 10-5　購買力平價說

單一價格法則運用在國際市場，隱含淨出口對實質匯率高度敏感。高度敏感反映的是接近垂直的淨出口曲線。

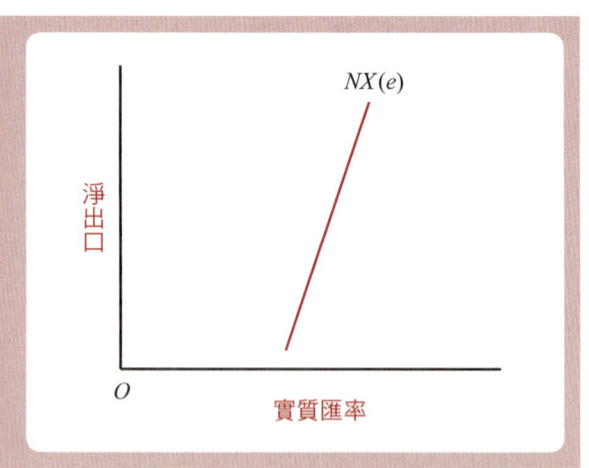

代。譬如，有些消費者偏愛台灣啤酒，有些消費者卻喜歡百威啤酒。

練習題 10-4

若單一價格法則成立且交易成本為零，美元兌新台幣為 1 比 30，若漢堡在台灣賣 NTD 90，美元價格是多少？

(a) 2,700 NTD

(b) 30 NTD

(c) 3 USD

(d) 2 USD　　　　　　　　　　　　　　　　　　　(104 年交大經管所)

答：(c)。

金融市場的開放

開放經濟的金融市場允許投資者持有國內與國外資產，以分散他們的資產組合，在國內外利率、匯率及其它因素變動時進行投資行為。投資組合理論告訴我們，影響本國金融資產 (如新台幣存款、台灣債券) 與外國金融資產 (如美元存款、美國債券) 之間需求的關鍵因素是這些資產相對其它資產的預期報酬。當美國人民或台灣人民預期新台幣存款相對美元存款有較高報酬時，新台幣存款的需求會較高，而美元存款的需求較低。

為了進一步說明，假設有國內與國外 1 年期債券，且投資人考慮在台灣與美國 1 年期債券間做一選擇。

- 若你決定持有台灣債券，令 i 為台灣 1 年期債券的名目利率。你所買的每 1 元台灣公債明年將可得到 $(1+i_t)$ 元，如圖 10-6 所示。
- 假設你決定持有美國公債。欲購買美國公債，首先要購買美元。令 E_t 為新台幣與美元間的名目匯率。每新台幣 1 元可換到 $\frac{1}{E_t}$ 的美元。令 i_t^* 為 1 年期美國公債 (以美元表示) 的名目利率，到第 2 年可得到 $(1/E_t)(1+i_t^*)$ 美元。
- 然後，再將美元轉換成新台幣。若你預期明年的名目匯率為 E_{t+1}^e，則你投資新台幣 1 元預期明年可回收新台幣 $(1/E_t)(1+i_t^*)E_{t+1}^e$ 元。

我們從上面的討論知道，如果同時持有台灣與美國債券，兩者的預期報酬率應該相同。因此，下列的套利關係必須成立：

$$1+i_t = \left(\frac{1}{E_t}\right)(1+i_t^*)E_{t+1}^e$$

上式稍加整理，可得

$$1+i_t = (1+i_t^*)\left(\frac{E_{t+1}^e}{E_t}\right)$$

	今年	明年
台灣債券	NT $1	NT $(1+i_t)$
美國債券	NT $1	NT $\left(\frac{1}{E_t}\right)(1+i_t^*)E_{t+1}^e$
	$\frac{1}{E_t}$	$\left(\frac{1}{E_t}\right)(1+i_t^*)$

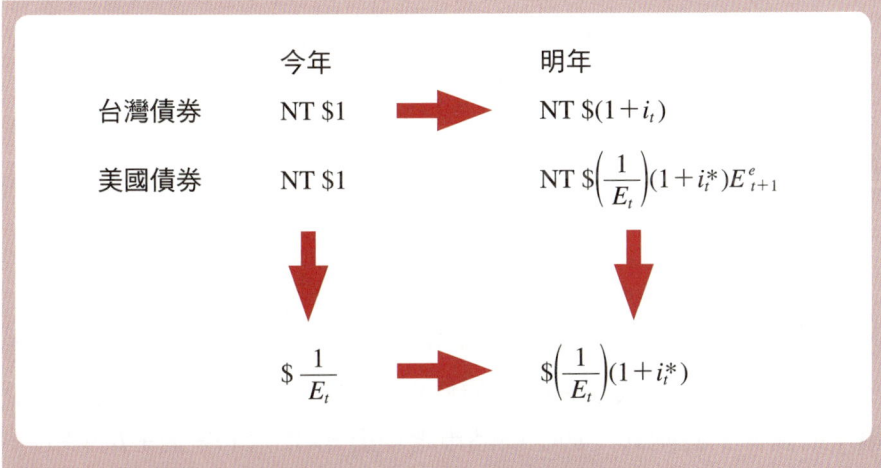

圖 10-6　持有 1 年期台灣或美國債券的預期報酬

上式稱為**利率平價條件** (interest parity condition) 或**無拋補利息平價假設** (uncovered interest parity, UIP)。利率平價條件可重新寫成

$$1+i_t=(1+i_t^*)\left(1+\frac{E_{t+1}^e-E_t}{E_t}\right)$$

這說明本國名目利率、外國名目利率與預期貶值率之間的關係。從第 10-2 節的討論得知，E 的上升代表新台幣相對美元貶值，因此，$\frac{E_{t+1}^e-E_t}{E_t}$ 為國內貨幣 (新台幣) 的預期貶值率 (若 $\frac{E_{t+1}^e-E_t}{E_t}<0$，意味著預期新台幣升值)。只要利率或預期貶值率的數據不大 (如低於 20%)，上式可寫成下列的近似式：

$$i_t=i_t^*+\frac{E_{t+1}^e-E_t}{E_t}$$

這個式子強調，套利使國內利率必須等於 (或接近) 國外利率加國內貨幣的預期貶值率。讓我們舉一個例子作為說明。假設 1 年期台灣公債的利率為 4.0% 和 1 年期美國公債為 2.5%，你會持有台灣公債或美國公債？它決定在未來 1 年新台幣的貶值幅度大於或小於 4.0%－2.5%＝1.5%。若你預期新台幣貶值超過 1.5%，儘管美國的利率低於新台幣的利率，但投資美國債券仍是較好的選擇。持有美國債券，1 年後會得到較少的本金和利息 (以美元計價)。但若以新台幣計價，1 年後投資美國債券的報酬反而較高；反之，若你預期新台幣貶值幅度小於 1.5%，則持有台灣債券是較優的選擇。

經過上面的討論，開放經濟的金融市場均衡可寫成

$$\frac{M}{P}=L(i,Y)$$

和

$$i_t=i^*+\frac{E_{t+1}^e-E_t}{E_t}$$

其中第一式為封閉經濟體系下的 LM 曲線：利率由貨幣供給和貨幣需求共同決定。第二式為利率平價條件，顯示利率與預期國內貨幣貶值率的關係。此兩式，加上商品市場均衡式 $Y=C(Y-t)+I(r)+G+NX(Y,Y^*,e)$，一起決定均衡產出、利率和匯率。

金融危機專題　世紀犯罪

美國《時代雜誌》報導，21 世紀堪稱金融與會計醜聞標竿世紀：美國安隆 (Enron) 公司會計醜聞、網際網路泡沫、次貸危機，以及銀行紓困。

2012 年 7 月 6 日，英國第二大銀行巴克萊 (Barclays) 與其它 11 家全球性銀行操縱倫敦銀行同業拆放利率 (London Interbank Offered Rate, LIBOR)，估計可能面臨總共達 452 億美元的罰款與賠償。LIBOR 是全球各大銀行借款時支付的平均利率。這個數字用來為價值數百兆美元的金融商品訂價，包括高收益公司債、信用卡和助學貸款等。

LIBOR 形成的基礎，源自於銀行交易員自由而真實的報價，這是市場機制在利率上的體現。但是，由於 LIBOR 牽涉到高達 360 兆美元利率市場，這使得交易員有極大誘因去扭曲 LIBOR，以使為自己謀利。《華盛頓郵報》指出，早在 2008 年 6 月 1 日，當時任紐約聯邦準備銀行總裁的蓋特納 (Timothy F. Geithner) 就曾發一封電郵給英國央行，建議英格蘭銀行排除引發不當行為的誘因，並建立 "可靠的報告程序"。

鑑於此指標利率的重要性，新聞界人士對巴克萊承認涉案感到火冒三丈。美國記者兼作家謝爾更稱此為 "世紀犯罪"。

英國金融服務業主管機關 "金融行為監管局" (Financial Conduct Authority, FCA) 2015 年的罰款 8.992 億英鎊 (新台幣 440 億元) 中，約有近一半來自 FCA 對巴克萊體系違法操縱外匯的懲罰，另一個則是德意志銀行 (Deutsche Bank AG)，罪名是操縱倫敦銀行同業拆款利率。

資料來源：蕭麗君，"LIBOR 利率遭操縱，蓋特納 4 年前早示警"，《工商時報》，2012 年 7 月 14 日。

10-5　*IS-LM* 模型與貿易帳

現在我們可以將模型中的所有組成結合，如圖 10-7 所示。此圖顯示在開放經濟體系下，商品與金融市場如何決定重要的總體經濟變數。

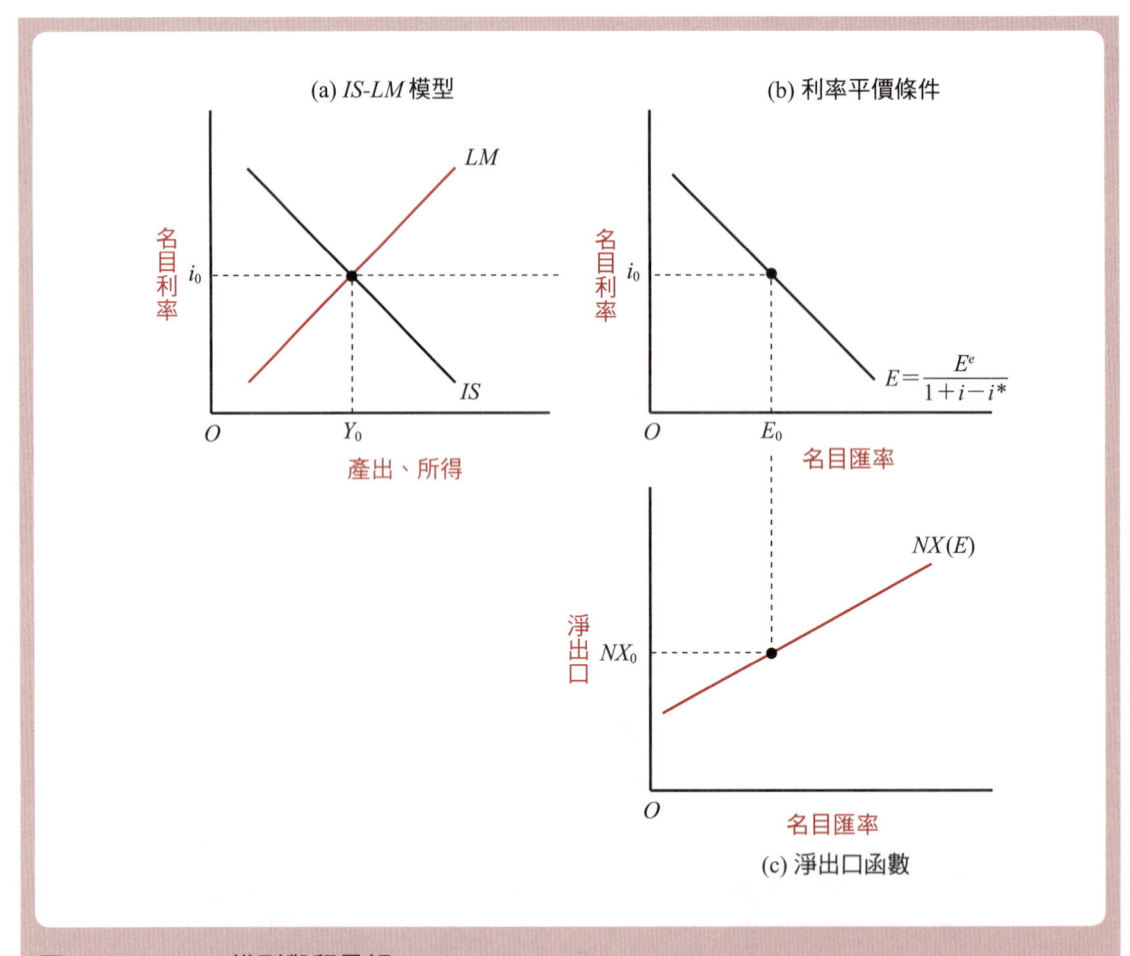

圖 10-7　IS-LM 模型與貿易帳

圖 (a) 為 IS-LM 模型，IS 與 LM 曲線的交點決定均衡名目利率與所得。圖 (b) 為利率平價條件，商品與金融市場所決定的名目利率決定名目匯率。圖 (c) 為淨出口函數，在名目匯率已知的情形下，淨出口函數可決定均衡的淨出口水準。

前面在討論 IS-LM 模型時，我們曾假設物價在短期僵固不變，預期通貨膨脹也就不存在，名目利率與實質利率相同 ($i=r$)。另一方面，如果我們也認為國外物價水準不會改變。為了方便說明，令 $P^*/P=1$，則名目匯率與實質匯率相等 ($E=e$)。有了這兩個簡化，開放經濟體系下的 IS-LM 模型可寫成

$$IS：Y = C(Y-T) + I(i) + G + NX(Y, Y^*, E)$$

$$LM: \frac{M}{P} = L(i, Y)$$

利率平價條件：$i = i^* + \frac{E_e - E}{E}$ 或 $E = \frac{E_e}{1 + i - i^*}$

　　圖 10-7(a) 顯示商品與金融市場的均衡。利率的變動有直接與間接兩種途徑來影響國內商品需求。利率的直接效果是利率提高使投資減少，國內需求減少；利率的間接效果為國內利率上升使本國貨幣升值，出口減少，進口增加，國內商品需求與產出減少。所以，IS 曲線斜率為負。至於 LM 曲線與封閉經濟體系下的 LM 曲線相同，LM 曲線斜率為正。IS 與 LM 曲線的交點決定均衡的名目利率與產出水準。

　　匯率的均衡值無法從圖 10-7(a) 求得。我們必須藉助圖 10-7(b) 的利率平價條件。在預期匯率 (E_e) 與國外利率 (i^*) 決定的條件下，從均衡名目利率可以得到均衡名目匯率。

　　圖 10-7(c) 描繪淨出口函數。由於淨出口為國內外所得與名目匯率的函數。在國內所得 (Y) 與國外所得 (Y^*) 已知的情形下，均衡名目匯率可以協助決定均衡的淨出口值。因此，這個模型可以決定國內利率、國內所得、匯率水準與淨出口。請注意，模型的外生變數包括國外所得 (Y^*)、國外物價水準 (P^*)、國外利率水準 (i^*)、預期匯率 (E^e_{t+1})、政府支出與稅收 (G, T) 和國內貨幣供給 (M)。

貨幣政策的影響效果

　　現在，我們可以利用開放經濟體系的 IS-LM 模型來解釋政府政策或事件對經濟變數的影響。我們利用三個步驟來簡單說明。如果中央銀行為了刺激國內經濟景氣而進行公開市場買進，試問對經濟體系造成何種衝擊？

　　首先，公開市場買進是一種擴張性貨幣政策，會使國內貨幣供給增加，貨幣供給的增加會影響 LM 曲線，但不會影響 IS 曲線。第二，在貨幣需求不變的情況下，貨幣供給增加使得 LM 曲線向右移動，從 LM_0 移至 LM_1，如圖 10-8(a) 所示。

　　最後，進行比較靜態分析。在圖 10-8(a)，擴張性貨幣政策，使人們持有的貨幣增加，他們會將多餘的貨幣拿去購買債券，債券價格因

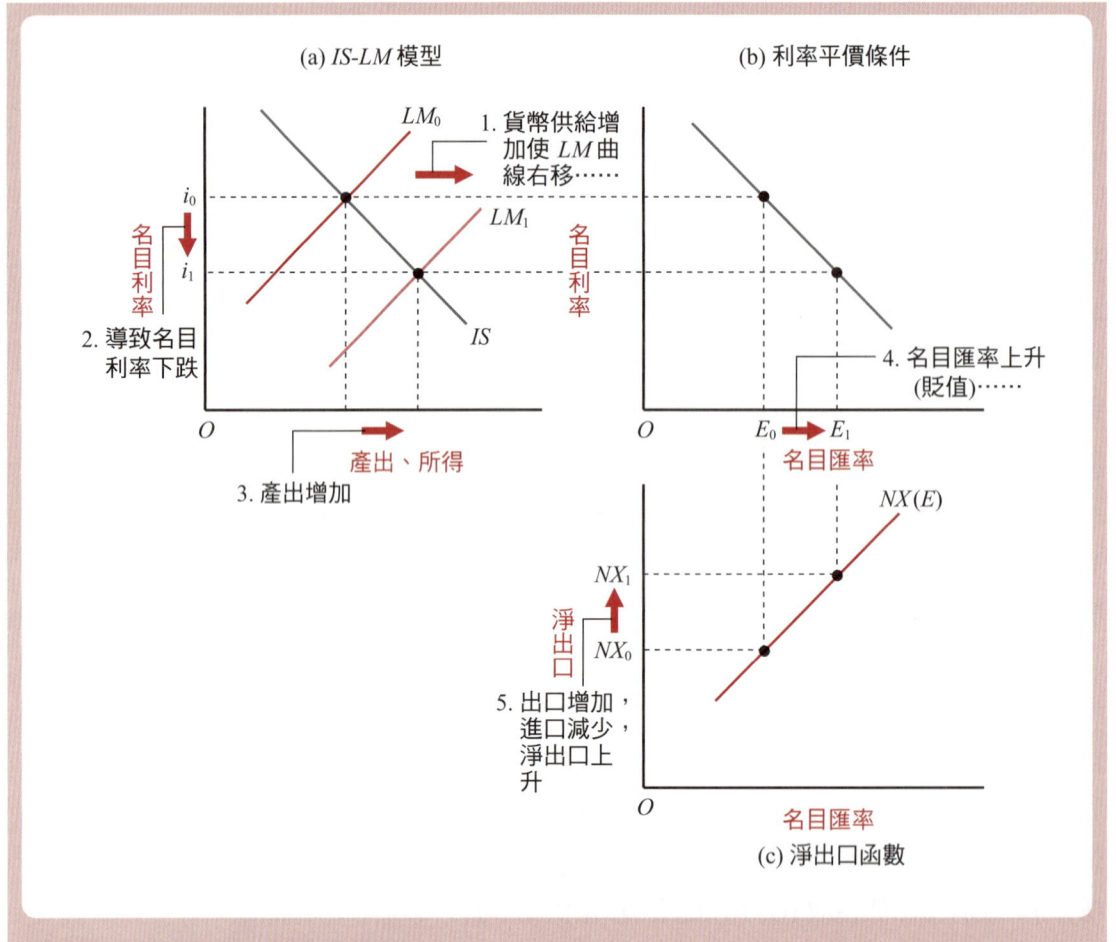

圖 10-8　擴張性貨幣政策的影響

央行增加貨幣供給造成 LM 曲線右移，從 LM_0 移至 LM_1。名目利率下降導致匯率上升(貶值)，貶值使本國出口增加，進口減少，淨出口上升。

而上升，利率下跌。利率下跌直接透過投資，間接透過利率平價條件刺激國內需求，國內所得水準上升。

在圖 10-8(b)，利率下跌，使國內投資者較不願意購買本國債券，而將錢匯至海外，購買外國債券。在外匯市場，本國貨幣供給的增加與外國貨幣需求的增加造成本國貨幣貶值與外國貨幣升值。淨資本外流的結果是本國貨幣貶值，由 E_0 移至 E_1。

圖 10-8(c) 顯示本國貨幣貶值如何影響淨出口。新台幣貶值使相同的 1 美元現在可以買到更多的台灣商品。因此，美國對台灣商品的需

求增加,即台灣對美國出口增加。另一方面,同樣的新台幣 1 元能夠買到的美國商品數量因貶值而減少,台灣對美國進口將會減少。進口的減少與出口的增加導致台灣淨出口的上升。自 NX_0 上移至 NX_1。因此,在一開放經濟體系下,擴張性貨幣政策會降低名目利率、提高國內所得水準、引起貨幣貶值,以及導致貿易盈餘。

國外利率的衝擊

卡翠娜颶風侵襲美國南部重要油田,國際原油價格突破每桶 70 美元。美國的中央銀行 ── 聯邦準備 (Federal Reserve) 銀行為對抗通貨膨脹而宣布調高利率。請問美國利率上升,對台灣經濟的衝擊為何?

讓我們再一次地利用三個步驟進行分析。首先,國外利率調升會影響哪一條曲線的變動?由於國外利率 (i^*) 這個變數只有出現在利率平價條件中,因此國外利率水準的變動一開始只會造成利率平價條件的曲線移動,IS、LM 與淨出口曲線都不會有任何變動。

第二,決定利率平價條件曲線的移動方向。當美國利率上升時,美國債券的報酬率會上升。如果資本可自由移動,人們會將錢匯出購買美國債券。換言之,在國內利率水準不變下,利率平價條件曲線會向右移動,從 IP_0 移至 IP_1,如圖 10-9(b) 所示。

第三,比較新舊均衡。國外利率上升導致資本流出,本國貨幣相對外國貨幣貶值。新台幣貶值,使台灣商品相對便宜,出口將會增加,進口則會減少,淨出口因而上升。另一方面,淨出口上升造成 IS 曲線向右移動,如圖 10-9(a) 的 IS_0 移至 IS_1 所示。因為貶值不會影響 LM 曲線,新的 IS 曲線與 LM 曲線的交點造成均衡利率與所得上升。因此,國外利率上升導致本國貨幣貶值,淨出口增加,利率與所得水準均會增加。

練習題 10-5

在開放經濟體系的 IS-LM 模型中,政府支出增加會導致:
(a) 產出增加,利率上升及貨幣升值
(b) 產出增加,利率上升及貨幣貶值

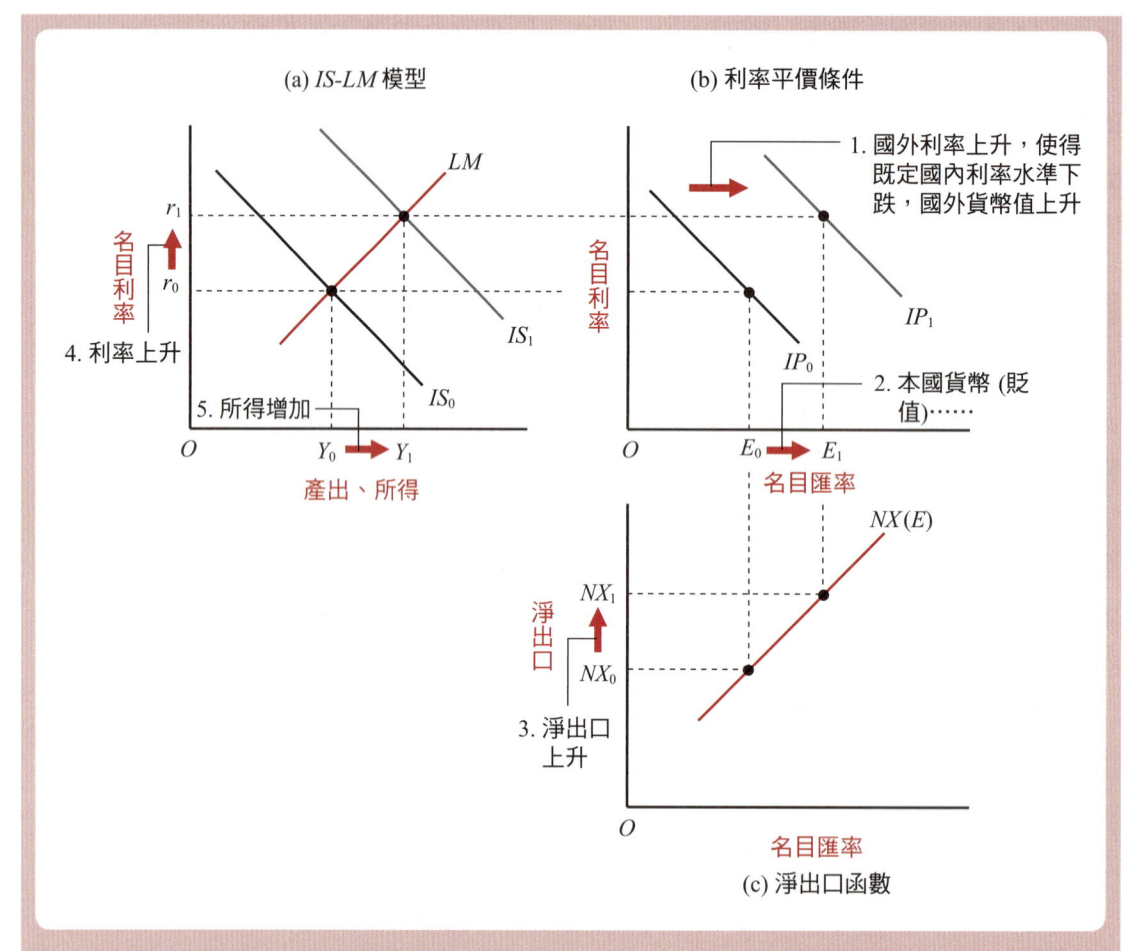

圖 10-9　國外利率上升的影響

國外利率上升使得在既定國內利率水準下，外國貨幣價值上升，本國貨幣價值下降。貨幣貶值導致出口增加，IS 曲線向右移動。最後造成利率上升和所得增加。

(c) 產出增加，利率下跌及貨幣貶值
(d) 產出增加，利率下跌及貨幣升值
(e) 產出不變，利率上升及貨幣升值

答：(a)。

10-6 可貸資金市場與貿易帳

前一節的 IS-LM 模型假設物價水準固定不變。如果沿用這個假設，請問政府政策或事件如何影響開放經濟體系下的總體經濟變數？記得在第 3 章，古典學派認為利率由可貸資金市場決定。因此，我們只要將圖 10-7(a) 的 IS-LM 模型換成可貸資金市場即可。讓我們用圖 10-10 來說明物價可自由調整下的開放總體模型。

在進行分析之前，有幾點必須加以說明。由於物價不再僵固不

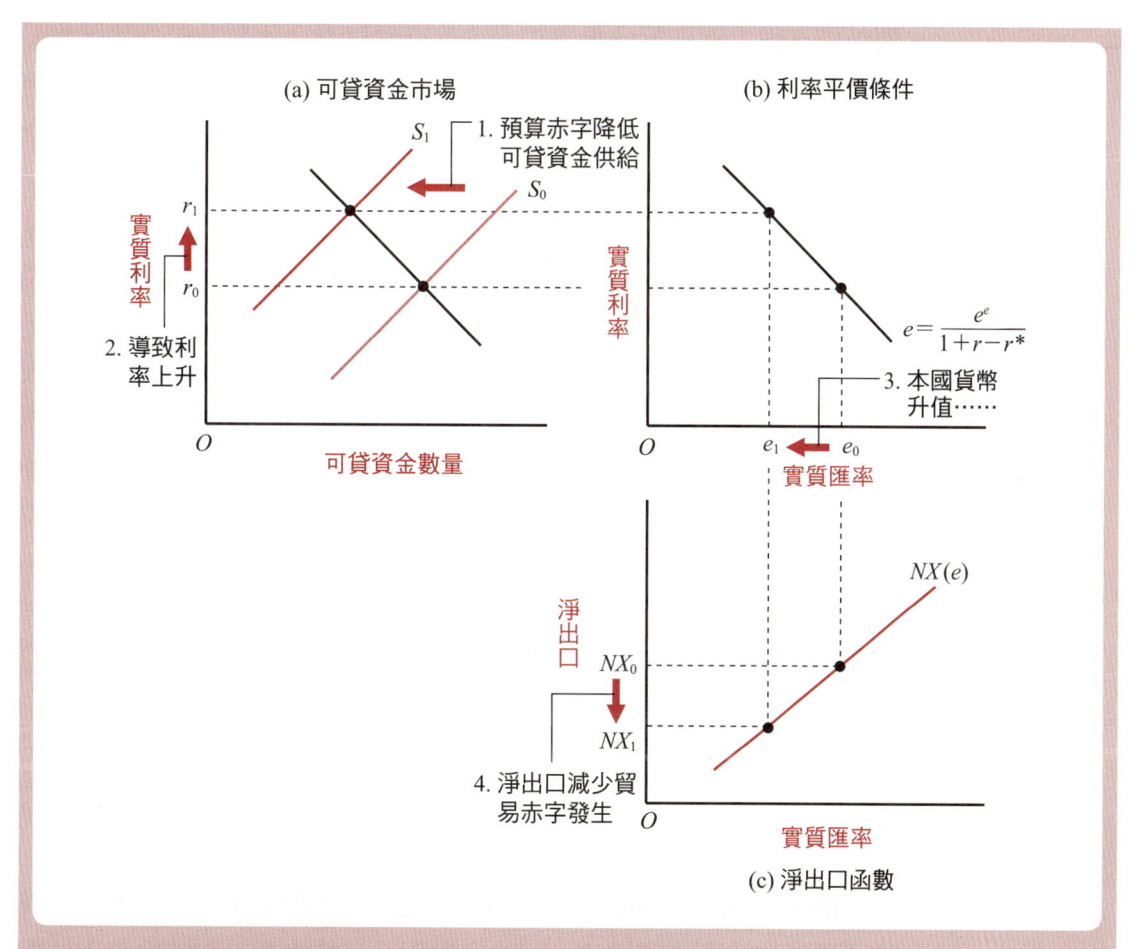

(a) 可貸資金市場
1. 預算赤字降低可貸資金供給
S_1, S_0
實質利率 r_1, r_0
2. 導致利率上升
可貸資金數量

(b) 利率平價條件
實質利率
$$e = \frac{e^e}{1+r-r^*}$$
3. 本國貨幣升值……
e_1, e_0
實質匯率

(c) 淨出口函數
淨出口
$NX(e)$
NX_0, NX_1
4. 淨出口減少貿易赤字發生
實質匯率

圖 10-10　預算赤字的影響

政府支出增加意味著公共儲蓄減少，可貸資金供給曲線向左移動。均衡利率上升，淨資本外流減少，導致實質匯率升值。升值造成出口減少，進口增加，淨出口減少。

變，名目利率與實質利率不再相等。圖 10-10(a) 的縱軸，我們會以實質利率替代名目利率。同樣地，國內物價水準可自由調整的條件，使利率平價條件中的利率不再是名目利率而是實質利率。利率平價條件可寫成

$$e=\frac{e^e}{1+r-r^*}$$

政府預算赤字

假設政府為了確保 4% 的經濟成長率，打算以興建第三條高速公路來刺激國內景氣，請問預算赤字對開放經濟的總體變數影響為何？我們仍以三個步驟進行分析。首先，政府預算赤字代表負的公共儲蓄，它會影響可貸資金的供給而非可貸資金的需求。第二，供給曲線如何移動？如同在封閉經濟體系，負的公共儲蓄將減少國民儲蓄，使可貸資金供給曲線向左移動。

第三和最後一個步驟是進行比較靜態分析。圖 10-10(a) 顯示預算赤字對可貸資金市場的衝擊。因為貸款者現在能夠貸款的數量減少 S_0 左移至 S_1，利率會從 r_0 上升至 r_1，以使供需達到平衡。面對高利率，國內外投資者會將海外的錢匯入購買國內債券，淨資本外流減少，人們比較不需要外國貨幣，外匯需求減少使實質匯率從 e_0 下跌至 e_1，如圖 10-10(b) 所示。匯率升值使本國商品相對外國商品變得昂貴，國外消費者減少購買本國商品，而本國消費者增加購買外國商品，此造成本國的出口減少和進口增加，淨出口因而減少 [圖 10-10(c)]。因此，在一開放經濟體系，政府預算赤字將提高實質利率，排擠國內投資，導致本國貨幣升值，並造成貿易赤字。值得注意的是，國內所得與消費水準並沒有任何變動。我們的模型建議預算赤字與貿易赤字緊密相連，所以有人稱此為**雙赤字** (twin deficit)。

資本逃離

1994 年墨西哥舉行總統大選，反對黨領袖遭暗殺。投資者開始視墨西哥為政治不穩定國家，而決定撤資。這種大量且突然地資本抽離行動稱為**資本逃離** (capital flight)，人們也對墨西哥披索長期價值喪失信心。請問資本逃離若發生在台灣，將對總體經濟造成何種衝擊？

首先，資本逃離會影響哪一條曲線。當投資者觀察到台灣政局不穩時，他們決定出售部分台灣的資產，並利用銷售所得購買國外 (如美國) 的資產。這個舉動會影響到兩個圖形。最明顯的是，人們對新台幣喪失信心，預期新台幣貶值會影響到利率平價條件曲線。此外，由於可貸資金需求來自國內投資與淨資本外流，資本逃離也會影響可貸資金需求。[5]

第二，這些曲線將如何移動？當資本開始撤出台灣，淨資本外流增加，人們需要更多的資金來融通對國外資產的購買。因此，可貸資金需求曲線從 D_0 向右移至 D_1，如圖 10-11(a) 所示。此外，因為人們對新台幣喪失信心開始預期新台幣貶值。在國內利率水準不變情形下，利率平價條件曲線向上移動，由 IP_0 移至 IP_1，如圖 10-11(b) 所示。

想要瞭解資本逃離對台灣經濟的衝擊，我們需要比較新舊均衡。圖 10-11(a) 顯示，可貸資金需求增加導致台灣的實質利率從 r_0 上升至 r_1。圖 10-11(b) 顯示出人們預期匯率貶值所導致的曲線移動。既然人們對新台幣的長期價值喪失信心，也就不願意持有新台幣，他們會紛紛地將新台幣資產轉換成外國資產。儘管國內利率水準不變，但外匯需求增加的結果導致利率平價條件曲線從 IP_0 上移至 IP_1，實質匯率將會貶值。

圖 10-11(c) 指出，實質匯率貶值讓台灣商品相對便宜，出口增加和進口減少，淨出口將會上升。因此，資本逃離會提高台灣的實質利率和實質匯率 (新台幣貶值)，國內投資減少，淨資本外流增加以及貿易盈餘。剛剛描述的情節也發生在現實世界中，1997 年亞洲金融風暴，包括泰國、韓國、印尼都瀕臨破產邊緣；在 1998 年，俄羅斯政府片面宣布債務違約，這使國際投資者盡可能地撤資；同樣的情景也發生在 2002 年的阿根廷。這些國家都面臨相同的問題：利率上升與貨幣貶值。

---

[5] 在開放經濟體系下，可貸資金供給為國民儲蓄，需求為投資加淨資本外流 (NCO)。理由如下：

$$Y = C + I + G + NX$$
$$Y - C - G = I + NX$$
$$S = I + NX$$

因為淨出口 (NX) 等於淨資本外流，因此上式可改寫成 $S = I + NCO$。

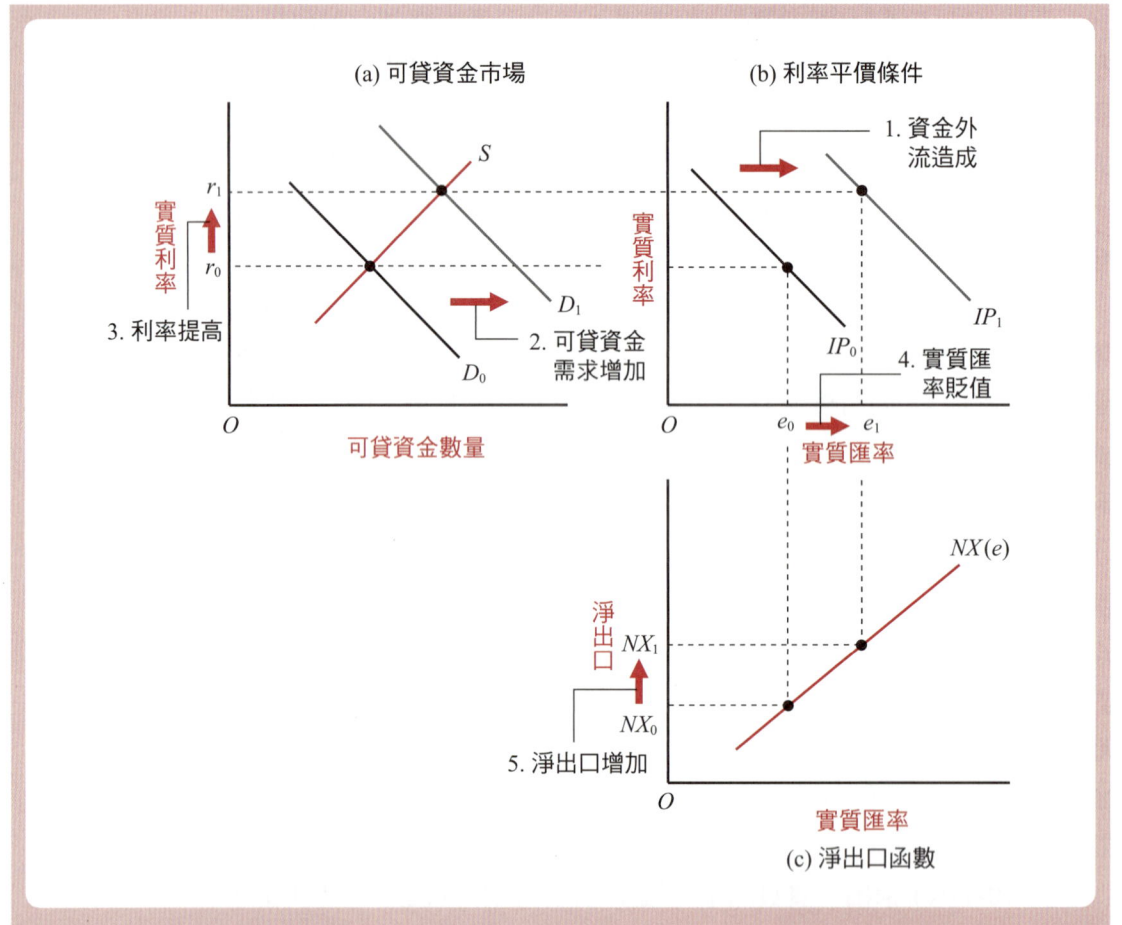

圖 10-11　資本逃離的影響

若國內發生重大金融風暴導致投資者對本國貨幣喪失信心，利率平價條件曲線向上移動。可貸資金需求從 D_0 右移至 D_1，導致實質利率從 r_0 上升至 r_1。在外匯市場本國貨幣供給增加使得實質匯率貶值，從 e_0 至 e_1。淨出口因而增加，而有貿易盈餘。

練習題 10-6

亞洲金融風暴起因於泰國外資的資本外逃，則泰國會發生：
(a) 實質利率下降
(b) 可貸資金需求減少
(c) 淨國外投資減少
(d) 貿易赤字　　　　　　　　　　　　　　　　(100 年文化國貿)

答：(a)。

10-7　小型開放經濟體系下的 *IS-LM* 模型

在第 10-5 節中，我們曾討論匯率與利率均可自由變動的政策衝擊。在本節，我們將探討資本完全移動的小型開放經濟體系；亦即，經濟體系能夠毫無限制地在全球各地的金融市場借貸其所需的金額。因此，本國利率由全球利率決定。一般總體經濟學教科書稱此為 Mundell-Flemming 模型。一開始，我們假設經濟體系採行固定匯率。然後再檢視浮動匯率制度下，總體政策的衝擊。有一點必須提醒大家，Mundell-Flemming 模型仍假設物價水準固定不變。因此，名目利率與實質利率相等，而名目匯率與實質匯率是一對一的關係。

固定匯率

如果政府同意固定匯率，現行匯率與預期匯率都將固定在某一水準，如 $E_t = E^e_{t+1} = \overline{E}$。利率平價條件可寫成

$$i = i^* + \frac{\overline{E} - \overline{E}}{\overline{E}} = i^*$$

在固定匯率與資本完全移動下，國內利率必定等於國外利率。

如果央行採取擴張性貨幣政策，貨幣供給增加，將使 *LM* 曲線向右移動，由 LM_0 移至 LM_1，如圖 10-12 所示。國內利率的下跌誘使投資者將資金匯到國外尋求更佳投資報酬，本國貨幣將會貶值。為了維持匯率不變，央行必須在外匯市場賣出外匯，外匯準備因而減少。為了防止資本與外匯準備的流失，央行必須提高利率來中立最初的擴張效果。*LM* 曲線回到 LM_0，經濟體系恢復原來均衡。簡單地說，在小型開放經濟體系的固定匯率制度下，央行必須放棄控制貨幣供給的權力，貨幣政策無效。

另一方面，如果政府採取增加政府支出或減稅的措施，*IS* 曲線會向右移動，從 IS_0 移至 IS_1，如圖 10-13 所示。國內利率上升，誘使國外投資者購買本國債券，資本內流與外匯準備增加。在固定匯率制度下，央行會以增加貨幣供給量來降低利率，*LM* 曲線從 LM_0 移至 LM_1。新的均衡發生在 IS_1 與 LM_1 的交點，所得水準將會增加。簡單地

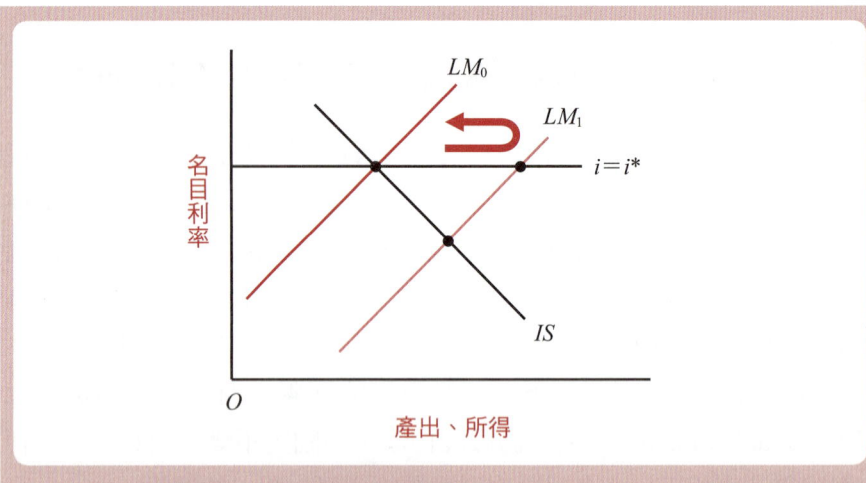

圖 10-12　固定匯率：擴張性貨幣政策

貨幣供給增加使 LM 曲線向右移動。利率下跌造成資本外流與外匯準備的減少。此舉將造成貨幣供給減少，LM 曲線開始左移，直至回到原來均衡為止。

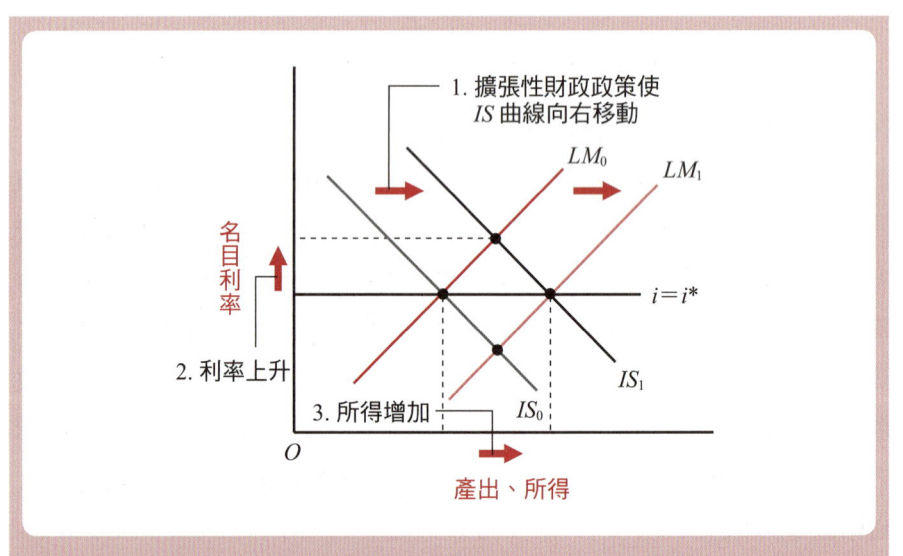

圖 10-13　固定匯率：擴張性財政政策

政府支出增加或減稅使得 IS 曲線向右移動。利率上升導致資本流入，外匯準備增加。為維持固定匯率，貨幣供給增加，LM 曲線向右移動，所得水準上升，國內利率等於國外利率。

說，在小型開放經濟體系的固定匯率制度下，財政政策誘使**貨幣調和**(accommodative)，財政政策有效。

浮動匯率

當匯率可自由浮動時，央行無須採取任何行動來阻止匯率升值或貶值。任何降低國內利率的事件都會導致資本外流。在外匯市場，本國貨幣供給增加，造成本國貨幣貶值。貨幣貶值會提高淨出口、IS 曲線會向右移動。

假設中央銀行增加貨幣供給，因為物價僵固不變，貨幣供給增加意味著實質餘額提高，LM 曲線向右移動，從 LM_0 移至 LM_1 所示，如圖 10-14 所示。國內利率水準的下跌誘使投資者到國外尋找更高的報酬，資本會流向國外。資本外流使得外匯市場中的本國貨幣供給增加，匯率將會貶值。貶值使國內商品相對外國商品更為便宜，出口增加和進口減少，淨出口因而上升。淨出口增加使 IS 曲線向右移動，由 IS_0 移至 IS_1。最後，名目利率會回到原來的水準，國內利率再度與國外利率

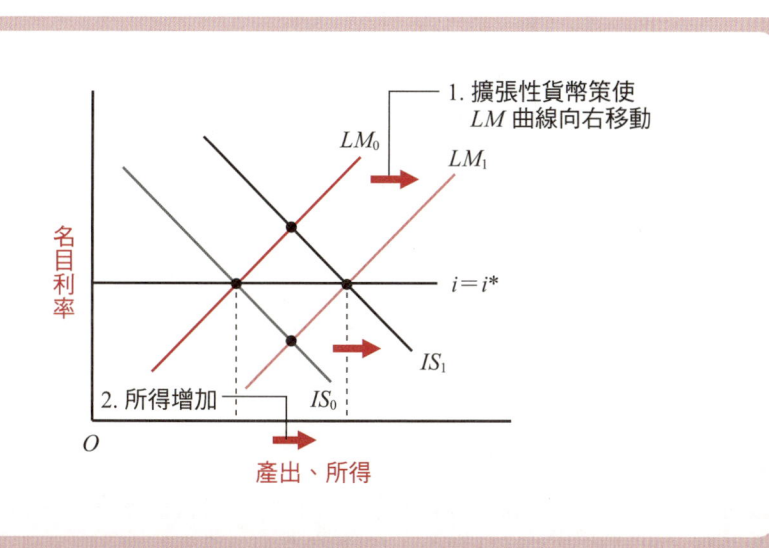

圖 10-14　浮動匯率：擴張性貨幣政策

擴張性貨幣政策使得 LM 曲線從 LM_0 移至 LM_1。利率下跌導致資本外流，本國貨幣貶值。淨出口因而增加，IS 曲線也從 IS_0 右移至 IS_1，所得水準上升，國內利率等於國外利率。

相等。因此，我們的結論是在小型開放經濟體系的浮動匯率制度下，貨幣政策藉由改變匯率而非利率的方式影響所得，貨幣政策有效。

另一方面，政府藉著增加政府支出或減稅來刺激國內需求。這種擴張性的財政政策使得 IS 曲線向右移動，從 IS_0 移至 IS_1，如圖 10-15 所示。

因為國內利率超過國外利率，資本會從國外流入。國外投資者在外匯市場中大量購買本國貨幣，本國貨幣價值因而上升。匯率升值使得本國商品相對外國商品較不具競爭力，國內居民開始購買更多的外國商品。進口增加和出口減少，造成淨出口減少，IS 曲線向左移動。這個過程是一直持續直至 IS 曲線回到原來的 IS_0 為止。由於國內利率水準最後並沒有變動，政府支出的增加完全由淨出口的下降所抵銷。**國際排擠** (international crowding out) 取代**國內排擠** (domestic crowding out)。因此，在小型開放經濟體系的浮動匯率制度下，擴張性財政政策不會對所得造成任何影響，財政政策無效。[6]

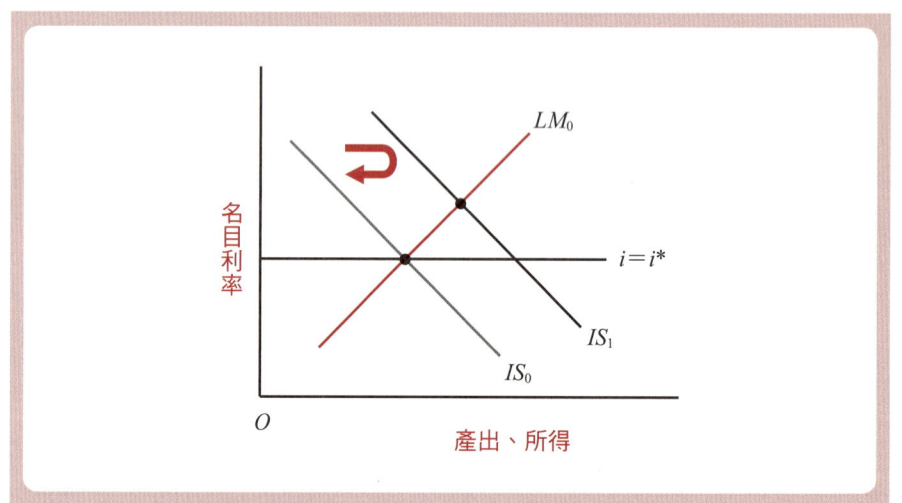

圖 10-15　浮動匯率：擴張性財政政策

政府支出增加或減稅使得 IS 曲線向右移動。國內利率上升導致本國貨幣升值，出口減少，進口增加，IS 曲線左移，直至回到 IS_0 為止。

---

[6] 有些總體經濟學教科書以國際收支曲線 (BP) 取代 $i=i^*$。若資本完全移動，則 BP 曲線為一水平線；若資本不完全移動，BP 曲線為一正斜率曲線。其意義如下：所得愈高，進口增加，貿易帳發生赤字。此時，利率必須上升，資本流入才能使國際收支平衡。正斜率 BP 曲線適合在大型開放經濟體系架構下分析。

表 10-2　小型開放經濟體系下之經濟政策效果

	固定匯率	浮動匯率
貨幣政策	無效	所得增加 (透過匯率影響淨出口)
財政政策	所得增加 (貨幣政策調和)	無效 (完全國際排擠效果)

小型開放經濟體系下的貨幣與財政政策效果總結於表 10-2。

練習題 10-7

在浮動匯率制度、資本高度移動下，一個小型開放經濟體系實施擴張性財政政策將使其：
(a) 貨幣升值
(b) 外匯存底不變
(c) 所得增加
(d) 以上皆正確　　　　　　　　　　　　　　　(104 年台大國企所)

答：(d)。

摘　要

- 國際收支帳反映一個國家與世界其它各國的經濟交易。經常帳衡量商品與服務的輸出與輸入、投資與薪資所得淨額，以及經常移轉。資本帳包括資本移轉及非生產性、非金融性資產的取得與處分。金融帳記載一經濟體系對外的金融資產與負債的交易。準備資產係指貨幣當局所控管隨時可動用的國外資產。

- 名目匯率是一個國家貨幣與另外一個國家貨幣交換的比率。實質匯率是兩國商品交換的比率。實質匯率等於名目匯率乘以兩國物價水準的比率。

- 當國外消費者所得增加，消費者偏好本國商品，國外物價水準相對上漲，國內相對利率上升，國外預期通貨膨脹下降，央行賣出外匯及提高關稅，會使本國貨幣升值。

- 匯率制度是指匯率決定的方式。匯率完全由外匯供需決定，稱為自由浮動匯率制度。若匯率由外匯供需決定，且中央銀行也以外匯準備影響匯率水準，稱為管理浮動匯率制度。央行將本國貨幣與外國貨幣固定在某一水準，稱為固定匯率制度。
- 購買力平價說主張 1 塊錢在任何國家應能購買相同數量的商品。利率平價條件係指本國利率大約等於國外利率加上本國貨幣的預期貶值率。
- 在 IS-LM 模型中，國外實質利率上升，使匯率升值，國內利率上升和淨出口下降。
- 在古典模型中，預算赤字增加造成本國利率上升，匯率升值，淨出口下降。
- 在小型開放經濟體系的固定匯率制度下，財政政策會提高所得，而貨幣政策完全無效。在浮動匯率制度下，政策效果完全相反；貨幣政策可提高所得，而財政政策無效。

習題

選擇題

1. 經常帳不包括：
   (a) 貿易收支
   (b) 旅遊收支
   (c) 國人所持有外國資產所產生的收益
   (d) 對外國的經濟援助
   (e) 長榮海運為宏碁電腦運送產品至美國所收運費　　　　　　　　（中央人管）

2. 若中國來台旅客支出大幅增加，我們預期台灣的：
   (a) 進口增加　　　(b) 出口增加
   (c) 出口減少　　　(d) 進口減少
   (e) 沒有改變　　　（104 年元智國企）

3. 當新台幣相對美元升值時：
   (a) 美國東西變得較貴
   (b) 台灣東西在美國變得比較貴
   (c) 買更多美國商品，因為我們的貨幣較弱勢
   (d) 賣更多商品到美國　（100 年政大財政）

4. 濁浮動 (dirty float) 發生在：
   (a) 財政部銷售政府債券，而央行購買政府債券
   (b) 央行有時在外匯市場買賣貨幣
   (c) 外匯準備被毒販與走私者使用
   (d) 匯率是固定的，且在一狹幅區間內波動
   　　　　　　　　　　　　（中正企管所）

5. 下列何者正確？
   (a) 本國貨幣貶值將使本國貿易條件改善
   (b) 本國貿易條件惡化將使本國實質所得減少
   (c) 本國貨幣貶值將使本國經常帳改善
   (d) 以上都正確

6. 假如購買力平價說成立，下列何者正確？
   (a) 實質匯率將會變動
   (b) 一具有較低通貨膨脹率的國家，應該會有貶值的貨幣
   (c) 一低失業率的國家應該會有升值的貨幣
   (d) 以上皆是
   (e) 以上皆非　　　　　（中正企管所）

7. 美國聯準會決定逐步實施 QE 退場，理論上，這個政策本身會導致：
   (a) 美國債券價格下跌、利率上升，美國資金加速回流
   (b) 美國債券價格上張、利率下跌，美國資

金由海外回流

(c) 美國債券價格上漲、利率下跌，美國資金加速回流

(d) 美國債券價格下跌、利率上升，美國資金由海外回流　　　(103 年淡江財金所)

8. 在開放經濟體系的浮動匯率制度下，有關短期凱因斯學派的貨幣與財政政策，下列敘述何者正確？
   (a) 貨幣供給增加導致 LM 曲線向左移動
   (b) 政府支出增加使得外國的 IS 曲線向右移動
   (c) 擴張性貨幣與財政政策會使國內實質利率上升
   (d) 擴張性貨幣或財政政策對國外物價水準的影響並不相同
   (e) 以上皆是

9. 在古典開放經濟模型下，下列有關浮動匯率制度下的貨幣政策敘述何者正確？
   (a) 貨幣供給增加，使得實質匯率貶值
   (b) 貨幣供給增加，使名目匯率貶值
   (c) 增加貨幣供給將使實質利率上升
   (d) 增加貨幣供給將使國外物價水準上升
   (e) 以上皆是　　　　　　(中央企管所)

10. 台灣央行在外匯市場買入一筆美元，價值新台幣 100 億元。接著央行發行定期存單新台幣 95 億元，請問這兩項政策的影響為：
    (a) 新台幣對美元貶值
    (b) 台灣的準備貨幣增加新台幣 5 億元
    (c) 央行外匯存底會增加
    (d) 以上皆是　　　　(103 年台大商研所)

問答與計算

1. 請以下方資料計算：

商品出口	350
商品進口	−425
服務出口	170
服務進口	−145
淨移轉支付	−21.5
本國資本外流	−45.0
國內資本流入	70.0

   (a) 貿易帳餘額
   (b) 商品與服務淨額
   (c) 經常帳餘額
   (d) 資本帳餘額

2. 請問下列各項交易紀錄在國際收支帳的哪一個項目中？
   (a) 單向移轉
   (b) 當本國央行購買外國政府公債
   (c) 當本國購入梵谷的名畫　(中央企管所)

3. 若央行買進 $30 億等值日圓並賣出 $50 億等值歐元，請問國際收支帳有何變動？
   　　　　　　　　(104 年台師大全球經營所)

4. 在開放經濟體系下，經常帳是儲蓄減去投資的餘額 ($CA = S - I$)。若經濟體系受到一個永久且持續的正向生產力衝擊，請問經常帳如何改變？　　(103 年台大國企所)

5. 假設歐洲央行實施量化寬鬆，則美國產出如何改變？　　　　(103 年台大國企所)

6. 假設美國民眾握有大量的台灣政府債券及公司債。另一方面，台灣民眾也大量持有美國公債與公司債。這種情況在最近並不會改變。假設你是一家台灣出口商的財務經理，你的工作之一是預測新台幣兌換美元的匯率。請解釋下列各事件如何影響新台幣匯率。
   (a) 台灣通貨膨脹率劇幅增加，而美國通貨膨脹不變
   (b) 台灣的利率劇幅上升，而美國利率水準

不變

(c) 美國的所得水準大幅增加，而台灣所得水準不變

(d) 預期美國政府將對台灣商品課徵關稅

(中山企研)

7. 如果預期台灣的名目利率上升，而實質利率下降，請以圖形說明新台幣匯率的變動情形。　(政大財管)

8. 台灣的通貨膨脹率是 10%，而美國的通貨膨脹率是 5%，根據購買力平價說 NTD/USD 匯率變動多少？　(104 年清大科管所)

9. 倘若大麥克價格是一國物價水準的良好近似，若大麥克在倫敦是 £2，而在紐約是 $3。
   (a) 若購買力平價成立，美元與英鎊間的匯率是多少？
   (b) 若 1 英鎊可兌換 1.6 美元，倫敦大麥克的美元價格是多少？
   (c) 若 1 美元可換 30 盧布，若購買力平價成立，莫斯科的大麥克價格是多少？
   (104 年暨南國企所)

10. 一國實施預算赤字，實質利率、實質匯率、淨出口、可貸資金市場有何影響？　(100 年文化國貿)

11. 試繪圖解答：一國採行浮動匯率，若其貨幣供給增加，對其本國產出有何影響？為何此時貨幣政策常被稱為"嫁禍於鄰"(beggar your neighbor) 政策？
    (87 年台大商研)

12. 若美國每年的通貨膨脹是 3%，而日本為 1%，根據購買力平價，日圓兌美元的匯率如何變動？　(104 年輔仁企研所)

13. 假設其它經濟條件不變時，德國的年利率為 9.2%，日本為 4%，目前馬克與日圓的匯率為 1 馬克兌 79.8 日圓，試問未來 (1 年後) 馬克與日圓的匯率為若干？　(台大商研)

14. 假設台灣將新台幣匯率釘住美元，若美國利率上升，則台灣政府當局應該增稅或減稅？　(政大企管)

15. 假設台灣的國際收支呈現大幅的順差，請問：
    (a) 在自由浮動匯率制度下，新台幣應會有升值或貶值的趨勢？
    (b) 中央銀行若欲控制新台幣的匯率，其通常是如何進行干預？
    (c) 中央銀行的干預則通常又會對國內的準備貨幣及貨幣供給量產生什麼影響？若欲避免其對貨幣供給量的影響，中央銀行又會採取何種的操作方式？
    (成大企管所)

16. 美國 QE 退場對新台幣需求的影響為何？
    (103 年高雄大學經管所)

網路習題

1. 請至中央銀行網站，下載最近一期的國際收支。請問台灣的國際收支是盈餘或赤字？為什麼？

圖片來源

封面照片：Shutterstock.com

第 1 章
章首：作者提供；第 14 頁：Shutterstock.com

第 2 章
章首：作者提供；第 36 頁：©Tung Hua Book；第 46 頁：Shutterstock.com

第 3 章
章首：作者提供；第 70 頁、第 73 頁：Shutterstock.com

第 4 章
章首：作者提供；第 106 頁：©Tung Hua Book；第 113 頁：Shutterstock.com

第 5 章
章首、第 150 頁：Shutterstock.com；第 159 頁：©Tung Hua Book

第 6 章
章首：作者提供；第 173 頁：©Tung Hua Book

第 7 章
章首：作者提供；第 208 頁、第 221 頁：Shutterstock.com

第 8 章
章首：Shutterstock.com；第 235 頁：©Tung Hua Book

第 9 章
章首：作者提供；第 279 頁：https://zh.wikipedia.org/wiki/%E9%9B%B7%E6%9B%BC%E5%85%84%E5%BC%9F#/media/File:Lehman_Brothers_Times_Square_by_David_Shankbone.jpg；第 280 頁：Shutterstock.com

第 10 章
章首：作者提供；第 300 頁：Shutterstock.com；第 311 頁：©Tung Hua Book

部分習題答案

第 1 章　緒　論

選擇題

1. (d)　2. (c)　3. (a)　4. (a)　5. (c)　6. (a)
7. (a)　8. (d)　9. (b)　10. (d)　11. (d)　12. (b)

問答與計算

1. 總體經濟學的短期是指 1 年到 5 年的期間，重點是景氣波動，以及政府如何利用貨幣與財政政策來減緩景氣波動。總體經濟學的長期是指 10 年或 10 年以上的期間，重點是經濟成長以及追求生產力的成長。

3. 並不正確。

5. 錯。起因為總需求不足。

7. 景氣對策信號是為了衡量經濟景氣狀況，將一些足以代表經濟活動且能反映景氣變化的重要總體經濟變數，以適當統計方式處理編製而成。
　　景氣對策信號以不同信號燈表示目前景氣狀況：綠燈代表景氣穩定、紅燈代表景氣熱絡、藍燈表示景氣低迷，至於黃紅燈及黃藍燈分別代表景氣微熱與景氣欠佳。

9. 略。

11. 採購經理人指數 (purchasing managers index, PMI) 為一綜合性指標，係每月對受訪企業的採購經理人進行調查，並依調查結果編製成的指數。

13. 個體經濟學是研究廠商及家計單位如何制定決策，以及它們如何互動的情形。供給與需求分析可以協助我們瞭解單一商品市場的情形，也能夠讓我們明白其它市場的價格走勢。

15. 是的。景氣好，產出上升，可加稅，降低通貨膨脹的疑慮。

第 2 章　如何衡量總體經濟

選擇題

1. (d)　2. (a)　3. (c)　4. (b)　5. (e)
6. (c)　7. (b)　8. (d)　9. (d)　10. (b)

問答與計算

1. (a) 100,000 元。
   (b) 如果是藝術品的轉手，而非生產，對該年 GDP 並沒有影響。

3. (a) GDP 但非 GNP。
   (b) GDP 且為 GNP。
   (c) 非 GDP，且非 GNP。
   (d) 非 GDP，且非 GNP。
   (e) 非 GDP，且非 GNP。
   (f) 非 GNP，且非 GDP。

5. (a) 1,800。
   (b) 2,000。
   (c) 90%。

7. 失業率會上升。

9. 30 萬。

11. 少子化 ⇒ 勞動力減少、成年人口也減少
    成年人口減少幅度＞勞動力減少幅度 ⇒ 勞動力參與率上升
    勞動力減少幅度＞失業減少幅度 ⇒ 失業率上升

13. 實質利率＝2.5%；通膨＝6%；名目利率＝8.5%。

第 3 章　古典學派
選擇題
1. (a)　**2.** (b)　**3.** (c)　**4.** (d)　**5.** (a)
6. (b)　**7.** (b)　**8.** (a), (c)　**9.** (b)　**10.** (e)

問答與計算
1. 180。
3. 國民所得或產出由生產因素和生產技術共同決定。
5. 略。
7. 利率下跌；投資上升；消費上升。
9. (a) 上升。
　　(b) 投資下跌 < 2,000；民間儲蓄上升 < 2,000；國民儲蓄減少 < 2,000。
　　(c) 供給彈性大 ⇒ 投資下降較少；民間儲蓄上升較多；國民儲蓄下降較小。
　　(d) 需求彈性大；投資下降較多；民間儲蓄上升較少；國民儲蓄下降較多。
11. 8%。
13. (a) 實質工資上升。
　　(b) 實質工資不會改變。
　　(c) 兩群勞工的名目工資相等。
　　(d) 房屋價格相對水果價格上升。
15. 略。

第 4 章　簡單凱因斯模型
選擇題
1. (c)　**2.** (a)　**3.** (c)　**4.** (c)　**5.** (d)　**6.** (c)
7. (a)　**8.** (d)　**9.** (b)　**10.** (b)　**11.** (a)

問答與計算
1. (a) 96。
　　(b) $\frac{10}{3}$。
　　(c) 0.0405。
3. 1,600。
5. (a) 410。
　　(b) 410。
　　(c) 相同。
7. －4。
9. 略。
11. 33,668.7。
13. (a) 略。
　　(b) 1,300。
　　(c) 1,400。
　　(d) 175。
15. 80。
17. 40。
19. 0.75。

第 5 章　貨幣市場
選擇題
1. (b)　**2.** (c)　**3.** (b)　**4.** (b)　**5.** (b)　**6.** (d)
7. (c)　**8.** (b)　**9.** (c)　**10.** (d)　**11.** (d)　**12.** (c)

問答與計算
1. 信用卡的普及會降低提領貨幣的成本，影響貨幣需求 (會下降)，但不會影響貨幣供給。
3. 旅行在外常可能買東西，或碰到一些意外之事，故為交易性與預防性動機的貨幣需求。
5. (a) 增加 25,000。
　　(b) 增加 4,000。
　　(c) 增加 20,000。
7. 對。銀行從準備扣除現金，支付給存款戶。
9. 80。
11. 貸款給別人 28,100。
13. 貨幣供給曲線為正斜率。
15. 9.5%。

17. (a) 6%。
    (b) 2%。
    (c) 1,600。

第 6 章　商品與貨幣市場：*IS-LM* 模型

選擇題
1. (d)　2. (d)　3. (a)　4. (b)　5. (b)　6. (d)
7. (d)　8. (c)　9. (d)　10. (b)　11. (d)　12. (b)
13. (d)

問答與計算
1. 前者的 *IS* 曲線較陡，後者的 *IS* 曲線較平坦。
3. (a) $r\downarrow$，$y\uparrow$
   (b) $r\uparrow$，$y\uparrow$
5. 財政擴張效果較小。
7. 兩市場皆有超額供給，非計畫存貨會增加。
9. 利率下降和所得上升。
11. 緊縮性財政政策。
13. (a) 略。
    (b) 使均衡利率從 5% 降至 4%。
15. $IS：Y=1,050-100r$
    $LM：Y=\dfrac{2,990}{3}+\dfrac{20}{3}r$
    $r^*=0.5$，$Y^*=1,000$
17. *IS* 曲線不變，*LM* 曲線向右下方移動。

第 7 章　總供給與總需求

選擇題
1. (a)　2. (d)　3. (c)　4. (b)　5. (a)　6. (a)
7. (a)　8. (b)　9. (c)　10. (a)　11. (a)　12. (d)
13. (b)

問答與計算
1. 消費支出減少。總需求曲線向右移動。
3. 否。
5. 錯。長期 *AS* 垂直，擴張性財政政策只會造成物價上升，但實質 GDP 不變。
7. (a) 物價下跌，實質 GDP 增加。
   (b) 物價上升與實質 GDP 增加。
9. 略。
11. (a) *LM* 曲線愈陡峭，*AD* 曲線也會愈陡峭。
    (b) *LM* 曲線愈平坦，但 *AD* 曲線會愈陡峭。
13. 略。
15. $P^*=5$，$r^*=0.24$，$I^*=110$。
17. (a) 減稅使利率、所得、物價和就業量都上升。總需求曲線向右移動，但 *AS* 曲線不會移動。
    (b) 減稅使產出和就業量增加，物價與利率則需視相對移動幅度而定，在供給面經濟學的思想中，減稅造成 *AD* 與 *AS* 都向右移動。

第 8 章　菲力浦曲線與預期

選擇題
1. (a)　2. (b)　3. (d)　4. (a)　5. (a)　6. (b)
7. (a)　8. (c)　9. (d)　10. (c)　11. (a)

問答與計算
1. 失業會上升，產出會減少，且通貨膨脹會增加。
3. (a) 0.07。
   (b) 略。
5. *SRPC* 與 *LRPC* 均右移。
7. 在通貨膨脹的情況下，存款人可選擇將存款改放在利率或報酬率較高的債券上。
   在通貨緊縮的情況下，除非利率甚低，否則存放銀行是一個很好的選擇。
9. 短期菲力浦曲線右移，長期菲力浦曲線不會移動。
11. 物價下跌，產出減少。

13. 略。
15. (a) 3%。
    (b) 5%。
    (c) 3%；10%。

第 9 章　經濟成長

選擇題

1. (c)　2. (b)　3. (c)　4. (c)　5. (b)　6. (c)
7. (b)　8. (b)　9. (b)　10. (d)　11. (a)

問答與計算

1. $\frac{s}{\alpha}=g$，由於 s、α 和 g 皆為外生，所以一國沒有幾何著力點讓 $\frac{s}{\alpha}=g$。這個條件成立，純屬偶然，它是過度認定（over-determined）。
3. 2。
5. 錯誤。
7. 12.87。
9. 4.625%；15.33 年。
11. $s=0.2$；$y=4$。
13. 儲蓄率提高，導致 $sf(k)$ 上移，穩定狀態下的資本產出比率上升（$k\uparrow$），產出增加，但經濟成長率的增加只是短暫的。
15. (a) $sf(k^*)=(\delta+n+g)k^*$。
    (b) 若 $s=0.28$，$y^*=4$；若 $s=0.1$，$y^*=1$。
    (c) 儲蓄率增加或人口成長率下降，均有助於台灣地區人均所得的上升。
17. 17.5%。

第 10 章　國際金融

選擇題

1. (d)　2. (b)　3. (b)　4. (b)　5. (b)
6. (e)　7. (d)　8. (d)　9. (b)　10. (d)

問答與計算

1. (a) -75。
   (b) -50。
   (c) -71.5。
   (d) 25。
3. 增加 20 億美元。
5. 美國產出下跌。
7. 略。
9. (a) 1.5。
   (b) $3.2。
   (c) 90 (盧布)。
11. 略。
13. 1 馬克可換 76 日圓。
15. (a) 升值。
    (b) 下跌。
    (c) 可能造成通貨膨脹。央行可進行公開市場賣出，收回本國貨幣。

索 引

GDP 平減指數　GDP deflator　49
GDP 缺口　GDP gap　125

二畫到四畫

人力資本　human capital　8
工資僵固性　wage rigidity　204
不完全資訊模型　imperfect-information model　205
中間目標　intermediate targets　152
內生成長理論　endogenous growth theory　280
內生變數　endogenous variable　16
公共儲蓄　public saving　72
公開市場買進　open market purchase　154
公開市場賣出　open market sale　154
公開市場操作　open market operation　153
升值　appreciation　296
支出法　expenditure approach　28

五畫

以物易物　barter　137
充分就業產出　full employment output　66
出乎意料　surprise　239
加速型菲力浦曲線　accelerationist Phillips curve　237
可支配所得　disposable income　91
可貸資金供給　supply of loanable fund　71
可貸資金需求　demand for loanable fund　71
外生的　exogenous　278
外生變數　exogenous variable　16
平均每人實質國內生產毛額　real GDP per person/per capital real GDP　256
平均每位有效勞工資本存量變動　capital stock per effective labor changes　274
平衡投資水準　break-even investment　272
平衡預算乘數　balanced budget multiplier　118
必須投資水準　investment requirement　264
正確預期　anticipated　239
生產力　productivity　82, 259
生產函數　production function　65
生產者物價指數　producer price index, PPI　54
皮鞋成本　shoe-leather cost　247

六畫

交互躍進　leapfrogging　257
交易方程式　equation of exchange　78
交易性動機　transaction motive　145
交易媒介　medium of exchange　138
名目 GDP　nominal GDP　34
名目利率　nominal interest rate　67
名目貨幣需求　nominal demand for money　81
名目匯率　nominal exchange rate　292
名目變數　nominal variables　82
存款乘數　deposit multiplier　142
成本推動的通貨膨脹　cost-push inflation　245
成長政策　growth policy　9
收斂　convergence　278
有效勞動　effective labor　274
有效需求　effective demand　3
自由浮動匯率　freely floating exchange rate　301
自動安定機能　automatic stabilizers　121
自然失業率　natural rate of unemployment　45

自然成長率　natural rate of growth　263
自然產出　natural rate of output　66
自發性支出　autonomous expenditure　96, 98
自發性消費支出　autonomous consumption expenditure　92

七畫

冷火雞療法　cold turkey solution　238
利率　interest rate　67
利率平價條件　interest parity condition　310
利率效果　interest rate effect　199
投資毛額　gross investment, Ig　37
投資抵減　investment tax credit, ITC　10, 76
投資淨額　net investment, In　35
投資陷阱　investment trap　186
投機性動機　speculative motive　146
折舊　depreciation, D　29
折舊率　depreciation rate　266
私人儲蓄　private saving　72
谷底　trough　6

八畫

供給　supply　20
供給面衝擊　supply shock　232
固定匯率　fixed exchange rate　297
固定資本形成毛額　gross fixed capital formation　96
所得法　income approach　29
注入　injection　109, 124
物質資本　physical capital　8
金本位制度　gold standard　299
金融市場　financial markets　71
金融帳　financial account　291
長期　long run　6
附加價值　added value　33
非預期通貨膨脹　unexpected inflation　246

九畫

保證成長率　warranted rate of growth　263
封閉經濟體系　closed economy　66, 110
政府支出乘數　government spending multiplier　116
政府購買　government purchase　91
流出　leakage　109, 124
流動性　liquidity　147
流動性陷阱　liquidity trap　185, 217
研究發展　research and development　8
計畫投資　planned investment　91
計畫總支出　aggregate planned expenditure　90
計價單位　unit of account　138
負債-通貨緊縮理論　debt-deflation theory　225
重分配效果　redistribution effect　225
重貼現率　rediscount rate　154

十畫

乘數-加速原理　multiplier-accelerator principle　216
個人可支配所得　disposal personal income, DPI　38
個人所得　personal income, PI　37
個體經濟學　micro-economics　2
套利　arbitrage　306
氣餒的工人　discouraged workers　42
浴缸定理　bathtub theorem　125
消費　consumption　91
消費函數　consumption function　67, 91
消費者物價指數　consumer price index, CPI　50
衰退　recession　6
財政政策　fiscal policy　9, 107, 179
財富重分配　redistribution of wealth　247
高峰　peak　6

十一畫

停滯性膨脹　stagflation　245
動物本能　animal spirit　216
國內生產毛額　gross domestic product, GDP　28
國內排擠　domestic crowding out　324
國內資本形成毛額　gross domestic capital formation　96
國外要素所得淨額　net factor income from the rest of the world, NFI　29
國民生產毛額　gross national product, GNP　30, 35
國民生產淨額　net national product, NNP　35
國民所得　national income, NI　29, 37
國民儲蓄　national saving　169
國際收支　balance of payments　288
國際收支帳　balance of payment account　287
國際排擠　international crowding out　324
基期　base year　34
強力貨幣　high-powered money　143
排擠效果　crowding-out effect　75, 180
條件收斂　conditional convergence　278
淨出口　net exports　91
理性預期　rational expectations　234
產出水準　output level　268
產出成長率　rate of growth　268
移轉性支付　transfer payment　68
貨幣中立性　monetary neutrality　83
貨幣市場　money market　18
貨幣政策　monetary policy　9, 107
貨幣流通速度　velocity of money　78
貨幣乘數　money multiplier　143
貨幣基數　monetary base　142
貨幣數量學說　quantity theory of money　78
貨幣調和　accommodative　323
通貨　currency　139
通貨存款比率　currency-reserve ratio, cr　143
通貨緊縮　deflation　5
通貨膨脹　inflation　5, 214
部分準備銀行體系　fractional-reserve banking　141

十二畫

凱因斯十字架/凱因斯交叉　Keynesian cross　100
勞動力參與率　labor force participation rate　44
勞動效率　efficiency of labor　274
勞動增強　labor-augmenting　274
單一價格法則　law of one price　306
媒介　medium　138
復甦　recovery　7
循環性失業　cyclical unemployment　47
循環流程　circular flow　18
援助　aid　263
景氣循環　business cycle　6
最終目標　ultimate targets　151
最終商品法　final product approach　28
無拋補利息平價假設　uncovered interest parity, UIP　310
短期　short run　6
短期菲力浦曲線　short-run Phillips curve　233
短期總供給曲線　short run aggregate supply curve, SRAS　205
稅收乘數　tax multiplier　117
結清　clearing　97
結構性失業　structural unemployment　47
菜單成本　menu cost　247
貶值　depreciation　296
貿易帳　trade account/balance on goods　288
貿易條件　terms of trade　293
開放經濟體系　open economy　110
間接稅淨額　net indirect tax, NIT　29

黃金法則的產出水準　golden rule level of per worker output　270
黃金法則的資本水準　golden rule level of per worker capital　270

十三畫

匯率升值　revaluation　298
匯率制度　exchange rate regime　297
匯率貶值　devaluation　298
新古典成長模型　neoclassical growth model　264
準備　reserve　141
準備率　reserve-deposit ratio, rr　142, 143
準備貨幣　reserve money　143
當年價格　current price　34
節儉的矛盾　paradox of thrift　105
經常帳　current accounts　288
經常帳餘額　balance on current account　290
經常移轉淨額　net current transfer　290
經濟大恐慌　Great Depression　3
經濟模型　economic model　16
資本內流　capital inflow　291
資本外流　capital outflow　291
資本市場　capital market　18
資本逃離　capital flight　318
資本帳　capital account　290
資本邊際產量　marginal product of capital　262
資產組合理論　portfolio theory　148
預防性動機　precautionary motive　145
預期效果　expectations effect　224
預期通貨膨脹　expected inflation　246
預算赤字　budget deficit　68, 170
預算盈餘　budget surplus　68, 170

十四畫

實際總支出　aggregate actual expenditure　90
實質升值　real appreciation　294

實質利率　real interest rate　67
實質貨幣餘額　real money balance　147, 222
實質貶值　real depreciation　294
實質匯率　real exchange rate　293
實質餘額效果　real balance effect　222
實質變數　real variables　82
管理浮動匯率制度　managed float exchange rate system　302
緊縮性財政政策　contractionary fiscal policy　171
緊縮性貨幣政策　contractionary monetary policy　176
緊縮缺口　deflationary gap/contractionary gap　126, 213
誘發性支出　induced expenditure　98
誘發性消費支出　induced consumption expenditure　92
需求　demand　20
需求拉動的通貨膨脹　demand-pull inflation　243
誤差與遺漏淨額　net errors and omissions　292

十五畫

價值儲存　store of value　138
摩擦性失業　frictional unemployment　47
歐肯法則　Okun's law　48
潛在產出　potential output　66
適應性預期　adaptive expectations　234

十六畫

操作目標　operating targets　151
濁浮動匯率制度　dirty float exchange rate system　302
膨脹缺口　inflationary gap　127, 214
蕭條缺口　recessionary gap　126
融資缺口　financing gap　264
遲滯現象　hysteresis　251

靜態預期　static expectations　234

十七畫

儲蓄　saving, S　72
總支出函數　aggregate expenditure function　98
總供給　aggregate supply　20
總供給曲線　aggregate supply curve, AS　203
總供需模型　AS-AD model　210
總需求　aggregate demand　20
總體經濟學　macroeconomics　1, 2
繁榮　prosperity　7
購買力平價說　purchasing power parity, PPP　306

十八畫以上

擴張　expansion　6
擴張性財政政策　expansionary fiscal policy　171
擴張性貨幣政策　expansionary monetary policy　176
雙赤字　twin deficit　318
穩定狀態　steady state　267
穩定政策　stabilization policy　9
邊際消費傾向　marginal propensity to consume, MPC　92
邊際進口傾向　marginal propensity to import, MPM　110
邊際儲蓄傾向　marginal propensity to save, MPS　93
躉售物價指數　wholesale price index, WPI　52
權衡性財政政策　discretionary fiscal policy　121

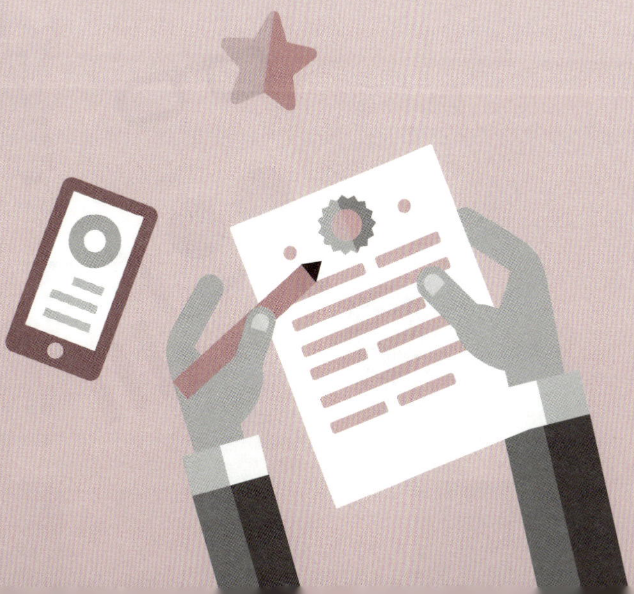

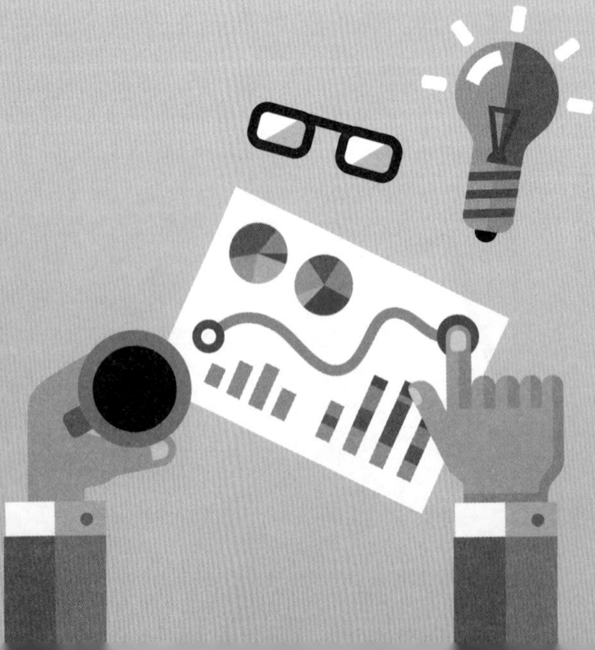